芝加哥大学
论文写作指南
（第8版）

[美]凯特·L· 杜拉宾（Kate L. Turabian） 著

韦恩·C·布斯、格雷戈里·G·卡洛姆、约瑟夫·M·威廉姆斯、芝加哥大学出版社编辑部 修订

雷蕾 译

新 华 出 版 社

图书在版编目（CIP）数据

芝加哥大学论文写作指南 /（美）杜拉宾著；雷蕾译.
——北京：新华出版社，2015.5
书名原文：A Manual for Writers of Research Papers, Theses, and Dissertations
ISBN 978-7-5166-1599-7

Ⅰ. ①芝… Ⅱ. ①杜… ②雷… Ⅲ. ①论文—写作—指南
Ⅳ. ①H05-62

中国版本图书馆CIP数据核字（2015）第067492号
著作权合同登记号：01-2013-7310

芝加哥大学论文写作指南

作　　者：（美）凯特 · L · 杜拉宾　　**译　　者：**雷　蕾

出 版 人：张百新　　**选题策划：**黄绪国
责任印制：廖成华　　**责任编辑：**段晓红
装帧设计：图鸦文化

出版发行：新华出版社
地　　址：北京石景山区京原路8号　　**邮　　编：**100040
网　　址：http://www.xinhuapub.com
经　　销：新华书店
购书热线：010 – 63077122　　**中国新闻书店购书热线：**010 – 63072012

照　　排：图鸦文化
印　　刷：北京凯达印务有限公司

成品尺寸：185mm × 245mm　1/16
印　　张：31.75　　**字　　数：**520千字
版　　次：2015年9月第一版　　**印　　次：**2024年5月第十四次印刷

书　　号：ISBN 978-7-5166-1599-7
定　　价：68.00元

图书如有印装问题请与出版社联系调换：010-63077101

目　录

CONTENTS

写给学生读者

《芝加哥大学论文写作指南》帮助了一代又一代的学生成功进行了几乎涉及各个学术领域的研究、写作，并成功提交论文。为了纪念原作者，此书俗称“杜拉宾体例”，对学生而言这是一部权威的有关“芝加哥格式”的参考书。

本书的第一部分涵盖了研究和写作过程的每一个步骤，并提供切实可行的建议帮助你正确阐述研究问题，进行批判性阅读并建构论点。它还向你展示如何起草并修订论文，从而强化论点并完善行文。第二部分针对芝加哥格式中两种原著引用方法给予了全面指导。在第 15 章中，首先提供了一般性引文实践的有用信息。在人文及大多数社会科学领域，你会更多地使用注释－参考文献格式，这在第 16 章和第 17 章中有详述；而在自然及物理学科以及一些社会科学领域，你使用得更多的是作者－年格式（也称为文中夹注－参考书目格式），第 18 和 19 章对此做了讲解。第三部分介绍了芝加哥格式推荐的编辑体例，帮助你在写作中做到拼写、大写和缩写的一致性；该部分也包含了有关如何将引文嵌入行文的指导原则以及如何正确呈现表格和图表。附录中给出了本科硕士论文和博士论文的格式及提交要求，许多学术机构都以此为模板，但是务请遵循你所在学校提供的写作指南。

前 言

在大学里撰写研究报告、本科硕士论文、博士论文的学生们现在正生活在一个充满电子技术的世界里，这在1937年是不可想象的——那一年，学术论文负责人凯特·L·杜拉宾首先汇编了一本小册子，为芝加哥大学的学生写作者提供指导。实用的文字处理软件和新的数字资源已经改变了学生们开展研究和撰写报告的方式，但是这些技术并不能改变学生作者的基本任务：研究要设计精良，阐述要准确清晰，引证、体例和格式要遵循公认的学术标准。

杜拉宾1937年的小册子所反映出的写作原则在第10版《格式手册》（*A Manual of Style*）中可以找到——这是由芝加哥大学出版社出版的提供给作者及编者的写作指导，业已成为经典。芝加哥大学出版社在1947年开始发行杜拉宾小册子，并首先在1955年以书的形式将其出版，书名为《学期论文、本科硕士论文和博士论文写作手册》（*A Manual for Writers of Term Papers, Theses, and Dissertations*）。杜拉宾又两次修订该书，并一再更新，以适应学生们的需求，同时及时吸纳《格式手册》的最新的可取之处。随着时间推移，杜拉宾的书已经成为全美国各大学及学院不同阶段学生的标准参考书。杜拉宾逝于1987年，享年94岁，在该书第5版出版之后几个月。该版以及第6版（1996）和第7版（2007）都是由出版社编辑团队进行修订。在第7版中，韦恩·C·布斯、格雷戈里·G·卡洛姆、约瑟夫·M·威廉姆斯，将该书的重点进行了拓展，加入了新的范畴更宽泛的材料，这些材料节选自他们的书《研究是一门艺术》（*The Craft of Research*），该书现在也已经发行第3版（芝加哥：芝加哥大学出版社，2008）。书中涵盖的新的主题包括研究的本质、寻找和使用文献、记笔记、展开论证、起草和修订，以及用表格和图表呈现证据。

在这个最新的第 8 版中，第一部分涵盖了有关如何查找和运用近几年来能够获取的多种数字资源的最新资讯。第二部分提供了两种芝加哥引文格式的全方位指导—— 广泛用于人文和社会科学领域的注释 - 参考文献格式，以及更适合于理科学科和一些社会科学领域的作者 - 年格式。除了要让这两种格式在体例上保持一致，这一版也提供了许多实例，阐述如何引用前版未曾提及的新的数字化文献类型。第三部分谈到了拼写、标点符号、缩略语的问题，以及如何处理数字、名称、专用术语和作品标题。这部分最后两章还谈到了原著转录和图表使用（表格和图表），这两个问题在第一部分里是从修辞的角度进行讨论的。这一版的第二部分和第三部分都根据《芝加哥格式手册》（*The Chicago Manual of Style*，芝加哥：芝加哥大学出版社，2010）又称 CMS（芝加哥格式）的第 16 版，进行了更新。某些情况下本书所给出的建议与 CMS 有一些小的不同，而这些小的不同能更好地适应学术论文的要求。

附录提供了论文格式和论文提交的指导原则，这些原则已经成为全美国各个论文管理办公室的最权威的原则。通过修订，这些原则现在能够反映出不断增长的提交电子版论文的趋势。附录主要针对那些撰写硕士博士论文以及本科毕业论文的学生读者，但是这些章节里有关格式的要求以及电子版文件的准备工作也同样能帮助撰写课程报告的学生。参考文献部分的内容全面，通过学科领域来贯穿，列出了最新的科研文献来源以及不同学科特有的体例问题。

针对学生作者可能遇见的范围很广的各种问题，本手册中的指导原则提供了实用的解决办法，但是这些解决办法也可能只是一个补充——或者甚至可能被否决——因为特定学科有其惯例，又或者某些特殊学术机构或者院系有自己的优先规定。所有有关体例和格式的章节都提醒学生要浏览他们所在大学院系的规章要求，或者要看看导师的要求，这些要求要优先于本书讨论的指导原则。

在 75 年间被上百万学生使用过的一本书要更新可不是一件小事，许多人参与了第 8 版的准备工作。格雷戈里 · 卡洛姆发起了这次修订，在这次努力的后期阶段，他的离世是我们巨大的损失。这些年来，许多编辑部成员与格利高里开始熟识并珍惜与他的友情。我们将缅怀他。格雷戈里是三位非凡的作者中的一位，其他两位是韦恩 · G · 布斯、约瑟夫 · M · 威廉姆斯。尽管他们现在离开了我们，他们的工作还会继续带给我们坚定而令人鼓舞的指导，而这正是杜拉宾手册的品质。源自他们三人的、巧妙融合在一起的那个声音将一直鼓舞着这项工作。

乔恩·德埃里克，格雷戈里多年的朋友，也是他在弗吉尼亚大学的同事，完成了格雷戈里为这一版起草的第一部分的工作。拉塞尔·大卫·哈珀，《芝加哥写作手册》第16版的主要修订者，完成了剩余手稿的最初草稿。在出版社里，这项计划也得以顺利进行，不论是局部工作还是整体的工作，都在珍妮·贾瓦奇、玛丽·E·劳尔、大卫·莫罗，以及保罗·舍灵格的指导下进行。

附录得益于来自许多大学、学院和学术机构的专家慷慨提供的建议，他们是印第安纳大学的马修·布莰、科罗拉多大学波尔得分校的金妮·博斯特、匹兹堡大学的菲利帕·卡特、密歇根大学的梅丽莎·米斯、南印第安纳大学的德佩吉·哈勒尔、威斯康星－麦迪逊大学的埃琳娜·许、加州大学伯克利分校的杰里特·莱蒙特、弗吉尼亚州立理工大学的盖尔·麦克米伦、UMI学位论文数据库的奥斯汀·麦克莱恩、芝加哥大学的科琳·马拉基、得克萨斯大学奥斯汀分校的鲍勃·彭曼、 詹姆斯·麦迪逊大学的劳拉·赖曼、俄亥俄州立大学的蒂姆·沃森，以及伊利诺伊大学香槟分校的马克·朱洛夫。还有来自芝加哥大学里根斯特因图书馆的图书馆员斯科特·兰德瓦特、凯瑟琳·马戴克斯、南希·施皮格尔、莎拉·G·温茨尔，以及克里斯托夫·温特斯为大量的参考文献提供指导。

将手稿转变成书需要出版社的另一队人员的努力。露丝·戈林编辑手稿，罗西娜·布斯校对页面，玛丽·E·劳尔准备索引部分。迈克尔·布雷姆提供了设计，而大卫·奥康纳监督出品，莉兹·菲希尔、埃伦·吉布森以及卡罗尔·卡斯帕将最终版成品带给市场。

芝加哥大学出版社编辑部

概 述

当你开始一项实质性研究，要完成博士论文、本科或硕士毕业论文，再或者只是一篇较长的课程论文，我们清楚你的挑战。但是如果你能将这项工作分拆成不同的部分，然后一步一步来完成，你就有可能把握任何研究项目。本书这一部分就是要告诉你该怎么做。

我们将首先讨论一下研究的目的，以及读者会对研究报告抱以怎样的期待；接下来我们把重点放在如何找到一个研究问题上，这个问题的答案值得你倾注时间探讨，也值得你的读者关注；之后我们要寻找并运用各种资源来支持你给出的答案；再之后要计划、起草、修订研究报告，以便你的读者能够看到你的回答是基于合理的推理以及过硬的证据。

下面几个主题将贯穿这一部分：

■ 不可盲目地一头扎进一项研究中去，必须要设定计划。接下来从全局出发每次完成一个步骤。从大处着眼将整个研究过程设立成多个小目标，以便一次攻克一个。

■ 最好的研究是以一个你想要回答的问题来开启的。但是接下来你必须要想象读者会问些什么问题：*如果你不予回答会怎样？而你又为什么要关注这些问题？*

■ 从一开始就要每天做笔录，不仅仅是对所用资料加以记载，而且要清楚记下如何看待这些原始资料。同时也要记录下你的思想的形成轨迹，从而使这些思想能离开你的大脑来到冷静的日光之下，这时你可以进一步看看这些思想是否还有意义。你不会在调查报告的终稿中用到这一阶段的东西，但是这一部分的写作是必要的准备。

■ 不管你如何认真地做研究，读者对你的评价都只是通过你的研究报告，所以你必须知道一份表述清晰的得到认可的研究报告应该包含什么。

如果你是一个高级研究员，浏览一下第 1-4 章，你会发现有很多你熟悉的东西。而如果同时你又是授课的老师，这部分也许能帮助你将自己所了解的知识更好地传授给学生。第 5-12 章的内容在许多资深的研究者看来不但能帮助他们向别人阐述如何从事研究和做报告，同时也能更快更好地帮助自己起草和修订研究报告。

如果你的研究生涯才刚刚起步，你会发现第一部分的每个章节都很有用。浏览一下可以对研究过程有个总体了解，然后当你着手自己的研究项目时，你可以重读与自己目前研究相关的章节。

你可能觉得这里描述的步骤太多而记不住，但是假如你一次完成一个步骤的话，你是可以驾驭它的。等你从事更多的研究工作后这些会成为你的习惯思路。不要认为你必须遵循本书中提供的步骤顺序。研究者通常在完成前面的研究步骤时会提前思考下一步该怎么做，并且当他们处理后面一个步骤时又会重温前面的研究过程。（这就解释了为什么通常我们会事先指点你在研究过程中提前考虑下一个步骤，同时回溯上一个步骤。）甚至最按部就班的研究者也会在这个过程中碰撞出意想不到的火花，使得研究走入一个新的方向。所以虽然要按计划走，也要随时准备离开原计划，甚至抛弃它而采用新的计划。

如果你是一位新手，你可能会认为我们讨论的这些东西超出了你目前的需求。我们知道一份十页左右的课程报告是不同于一篇博士论文的，但是这两者都需要一种方法，这种方法就连最生疏的新手也可以尝试。这种方法使你不仅可以了解以后有什么要做，而且可以运用到一些技能，这些技能是经验丰富的研究者在他们处于你现在这个阶段时开始摸索的。此时你就已经开启了向成熟研究者转变的旅程。

没有一本书可以为你准备好所有研究的方方面面，这本书也不可能在某些特定领域给你提供具体的研究方法，例如心理学、经济学、哲学等，更不用说物理、化学、生物等领域，它也不可能告诉你怎样将学术研究运用到商业或专业领域。

但是它确实给你提供了研究过程的总体轮廓和思维习惯，这些普适于所有的研究，因为不论研究在哪里进行，你都要汇总出研究报告，起草并修订。本书将这方面的知识传授给你并帮助你，使你逐渐感到对研究项目有了些把握，而不再是被这些研究所吓倒，最终你将学会自己管理复杂的项目，在学术领域和专业领域都能胜任。

做合格的研究需要具备相应的技能，获取这些技能的第一步就是弄明白有经验的研究者如何看待其科研目的。

第一部分

研究和写作

从规划到完成

研究是什么和研究者如何看待

从研究主题到具体的研究问题再到待证假设

找到有用的文献

与文献交互

规划你的论证思路

设计初稿

草拟研究报告

用表格和图形呈现论据

……

1 研究是什么和研究者如何看待

每次做研究你都要提出一个问题，然后搜索有关事实来回答这个问题，不管这个问题是简单到找到一位水管工还是复杂到发现生命的起源。你如果只在乎答案而别人也只需要简单汇报的话，你不会愿意去写这份报告。但是当其他人只有通过了解你寻找答案的过程才能接受你的观点的时候，你就必须将你的研究写出来了。事实上，研究报告能提供给我们的大多数内容是我们对这个世界已认可的知识——如曾经存在恐龙、细菌导致疾病，甚至地球是圆的。

你会认为你的研究报告对这个世界已认可的知识不能增添多少新内容。也许是吧。但是，好好做研究会增加你自己的知识，也会提高你做下一份报告的能力。你可能会这样想，你将来不在学术领域而是在商业和职业领域，但是研究在学术范畴之外和它在学术范畴之内一样重要，在很多方面研究是相通的。所以当你现在尝试学习学术研究这门艺术的时候，你就是在打造自己，以备某天能够担当在与你共事的人看来重要的研究，或者也可能是对我们所有人来说重要的研究。

当你学着自己做研究的时候，你同时也在学着运用和评判他人的研究。在每个专业领域，研究者必须阅读和评价研究报告才能做出决断，这项工作只有当你了解了他人是如何评价你的研究之后才能做得更好。本书虽然着眼于学术界的研究，但是我们每天都会阅读和聆听到那些可能影响我们的生活的研究。尽管，在相信这些研究报告之前，我们必须辩证地思考，判断这些研究是否基于我们能够信任的证据和合理的推理。

可以肯定的是，除了证据和推理，我们还可以有很多办法得出好的结论：我们可以仰赖传统和权威，或者依赖直觉、洞见，甚至可以凭借我们内心最深处的情感。但是当我们极力向他人解释为什么不仅仅是我们自己相信这个主张，其他的人也应该相信的时候，我们必须要做更多，而不仅仅是阐述观点铺陈感受。

这就是一篇研究报告不同于其他类型的说服性文字的区别：它必须基于读者共同认可的视为真理的事实，独立于你的个人情感和信仰之外。读者必须能够认可你的主张所依据的论据和推理的过程。因此作为一位研究者，你的成功就不只取决于你能否出色地搜集和分析资料，也取决于你能否清晰地阐述你的推理，使得你的读者在将你的主张纳入他们的知识体系之前可以对你的推理做出检验和评判。

1.1 研究者如何看待他们的研究目的

所有做研究的人都要搜集事实和信息，我们称之为资料。但是根据各自的研究目的和经验，他们会以不同的方式使用这些资料。有些研究者是根据一个主题来搜集资料的，如*有关阿拉莫战役的故事*，只是为了满足个人的兴趣（或者完成老师留的作业）。

然而大多数研究者想要我们了解更多，不只是事实。所以他们不仅仅寻找有关该主题的资料；他们更要找的是那些他们可以用以为证的东西，以帮助检验和支持他们回答该主题的某个启示，例如*为什么阿拉莫的故事会成为一个民族的传奇？*

资深的研究者很清楚他们不仅要让读者相信他们的答案是合理的，也必须让读者充分认识到他们提出的是有价值的问题，这些问题的答案能帮助我们以新的方式理解某个更重大的主题。*假如我们能搞清楚为什么阿拉莫故事成了民族传奇，也许我们接下来就能回答这个更宏大的问题：地区神话如何塑造民族性格？*

你可以凭此检验自己的思维有多接近一位资深的研究者，你可以如下所示用一句话描述你的研究：

1．我正从事有关 X 主题的研究（有关阿拉莫战役的故事）；

2. 因为我想要找出 Y（为什么它的故事可以成为民族传奇）；

3. 从而使我帮助他人理解 Z(这样的区域神话如何塑造了我们的民族性格)。

这段话值得我们仔细研读，因为它表述的不仅仅是你的研究过程，也是你作为研究者的个人成长过程。

1. “我正从事有关……主题的研究……”做研究的人通常以一个简单的主题开场，譬如阿拉莫战役，也许因为是布置的作业，也许该主题有什么困扰着研究者，抑或他只是对此感兴趣罢了。但是生手通常就会止步于此，只给自己留下这个题目来指导后面的工作。他们的笔记几百条几百条地增加却无法判断该保留什么丢弃什么。等要动笔写的时候，他们将所有的东西倾倒在报告里，让报告读起来就像一个摸彩袋里混杂着随机而现的各项事实。如果列出的这些资料是新的，而读者碰巧对这个主题感兴趣，他们也许会读一读这个报告，但即便是这些读者也会想要知道这些资料叠加起来能说明什么。

2. “……因为我想弄明白如何（how）以及为什么（why）……”更资深的研究者通常不会只用主题来开场，他们会首先提出一个研究问题，比如为什么阿拉莫战役会成为民族传奇？他们清楚，只有给出的资料可以作为论据支持该问题的答案时，读者才会去思考这些事实累加起来意味着什么。确实，只有带着问题去寻找论据，研究者才知道应该寻找什么资料保留什么资料——不仅仅是那些可用以支持论点的材料，同样也要有能用以检验甚至质疑论点的材料。当研究者认为他有足够的论据来支持论点，并且能对那些看起来与他的答案相抵触的资料做出回应时，他就可以先写出一份报告自我检验，然后再将他的报告与他人分享，让别人同样也对报告进行检验。

3. “……从而使我帮助他人理解……”最成功的研究者了解读者想要知道的不会只是一个合理的答案，他们更想知道这个问题为什么值得一提。所以研究者预见到读者会问：那又怎样？我为什么要关心阿拉莫战役缘何成为传奇？“那又怎样”的问题甚至困扰着最资深的研究者，但是每一个做研究的人都要在它提出之前尽量给予回答：如果我们能弄清这个问题，我们就可以更好地理解下面那个更宏大的问题：为什么这个故事塑造了我们的民族性格。

敏锐的研究者不会止步于此。他会预见到读者将再一次发问“那又怎样”，此时需要给出更大范围的答案：如果我们能明白是什么塑造了我们的民族性格，我们也许能更好地理解我们作为美国人怎么看待我们自己。有了这一层认识，在你再一次发问之前，我们已经可以更好地理解为什么世界其他地方的人会以他们那样的方式来评价我们。最成功的研究者知道，只有当你的答案可以令读者不再追究“那又怎样”而是转而认为那值得一探究竟之时，读者才会对你提出的问题感兴趣。

简而言之，不是所有的问题都同样好。我们可以问，战役打响之前的那晚有多少只猫睡在阿拉莫，但是找到这个答案又能怎样？很难弄明白一个答案如何能有助于我们思考一个更宏大更值得探究的主题，所以某些问题可能根本不值得问（尽管我们也可能会发现这个想法也是错误的）。

1.2 研究者要问的三类问题

从事研究多年的人知道不同读者期待他们提出和回答不同类型的问题，学术工作最常见的问题是概念性的，而职业领域最常问的是实用性的。

1.2.1 概念性问题：我们应该思考什么？

针对“那又怎样”的提问，如果你的回答不是告诉读者该做什么而是帮助他们理解某个主题的话，你的研究问题就是概念性的。

1. 我正从事有关 X 主题的研究；

2. 因为我想要找出如何 / 为什么 / 是否 Y（如果你找出了又怎样？）；

3. 从而使我能帮助他人理解如何 / 为什么 / 是否 Z。

如果你正在讲解你的研究，对话应该是这样的：

我正在做有关风险评估的研究。

为什么做这个?

因为我想要知道一般民众如何评估他们可能遭遇到恐怖袭击的风险。

那做了这个研究又如何?

做了这个研究，我就可以更好地理解下面这个复杂的问题：情感和理智因素如何交互作用影响普通人对危机的认识。

人文、社会和自然科学领域的研究者研究的大多是概念性问题，例如莎士比亚所处的政治环境如何影响他的戏剧？是什么导致了大多数北美大型哺乳动物的灭绝？彗星是由什么组成的？这些问题的答案不会告诉我们如何改变世界，但能帮助我们更好地认识世界。

可以肯定的是，概念性问题的答案通常会出人意料地与一个实用性问题的解决相关联。在我们解决任何一个重要的实用性问题之前，通常必须做概念性研究来更好地了解它。在大部分学术领域内，多数研究者的主要目的只是提高我们的认知。

1.2.2 实用性问题：我们应该做什么?

针对“那又怎样”的提问，如果你的回答是告诉读者怎么做能改变某种棘手的情况或至少改善它的话，你提出的就是另一类研究问题——实用性问题。

1. 我正在从事有关 X 主题的研究；
2. 因为我想要找出 Y（如果你找出了又怎样？）；
3. 从而我能告诉读者怎么做就能修复或改善 Z。

你可以这样讲解你的实用性研究：

我正在做有关有效沟通风险的研究。

为什么?

因为我想找出是什么心理因素导致普通美国人因为一次恐怖袭击高估他们个人面临的风险。

做了这个研究又如何？

接下来我就可以告诉政府，当与民众交流恐怖主义的真正危险时该如何对抗这些心理因素。

学术领域之外实用性问题是最普遍的，特别是在商业领域。在学术界，保健和工程领域也经常问到实用性问题，但更常见的是第三类问题，既不是纯实用性的也不是纯概念性的，我们称之为应用性问题。

1.2.3 应用性问题：在知道怎么做之前我们必须要明白什么？

通常我们知道必须做点什么才能解决实用性问题，但是在我们了解要做的到底是什么之前，必须通过研究来进一步理解它。我们可以称这一类研究为应用性研究。带着这个中间种类问题，我们第三步提出的不是解决一个实用性问题，而是要完成靠近它的一个必经步骤。

我想要弄明白美国人因为“9·11”恐怖事件如何改变了自己的日常生活。

那研究之后又怎样呢？

我们就能理解是什么心理因素导致普通美国民众高估来自恐怖袭击中个人面临的风险。

那之后又怎样呢？

那我们就能了解如何减少那些心理因素的影响。

那之后又怎样呢？

接下来也许美国政府能利用这些信息有效地与民众沟通来自恐怖袭击的真实风险。

应用性问题普遍存在于学术界，比如商业、工程、医学领域，以及各个公司和政府机构内，这些政府机构开展此类研究是为了在解决问题之前先弄明白必须要知道什么。

1.2.4 选择正确种类的问题

一些新手不喜欢纯概念性问题，因为他们认为这些问题太偏理论，与真实的世界关联不大。所以他们要极力拼凑出一个并非真实可信的所谓实际用途，附加在概念性答案上：当我们了解种族如何塑造了阿拉莫故事的政治影响后，我们就能理解种族歧视如何被利用来培养爱国主义，因此消灭种族主义要诉诸于与中东冲突相关的爱国主义。

这种拼凑实际用途的冲动可以理解，但要抵制，除非已经指派给你的研究问题是实用性的或应用性的。你不可能在一份课程报告里解决任何重大的实用性问题，而且大部分学术界的人认定他们的使命是更好地了解这个世界，而不是直接解决这个世界上的问题（虽然这样的想法对问题的解决可能有帮助，也可能没有帮助）。

1.2.5 概念性问题的特殊挑战：回答这样的问题是为了什么？

大多数实用性研究问题不必去回答“这样做是为了什么？”，因为好处通常显而易见。即便是应用性问题，大多数的研究答案中也都暗示了实际的益处：几乎不会有读者去质疑研究者为什么要弄明白阿尔茨海默症的病因。但是概念性问题的研究在回答“这样做是为了什么”时通常没有明显的答案，甚至从事研究多年的人也会觉得没有答案：了解莎士比亚让麦克白夫人在台下而不是在舞台上死去又能怎样？了解一些文化在他们的宗教仪式中使用面具而另一些不用又能怎样？为什么了解这些是重要的呢？

作为一个基础课程的研究报告，任何针对“这样有何意义”的貌似有理的回答可能都会让你的导师满意。所以如果你在你的研究生涯的开始阶段就发现自己纠结于这类问题的话，不要将它看作失败的信号，更不能证明你没有准备好开始从事研究。事实上，你可能直到起草研究报告或者甚至写完研究报告时都找不到“这样有何意义”的答案，而且就算有答案，也可能只对你个人有意义。

但是如果你的研究是要写一篇硕士论文或者博士论文，你就不能只是让你的导师满意了，你的答案必须要让这个领域的其他人（以你的导师为代表）满意，他们将评价你的研究，不但从你给出的答案的质量上，也从你提出的问题的意义上来评价你。资深的研究者明白，有些读者，也可能会有很多读者，一边读报告一边想：我不认同你。研究者将那视之为分享一项主题有重大意义的研究中不可或缺的部分，他们不能接受的只是毫不在乎的态度。

所以虽然有难度，但是越多去想象别人问你“这样有何意义”的问题，你就越会经常试图回答这个问题，哪怕答案只是让自己满意，你也能更有自信，从而最终学会去胜任每一个资深研究者都要面对的最困难的任务——说服你的读者让他们相信你的报告值得他们投入时间阅读（第 10 章里我们讨论如何写序言部分来吸引你的读者让他们至少愿意开始阅读你的报告）。

2 从研究主题到具体的研究问题再到待证假设

2.1 在研究主题中找到具体的研究问题

2.1.1 搜寻你感兴趣的主题

2.1.2 让主题容易驾驭

2.1.3 针对主题提问

2.1.4 评估你的问题

2.2 提出待证答案

2.2.1 确定待证假说

2.2.2 了解待证假说的风险

2.2.3 如果找不到答案，就支持你的提问

2.3 构建故事板来计划和指导你的工作

2.3.1 表述研究问题和待证假说

2.3.2 说出你的理由

2.3.3 简述你要找的证据类型

2.3.4 把握全局

2.4 组织一个写作支持团队

一项研究不只是搜集资料，它在你上互联网或者去图书馆查资料之前就要开始了，并且在你准备好自己认为所需要的所有资料之后还要持续很久。在那个过程里，你要面

对数不清的特殊任务，这些任务都针对五个总体目标。你必须做到以下各项：

- 问一个值得回答的问题。
- 找到一个可以用你的合理推理得出的答案。
- 找到可靠的证据来支持你的推理。
- 起草报告，完美呈现你的答案。
- 修订报告，直到读者认可你完成了前面的四项目标。

你甚至可以将这五项目标粘贴在你的工作室里。

如果你可以轻松完成这几步，研究工作应当是容易的。但是你会发现（或很快会发现），研究过程和写报告绝不可能只有那么简单的几步。手上在做一项任务的时候，要朝前看几步了解以后的任务，同时回顾以前的任务，你会一边阅读一边改变研究主题；一边起草研究报告一边搜索更多的资料，甚至在修改报告的过程中发现一个新的问题。研究工作是迂回前行的，是不可预见的。但是只要你心中有计划，这个过程就是可控的，即便你知道你将要背离原计划。

2.1 在研究主题中找到具体的研究问题

研究者以不同的方式开始工作。许多有经验的人会以一个该领域内其他人也想回答的问题来开头：*是什么导致了多数北美大型哺乳动物的灭绝？*还有一些人在研究刚开始时还只是在思想上有个模糊的痒点，令他们抓挠不止。他们也许不清楚到底是大懒兽和乳齿象的什么方面令他们困惑，但是他们愿意花时间搞清楚是否可以将这个痒点变成一个值得回答的研究问题。

他们知道最好的研究不是那些只能提供答案本身的研究，而是可以帮助他们理解更重大的主题的研究（*这样做有何意义*的问题又来了）。例如，如果我们知道为什么北美大懒兽消失了，我们或许可以回答一个更重要的困扰着许多人类历史学家的问题：*早期美洲原住民是否像某些人认为的那样与自然和谐共处呢？或者正是他们对大型动物的猎杀导致它们的灭绝？（我们如果了解了这个问题，我们将能够进一步了解……）*

接下来还会有一些问题匆匆闯入研究者的头脑，没有任何迹象显示这些问题会导向何方，有时这些问题看上去很琐碎，只有研究者本人认为值得回答：*为什么咖啡溢出来干了之后呈环形*？这样的问题也许没有研究方向，但是你也不确定，直到你找到答案。事实上，这位被咖啡环困扰的科学家在流体运动方面有了发现，而这个发现是该领域内的其他人认为非常重要的——也被油漆制造商看作是很有价值的。所以谁知道你带着一个问题会往哪儿走？就好像“*阿拉莫战役前夜有多少只猫睡在阿拉莫*”的问题，你除非弄清楚了答案，不然不会知道这问题引领我们去向何方。

事实上，一位研究者最有价值的能力就是能被普通事务所困扰：好比咖啡环的形状；或者为什么莎士比亚让麦克白夫人死于台下而不是在舞台上；又或者你的眉毛为什么不会长得像你头上的头发一样长。培养这种在司空见惯的东西里找到古怪的能力，你就绝不会缺少研究项目，不论是作为学生还是作为专门的研究人员。

如果你有一个主题了，跳过 2.1.3，在主题中找到研究问题。如果你已经有一两个问题了，跳过 2.1.4，用里面所列的标准来检验你的问题。如果你还在找研究主题，下面这个计划可以帮助你找到它。

2.1.1 搜寻你感兴趣的主题

如果你挑选到一个适合你这个领域研究的主题，那么问问下面这些问题：

- 什么题目是你有些许了解的？而你需要学到更多。
- 哪些是你想要了解得更多的？地点？人物？时间？事物？想法？过程？
- 你能否在网上搜到与你感兴趣的主题有关的一系列讨论？
- 对于你所在领域内的有些主题，你是否已经在同他人辩论的过程中有了立场，但是发现没有办法用更好的推理和有力的证据支持自己的观点？
- 你所在领域之外的人对该领域的哪些主题有误读？
- 你的导师在从事什么主题的研究？她希望你参与其中吗？别害羞，别不敢问。
- 你们的图书馆在某些领域有丰富的资源吗？问问你的导师或图书管理员。
- 本领域还有哪些课程是你要上的？你的领域之外还有别的课要上吗？找到课本浏览一下寻找研究问题。

■ 如果你属意一份工作，什么样的研究报告能帮助你得到它？雇主们会经常要求申请者提供他们的工作样本。

你也可以查阅出版物来获得思路：

■ 查一查你的专业领域内的一些特殊索引，例如《哲学论文索引》、《地理学文摘》、《妇女研究摘要》等，浏览一下里面有些什么主题（见参考书目，找到你的领域，分类2条目）。

■ 浏览这样一份刊物，上面刊登了对你所在领域的本年度研究的回顾（见参考书目，找到你的领域，分类2条目）。

学术研究旨在分享，它带来的见解在未来对你是有价值的。因此首先要考虑：找一个从现在起一年内都对你有助益的项目。记住，你可能要与这个研究主题相处很长的时间，所以确保它足够吸引你，能够让你在困难中坚持完成它。

2.1.2 让主题容易驾驭

如果你拿到一个主题，名字听起来像一本百科全书的条目——桥梁、鸟儿、面具——你会发现相关的资源多得你一辈子也看不完。你必须从中切出一个你能驾驭的题目。在往图书馆跑之前，先缩小你的主题，使之可以反映出你某方面的兴趣，比如是什么让你选择面具？它有哪些独特的方面让你感兴趣或让你困惑？将你的主题放到一个你有一些了解的语境中去，然后思考用更多的词汇来表述这个知识点。

宗教仪式中的面具；

霍皮人宗教仪式中作为象征符号的面具；

霍皮人生育仪式中象征天神的泥头面具。

可能一直要等到开展相关的阅读之后你才能聚焦主题，那是需要时间的，所以要早一点开始（你可以在网上完成大量的准备工作）：

■ 首先在综合性百科全书里找到有关主题的综述（见参考书目，综合资源，分类2

条目），然后针对某一特定方面进行阅读（参看你的领域，分类 2 条目）。

■ 浏览对相关主题的概括（百科全书条目里通常会引用一些）。

■ 浏览你所在领域的年度参考书目，看看相关主题下的次标题（见参考书目，找到你的领域，分类 4 条目）。这样你就能着手拟定书单了。

■ 在网上搜索该主题（评估网上资源的可靠性；见 3.4.3）。

能够引发辩论的主题是特别有用的：费希尔认为万圣节面具揭露了孩子的原型恐惧，是这样吗？即使你无法解决这样的争论，你也可以学学怎么开展这样的辩论。（更多内容见 3.1.2）。

2.1.3 针对主题提问

不要只提问一次，提问要一早开始，而且要贯穿始终。要边阅读边提问，特别是怎样和为什么的问题（见 4.1.1–4.1.2）。尝试下面这些种类的提问（这些分类是不精确和部分重叠的，不必纠结于区分它们）。

1. 问问如何将主题嵌入更宏大一些的语境里（历史的、社会的、文化的、地理的，或者经济学的等）。

■ 你的主题如何融入更大的故事背景？面具的前身是什么？面具是如何出现的？为什么？面具为社会以及地理环境的其他方面带来了怎样的变化？那是如何产生的？为什么会这样？为什么面具成了万圣节的一部分？面具为什么能以及如何帮助万圣节成为圣诞节之后美国最盛大的节日？

■ 你的主题如何在更宏大的体系中体现它的功能？面具如何反映特定社会价值和文化价值？面具在霍皮人舞蹈中充当什么角色？在惊悚电影中呢？在化装舞会中呢？因为什么目的使用面具而不使用其他伪装？克奇那神面具的兴起如何影响了传统图案？

■ 你的主题与类似其他主题相比较或相对比如何？美洲原住民的面具与非洲人的面具有什么不同？万圣节面具与马尔第·格拉斯狂欢节有什么关系？面具与美容外科有何关联？

2. 问问作为独立的实体，事物的本质是怎样的。

- 你的话题随着时间如何演变？为什么？未来会如何？圣诞节面具如何演变？为什么？美洲原住民的面具如何演变？为什么？
- 有关你的主题的各个部分如何组合成一个体系？面具中的哪些部分在霍皮人仪式中最重要？为什么？为什么有些面具只盖住眼睛？为什么很少有面具只遮盖脸部的下半端？
- 你的话题有多少不同的分类？万圣节面具有哪些不同种类？这些面具有哪些不同的品质？这些面具有哪些不同的功能？

3. 将肯定句式的提问换成否定句式的提问：为什么面具没有成为圣诞节的一部分？美洲原住民的面具与非洲人的面具缘何没有不同？在宗教仪式中，面具的哪些部分典型性不显著？

4. 问问推测性问题：为什么面具在非洲国家宗教仪式中很常见，在西方国家宗教仪式中不常见呢？为什么孩子们在万圣节戴上面具比成年人戴上面具要舒服些呢？为什么身着伪装的猎人不戴面具呢？

5. 问问如果……会怎样？如果你的主题根本就没存在过，或者已经消失了，或者被置于一个新的背景中了，会有何不同？

除了因为安全因素而戴面具的情况之外，大家如果都不戴面具会怎样？如果电影和电视节目也像希腊戏剧一样，所有演员全部戴面具会怎样？如果相亲时按传统就是要戴面具的话会怎样？在婚礼上呢？在葬礼上呢？

6. 提出对某文献不认同：如果某文献的研究主张在你看来站不住脚或者根本就是错误的，将你的这种想法作为研究问题提出来（见 2.1.4）。

马丁内斯认为狂欢节面具能独有地允许佩戴者逃离社会规范，但是我认为宗教面具也允许佩戴者逃离物质世界进入精神世界。是否有更大的模式可以囊括所有的面具，让人在社会和精神生活中有多个存在形式？

7. 建立在共识上的提问：如果某文献的主张在你看来是有说服力的，你可以提出问题来拓展它（见 4.1.1）。

伊莱亚斯指出假面舞会在 18 世纪的伦敦开始流行是源于社会迁移引起的不安。同样的不安情绪能否解释发生在其他国家首都的类似情况呢？

你也可以问问，是否可以用更多的证据支持相同的论点：

伊莱亚斯完全靠出版文献来支持其假面舞会的论点，这个论断是否可以由未出版文献，例如信件、日记作为证据提供支持呢？

8. 类似主题已经被人提问过，是否可以模拟类推一些问题。

史密斯从经济学角度分析了盖茨堡战役，针对盖茨堡战役的经济分析会发现什么呢？

9. 寻找其他研究者提出来但没有回答的问题。许多期刊上的论文结论部分都有一两段是开放式的，涉及的问题和思想都需要更多的研究。你不太可能做完他们建议的所有研究，但是你可以从里面切出一部分来。

10. 在网上寻找与主题相关的讨论，然后“潜伏下来”，阅读有关的学术对话，弄明白是哪些类型的问题列入其中。如果你用搜索引擎找不到这样的列表，问问你的老师或访问该领域内的专业机构的网站，找到那些可激发你兴趣的问题，你甚至可以直接采用列表上的问题，只要它们很具体、聚焦面够窄，但是别急，看看这些来自学生的问题是否受欢迎。

2.1.4 评估你的问题

不是所有的问题都同样有用，所以评估一下你的问题，将那些不可能产生有意义的结论的问题废弃。如果以下各情况存在，那就要重新考虑。

1. 你很容易回答下面的问题。

- 你可以查得到：*纳瓦霍人的舞蹈用什么面具？*
- 你可以综述文献：*有关面具和恐惧，费希尔说过什么？*

2. 找不到证据来支持自己的答案。

- 没有相关事实存在：*玛雅人面具是以外星人为模板的吗？*

- 你的提问基于偏爱和口味：**巴厘岛人面具和玛雅人面具哪个更漂亮？**
- 你必须阅读大量的资料：**面具是如何做出来的？**你一定不想挖地三尺在数不清的文献中去寻找最佳证据（这通常是因为研究问题太宽泛所致）。
- 你拿不到读者眼里关键的文献。即使在中等级别的研究项目里，人们期待的都是最好的文献，这对于硕士论文和博士论文是最基本的要求。如果你无法获得这些文献，那就另找一个研究问题吧。

3. 不能凭经验来否定一个答案。

- 答案看上去是不证自明的，因为证据一边倒地支持一个答案。**因纽特文化中面具有多重要？**答案显而易见：很重要。如果否定一个论断是不能想象的，拿去证明它也是没有意义的。（另一方面，一个看上去完全正确且可以不证自明的论断被人质疑的话，质疑者将赢得世界级的声望——太阳围绕地球转——他们敢于挑战这个论断。）

不要拒绝一个提问，即便有人问过这个问题，也要继续探索它的答案，就好像它是你第一次提出来一样，直到你明白了答案是什么。即使有人回答过这个问题，你也可以给出一个更好的回答或者至少赋予一个新的观点。事实上，在人文社会科学领域，最好的问题通常会有超过一种合理的答案。你可以通过比较或对比有竞争性的答案来组织你的研究课题，从而来支持一个最合理的答案（见 6.2.5）。

研究的关键是找到一个你想要回答的问题。大多数学生，包括研究生和本科生，认为教育的目的就是记住那些既定答案来回答别人的问题，可这是不对的。教育的目的是学会为自己的问题寻找你自己的答案。要这么做，你就必须学会思考，学会质疑那些看上去即便是最普通的东西。

2.2 提出待证答案

在你深入课题之前，再多走一步。这一步是一些新手很抗拒的，但是资深科研人员却经常尝试。一旦你有了提问，想象一些可能的答案，不管答案是多么粗浅或者仅仅限于推测，在这个阶段，不要担心答案是不对的，因为总需要知道。

例如，假设你问，**为什么有些宗教在仪式中用面具而有的宗教不用？**你可以猜测：

可能神灵较多的文化需要面具来区分它们。

可能面具在宗教和医药相混合的文化中较普遍。

可能起源于中东的宗教受到犹太人反“偶像崇拜”禁忌的影响。

即使概括性的回答也能显示出某些值得探讨的地方：

可能它与文化中非宗教领域的面具所担当的角色有关。

至少试着去想象一个可能的答案，不论它多么没有把握多么不确定。如果经过许多研究之后你还是不能证实它，你也可以围绕它撰写研究报告：为什么这个答案在当时看上去有道理，现在却是错误的，而且不值得其他研究者再花时间。这样的话，你的研究本身对于围绕该课题展开的对话就是有贡献的（见 10.1.1–10.1.2，如何对待表面看上去很好，后来又证明是错误的想法）。

实际上，我们可能要找两三个可能的答案。即使你倾向于其中之一，也可以通过其他答案来反证并完善它。在任何情况下，如果你不能指出为什么他人的答案是错的，你就不能说这个答案是对的。甚至在科研进行的刚开始阶段，也要将你的答案用尽可能清晰和完整的方式写出来，因为你很容易会觉得自己有了一个清楚的想法，其实可能并没有。将一个模糊的观点用文字表达出来是阐明它的最好办法，也是让你发现自己其实无法阐明它的最好办法。

2.2.1 确定待证假说

如果一个答案看上去比较靠谱，可以将之作为待证假说，并用来指导你的研究。当然，你可以只依靠一个研究问题来指导自己寻找证据，因为任何问题都能够对貌似合理的答案的数量有所限制。但是即使最没有把握的待证假说也有助于你提前思考，尤其是思考什么样的证据是你需要的并可以支持你的观点的。你需要数字？文献摘录？观察？影像？历史史实？更重要的是，什么种类的证据会反驳你的假说？回答这些问题，你就能了解什么样的资料你需要留意并保存。事实上，在你想出待证假说之前，你不可能知道搜集的资料是否与任何一个值得一问的问题相关。

如果你想不出任何待证假说，那就再思考一下你的研究课题，重新审视你列出的一系列探索性问题，找到一个你能回答的；如果你跳过了那一步骤，就回到 2.1.3，你可能需要找一个新课题重新开始了。短期看来，这很花时间，但是它却可以将你从一个失败的研究计划中拯救出来。如果你在写硕士论文或博士论文，也许可以等得久一点，一边阅读一边思考，让某个假说慢慢牢固起来，但是除非看见某个答案的哪怕一点点希望，否则不要在这个课题中陷入太深。

任何情况之下，都不要拖延对待证假说的思考，不要拖延到起草报告时再开始，或者更糟糕，拖到你几乎完成报告才去思考。在写作过程中，不到最后一页，你都不可能为自己的问题确定最佳答案，写作过程甚至修订本身就是一个不断发现的过程，但一定不要等到写到最后一页才开始思考某个答案。

2.2.2 了解待证假说的风险

太快确定最终答案不是个好主意。很多新手以及一些有经验的研究者，因为担心思想出现偏倚，都不敢在课题中设想任何待证假说，即便他们已经略微有了些想法。那样做的确有风险，但是待证假说不意味着关闭心灵拒绝更好的思想出现。即使是目的性很强的科学家，他们设计的实验也只检验几个预设结果，而且通常只有一个。实际上，那些不把假说表达出来的研究者通常在心里也会有一个，他们只是不想让公众看到自己倾向于这个假说，免得最后被证明是错误的。

只有当待证假说阻止你看到更好的思想，或者当证据明确显示你应该放弃你却不能放弃时，你的待证假说才意味着危险。所以不要迷恋你的第一个假说，你越是喜欢它，你就越不容易看到它的缺陷。不过尽管存在风险，手握一个有瑕疵的待证假说也比一个都没有要强。

2.2.3 如果找不到答案，就支持你的提问

我们如此看重研究问题，以致你可能会认为，如果你回答不了自己提出的问题，你的研究就失败了。实际上，更重要的是，你的研究可以解释问题为什么应该是这样的，即使没有人这样问，即使研究者给不出答案：龟睡觉吗？为什么打哈欠会传染而犯困不会传染？或者犯困也会传染？这样的研究报告看重的是为什么问题是重要的，以及一个

上佳的答案看上去应该是什么样子的。或者你发现有人回答了你的问题但不全面，或者你够幸运，他的答案甚至弄错了。如果你找不到正确答案，你可以帮助读者，告诉他们为什么一个被广为接受的答案是个错误。（见 10.1.2， 如何在引言中采用这个方案。）

只有当你一个又一个地提出问题时，你才能培养出至关重要的想象力，这是你在任何一个职业追求中都需要的。事实上，有经验的研究者都知道，就算有终极答案，大多数课题也很少有最终答案，因为不存在终极问题。他们知道提出一个新问题和回答一个旧问题是一样重要的，终有一天，他的新问题会成为旧问题而让步给后来的研究者提出的更新的问题。

你的工作就是变成那个后来的研究者。

2.3 构建故事板来计划和指导你的工作

找一张纸，不用很大，你不需要一个详细的计划，一个大概的规划就可以了。但是对于一个历时较长的研究项目，你通常需要详细计划，特别是硕士论文或博士论文这样的研究时间偏长的项目。头脑中能够有的第一个计划通常是一个梗概，以 I、II 或者 A、B 作为列项（见 23.4.2.2）。如果你倾向于提纲式计划，在你的研究历时不长的时候可以用一下。问题是，提纲会迫使你太快将研究具体化从而锁定一个终极版本，而这时你尚未做最完善的思考。

为了避免这个危险，许多研究者，包括学术界之外的人，会在故事板上为较长的报告做方案。故事板就像一个提纲，延续几页那么长，有很多留空的地方可添加相关的资料和研究过程中的各种想法。它比一个提纲要更灵活，它可以帮助你提前计划、搜寻证据、组织论证、撰写初稿、验证终稿。与提纲寥寥几行不同，你可以移动故事板中的各页，而不需要在每次尝试新的组织架构时都要重新打印一份计划书。你可以将各页延展，再将相关各页重新组合，将各小项置于各大项之下，自创一个项目图，可以让你对整个设计和项目的全过程一目了然。

2.3.1 表述研究问题和待证假说

要在故事板的开头第一页的上端，以尽可能准确的方式写出你的研究问题和待证假说。然后加入你认为合理的选项来帮助自己更好地看清楚它的局限和优势。在你思考的过程中加入新的假说，画掉你能证明错误的假说，但是要保留它们，因为在引言里你可能会用到（见 10.1.1）。

2.3.2 说出你的理由

在不同的几页纸的上端写下可以支持你的假说的每一项理由，即使你只有一两条理由（关于理由，见 5.4.2）。可以这样想象，你正向一位友人解说你的研究。你说，*我想告诉别人阿拉莫故事帮助了得州人这个独特身份的形成*。你的朋友于是问，*你为什么这样想？*你给出的理由是概括性的表述：*首先，这些故事歪曲了事实，将重点放在什么是得州人身份的核心内容；其次，这些故事最先用来表明得克萨斯（野性西部）是新型西部边疆……*

如果你只能想出一两个理由（你通常需要更多理由），将占位符放置在每一页的顶端：*理由 3：有关阿拉莫故事的某些东西让得州人感到自己的特别*。如果你知道的只是为什么你需要一个理由来支持自己的答案，那就这样表述：*理由 4：某些东西可以显示阿拉莫故事不仅仅是神话*。当然，每一项理由都需要支持，所以针对每一项理由，都问问“*为什么我要那么想？我需要什么证据来证明？*”那有助于你锁定对证据的搜索（见 2.3.3 和 5.4.2）。

如果你是新手，刚刚接触自己的课题，或者在研究计划中才起步，你给出的理由可能仅仅是你所受的教育能让你做出的一些猜想，而这些猜想是会改变的。如果你对这类猜想不做改变，或许是你对自己不够严格。但是一长列理由，不论在多大程度上只是猜测，它也是最好的框架，可用来指导你的研究，让思想有焦点，并且有理由肯定比完全没有好。

2.3.3 简述你要找的证据类型

每一个领域都有自己的证据类型——数字、引文、评论、历史史实、影像等。针对每一项理由，自己需要什么样的证据类型，要有一个大致的规划。如果你想不出什么样的证据是你需要的，就将该页留白，然后阅读第二手文献来找到该领域内其他研究者所倾向的证据类型（见 3.1.2）。

2.3.4 把握全局

将这几页故事板铺在桌面上，或者将它们粘贴在墙上，退后一步，看看它们的顺序。当你计划第一遍草稿时，你必须将它们每部分分出顺序，所以你最好现在就有个想法。你能在自己的顺序中看到一个逻辑走向吗？起因和影响？叙事时间？相对重要性？复杂性？长度？（更多有关顺序的原则，见 6.2.5。）试试不同的顺序。这个故事板不是你的最终计划，它只是一个指导你思考并将你的发现系统化的工具。

当你填满一页，你就可以尝试拟出那一部分草稿，因为写出你的想法能帮助你思考研究进程中的每个阶段。

某一天，你可能有空闲来慢慢浏览这些文献，读读看什么吸引你，这种散漫的浏览往往会开启研究中的重要方向。但是如果你的报告在一个月左右的时间就到期限的话，你就不能坐等灵光闪现，你需要规划。故事板就是一个简单可靠的办法，可帮助你拟定一个研究计划。

2.4 组织一个写作支持团队

学术研究一般是独立完成的，除非是团队项目，你全程大多都要独自阅读、思考和写作。但是也不必非要如此，至少不必完全如此。找一个你导师之外的人，他能够与你聊聊你的进展，回看你的草稿，甚至讨厌地追问你写出了多少。这个人可以是一个欣然愿意帮忙的朋友，但首先你们能互相沟通双方的想法并写出草稿。

当然最好是一个 4-5 人的写作团队，团队中每个人都在致力于自己的研究，定时会面讨论各自的工作。刚开始时，每次会面可以用一个简述来开始，这个简述总结每个人从事的项目，包含三个部分：*我正在着手主题 X 的研究，因为我想找出 Y，以便我能更好地理解 Z*。当你的项目一路做下去，之后你们再会面就可以用一个“电梯故事”来开始了。这是对你研究的简短总结，是你在去开会的路上，在电梯里可以向人表述的。它应该包含那个三部分句子、一个待证假说和可以支持这个假说的主要理由（见 13.4）。

到了后期，团队成员可互相分享提纲和草稿，以便试读后预见你的最终读者如何做出反应。如果团队对你的草稿提出问题，你的最终读者也会，在你被卡住的时候，团队甚至能集思广益帮助到你。但是对于大多数人而言，写作团队最大的价值在于它赋予了团队一个纪律，当你知道你必须将进展汇报给别人时，会更容易做出一个时间表来。

写作团队对于正在准备本科论文、硕士论文或博士论文的人而言是个常规做法，但是课程报告的规则可能会有些不同。有的教师认为一个团队或一个写作拍档会提供过多不恰当的帮助，所以要与你的指导教师沟通清楚你的团队可以做些什么。如果你没有沟通，她也许会认为你获得的帮助是不妥的（见 7.10）。

3 找到有用的文献

一旦你拥有一个研究问题，至少一个，而且可能有了一个待证假说以及一些假定的理由，你就可以开始寻找文献来支持你的理由并验证假说了。这一章里，我们要解说如何找到这些文献，以及如何运用这些文献。不要认为找到文献和阅读文献是分开的步骤。一旦你手头有了有价值的文献，就要阅读它并随之获取其他文献。当故事板填满笔记时，你会发现其中的差距和新的问题只有更多的文献才能填补。所以当我们讨论把寻找文献和使用文献当作两步来看时，更经常的是，你会重复地做这两件事情。

3.1 了解读者希望你使用的文献类型

这取决于你的经验，读者会期望你使用不同级别的文献：一次文献、二次文献、三次文献（原创、二手、三手），这种分法并不是十分清晰严格，但基本描述了研究者如何看待不同的文献。

3.1.1 阅读一次文献获得证据

在文学、艺术以及历史领域，一次文献就是原创作品，如日记、信件、手稿、影像、电影、电影脚本、录音、乐谱等由作者、艺术家、作曲家创作的东西。这些资料提供的信息如文字、影像和声音，可以用来作为证据支持你的推理。这类资料也可以是具体的物品，如硬币、衣物、工具，和其他不同时期的属于你研究的那个人的人工制品。

在经济学、心理学和化学等领域，研究者主要通过观察和实验来搜集证据。在其他领域，研究者通过访谈来搜集证据。（为了实施有效的访谈，你必须使用可靠的方法来获取你想要的题材，并记录你搜集的信息。）在这样的领域里，证据包括研究者搜集的数据。搜集这些数据的一手来源就是那些首先出版它们的出版机构，包括政府和商业背景的机构以及学术期刊等。

资深的研究者首先会从第一手资料里寻找信息。例如：假设你正着手写阿拉莫故事，你就要尽量去找到那时留下的书面材料，如信件、日记、目击证人笔录等。

3.1.2 阅读二次文献向别的研究者学习

二次文献是分析一次文献的书和文章，通常由其他研究者撰写或者是专门写给其他研究者看的。一篇学术期刊里分析阿拉莫故事的研究报告对于从事该研究的人而言就是第二手资料。二次文献还包括专业百科全书和专业词典里提供的该领域的学者所撰写的文章。以下是使用二次文献的三个目的：

1. *跟上当前研究的脚步*。研究者们阅读二次文献是为了跟上其他研究者的研究进程，了解并汲取他们的思想，促进自己的研究，以期在该领域发表的成果中再添一笔。

2. *找寻其他观点*。一个研究报告只有在了解了其他人的研究并回应了他人的观点，或者回应了读者前瞻性的质疑和异议时才是完整的。你可以在二次文献中找到大部分这样的不同声音。你要了解它们能够在你的观点之外提供什么样的其他可能，它们引述的证据哪些是你必须了解的。一些研究新手认为，如果提及任何与他们意见相左的观点就会有损他们的研究。事实恰恰相反，当你提到不同的观点时，你展示给读者的是，你不仅知道这些观点的存在，而且能自信地给予回应（更多内容，详见 5.4.3）。

更重要的是，你必须利用这些不同的观点来提升你自己的研究。你不可能真正了解自己在想什么，直到你理解了为什么一个理性的人会和你想法不同。所以你要寻找各种文献，不要只看那些赞同你的观点的文献，要同样留意那些与你的观点相悖的文献。

3. *为你的研究和分析找到模板*。你可以用二次文献找出关于你的主题别人写了些什么，还可以了解他们是如何写作的，可将其作为你自己研究报告的文体和格式的范例。把二次文献想象成一个与你交流这个主题的同行，你回应的时候，要让自己听起来像一个对该领域有所了解的人，因此你要尽量弄明白她是如何论证主题的，你要了解她使用的语言，她提供的证据类型，她很少或从不使用的类型。这样的对话要以书面的形式进行，从而使你能模仿文体的细节部分，例如，她是否以长段落写作，或者是否将几页内容拆分开来，使用副标题和要点形式（通常出现于社会科学领域，不常出现于人文科学领域）。

你也可以使用二次文献作为你进行概念分析的模板。例如，如果你正在分析阿拉莫故事，你可以研究某个文献是如何处理卡斯特最后的抵抗的，它的方法是心理学的吗？或是社会学的？历史的？政治的？它的独特论证和证据可能与你的课题不相关，但是你可以用同样的文献和论证来支持自己的观点，甚至可以参照同样的架构。

所以如果你碰到一个文献，并不完全切合你的课题，但是它研究的是一个类似的主题，你可以浏览一下看看这位研究者是如何思考他手中的材料并将其呈现出来的。（如果你只是采用它的普通逻辑方式，你不需要将该文献摘录下来，但是你可以引用它使自己的研究方法更具权威。）

研究者们在找不到一次文献的时候才使用二次文献中的资料。但他们会谨慎使用这些二次文献，因为二次文献中的信息有很高的错误率。如果你正在做一份高级别的研究工作，就需要检查所有来自二次文献的重要引文、事实和数据的准确性。那些在显要位置刊出的报告很少出错，但是他们仍会不小心出错，这比非专业人士认为的以及专业人士承认的要多一些。

当然，如果你正在研究别人如何分析阿拉莫故事，那么这些二次文献提供的分析就是你的一手资料。

如果你新入门，你会发现二次文献不容易阅读，它们有大量的背景知识，并且许多表述不清楚（见 11.2）。如果你正在做的是一个对你而言全新的课题，你可以先从专业的百科全书或者可信赖的三次文献提供的综述概览着手。

3.1.3 阅读三次文献获得研究概览

三次文献以二次文献为基础，通常是写给非专业人士的，它们包括综合性百科全书和词典，以及像《时代周刊》、《大西洋月刊》这样的报纸杂志，还有写给一般大众的商业书籍。编辑上乘的综合性百科全书为很多主题提供了快速综览。但是要明白，网上的百科全书，如维基百科，依赖的是匿名者而不是基于已获认可的研究者仔细编写的条目。维基百科被证明是科学界里相对准确的，但是总的来说，它的质量是参差不齐的，有的甚至是错误的，绝对不能摘录它的内容当作权威的来源。

同样要小心使用杂志和报纸上的文章。有些文章描述的是可靠的二次文献里所报道的研究，但是大多数过于简化或者简单地进行了错误的报道。当然，如果你正在研究的是该文献如何看待这个主题的，例如，大英百科全书中的性别歧视或者维基百科中的恶作剧，你也可以把这类资料当作一手资料。

只要你明白了文献的不同种类，你就可以开始寻找它们了。

3.2 完整记录文献，要准确而适切

在查找文献之前，你应该要知道如何摘录你找到的文献。读者只有在信任你的文献证据之后才会相信你的研究报告。而且，如果他们找不到你的文献出处，也不会相信你提供的证据。作为研究者，你的第一责任就是完整而准确地摘录文献，以便于读者能找到它们。

3.2.1 确定引文格式

大多数领域有其专门的引文格式，两种最常用的格式将在第二部分详细介绍：

- *注释—参考文献格式*（或称*参考文献格式*），广泛适用于人文科学领域和一些社会科学领域（见第 16 章和第 17 章）。
- *作者－年格式*（或称*文中夹注—参考书目格式*），用于大多数社会科学和自然科学领域（见第 18 章和第 19 章）。

如果你不确定要用哪种格式，问问你的导师，在你开始汇编文献列表之前，读一读第 15 章的文献摘录概述，然后按照你需要使用的引文格式，参看针对参考文献格式（第 16 章）或者作者－年格式（第 18 章）的介绍。

3.2.2 记录参考文献信息

为了节省时间避免错误，在你首次找到文献时，记录下你需要的所有信息。大多数这类信息出现在一本书的标题页上，或者在一篇期刊文章的开头部分。你需要的具体信息取决于文献的种类，但是对于每一个文献，要至少记录下面几项：

- 谁写了或编写了这个文献
  - 作者
  - 编辑
  - 译者
- 识别文献的信息

  - 标题和副标题
  - 包含该文献的更大的一个文献的标题和副标题（例如选集、期刊或报纸）
  - 页码，如果该文献出现在一个更大的文献里
  - 卷号
  - 刊号
  - 版次
  - 对于网上资源，提供 URL（全球资源定位器）和搜索日期
- 出版人和出版时间
  - 出版人的名字
  - 出版地
  - 出版日期

为了方便使用，你可以记下美国国会图书馆的图书编目号码，你不必将图书编目号码收入参考文献信息，但是当你必须再一次参看该文献时，你会发现这些图书编目号码是有用的。

某个时候，你需要重新设定参考文献信息的格式，使其符合你所要求的引证格式，因此你必须用所要求的格式记录资源信息。你可以参看图表 16.1 和第 17 章来了解参考文献格式，参看图表 18.1 和第 19 章来了解作者 - 年格式。

在你记录这些信息时，你会很想找捷径，因为这是枯燥的工作，而且有关逗号、句号、括号的用法的规则，让人觉得吹毛求疵。但是，没有什么东西比一份不恰当的，或者不完整、不准确的文献引证更能让人看出你是个新手。所以要养成习惯，在你开始动手研究的那一刻起，要完整准确而恰当地记录下每一份文献的识别信息。有的电脑程序能自动为你的摘录进行格式处理，它们是有用的助手，但是它们不能替代你自己所了解的有关正确的引文格式和引证方法的知识，而且不是所有软件都能完美运行。

3.3 系统查找文献

当你在查找文献时，必须要做到系统化，因为如果你漏掉了重要的一点，你的可信

度将大大降低。

3.3.1 找个对你的主题有所了解的人

你可以先问问周围，找一个对你的主题有所了解和对相关的引文格式的标准有所了解的人：高年级的学生、教员，甚至学术圈子之外的人。你可以在电话本的黄页上查找，你不可能一定能找得到一个合适的人，但可以碰碰运气。

3.3.2 浏览互联网

上大学之前，许多学生只是在互联网上做研究，因为他们的高中图书馆太小，也因为他们只需要找到小部分文献就可以了，还因为他们的老师对查找的资源的质量没有特别的要求。然而，在很多领域，重要且意义重大的研究越来越多，它们的成果或者已出版，或者在网上已归档，因此你可以经常使用学者搜索引擎做些有用的初期工作。例如谷歌学者（Google Scholar）。最好的搜索引擎不仅能给你提供一个可利用的资源的大致情况，还可以识别出某个特定文献被其他书籍或相关主题的其他文章转引了多少次。（如果你找到的文献被其他作者引用了成百上千次，你就应该要让自己去熟悉这些文献。）网上数据库和搜索引擎也经常在搜索结果与搜索关键词之间建立关联。在研究的这个阶段，追随相关搜索术语有助于你将自己的研究问题放入一些语境里，这些语境可能未曾进入你的思想中。但是如果你只是搜索互联网，你会错过重要的资源，这些资源是你只有通过在图书馆里逛逛才能找到的，如果你的图书馆目录上线了，你可以从那里开始（见 3.3.6）。再次强调，如果制订了计划，你会非常有效率。

3.3.3 与管理参考书的图书管理员交谈

如果你不知道如何找到自己需要的文献，问一下图书管理员。大多数大学的图书馆开放文献检索室供查找文献，提供特色馆藏，以及举办简短的讲座告诉你如何搜索目录、数据库和其他信息资源。如果你是个研究新手，把握每个机会学习你所在领域的网上搜索技术。

你可以向专门负责你所在领域的图书管理员咨询，他们不会直接为你找文献，但是他们会帮助你去查找。如果你有一个研究问题，与他们分享一下：**我在找有关 X 的资料，**

因为我想要弄明白……如果你有待证假说和理由，也与他们分享一下：我在找文献为了阐明 Y（你的理由），因为我想要主张 Z（你的假说）。演练一下你的问题，以免浪费你的时间以及别人的时间。

3.3.4 在图书馆资料区浏览

所有领域的研究者都有基本相同的价值观和思维习惯，但每个领域都有其自身的研究规则。为了了解你所在领域的研究规则，浏览图书馆文献检索室的书架，那上面有针对你所在领域的专门研究方法、数据库和特殊文献指南（见参考文献，你所在领域，分类 3）。至少要让你自己熟悉以下资源（见参考文献，你的领域文献列表，分类 4，许多在互联网上都可以查到）：

- 你所在领域每年出版的作品的参考书目，例如心理学索引和教育索引。
- 跨年度的针对某个特定主题的所有作品的参考文献总览（《文献索引》就是所有参考文献的参考文献）。
- 报纸和专业期刊上的文章的文摘汇总。
- 全年作品回顾，在你的领域找个标题类似“有关……的评论”。
- 新的领域内的一些网址，由私人或学术团体维护。

如果你知道了一些有关你的主题的二次文献，你就可以开始寻找更多的实质性文献（跳到 3.3.7-3.3.8）。如果你还没有相关知识，你可以从某些专门的参考书籍着手。

3.3.5 浏览专业参考文献

在相关专业百科全书和辞典里查找主题，例如《哲学大全》（*Encyclopedia of Philosophy*）、《简明牛津词典文学术语》（*Concise Oxford Dictionary of Literary Terms*），在那里你可以找到相关主题的综述概览，并且通常会有一系列标准的一次文献、二次文献（见参考文献，你所在领域，分类 1 和分类 2）。

3.3.6 搜索图书馆目录

书中主题词。如果你要找一本最新的与你的主题相关的书，去你所在图书馆的在线目录查找，找到它在美国国会图书馆的主题词；它们都会出现于在线条目的下端，例如，本书包含两个主题词的在线条目为：

1. 论文、学术　　2. 学术写作

你可以键入主题词来搜索该主题的其他书籍。大多数这样的文献会有更多的主题词，能够引导你了解更多的资源，甚至是无穷无尽的资源。

关键词。可以用你的研究问题和待证假说里的关键词来搜索网上目录——阿拉莫、得克萨斯独立、詹姆斯·鲍维。如果你找到的标题太多，就从最知名的大学出版社十年内出版的作品入手。要扩大搜索面的话，可以登录 Worldcat，如果你的图书馆有订阅的话。你也可以搜索美国国会图书馆的在线目录 http://www.loc.gov，它有链接可以连接到各个大学目录。早点动手开始吧，如果你希望通过网际间借阅拿到书的话。

文章。如果有关你的主题的大部分资源都是文章，就到你图书馆的在线数据库里找一篇最近发表的文章。它的数据库条目会包含一系列关键词，搜索这些关键词来找到有关主题的更多文章。在大多数情况下，你只要点击这些文章就可以了。你也可以用关键词搜索图书馆目录。一些数据库会提供期刊论文的概述部分，你可以浏览它获取检索术语。

3.3.7 搜索期刊文献指南

如果你从前做过研究，你可能对年度指南很熟悉，例如《文学期刊读者指南》（*Readers' Guide to Periodical Literature*），其中引用了报纸杂志等资源，大多数专业领域每年都有针对二次文献的作品指南，例如《艺术概览》（*Art Abstracts*）、《历史概览》（*Historical Abstracts*）、《人类学概览》（*Abstracts in Anthropology*），见参考书目，你所在领域，分类 4。这些大多在网上可以获取，也可以通过其他数字形式获取。

所有这些资源会引导你进入更多资源，但是它们都不能替代图书馆内的搜索，图书馆里的搜索会让你找到出乎意料之外的有用文献。

3.3.8 浏览书架

你可能认为网上搜索比在图书馆里查阅要快捷，但是它也可能更慢。如果你只是在网上搜索，你可能会错失关键的文献，这些文献有可能只能在图书馆里找到。更重要的是你可能会错失机缘巧合之下的意外所得——偶遇一个文献，一个你只能亲自去找的文献。

如果你被允许进入书籍陈列室（你想要查找的书都放置在那里），找到放置你要找的主题的书籍的书架，浏览书架上的那些书目，也看看上面的和下面的，以及旁边的架子，然后转身看看身后的那些书目，你绝对想不到你的意外所得。当你瞄到一本标题很对路的书时，尤其他还是某大学出版社出的，装订很新，看看它的目录，然后在索引部分查找与你的研究问题和答案相关的关键词，然后浏览它的参考书目，寻找那些与你的课题相关的标题。你在书架上做这些比在网上做要快得多。

如果这本书看上去很对路，快速读一下它的前言和简介，如果它看上去仍然很对路，将它放于一边，等着细细阅读。即使它看上去不太相关，也要记下它在美国国会图书馆的书号和参考资料信息（作者、标题、出版社、出版日期等；详见本书第二部分），然后用几个词总结一下，这本书看上去都讲些什么内容，一个月之后，你可能会发现它比你当初认为的要更有用。

你可以搜索目录在网上找到更多期刊，但是在图书馆的期刊区域浏览会更有成果。找到那些文章对路子的期刊，浏览其目录，查找过去十年的，多数卷宗都有一年的目录汇总。快速看看附近架子上的期刊，浏览一下最近的目录，你会惊奇于自己能多么频繁地发现相关的文章，而这些文章是你完全网上搜索时会漏掉的。

如果你新进入一个领域，你可以通过目测来粗略地对期刊的学术质量有个印象，如果它纸张光滑，有很多的插图，甚至有广告的话，它很可能是纪实性的而不是学术性的，这些迹象虽不能准确无误地表明学术研究的不可靠程度，但是也值得留意。

3.3.9 对于尖端课题，追随参考文献里的研究轨迹

如果你身处高级阶段的研究中，要使用资料中的参考文献来搜索新的资源，再用它们的参考文献来找到更多文献，如下所示：

- 浏览有关主题的最新出版书籍的参考文献，找找看有没有什么作品在所有书籍中或大部分书籍中被提到，连同该作品作者的其他已出版成果也要看看。

■ 如果你找到一个有用的文献，看看它的索引，找找那些在四页那么多或者更多页面上出现了的作者。

■ 看看期刊文章的前几段里的研究综述部分。

■ 查看最新的博士论文，甚至那些与你的主题模糊相关的论文。几乎所有的博士论文都要在第一章或第二章里对该方面的研究进行回顾。

新的文献是最好的，但是你也可能发现一个旧的资料，其信息被长时期忽略了。

3.4 评估文献的相关性和可靠性

你可能会发现比自己能用到的要多得多的文献，所以你必须评估它们的有用程度，这可以通过按两条标准快速浏览文献来确定：相关性和可信性。

3.4.1 评估文献的相关性

一旦你认定了一本书是可能相关的，请按照下面的步骤有序进行浏览：

■ 如果它的索引引出了与你的问题和答案相关的关键词，快速浏览那些出现了这些关键词的页面。

■ 快速浏览它的引言部分，特别是这部分的最后一页，作者通常会给出全文的概要。

■ 浏览最后一章，特别是前六七页和最后六七页。

■ 如果你有时间，以同样的方式阅读看起来相关的章节，特别是那些在索引里列出了许多你需要的关键词的章节。

■ 如果这个文献是个论文集，看看编者的介绍部分。

要确保你正在阅读的是一本书的最新版本，研究者会随着时间的推移改变他们的观点，对其进行修订，甚至抛弃之前的观点。

如果你在做高级研究，阅读那些有价值的文献的书评（见你的领域，参考书目，第 4 部分）。

如果你的资料是篇期刊文章，要以如下所示来做：

- 阅读摘要，如果有的话。
- 浏览引言的最后两三段（或者其他类型的开篇部分），将任何称之为“结论”的部分看完。
- 如果该文没有独立出来的引言和结论，浏览它的前几段和最后几段。
- 如果有次标题，看看每个次标题下的第一段或前两段。

如果你的资源在网上，你要这么做：

- 如果它看上去像印刷出来的文章，就按照期刊论文的那些步骤做。
- 浏览任何一个标识为“引言”、“总览”、“综述”的部分或类似的部分，如果没有这样的章节，寻找一个标有类似“有关该网址”的链接。
- 如果网址上有一个链接标有“网址地图”或者“索引”，跟着它查找列表，寻找与你的主题和答案相关的关键词。点击浏览这些页面。
- 如果网站有搜索功能，键入你的主题关键词。

3.4.2 评估纸质资料的可靠性

在阅读之前你是没有办法判断一个文献的可靠性的，但是也有一些迹象可循：

1. 作者是有名望的学者吗？大多数出版物会引用作者的学位认证，你可以通过搜索引擎获得更多信息。大多数知名学者是可以信赖的，但是要谨慎的是，如果主题是一个有争议的社会问题，例如控枪或堕胎，即便有名望的学者也会别有用心，特别是当他们的研究是由一个特殊利益集团来资助的时候。

2. 这个资源是最新的吗？许多知名学者写书写文章推广别人的研究，但是当你读到这个三次文献的时候，它们可能已经过时了。一个文献的时效是因主题不同而异的，所以要与某个了解你所在领域的人确认这一点。社科领域的期刊超过十年已经是极限了，书大概 15 年左右，人文学科的出版物生命力会更久一点。

3. 该资源是否由具有声望的出版社出版？你可以信任大多数大学的出版社，特别是那些著名学府的出版社。在他们出版一份手稿之前，会请专家来评阅（称为同行评议）。你也可以信任某些领域的商业性出版机构，例如文学界的诺顿出版社，科学界的 Ablex

出版公司，或者法律界的西方出版公司。对于商业书籍中那些提出了某些煽动性主张的，要持怀疑态度，即使它的作者后面有个博士的头衔。

4. 这篇文章经过同行评议了吗？大多数学术期刊，不论印刷品还是网上资源，都只发表经过了同行评议的文章。几乎没有商业杂志会采用同行评议，更少商业杂志会去确认有关作者的各项信息。如果一份报告没有经过同行评议，要谨慎使用。

5. 这个文献受到了好的评议吗？如果该文献是一本一年多以前出版的书，它可能会在该领域内被某本期刊评议过了。许多领域有已出版作品回顾索引，能够告诉你别人对某个文献是如何评价的（见参考书目）。

6. 这个文献经常被别人引用吗？通过看别人是否经常引用它，你大概可以估计出一个文献的影响力有多大。要确定这一点，可以参看引文索引（见文献目录，你的领域，第四部分）。

这些迹象不能确保一个文献是可靠的，但是可让你对它更有把握。如果你找不到可靠的文献，那么要承认你手上资源的局限性。当然，当你发现原本以为可靠的一个文献竟然是不可信的时候，也许正好是你找到了一个令人兴奋的研究问题的时候。

3.4.3 评估网上文献的可靠性

你在评估出版物的可信度时，也要评估网上资源，而且要更谨慎。可信赖的网上资源的数量每天都在增加，但是它们仍然只是错误信息的泥潭中的小岛。如果你只能去互联网上寻找资料，那么可以用下面这些标识可信度的迹象来寻找网站和网上出版物：

1. 网站是有声誉的组织资助发起的，一些由个人开办的网站是可信的，但大多数是不能信赖的。

2. 它与一个可信赖的专业性期刊有关。

3. 它是对可信赖的出版资源的补充。期刊用网络承载作者与读者之间的讨论，提供最新的尚未入图书馆的信息、将未曾出版文章中出现的资料归档，展示某些因为太昂贵而无法印刷出来的插图插画，许多政府和学术界的数据库都是只在网上开放的。

4. 它不积极拥护或反对有争议的社会性问题。

5. 它不支持狂野的主张，不攻击其他研究者，不采用不逊的语言，不犯拼写、标点和语法上的错误。

6. 它可以显示网络最近更新的时间，如果没有日期显示，则要小心。

只有当学术界的读者信任网站的维护人时，该网站才可信。如果你不知道是谁在维护网站，要持怀疑态度。

网上服务现在提供许多时效已过的旧文章的可靠版本。你能在许多大学网站找到编撰良好的文本，这像是“一站式采购”，你完全不需要挪窝儿。然而网上服务与大学的图书馆相比远不够全面。使用网络不可能教给你在真正的图书馆里做科研时学到的东西。某一天，任何出版物都会在网上出现（这样的未来带给一些研究者复杂的感受）。但在那之前，网上的浏览不能替代在图书馆里查找资料。

3.5 超越常规参考书目

如果你在写一份课程报告，你通常要缩小关注面，专注你所在领域里通常使用的资源种类即可。但是如果你做的是高级研究项目，例如硕士学位论文和博士学位论文，那你需要搜索这些种类之外的资源。例如你正在做一个项目，如有关农业变化造成的经济影响如何作用于 1600 年的伦敦粮食市场，你可以去阅读一些伊丽莎白时代的戏剧，看看描绘劳工阶层生活的绘画，或者找找由宗教人士撰写的有关社会行为的评论。反之，如果你正从事的研究是对伦敦日常生活的可视性表现，你也许要着手整理当时当地的经济史。你不可能在一份短篇报告给予的有限时间内完成这样的工作，但是当你做一个大课题，有几个月的时间来研究时，要努力超越与你的研究问题相关的那些标准参考资料。你这样做不仅丰富了自己的专题，也扩大了你的参考知识范围，提高了自己汇总多类型资料的能力，这种能力是一颗探索不止的心灵必不可少的重要能力。

4 与文献交互

一旦你找到了值得仔细阅读的文献，就不要再机械地阅读，只是做些资料挖掘和记录的工作。记笔记不是书记员式的工作。当你经过思考之后对一个文献做记录时，你不仅仅是在记录它的文字和想法，也在对它的潜在含意、对其可产生的结果、存在的缺点和带来的新的可能给予反馈。与你的文献交互就如同它的作者正与你坐在一起，渴望一次交谈（你应该同样想象你的读者如何与你进行交互）。

4.1 大量阅读以期深入理解文献，以批评眼光走进并评价文献

找时间来阅读最有价值的那些资料，至少两遍，第一遍快速大量地阅读，并依照文章的措辞来理解。如果很快你有了不同意见，有可能是产生了误读或者文章的某个弱点被放大了。

接下来，你慢慢再读，带着批评的眼光，就像你在询问一位朋友，友好而切中要点。想象他或者她怎么回答，然后接着再问。如果你持不同意见，不要就此放弃文献：在阅读中让它激发你的创造性思维。

你可能无法完全走入文献里，除非你有了一定的阅读量，形成了一些自己的想法。但是从一开始，就要小心变成一个消费者被动阅读，应该以一个参与其中的合作者的身份积极而创造性地阅读。在某种情况下，你必须找到办法超越你的文献，即使你赞同其中的观点，而且越早越好。

4.1.1 在创新中寻求认同

当一个文献与你的观点相一致的时候，这是幸福的时刻。但是如果你只是被动地认同，你就不可能形成自己的观点。所以当你全面了解文献中的讨论所涉及的范围以后，想办法延伸你的文献所主张的东西：它可以覆盖哪些新的案例？它可能提供哪些新的观点？有没有一些确定的证据是你的文献未曾考虑的？下面这些方法可以让你对文献寻求创造性认同。

4.1.1.1 额外援助。你有新的证据来支持文献的主张。

史密斯用传闻这样的证据来说明阿拉莫故事在得克萨斯州之外的神话地位，其实研究大城市的新闻报纸可以提供更加有力的证据。

1. 文献用旧有的证据支持一个主张，但可能你能提供新的证据。
2. 文献用以支持该主张的证据很弱，也许你能提供更强的证据。

4.1.1.2 确认未经证实的主张。针对文献中的假说和推断，你可以给出证明。

史密斯推荐用可视化来提高体育成绩，针对运动员心理活动的研究显示了为什么可视化是个好的建议。

1. 文献只推测 X 可能是正确的，但也许你给出的证据显示它绝对是正确的。
2. 文献只是假设了 X 有正确的可能，但是也许你可以证明它。

4.1.1.3 该主张有更广泛的应用。你可以将一个主张延伸到新的领域。

史密斯已经指出，如果通过多个比喻而不是一个比喻来阐释生理过程，医学专业的学生会学得更好。同样的情况也出现在学工程的学生对物理过程的学习中。

1. 文献中的主张可以正确地应用于一种情况下,但也许它可以被应用到新的情况中。
2. 文献中的主张在特定情况下是正确的，但也许它在一般情况下也是正确的。

4.1.2 在创新中寻找分歧

更重要的是，你要注意到自己与某个文献观点不同的时候，很可能意味着你整个研究报告的待证假说出现了（这里再一次指出，你必须对自己的文献实际探讨的内容有个清楚的认识，避免形成的假说是建立在对文献的匆忙误读或故意误读上）。所以不要只是注意到你与另外一个作者的观点相左，你要用不同的观点鼓舞自己的创造性思维。下面这些情况都是意见不相同的情况（这些分类没有清晰的定义，很多部分是重叠的）。

4.1.2.1 相互矛盾类。一个文献上说某件事物属于这一类，但可能它是另一类。

史密斯说某个宗教团体被人当作“邪教”，因为他们的信仰让人感到奇怪。但是这些信仰与大家认可的宗教信仰在种类上并没有不同。

1. 文献称 X 是 Y 的一类（或类似它），但可能它不是。

2. 文献称 X 总是有 Y 作为它的特性或特征之一，但可能它不是。

3. 文献称 X 是正常的 / 好的 / 有意义的 / 有用的 / 道德的 / 有趣的 /……但也许它不是。

（你可以将这些主张和那些跟在后面表达相反意见的主张反过来看：尽管文献说 X 不是 Y 的一类，你却能证明它是。）

4.1.2.2 局部－整体矛盾。你可以指出某文献对于事物各部分如何关联的表述是错误的。

史密斯辩称体育运动对一个受教育的人是很重要的，但事实上，体育在大学里没有地位。

1. 文献称 X 是 Y 的一部分，但可能不是。

2. 文献称 X 的一部分与另一部分以某种方式相关联，但可能不是这样。

3. 文献称每个 X 都包含 Y 作为它的一部分，但可能不是这样的。

4.1.2.3 历史发展的矛盾。你能指出一个文献在某个主题的起源和发展上弄错了。

史密斯称世界人口将持续增长，但是它没有。

1. 文献称 X 在改变，但可能没有。

2. 文献称 X 源于 Y 但可能不是。

3. 文献称 X 以某种方式发展，但可能不是这样。

4.1.2.4 外部因果矛盾。你可以指明某文献中的因果关系是错误的。

史密斯认为“训练营”的形式可以阻止青少年成为罪犯，但是证据显示它会增加他们变成罪犯的可能性。

1. 文献称 X 导致 Y，但可能不是。

2. 文献称 X 导致 Y，但可能这两者导致了 Z。

3. 文献称 X 是导致 Y 的充分条件，但可能不是。

4. 文献称 X 只能导致 Y 的出现，但可能不是，它也会导致 Z。

4.1.2.5 矛盾的观点。大多数矛盾不会改变一个概念框架，但是当你对事物的通行看法质疑时，你促进了他人以新的方式思考。

史密斯推测广告是纯商业功能的，但它也是新的艺术形式的实验室。

1. 文献称 X 是在 Y 语境下或者是以观点 Y 为基础的，但可能一个新的语境和新的观点揭示了一个新的真相（这新与旧的语境可以是社会的 、哲学的、历史的、经济的、宗教的、特定性别的等）。

2. 文献分析 X 用的是理论 / 价值体系 Y，但也许你能从一个新的视角以新的方式来分析看待 X。

正如我们所言，在你进行了足够的阅读，形成了某些自己的观点之前，你可能尚无法以这样的方式进入你的文献，但是如果你一开始阅读就把这种思考放在心里，你会更快更有效地与你的文献进行交互。

当然，一旦你发现自己能够富有成效地赞同或不赞同一份文献时，你就应该问问“那又怎样”的问题。比如，虽然史密斯称东方人对阿拉莫故事没有热情，但你能指出事实上很多东方人有兴趣的话，那又怎样呢？

4.2 系统地记笔记

和研究项目中的其他步骤类似，记笔记也最好有一个规划。

4.2.1 自创笔记模板

如果你自创一套体系，鼓励自己不仅思考文献，而且能够通过分析整合文献，将它提供的内容进行归类的话，你的笔记就会更可信赖了。有一些教师仍然建议用 3×5 规格的卡片记笔记，如图 4.1 所示。一个类似于此的卡片看上去很老套，但它为有效率的笔记提供了范本，即使你是在笔记本电脑上记笔记（为文献中的每一个想法和每一个主张新起一页）。下面就是该模板的步骤：

- 在新的一页的页首，为参考文献信息留出空白（作者、简短头衔、页码）。
- 页首还要留出空间来记录关键词（见图 4.1 右上角），这些关键词以后会有助于你将自己的笔记通过主题来分类和再分类（关于关键词详见 4.3.4）。
- 新的一页上要留出不同的空间来记录不同的笔记，你也许要标出这些空间（见图 4.1，空白留给观点、日期和我的问题）
- 尤其要指出的是，留出一个空白专门用于自己对问题的回答，如赞同、不赞同，以及给出你的预测等，这会鼓励你做更多工作而不仅仅是简单记下自己所阅读的内容。
- 当你摘录文献中的语句时，要以区别性的颜色、字体和大小来记载，以便于你能一眼看出这些是引文，并将它们用大大的引号括起来，以防文件丢失其排版格式而弄不清楚了。
- 当你对一篇文章进行改述（见 4.2.2）时，也要用区别性的颜色和字体。这可以防止你可能将其误认作自己的思想。同时，要用括号将它括起来（以防文件丢失其排版格式）。

如果你不是直接在电脑上记笔记，那么就用纸版的范本。

> 沙曼，诅咒，p.133　　历史 / 经济（性别?）
>
> 主张：诅咒成为 18 世纪的经济问题
>
> 文献资料：引自《绅士》杂志，1751 年 6 月（无页码参考）女子被判 10 天苦力，因为不能缴纳一个先令的对亵渎言行的罚款。
>
> “……刻板的经济学家心存这个想法，要大力讨伐富裕阶层的有咒骂言语的人，并将讨伐成果增加到国家资源里。”
>
> 我的问题：男人被罚的次数与女人一样多吗？诅咒在今天还是经济问题吗？喜剧演员用亵渎的语言受欢迎吗？电影是否更生动地反映了现实？

图 4.1 笔记卡片样板

4.2.2 知道什么时候综述、改述和引述

你可能一直都需要将希望用到的文献进行精准的转录，因为你必须了解什么时候不要引用原文，而要进行综述和改述。

当你需要的是一篇文章的一个章节中的，甚至是整篇文章或整本书中的概要性观点时，可以进行综述。综述适用于概述上下文大意，或与之相关但不是特别相关的资料和观点。文献综述不可能被当作很好的证据（关于证据详见 5.4.2）。

当你能够做到比文献本身表达得更清晰和到位时，可以采用改述的办法。改述不是只改变一两个词语而已，你必须用自己的文字和句式来取代原文中的大多数用词和句式（见 7.9.2），作为证据，直接引用总是比改述要好。

为了以下目的的话，请使用准确的引文：

- 引用的文字组成了支持你论证的证据。比如说：如果你想要阐述不同宗教的人们对阿拉莫战役有不同的反应，你就需要从不同的报纸上引用准确的文字，如果你只需要他们的一般感受，就用改述的方法。
- 这些文字来源于权威人士，该权威支持你的观点。
- 它们有突出的原创性。
- 它们能有说服力地表达出你的思想，这使得引文可以与你接下来的讨论完美地融合在一起。
- 它们表述的观点你不赞同，但为了公平，你想要准确地把那个观点呈现出来。

如果你现在不记录下重要的词语，你以后就无法引用它，因此要尽可能多地复制或影印需要的章节（有关影印，见 4.3.1）。一定不要简写一段引文，认为自己以后能准确还原它。如果你引用出现错误，你将致命地降低自己的可信度，所以，要把自己的引文与原文核对两次，然后还要再检查一遍。

4.2.3 小心无意间的剽窃

不严谨的笔记，从荒谬的小错误到不经意的剽窃都可能会导致被逐出专业领域，这

些会让一些学生和专业人士后悔不迭。为了避免那样的风险，要谨记两条原则：

■ 总是清晰标识来自文献的文字和思想，以便几周或几个月之后你都不可能误将它们当作自己的东西。正如前文所言，将引文和改述用引号括起来，并且用一个字体，以便毫不含糊地将它们与自己的思想区别开来。

■ 绝对不要在改述文献时用词太靠近原文，让读者把你的句式和用词与文献中的匹配到一起（见 7.9.2）。

不要在键盘上输入超过几行的引文，将它下载或影印出来，在下载或影印页上端记下文献的题目和关键词以供分类。

重要的一点：不要假设你可以使用网上找到的东西而不用记录下它的文献信息，即使它是公众共享的免费的文献。没有什么可以让你卸下这个责任，你在使用任何非自己创造的东西时，你必须告知他人（有关剽窃，详见 7.9）。

4.3 笔记要实用

读者通过文献的质量和准确性来评价你的报告，也通过你深入文献的程度来评价你，为此，你的笔记不仅要反映自己的课题，也要能激励你持续地深入理解自己的课题。

4.3.1 用笔记提升自己的思想

许多研究新手认为记笔记只是一个记录信息的过程，他们一找到文献就下载或影印下来，又或者动笔准确地记录下来。下载或影印能够帮助你准确引用和改述，但是如果那就是你所做的全部，则说明你没有主动参与到你的文献中。你只是简单堆积许多毫无生气的材料，这些材料也会同样毫无生气地出现在你的报告中。

如果你影印了很多文本，那就用批判性思维对它们进行注解。首先挑出那些能代表某个章节或某篇文章的重要部分的句子（它的主张、主要论证等），在页边空白处提亮或标注出来。之后将你想要囊括到自己的研究报告中的思想和信息标注出来。（如果你用提亮笔，要用不同的颜色来标识不同的部分。）

然后在影印页的背面，对你所提亮的部分进行总结，或者草拟一个答案，或者在空白处做笔记来帮助你理解提亮的部分。针对一个文献，你写的越多，你就越能更好理解，并在以后记住它。

4.3.2 笔记要与研究问题和论证假说相关

为了让笔记更有用，不要只记录你认为会用作证据的事实，还要记录那些可以帮助你解释这些事实的信息，或者可以解释它们与你的主张为何相关的信息。你可以自创一个笔记模板，帮助自己记住要找的几种不同的信息（见 4.2.1）。

前三项直接与你的待证假说相关：

- 列出理由，支持你的假说，或者提出一个新的假说。
- 支持理由的证据。
- 削弱你的假说或甚至与你的假说相抵触的观点。

不要将自己的笔记只限于记录支持性信息，你也需要对证明或反驳该假说的信息给予回应，以便这番论证能用来证明待证假说（见 5.4.3）。

下面这些项目可能不支持也不挑战你的假说，但它们有助于你阐明其语境或者让你的报告更有可读性。

- 问题的历史背景，有什么权威性的说法，特别是早前的研究（见 6.2.2 和 10.1.1）。
- 什么样的历史和现实情况可以解释你的问题的重要性。
- 重要的定义和重要的分析原则。
- 类比、对比、轶事等，不能直接支持你的假说，但可以解释和阐明复杂的问题或让你的分析更有趣。
- 与你的主题相关的原创性文字。

4.3.3 记录相关背景信息

故意曲解文献是不诚实的。诚实的研究者也有不经意曲解文献的时候，如果她只是记录下文字而忽略文字本身的作用和观点的限制性条件的话。为了防止误导读者，遵循以下原则：

1. 当文献综述某位作者的论点时，不要假定该文献与这位作者观点一致。只记录该文献所持的观点，而不要记录文献中提到的别人所持的观点，除非它与所提及的东西是有重大关系的。

2. 记下为什么文献赞同某观点，因为为什么赞同与为什么反对是同样重要的。两个心理学家可能一致认同十几岁少年饮酒是由社会的影响所造成的，但可能其中一人引述的是家庭背景，另外一人引述的是同伴压力。

3. 要记录一段引文的上下文。当你记录一个重要结论时，一定要记下作者是如何论证的。

错误：巴尔托利（p.123）：战争是由 Z……引起的。

正确：巴尔托利：战争是由 Y 和 Z 引起（p.123），但最重要的是 Z（p.123），因为两个原因：第一……（pp.124-126）；第二……（p.126）。

即使你只关心结论，也要记录下作者是如何获得该结论的，如此才能更准确地使用它。

4. 记录下每个观点的适用范围和可信度。不要让一个文献看上去比原文更具确定性或范围更宽泛。下面第二句话就没有公正而准确地记录第一句：

一个有关风险认知的研究（威尔逊，1988）指出高额赌注赌博与单亲家庭之间的相关性。

威尔逊（1988）说单亲家庭导致高额赌注赌博。

5. 记下文献如何使用某个说法，注意它是重要的主张或是次要的观点，限制条件或让步条件等。下列区分可帮助你避免类似错误：

琼斯原文：我们不能得出结论认为一个事件导致另一个事件是因为第二件跟在第一件后面发生。统计相关性也不能证明其因果关系。但是没有人在研究了数据之后，对吸烟是导致肺癌的原因提出质疑。

误导性报告：琼斯称“我们不能得出结论认为……因果关系”。所以，统计学证据不是可靠的能够指证吸烟导致肺癌的指标。

4.3.4 对笔记进行分类整理

最后，一个有概念性要求的任务：做笔记的时候，将每项分类内容以 2-3 个关键词作为概括（见图 4.1，笔记卡片右上角）。要避免机械地使用来自笔记的词语：笔记分类要依据笔记的含义，或者依据比笔记覆盖的内容更宽泛一些的观点。如果你使用了网上搜索引擎找文献，你就已经在追随某些关键词的轨迹了（见 3.3.2）。以关键词出现在搜索结果中的样子准确记录它们的标签。保留关键词列表，相关笔记均使用相同的关键词。不要给每一条新笔记创设一个新的关键词。

这一步很重要，因为它迫使你将笔记内容过滤至 1-2 个词。如果你在电脑上做笔记，只需要一个简单的查找命令，这些关键词会让你立刻将相关笔记整合到一起。如果你使用不止一个关键词，你可以用不同的方式重组你的笔记，这样可以找到新的联系（当你感觉自己在加快进度时，这尤其重要，见 4.5.3）。

4.4 所记即所读

我们讲过（还会再讲到）：写作迫使你努力思考，不要想着动笔之前能等到某个思路确定下来。有经验的研究者都知道，写得越多，对自己的课题理解就越快，也理解得更好。有证据可以证明，大多数成功的研究人员会设定一个固定的时间每天写作 15 分钟到一个小时不等。他们会草拟一个段落来回应某个文献，综述一段论证或推测某个新主张。他们写下的不是第一稿，而是整理思路或者发现新思想。如果你找不到目标了，在电脑旁贴一张时间表吧。

如果你写的东西看起来很靠谱，那就将它加入你的故事板。终稿时，你肯定要修改它，甚至可能整体拿掉。但即便你几乎不会再用它，你现在写下来越多，无论粗略与否，你将来的论文起草就会更容易。准备阶段的写作与起草正文并不是完全不同的，正确的做法是将它们看作不同的步骤。

如果你新进入一个主题，大多初期的写作可能只是综述和改述，再读它时几乎看不到自己的观点，你可能会对自己缺少原创性思想而沮丧不已。不必如此，综述和改述使我们得以把握新的文献、新的复杂的思想，甚至新的思维方式。将我们想要弄明白的东西写出来，这是每个人的学习进度曲线上典型的甚至可能是必不可少的阶段。

4.5 回顾自己的进展

定期回顾笔记和故事板看看你的进度，看看还有哪些没做。填满笔记的那些页面表明论证获得了支持，空白的页面表示还有工作要做。想想你的待证假说是否仍然有道理。你是否仍然有合理的理由来支持它？这些理由是否有好的证据？是否有新的理由和证据加进来？

4.5.1 从笔记中寻找答案

我们建议要找到一个待证假说或者至少一个问题来指导自己的研究。但是有些作者开始的问题很模糊，随着研究的深入，这样的问题会蒸发掉。如果你的情况也是这样，查看一下你的笔记，看看能否概括出什么东西可以作为待证假说，然后再回头找出它所回答的是什么问题。

首先在文献中或你给出的回应中找到研究问题，找出与他人意见相左的地方或令人困惑的地方（见 2.1.3 和 4.1）。让你觉得奇怪的地方也会令他人好奇，将这些感觉奇怪的地方写出来：

我原来以为阿拉莫的第一批神话故事起源于得克萨斯，但它们不是。它们起源于……

那个试探性的假说意味着阿拉莫神话一开始就是全国性的，而不是区域性的现象——这是一个正常的又饱含希望的开始。

如果你在自己的笔记中找不到假说，那就找个思维模式来引领你。如果搜集到有关一个模糊问题的文献，你可以将它们用预测性的关键词来分类整理。对面具而言，分类可能针对其起源地（非洲、印度、日本……）、用途（戏剧、宗教、狂欢节……）、材料（黄金、羽毛、木头……）等。例如：

埃及人——木乃伊黄金面具，为高贵皇室所用，其他人用木制面具。

阿兹特克人——黄金或玉面具，只用于贵族陪葬。

新几内亚部落——死者的面具用稀有鸟类的羽毛制作。

这些事实能支持一个一般性的表述，例如，面具文化中一般使用可获得的贵重材料来制作宗教面具，特别是为死者。

一旦你能归纳出两个类似的表述，你就要努力归纳出一个更宽泛的表述，可囊括原有的所有内容的表述：

许多文化将大量的材料和巨大的人力投入到面具制作中，来代表他们文化中最深层的价值。 归纳 埃及人、阿兹特克人和大洋洲文化都创造了宗教面具，使用稀有的最昂贵的材料。大洋洲文化中，大多数男性参与了面具制作，而埃及人和阿兹特克人则将他们最出众的一些艺术家和手工匠人挑出来进行面具制作。

如果你认为一些读者可能不同意那样的归纳，你也许能将它作为一个研究主张提出来，纠正他们的错误理解。

4.5.2 创设一个问题

现在到了棘手的部分，就像一个使机械倒转的装置，你找到了你不曾提出来的问题的答案。你要折返回去推理出这个研究问题。这个问题的答案正好由你刚刚归纳出来。在前面的例子中，你可能创造出的问题是：什么迹象能表明面具在那些制作和使用它的社会中有其意义？尽管看起来它非常自相矛盾。一些有经验的研究者也是经常在他们回答了问题之后才找到研究问题，而这个问题是他们应该在回答之前就提出来的。

4.5.3 再次整理笔记

如果前文所述均无帮助，尝试重新整理你的笔记。当你为笔记选出关键词时，你就确立了大致的概念，使之贯穿你的证据以及思想。如果你能谨慎选择代表这些概念的关键词，你就可以用不同的方式去重组笔记来获得新的视角。如果你的关键词看上去不再相关，重温笔记来拟定新的关键词，重新洗牌。

4.6 控制正常的恐慌

是时候聊聊这个问题了，它甚至会折磨资深研究者，并且在某个时刻也会折磨到你。当你在几百条笔记和十几条思路中来回梳理时，你开始感觉自己不仅在高速盘旋，而且是盘旋向下进入混沌的黑洞，被看上去越来越复杂而且最终可能变得无法驾驭的任务击倒了。

坏消息是没有确定的办法可以回避这样的时刻。好消息是我们大多数人都要经历它们，而这些坎儿通常会过去。你的坎儿也会过去的，如果你一直向前，按照你的计划着手干一些小的可操控的任务，而不是只想着去面对整个纷繁复杂的课题。这也是另一个要尽早开始动手的原因。将一个大的计划拆成小的步骤，设定可以做到的期限，例如写草稿时，给每天规定完成的页数。

许多作者想要从他们的研究经验中有所获得就记日志，这是一种将他们所发现所确定的研究思路，以及为什么确定这些思路而放弃另外一些思路等的思想过程进行记录的日志。写作是一个好方法，它让你对所阅读的东西进行更清晰的思考，它也是理清自己思路的好方法。

5 规划你的论证思路

我们大多数人愿意阅读不愿意写作。似乎总有下一篇文章要读，总有更多的文献要追踪，或者还有些数据要搜集。但是就在你做完你想做完的所有研究之前，会存在一个临界点，这时你必须开始构思论文的初稿。你的故事板开始填满了，你对它的样子感到满意，此时你也许准备好了。当你认为自己能大致拟出合理的例证来支持待证假说时（见 2.3），你就知道自己确实准备好了。如果你的故事板是写满的，但你仍然不能拼凑出足够合理的例证来拟出草稿的话，你也许不得不重新考虑自己的假说，甚至可能重新考虑自己的研究问题。但是在你草拟初稿之前是不能确定自己在这个过程中到了什么程度的。

如果你的科研经验不足，我们建议你初稿分两步走：

- 按论证要素来整理笔记。
- 各要素有相互连贯的形式。

在这一章里，我们将解释如何归整你的论点，下一章我们将解释如何将它们组织成文。随着你经验的增加，你将学会将这两步合并。

5.1 科研论证是什么不是什么

在一份研究报告中，论证不必非要吓得对手三缄其口或缴械投降。事实上，几乎不存在对手一说。正如任何好的辩论一样，研究论证就像一场友好对话，在对话中，你和想象中的读者一起推理一起解决问题。这个问题的解决办法读者可能不完全接受，那不意味着他们反对你的主张（尽管他们可能反对），这意味着他们只有看到基于可靠证据的合理推理之后才会接受，或者只有等你对他们的合理提问和保留意见给予回应之后才会接受。

在面对面的对话中，炮制（而非拥有）一个合作式辩论是容易的。你将自己的推理和证据陈述出来，不要像一个演讲者面对沉默的听众，而要像是与围坐在一桌的朋友交谈一样：你提出一个主张，对它进行推理论证；他们探究细节，提出反对意见，或者提出他们自己的观点；你回应，或者用自己的提问来回应；然后他们提出更多的问题。在最好的状态下，这就是一个友好的给人启发的往复过程，逐渐产出并检验你与他们之间共同磨合出来的最好的论证。

在写作中，那样的合作更难。因为你通常独立写作（除非你在一个写作团队中，见 2.4），你必须要回答假想读者的问题，还要代表他们提出问题——就像真实读者一样频繁而尖锐地提问。你的目的不只是想出聪明的修辞手法说服读者接受你的主张而不管它到底有多好。你的目的应该是以此来检验你的主张，尤其是检验支持该主张的论证，这样当你提交报告时，你给读者的是你做出来的最好的论证。在好的研究报告中，读者能看得到假想对话的痕迹。

正如我们所言，以证据为基础的推理不是获得合理结论的唯一办法，有时甚至不是最好的办法。我们经常依赖直觉、感觉、洞见做出合理决断。但是当我们想要解释为什么我们相信自己的主张是合理的，以及为什么别人也应该这么想的时候，我们除了论证没有别的办法来阐述我们是如何获得这些结论的，因为我们不能将直觉和经验当成证据提出来让读者评判。我们只能说出我们的主张，要读者相信我们的主张，这个要求是理性的读者几乎不能接受的。

当你在做一个研究论证时，你必须铺开自己的推理和证据以便读者可以思考，然后你必须假想他们的提问和你的回答。那听上去比实际更难一些。

5.2 以回答读者的提问为中心构建你的论点

很容易想象这样一段对话，你与你的读者之间必须进行的对话，因为你每天都进行着这样的对话。

A. 我听说你上个学期遇到困难。你觉得这个学期会怎样？（*A 以提问的方式提出来一个问题。*）

B. 我希望会好一些。（*B 回答。*）

A. 为什么？（*A 寻求理由来相信 B 的回答。*）

B. 我在上专业课。（*B 给出一个理由。*）

A. 比如什么课？（*A 寻求证据来佐证 B 的理由。*）

B. 艺术史，设计入门。（*B 提出证据来支持他的理由。*）

A. 为什么上专业课会有不同？（*A 看不到 B 的理由与他会做得更好的主张之间有何关联。*）

B. 我上自己喜欢的课时会更努力。（*B 提出一个一般性原则将理由和主张联系到一起。*）

A. 那你要上数学课会怎样？（*A 反驳 B 的理由。*）

B. 我知道，上次我修这门课后来又放弃了。但是我找到了一个好导师。（*B 承认 A 的反驳并做出回应。*）

如果你把自己看作 A 或者 B，你在研究报告的论证中就没有陌生的新东西了，因为你可以从以下 5 个问题的答案中构建一个论辩。

- 什么是你的主张?
- 有什么理由来支持这个主张?
- 有什么证据来支持这些理由?
- 你如何回应反对的观点和替代的观点?
- 什么原则可使你的理由与主张相关?

如果你提出并回答了这 5 个问题，虽然不能确定读者是否接受你的主张，但是这可以令他们更认真地对待你和你的主张。

5.3 将自己的待证假说变成论证主张

我们将研究的早期阶段描述成找到问题和假想试探性答案的阶段。我们将那样的答案称为待证假说。现在我们讨论构建一个支持该假说的论证，最后一次改变自己的术语。当你认为自己能写出一份报告，用合理的理由和证据支持假说，你就可以把那个假说当作你的论证主张提出来了。你的主张是你论证的中心，是报告的关键（一些教师称其为论题）。

5.4 整合论证要素

你的论证核心有三个要素：主张、接受主张的理由、支持理由的证据。在此核心之外，你要增加 1-2 个要素：一个是对问题的反驳和对替代观点做出的回应；另一个是回应那些不理解为什么你的理由与主张相关的人。

5.4.1 表述并评价你的主张

在故事板（或提纲）中另起新的一页，在该页下端，用 1-2 句话写出自己的主张。尽可能具体，因为主张中的用词将有助于你计划和执行草案。不要用价值模糊的词，例如：重要、有趣、有意义之类。比较下面的两个例子：

面具在许多宗教仪式中扮演着有意义的角色。

从前哥伦比亚的美洲到非洲和亚洲，在这些文化中，面具都允许宗教庆典人将神灵赋予生命以便崇拜者直接体验到他们。

现在要评价你的主张的意义所在，（再问一遍“**那又怎样？**”）。一个有意义的主张不会令读者认为“我知道那个”，而是问“真的吗？多有趣，是什么让你这么想呢？”（回顾 2.1.4）。下面这两个主张就太细碎而不值一读，更不值得写个报告来支持它。

这个报告讨论的是给小学生讲授民间传说，例如阿拉莫战役。(*这么做了会怎样呢？*)

在小学教育中，将我们的国家历史通过大家熟悉的传说故事，例如阿拉莫战役的故事，讲授给孩子，这是很通常的做法。（*这么做了会怎样呢？*）

当然，你的读者对什么感兴趣取决于他们知道什么，而如果你处于研究生涯的起步阶段，这可能是你预测不了的。如果你正在写的是你这辈子的头几份报告之一，那就假设最重要的读者就是你自己。你的答案是否有意义，你自己一个人思考就足够了，看看它能否让你这么想：哦，我刚开始的时候不知道呢。但是，如果你认为自己的主张含糊而琐碎，则说明你还没有准备好组建一个论点支持它，因为你没有论证理由。

5.4.2 用理由和证据来支持你的主张

很明显你必须用理由和证据来支持你的主张。但是也很容易混淆这两个词，因为我们经常在使用它们的时候当它们是一个意思。

你的主张基于什么理由？

你的主张基于什么证据？

但是它们的意思是不同的：

- 我们思考逻辑理由，搜集过硬证据；我们不会搜集过硬理由，思考逻辑证据。我们的理由基于证据，我们的证据不是基于理由。

- 理由是抽象的，你不必记录它的来源（如果是你自己想出来的）；证据来自你的思想之外，所以你必须一直记录它的出处，即使它来自你自己的观察和实验，你也必须要告诉别人你做了什么才找到这些证据。
- 理由需要证据的支持；证据除了引用一个可靠来源之外，不需要别的支持。

问题在于，你认为是真的事实、过硬的证据，你的读者不一定这么看。例如，假设一位研究者提出这个主张，并给出理由：

早期阿拉莫故事反映了美国人性格中已经存在的价值。主张 这个故事几乎立刻成为美国英雄式牺牲的传奇。理由

为了支持那个理由，她提出来“硬”的证据：

战役后不久，许多报纸用这个故事来纪念我们英雄主义的国家性格。证据

如果读者接受那个说法，当它是事实，他们也可以当它是证据来接受。但是持怀疑态度的读者，你应该要预见到有这么一些人（甚至是期待他们），很可能会问：多快是“不久”？多少算“许多”？哪些报纸？以新故事的形式还是以社论的形式？他们具体怎么说？还有多少报纸没有提及它？

可以确定的是，读者接受一个主张可能仅基于一个理由，如果那个理由看上去可以自证其说或者有可信赖的权威来源：

我们生来平等。理由 所以没有人天生拥有权力可以主宰我们。主张

其实，在入门课程里的老师通常接受这种由权威来源支持的理由：威尔逊说过有关宗教面具的X，杨说过Y，施密特说过Z。但是在更高阶段的研究中，读者期待的更多。他们想要的不是来自二手的证据，而是一手的或是你自己的观察。

重温你的故事板：你能用读者认可的，在种类、数量、质量上都适用于他们所在领域的证据来支持你的每一个理由吗？读者可能认为你提供的证据需要更多支持，或者需要一个更好的文献来源，如果这样，你必须找到更多的资料并承认你手头东西的局限性。

你的主张、理由、证据组成论辩核心，但它还需要增加至少一个要素，或者两个。

5.4.3 承认读者的观点并做出回应

你也许希望不要有这样的情况，但是你最好的读者一定是最挑剔的。他们会公平地阅读，但他们不会因为表面的价值而接受你写的一切。他们会想问题，提出反驳，假想其他可能。在对话中，当别人提出问题时，你对这些问题做出回应。但是在写作中，你不仅仅必须回答问题，而且要提出问题。如果你不提问，那么你看上去就是对读者的观点一无所知，甚至更糟的是，让人觉得你不在乎读者的观点。

读者会提出两类问题，尽量去想象它们并对这两类问题给予回应。

1. 第一类问题指向你的论证内部，通常是它的论证部分，想象一下一个读者会提出如下这些批评，构建一个小的论辩来回应。

- 你的论据是来自不可靠或者过时的文献。
- 它不准确。
- 它不充分。
- 它不能公平代表所有的有效证据。
- 对我们这个领域而言，它是错误的那一类证据。
- 不相关，因为它不能算作证据。

接下来想象一下这些针对你的理由提出的保留意见，看看你如何回答。

- 你给出的理由前后不一致或者相冲突。
- 给出的理由太弱或者太少不能支持你的主张。
- 给出的理由与你的主张不相关。（我们在 5.4.4 会讨论这一点。）

2. 第二种提问针对的问题是来自你的论证外部。那些以不同眼光看待世界的人也会以不同的方式定义专业术语。他们的推理也不同，甚至会给出一些在你看来无关的证据。如果你和你的读者看待世界是不同的，你必须要承认并做出回应。不要将这些不同意见简单地当作反对意见来处理。如果你辩驳说自己的观点是正确的，他们是错误的，你会失去读者。相反，承认分歧，然后将这些不同进行比较以便读者能依照你的论证术语来理解你的论辩。他们可能仍然不会赞同你，但是你要展示给他们你理解并尊重他们的观点，然后他们才更有可能尝试理解你的观点，并尊重你的观点。

如果你是一位研究新人，你会发现去想象这些提问很难，因为你可能不知道读者的观点如何会与你的不同。即便如此，也要尝试想一些貌似合理的提问和反对意见；让自己有自我提问的习惯很重要。要问自己：什么会令我的主张被质疑？如果你在写本科、硕士或者博士论文，你就必须知道该领域其他人会提出什么问题。所以不论你的经验是否丰富，都要练习想象力，想象并回应那些有重大意义的反对意见以及可替代的其他论证。即使你只是走个形式，也会培养出这样的思维习惯，获得读者的尊重，避免你草率做出令人质疑的结论。

将这些承认和回应加在你的故事板中读者有可能会提出这些问题的地方。

5.4.4 创建各理由之间的相关性

即使有经验的研究者也会发现论证的最后一项要素——依据——很难把握，更难运用，解释起来就更难。当你认为读者可能拒绝你的主张，不是基于支持它的理由有事实上的错误或证据不充分，而是因为它不相关，不能充当理由，此时，你需要给你的论证加一个依据。

例如，想象一个研究者这样表述其主张：

阿拉莫故事传播迅速，主张 因为 1836 年这个国家尚不是一个在国际舞台上充满自信的参与者。理由

想象一下，研究者可以怀疑读者会这样提出反驳意见：没错，阿拉莫故事传播很快，并且 1836 年这个国家在国际舞台上尚不是一个自信的参与者，但是我看不出不自信与故事的迅速传播有什么关系。作者此时的回应不能简单靠提供更多的证据来证明这个国家当时在国际舞台上不自信，或者说那些故事的确传播迅速：她的读者已经接纳了这两个事实。取而代之的做法是：她要解释那个推理的相关性——为什么这些事实的真实性可以支持她的主张的正确性。为此她需要提供一个依据。

5.4.4.1　在日常生活中，依据是如何起作用的。假设你与一个来自很远的地方的新朋友发生了下面的小小讨论：

零下 5℃，理由　你应该戴帽子。主张

对我们大多数人而言，这个理由看上去明显支持主张，所以不需要对相关性再作解释。但是设想你的朋友问了一个古怪的问题：

零下 5℃又怎么了？为什么那就意味着我要戴帽子？

这个问题挑战的不是理由的真实性（零下 5℃），而是它与主张的相关性（你应该戴帽子）。你可能认为奇怪，怎么有人问这样的问题。其实你可以用一个一般性的道理给予回答：

天冷的时候，人们应该穿暖一些。

这个句子就是一个依据。它陈述的是一个基于我们在这个世界上的生活经验总结出来的常识：当某个一般性条件存在的时候（天冷），我们就有理由说某个一般性结果会随之而来（人们应该穿得暖和一些），我们认为那个一般性根据可以证明我们的特别主张。我们的朋友应该在零下 5℃的特别理由下戴帽子，因为我们是依据这条原则的逻辑来推理的：如果一个一般性条件和相应的结果是真实的，那么该条件下的特定推理也就是正确的。

更详细一点，它如下文所示（警告：接下来的内容可能听起来像逻辑课程）：

■ 在这条依据中，一般条件是天冷，它通常引导我们得出一个一般结果：人要穿暖和一些。我们将之表述为一个真实而一般性的原则：天冷的时候，人们应该穿暖和一些。

■ 特定理由“零下 5℃”，是包含在一般条件“天气冷”之下的有效案例。

■ 特定主张“你应该戴帽子”，是包含在一般结果“人要穿暖”之下的一个有效案例。

■ 因为在依据中的一般法则是真实的，而特定主张和其理由也是该法则中的有效案例，我们就获得“依据”来断言“戴帽子”的主张是真实有效的。

但是现在，假设 6 个月以后，你拜访你的朋友，他这么说：

今晚在 8℃以上，理由 要穿长袖衬衣。主张

那可能令你困惑了：这么一个理由（8℃以上）会与这个主张（穿长袖衣）有怎样的联系呢？你可以假想有这么一个一般法则来作为依据：

温暖夜晚，人们应穿得暖和一些。

但是这不正确啊。如果你认为这个依据是不成立的，你将否认支持该主张的理由。因为理由与之无关。但假设你的朋友加上这么一句：

在这儿，温暖的夜晚里，你要保护你的双臂不被虫咬。

现在这个论辩可能有意义了，但也只能是在你相信以下所有各项的条件下：

- 这个依据是真实的（温暖的夜晚，人要保护自己的双臂防虫咬）。
- 理由是真实的（今晚 8℃以上）。
- 该理由是一般条件中的一个有效案例（8℃是天气暖和的有效案例）。
- 该主张是一般结果中的有效案例（穿长袖衬衣是保护双臂防虫咬的有效案例）。
- 没有未列明的限制条件或额外条件介入（头一天晚上的短暂冷空气没有杀灭所有蚊虫，人们未使用防虫剂等）。

如果你相信这一切，你就应该接受这个依据：当晚上温度超过 8℃时，至少在当时当地，穿长袖衬衣是个好主意。

我们知道数不清的类似法则，而且每天获知更多。如果我们不了解它们，我们可能无法进行每天的正常生活。其实我们会以依据的方式来表达我们称之为“谚语”的民间智慧：猫走了，老鼠就登台。眼睛无所及，心灵无所及。手冷心暖。

5.4.4.2　依据如何在学术论辩中起作用。下面是一个学术性强一点的例子，它以同样的

方式起作用：

百科全书在19世纪的美国一定未曾被广泛拥有，主张 因为遗嘱里几乎没有提到过它们。原因

假设这个理由是真实的：有很多证据指出百科全书实际上在19世纪早期的遗嘱中很少被提及。即使这样，读者也会想为什么这个说法会与下面的主张相关联：**你也许没错，大多数遗嘱里没有提到过百科全书，但那又说明了什么呢？我不明白那如何与你的主张“很少有人拥有百科全书”相关。**如果一个作者预见到这个问题，他必须提出一条依据，即一个一般性的法则，可以显示出他的理由如何与其主张相关。

这条依据会有如下所述：

当一个经过估价的物品在19世纪早期的遗嘱中没有被提及的话，它通常就不算在财物之类。依据 遗嘱在那时几乎没有提到百科全书，理由 所以很少有人在当时有百科全书。主张

我们接受该主张合理是当且只当我们确信了以下各项：

- 该依据是真实的。
- 该理由是真实又有效的以该依据为一般条件的一个案例（百科全书是估价物品的一类）。
- 该主张是该依据下一般结果中的一个有效案例（不拥有百科全书是某个有价物品没有成为财物的有效实例）。

如果研究者担心有读者会质疑任何一个条件，她就需要给出论证来支持它。

但那还不是问题的终结：**这个依据总是正确的吗？没有例外吗？**读者会思忖是否在这个国家的某些地方，遗嘱里只提及土地和建筑物，或者是否起初很少有人用到遗嘱？如果作者觉得读者可能会对这样的限制性条件表示质疑，她就不得不提出论证来显示这些例外情况是不存在的。

现在你明白了为什么我们很少就复杂的话题进行论证：即便我们在论据上取得共识，

我们也仍然会在如何推演它上面意见分歧。

5.4.4.3　检验理由之于主张的相关性。为了检验一个理由之于主张的相关性，就要在它们之间搭建一条依据的桥梁。首先，按其顺序表述出理由和主张。下面是来自该章节的一开始提到的初始原因和主张：

在 1836 年，这个国家在国际舞台上尚不自信，理由　所以阿拉莫故事流传很快。主张

现在构建一个一般法则，可以囊括该理由和主张。依据可以以各种形式出现，但是最方便的就是“当……时就……”的模式，这条依据可以覆盖该理由和主张。

当一个国家在国际舞台上缺乏自信时，它很快就会接纳英雄主义战斗故事。

我们可以将这些关系如图 5.1 所示描绘出来。

当一般条件存在时，	一般结果就紧随其后。依据
当一个国家缺乏自信，一般条件	它很快接纳英雄主义战斗故事。一般结果
在 1836 年，这个国家尚不是国际舞台上自信的参与者，特定理由	阿拉莫故事流传迅速。特定主张
这个特定条件存在。理由	所以 这个特定结果随之而来。主张

图 5.1　论证结构

为了接受那个主张，读者必须接受以下各条：

- 该依据是正确的。
- 特定理由是正确的。
- 特定理由是依据的一般条件里的有效实例。
- 特定主张是依据的一般结果里的有效实例。
- 没有限制性条件使该依据不能适用。

如果一个作者认为读者会否认该依据或理由的真实性，她就要做一个论证来支持它。如果她觉得读者可能不认为该理由和主张是依据中的有效案例，她就必须另做一个论证表明它是有效的。

随着你的研究经验的增加，你将学会在脑子里检查各项论证，但在此之前，你要尽量描画出大概的能为你的大部分有争议的理由提供的依据。你检验完一个依据，就可以将它加入故事板中你认为读者有需要的位置上。如果你需要用一个论证来支持你的依据，就要在那里写出论证的大致内容。

5.4.4.4　为什么对于研究新手，提供依据是尤其困难的。如果你新入一个领域，你也许会发现因为以下原因给出依据是很难的：

■ 高级研究者很少将推理法则写出来，因为他们知道同行视之为理所当然。新手却必须把它们列出来。（就像听到某人说“穿件长袖衬衣吧，因为今晚高于 8℃”。）

■ 依据通常是有例外的，这也是专家们认为理所当然的，所以很少表述出来。这也迫使新手们要将它们阐述清楚。

■ 专家们也知道什么时候不用表述一个显而易见的依据或者它的局限性，这是新手必须自己搞明白的另一个东西。例如，如果一位专家写道：**刚入六月，我们预计很快要为汽油付更多的钱了**。他不会列出这个明显的依据：**夏季到来时油价上涨**。

如果你提供的是一个大家都知道而的确很少被表述出来的依据，你看上去要么有点纡尊降贵，要么显得缺少经验。但是如果你没有表述出一个读者需要的依据，你就不合逻辑了。什么时候读者需要依据，什么时候不需要，这个窍门是慢慢学会的，需要时间，也需要熟悉你所在领域的通行惯例。

所以如果提供依据觉得为难，你不必沮丧，这对于有经验的撰写人也是困难的。但是了解它们能鼓励你问出关键的问题：除了理由和证据的真实性之外，你的读者会看到它们与主张之间的相关性吗？你必须用论证来展示它。

5.5 区分以证据为基础的论证和以依据为基础的论证

最后，很重要的是要注意到有两种论证，读者以不同的方式来评判它们：

- 一种是从理由或依据来推理出主张，该主张在那样的论证中被认为一定正确。
- 另一种主张建立在以证据为基础的推理上，在这一类论证中，该主张被认为是可能正确的。

研究者更认可第二类论证，即以证据为基础的论证，而不是第一类。

下面这个论证展示的主张是建立在以证据为基础的推理上：

针具交换项目造成了毒品使用增加。主张 当参与者意识到他们可以规避从感染的针头上染上疾病的风险时，他们觉得受到了鼓舞，可以使用更多的毒品。理由 一份针对参与了一项该类项目的人群的研究报道说有 34% 的参与者增加了毒品的使用，从每周 1.7 次增加到 2.1 次，因为他们说感觉到自己得到保护可以避免感染针具传播的疾病。证据

如果我们认为该证据合理充分（我们可以不这样认为），那么该主张就是有道理的，尽管绝非确定无疑，因为会有人找到新的更好的证据来反驳现有的证据。

接下来的这个论证给出的主张是相同的，基于同样的理由，但是该主张不是由证据来支持的，而是基于逻辑推理。如果依据和理由是正确的，而理由和主张皆为根据中的有效实例，那么该主张一定是正确的。

针具交换项目造成毒品使用增加。主张 当参与人意识到他们可以避免从受污染的针头感染疾病时，他们觉得受到鼓励来使用更多毒品。理由 无论何时，当危险行为的后果减小时，人们就会更经常参与其中。依据

但是我们不得不相信该依据在任何地点任何情况下都总是正确的，而这一主张是我们大多数人会否认或应该否认的。没有人会因为有保险带和折叠式转向柱就鲁莽开车。

所有的论证都依赖依据，但是一份研究论文的读者更愿意相信一个这样的主张，它不是从某个法则推理出来，而是基于证据，因为不论一般规律看上去多么貌似有理，它们都有太多例外、限制条件和局限性。那些将自己的主张建立在他们认为无可辩驳的法则上的人会经常漏掉那些复杂情况，因为他们确信他们的法则是正确的而不顾与之相反的证据，并且，如果他们的法则正确，他们的推理也就正确了。这样的论证是思辨多于事实的。所以一定要用尽可能强大的证据来支持你的主张。即使你认为逻辑推理的力量在你那边。论证时可以加入一条依据来确定一个推理，但是也要用证据作为推理的基础。

5.6 组建论点

这里有个小论证，由 5 个部分构成：

以孩子为目标观众的电视节目会有益于孩子的智力发育，但是这个贡献会被另一项事实抵消，即这类电视节目损害孩子的情感发育——太多暴力。 主张 父母们都一致认为榜样对于孩子的成长影响很大，这就是为什么父母们要给孩子讲英雄故事。但当孩子们看到可耻的行为时，他们同样会受到影响。在一天里，孩子们看到数不清的暴力形象。 理由 每一天，孩子平均看电视 4 个小时，看到大约 12 个暴力行为（史密斯 1992）。 证据 塔尔诺夫指出孩子们不会将卡通里的暴力与真实生活混淆（2003）。但是那会让孩子更容易受到其他表演的伤害。如果孩子们只是在卡通和真人之间做区分，它们可以认为真实的演员参与的逼真的暴力代表着真实的生活。 回应 我们不能忽视这种可能性，电视暴力鼓励了人暴力倾向的发展。

这些元素大多可以继续得到扩充，写满许多段落。

不同领域的论证看上去不相同，但都包含对这 5 个问题的答案：

- 你的主张是什么？
- 你的理由是什么？
- 有什么证据支持你的推理？
- 还有什么其他观点？
- 什么法则让你的理由与主张相关？

故事板需要多次回答这些问题，如果不能回答，你的报告就不完整，不能令人信服。

6 设计初稿

一旦你组建出论点，你就准备好起草了。但是有经验的研究者知道他们花在草案计划上的时间会让他们写作时赚回更多时间。为了有效起草，你需要的不只是合理论证所需要的那些要素，你也要制订一个计划来将之整合成一个连贯的整体。其中有些计划会比其他的计划要更好。

6.1 避免无益的计划

不要采用下面的方法：

1. 不要将你的报告写成项目介绍，尤其不要把你的主张最后才揭晓，写得像个悬疑故事。这样将几乎没有读者在乎你首先发现了什么，然后又攻克了什么问题，再之后是什么引领你一直探索，直到最后。你从下列类似语言中可以看到端倪：第一个问题是……接着我比较了……最后我得出结论……

2. 不要将一系列原文引用、文献综述或网上下载的资料拼贴到一起。老师想要看到的是你的思想，不是其他人的思想。他们尤其不喜欢那种读起来像网页拼贴画一样的报告。你那么做不仅像个业余选手，更糟的是，可能成为一个剽窃者。（见 7.9）

3. 不要机械地围绕着论文要求或论题中的术语来组织研究报告。如果论文要求中列出了要涵盖的话题，不要认为你必须按所给的顺序来陈述这些话题。如果你被要求或者你自己决定来比较并对比弗洛伊德与荣格对想象力的分析，你不必将报告分成两个部分来写，第一部分写弗洛伊德，第二部分写荣格。更加有效的写法是将这两个大的主题分拆成几个部分，然后将报告围绕这些部分展开（更多内容见 6.2.5-6.2.6）。

6.2 制订一个满足读者需求的方案

一些领域对报告的方案有具体规定，例如实验科学领域的读者希望看到的报告遵循以下的形式：

导论—方法和材料—结果—讨论—结论

如果你必须按照预设的方案来做，咨询你的指导老师或者找个二次文献做范本。如果必须自创一个，一定要让它不仅对你来说有意义，对读者来说也要明显有意义。为了创设一个清晰可见的形式，你要去参看你的故事板或者大纲。

6.2.1 将故事板转换成提纲

如果你更愿意按照提纲来开展工作，就把故事板转换一下：

- 首先用一句标号为 I 的句子表述出你的研究主张。

■ 将完整的标有 II、III 等的句子列于其下，每一句都表述一个支持该主张的理由。

■ 在每个理由下，用大写字母来列出句子概括证据；然后按数字顺序列出每项证据，如下所示（数据是为了方便演示而虚设的）。

I 导入：教室里配置计算机的重要性是不确定的。

II 用途不同效果不同

A. 所有对电脑的使用都增加了文章字数。

1. 研究 1 ：950 ：780

2. 研究 2 ：1103 ：922

B. 实验室里允许学生互动。

III 研究显示用电脑修订产生的益处有限。

A. 研究 A：使用计算机的作者文字更冗长。

1. 每句平均多用两三个字。

2. 每篇文章用词平均多出 20%。

B. 研究 B：用手写的话能更有效地修改。

1. 手写比用电脑减少 20% 的打字错误。

2. 减少 2.26% 拼写错误。

IV 结论：短时间尚不能说电脑能在多大程度上提高学习效果。

A. 几乎没有可靠的实证研究。

B. 应用时间太短，很多程序仍在优化中。

更随意一点的提纲就只用短语，没有正式的 I\A\1 层次排列。

导入：好处不确定

使用不同 / 效果不同

更多字数

更多互动

修改研究

研究 A：长句子

研究 B：长文章

结论：时间太短不能判断效果

在项目刚刚开始时，一个简洁一点的大纲会是你能做的最好的。对一个短小的项目而言，只要你自己清楚每一项下每一个观点，这样的大纲也许就够了。但是句子完整的大纲通常更有用，故事板对于一个长期项目而言尤其有用。

6.2.2 草拟一个可行的介绍部分

介绍部分要准备写两次，第一次为自己写出梗概，然后在你修改完草稿并很清楚自己写下了什么之后，为你的读者再写一个最终版的介绍。这个最终版的介绍通常有四个部分，所以你不妨做一个可行性介绍来预测一下（见第 9 章）。

1. 简要概述你阅读过且与你的主题具体相关的研究。在 5.4.1 中，我们建议你把自己的主张写在你的故事板的新的一页下端。在该页上端，大致写出你想要扩展、修改或更正的以往的研究。不要将那些与你的研究相关性不紧密的研究列入。许多半瓶水的研究者会列出大量的报告材料，以为能用勤奋打动读者。但是冗长的不相关的参考文献的罗列非但不能打动人，很可能令人生厌。如果你正研究阿拉莫故事，不要引用每一条针对该战役的历史分析，而要只专注于你想要延伸、修改或更正的那些研究。

将你的文献按顺序列出，这对读者是有用的。如果文献的历史顺序是重要的，按年代排列，如果不是，就将它们按某个其他的原则组织起来：它们的价值、意义或观点。然后将这些文献按照能有助于读者理解的方式排列（排列原则见 6.2.5）。在任何情况下，都不要将文献按照阅读顺序或记忆顺序来排列。

2. 如果有知识上的缺漏或理解上的障碍，重述你的研究问题。大致拟出研究草案，告诉读者哪一部分是你要扩展、修改或更正的。为此，你可以通过以下方式重述自己的研究问题，例如研究有错误、解说不充分或者有情况没有考虑到。

为什么阿拉莫故事在我国的神话传说中如此重要？

→ 几乎没有历史学家尝试解释为什么阿拉莫故事在我国神话传说中变得如此重要。

论文写作者几乎总是这么做的，且方法很多。你读文献时，请注意他们是如何来做的。

3. 如果可以的话，针对“如果我们找不出结果又怎么办”的问题，拟出一个答案。如果你不能回答自己的问题，你的读者如何理解更宏大的主题？

如果我们理解了这些故事如何成为国家传奇，我们就能更好理解民族的价值观，甚至有可能理解是什么让我们与众不同。

此时，你会发现很难去想象某个更宏大的意义。如果你能想出来，就将它写下来，但不要在上面花太多的时间，我们会回头来处理它的（见 10.1.3）。

4. 寻找合适的位置提出自己的主张。你在故事板的第一页写下自己的主张，现在要想清楚是否那就是你想放的位置。在研究报告中的何处来陈述自己的主张你有两个选择。

- 在引言的最后部分提出，以及在开头的结论部分重申。
- 只在结论部分中出现，作为论证的高潮。

如果你还没做过高级研究项目，我们建议你在引言的结尾部分提出主张，并在开头的结论部分重申。读者早一些见到你的主张，比如在引言的结论部分见到，他们就能明白你将要论证什么，因此能很快进入后面的阅读，理解得更好，记忆得更长久。而且当你一开始就把自己的主张列出来的话，也能帮助自己写作时不跑题。

一些新手担心如果在引言部分解密他们的研究主张，读者会觉得无聊而停止阅读，还有人担心这样会造成重复。这两种担心都是没有根据的。如果你研究的是一个有趣的问题，读者会想要看你如何论证你的答案。

如果你将自己的主张记录在故事板的引言那一页的下端，那么在故事板阐述结论的第一页上端要重述你的主张。如果可以，把这个结论性主张表述得比引言部分更具体一些。

在某些领域，论文作者按照惯例只在最后的一部分“讨论或结论”里阐述自己的研究结论。在这种情况下，很多读者只是浏览引言部分，然后就跳到结论部分。针对这部分读者，你在引言里就不仅要介绍论文的主体，还要介绍你的研究结论。

如果你决定只在结论中表述自己的主张，那就把该主张放置于故事板的结论页的上端。如此一来，你需要另写一段话取代引言的结尾部分，该部分需引导读者进入你论文的主体，因此应该包括论文里通篇使用的主要术语（见 6.2.3）。

我们建议这个起始句在引言部分的结尾拟稿时写出来（见 10.1.4），所以目前要在故事板的引言页下端为它留出位置，要么草拟一个大致的轮廓或者做个记录以待后期添加。

有些作者会在引言的结尾部分添上一个“路径图”，列出论文的组织框架：

在第一部分，讨论……第二部分探讨该主题……第三部分调查……

读者对此有不同的看法。路径图在社会科学领域是通用的做法，但是在许多人文领域就不适用了。即便读者可能会不赞成，你仍旧可以添加一个路径图，在故事板里指导论文起草，然后再从论文的终稿中删去它。如果想保留，简短一些就可以了。

6.2.3 确定统一论文和区分各部分的主要术语及其概念

为了使论文读起来前后连贯，读者必须看到一些表达中心概念的术语贯穿所有部分——但是如果你用不同的词语来提及它们，读者不会意识到这些概念在重复出现。读者需要看到这些术语重复指向这些概念，因此使用要足够频繁使读者不会遗漏掉。这些贯穿全文的术语可能包括你用来对笔记进行分类的文字，但必须包括来自你的研究问题和研究主张的重要词语。读者也需要在每一部分看到更多特定概念，从而可以将该部分与其他部分区分开来。

因此，在起草论文之前要确认哪些主要概念是你想要贯穿全文的。选出你将使用得最频繁的术语来分别指代这些概念。用同样方法来挑出那些可以将每部分与其他部分区分开来的概念。在起草过程中，你会发现新的概念而放弃一些原来使用的，但是将最重要的术语和概念放在心里会让你的写作更加连贯。

下面的方法专门用来确认可贯穿整个报告的整体性概念：

1. 在故事板的引文和结论页圈出 4-5 个词语表达你需要表达的最重要的概念，你应该在对研究主张的最精确表述中用到这些词语。

- 忽略明显与你的题目相关的词：阿拉莫、战役、击败。
- 聚焦那些你进行论证并想要继续拓展的概念。胜利、胜利的损失、英雄理想、牺牲、民族精神等。

2. 针对每一个概念，选一个关键术语，让它在论文的主体部分重复出现。它可以是你圈出的词语，也可以是个新词。将这些主要术语列在另外的一张纸上。如果你几乎找不到词语作为关键术语，可能是你的主张表述得太笼统了（回看 5.4.1）。

你可以用相同的步骤找到统一每个章节的关键术语。在列出论证理由的每一页上，从论证理由中圈出重要词语。有些词语应该与引言和结论中圈出的词语相关联。剩下的词语应该能用以辨别这些概念，区分该章节与其他章节。为每一个关键概念选出一个关键术语。

你起草论文的时候，要将贯穿全文的整体概念和区分每个章节的特定概念放在自己面前。它们会有助于你保持正确的方向，从而有助于你的读者保持正确方向。如果之后你发现自己撰写的东西里缺少了这些术语，不要再回头去找它们了。在起草过程中，你总会发现新的东西。

6.2.4 用关键术语创立小标题，独特呈现每一章节

即使你的领域内的研究报告不适用小标题（见附录 A.2.2.4），我们也推荐你在草稿中使用它们。用 6.2.3 中你确定出的关键术语来创设小标题。如果你不能找到关键术语来区分一个章节，要仔细考虑一下你如何看待该章节对整个论文的贡献，读者有可能认为它是重复性的或与主题不相关的。

如果你的领域不用小标题，那就用小标题来保证自己不偏离研究方向，然后在终稿里删去它们。

6.2.5 整理论证理由

为研究报告的章节设定一个合理的顺序可能是计划阶段最困难的部分。当你整合自己的论证时，你可能还没有把自己的论证理由以某个特别的顺序整理出来（这是故事板的一个好处）。但是当你设计草稿时，你必须将某个顺序加上去，才能更好满足读者的需求，特别是当你在一个新的领域里撰写一个新的论题时，那可不容易。

当你不确定如何才能合理地安排论证的顺序时，考虑一下下面这些建议：

■ **比较和对比**。如果你正在比较两个实体、概念或者物体，可以采用这个形式。

有两种方法来比较和对比，相比较两者之中，一个通常比另一个更好。例如，你正在比较霍比特人面具与因纽特人面具相比是否具有更多宗教象征意义，你可以在前半部分篇幅写因纽特人面具，后半部分写霍比特人面具。然而这种组织架构通常导致前后两部分文字成为一对不相关的情况的介绍。因此要尝试将题目分解成以不同概念为主题的章节。在面具这个例子里，这些概念可以是面具的象征意义、设计特点、演化阶段等。

还有其他几种常用方法可用以理顺你的论证思路。有两个是专注于主题的：

■ **按时间顺序**。最简单的就是先后顺序或者因果顺序。

■ **逐项论证**。如果你把题目拆分为不同的构成部分，你可以逐项对它们进行探讨，但是你仍然必须将这些部分按某个方式组织好以便于读者理解。

你还可以按读者的理解方式去组织这些部分：

■ **由短到长，由简到繁**。大多数读者倾向于先处理不太复杂的话题，然后再进入更复杂一些的话题。

■ **从熟悉到不熟悉**。大多数读者会愿意先读他们有所了解的知识，然后再读他们不太了解的。

■ **从不太有争议的到有争议的**。大多数读者与从他们意见相和的观点逐渐移步到与他们意见相左的观点，会觉得更容易接受一点。

■ **从不太重要的到更重要的（反之亦然）**。读者倾向于首先阅读更重要的论辩理由，但是这些理由如果稍晚些出现也许有更大的冲击力。

- *先期的理解可以作为后期理解的基础*。读者可能需要先了解一些事件、原理、概念等，才能更好地理解另一件事物。

通常这些方法都是相辅相成的，读者容易接受和容易理解的可能是短而熟悉的内容。但是它们也可能有冲突：读者最容易理解的理由可能就是他们最快做出反对意见的；你认为对你而言是最关键的理由，可能是读者最不熟悉的。这里没有既定规则，只有供选择的方法。

不管你选择怎样的写作顺序，它都应该反映读者的需求，而不应该是强加给研究素材的一个组织形式（例如比较—对比形式），而最不应该的就是凭这些观点在你脑海中呈现的顺序来进行安排。

6.2.6 用转接词让次序清晰

要确定你的读者能看出你选择的是怎样的写作次序，在故事板里每个理由的起始页上用上一些词语让你的排序方法一目了然：首先、其次、然后、最后、更重要的、一个更复杂的问题是……因此。不要担心这些词看上去让人感觉笨拙不好看，在此时，它们对你而言要比对读者而言更有用。你可以在终稿里修改它们，甚至删除那些显得笨拙的词语。

6.2.7 为每章每段拟出简介

正如你的整篇论文需要一个引言来为后面的内容做出框架一样，论文中的每个章节也需要这样的引言。如果每个章节只有 1-2 页，你只要一小段文字的引言就可以了；如果是一个好几页的长的章节，你需要拟出两段或更多的文字。这个部分是开放式的，应该介绍该章节的重要术语。最理想的是在该部分末尾用一个句子表达出要点，这个要点可以是论证理由、对不同观点的回应，或者是你必须做出解释的理论依据。在一个篇幅可能超过 5 页的章节里，你可以在该章节的引言中陈述其要点，并在结论中再次陈述。

6.2.8 拟出每一章节的证据、理论依据及小结

在相关章节里，概述你的论证，许多部分自成论点，但仍需要有更多小的论证来给予支持。

6.2.8.1 证据。大多数章节主要包含了支持论证的证据。在阐述论证理由之后将证据进行概述。如果你有不同类的证据支持一个论证，将它们分组并整理，让读者能看明白。

6.2.8.2 对证据进行阐释。你可能必须阐释证据——它来自哪里、为什么可靠、它如何能支持论证。通常这样的解释就跟在证据之后，但是你也可以事先对它们进行概述，如果那样看起来更合乎逻辑的话。

6.2.8.3 对以往研究进行确认和回应。想象一下读者可能反对什么，在什么地方反对，简单做一个回应。这个回应通常是带有至少一个诉求和一些论证理由的论辩，一般包括论据，甚至包括针对自己的首次回应而假想的反驳意见再次进行的回应。

6.2.8.4 理论依据。如果你需要一个理论依据来证明一个论辩理由的相关性，那就要在陈述该论辩理由之前将它展现出来。（如果你使用理论依据只是为了其强化作用，那就将之放在论辩理由之后。）如果你认为读者会质问理论依据的真实性，拟一个小论辩来支持它的真实性。如果读者可能会认为你的理由和诉求不是理论依据的有效例子，你要用一个论辩证明它是。

6.2.8.5 总结。如果你的论文有 20 页或更长，你要在每一个主要章节末尾简要总结一下你的论辩过程。特别是当你的报告在日期、人名、事件、数字方面的信息量很大的时候。大量事实接踵而至会使得论点模糊不清。这个章节里你确立的是什么？你的论点迄今为止是如何形成的？如果在终稿中，这些扼要总结看上去明白得一览无遗，那就删掉这些总结。

不同领域的作者安排这些要素的方式可能会稍有不同，但是各要素本身和它们的组

织原则在每个领域和专业里都是相同的。不论什么领域，在研究报告中，关键是你要组织好自己的论辩，它不但要能反映你的思想，还要能帮助读者理解你的思想。

6.2.9 拟出可行性总结

你应该在故事板的总结页上端表述自己的总结性主张。如果你能为该主张增加更多的意义（增加一个“那又怎样”的答案），要在该主张之后拟出来（有关总结的更多内容见 10.2）。

6.3 将剩下的资料归档

一旦你有了第一份计划表，你就会发现手头很多资料不再适用了。你要抵制住将剩下的资料塞进你的报告里的冲动，不要认为你找到了它们，你的读者就该去读它们。事实上，如果你手上剩余的资料不比你需要用到的多的话，则可能是你的研究工作做得不充分。将剩余的资料归档以备将来使用，它们可能蕴含着下一个研究项目的种子。

7 草拟研究报告

一些作者认为，一旦他们有了提纲或故事板，他们就可以生拼硬凑出句子来起草论文了。如果你已经写出了不少文字来探讨自己的思想，你可能认为可以将这个最初的文本直接塞入草稿中。经验丰富的作者会更清醒一些，他们知道两样东西：探索性写作是重要的，但通常不适合用作草稿。经过深思的草稿写作是一个发现的过程，计划表和故事板是为之做准备的，但绝不能取代起草过程。其实，大多数作者不知道自己应该如何思考，直到他们看见自己的思想以文字的形式呈现在面前。确实，你体验的是研究过程中的最激动人心的时刻之一，此时你发现自己在表达的是之前尚不知道自己已经有了的一些思想。

所以不要将起草只当成对故事板的转述或者是文字转换。如果你以开放的心态拟草稿，你可能会发现一些在动笔前未曾有的思路，就像整个过程中的其他步骤，意外发现对计划表起着更好的作用。

7.1 以最适合自己的方式起草

作者打草稿的方式是不同的。一些人慢工出细活：他们总是将每一段写得很完美才开始下一段，为此他们需要一个精确的计划表。所以如果你起草速度很慢，那就要仔细计划。还有些作者会让文字流淌跳跃，越过被卡住的地方，省略掉引证、统计等可以以后再加进来的东西。如果他们被一个格式上的问题困住了，例如用文字符号还是数字符号来表述数字的问题，他们就插入一个问号，然后接着往下写直到思路终结，再回头去解决这个问题。快手起草者需要更多时间来修订。如果你的起草方式是快速型的，就早一点开始动手。我们可以用合适自己的方式起草论文，但有经验的作者打草稿通常很快，然后再彻底修订。

7.2 养成富有成效的起草习惯

我们大多数人写作时没有效率——迫于压力、赶时间，往往头一天晚上匆匆起草，晨起只有几分钟校对。这对于一篇短论文都很难奏效，对长论文就更不可能奏效。你需要时间和一个计划表来设定小的可实现的目标，让自己可以统筹全局。

最重要的是，要按计划起草论文，不要长期陷入某个章节里，消磨掉自己的思想和兴趣。设定小的目标，为每一章节设定合理的文字配额，遵照执行。当你再次开始起草工作时，不必从你上次停下的地方开始：回顾故事板，决定你今天准备好起草的内容。回顾一下，看看它是否适合这一章节和整个论文：*这一章节支持的是什么论点？在整个*

逻辑中它处于什么位置？那些关键术语表述的概念是否可以区别出该章节？如果你被难住，就跳到另一章节去。不管做什么，不要用更多的阅读来代替写作。习惯性拖延的人通常被计划的规模吓倒而失去勇气，他们只是一再推迟动手的时间。你可以通过将项目拆分成小的可实现的目标来克服这个坏习惯（见 7.11）。

7.3 用关键术语来确保研究方向

你起草的时候，面前最好放一份常用概念关键术语列表，这些术语应该贯穿你的整篇论文。然后反复检查你使用这些术语的频率，它包括贯穿全文以及区分每一章节的术语。但是不要让这些词语扼杀你的新思想。如果你发现自己彷徨迷路，就任由自己游荡一会儿吧。你可能在孕育一个有趣的观点，跟着它走直到你可以看清楚它将带你去的地方。

7.4 适当引证、改述和概述

我们在讨论做笔记时（4.2.2）已经涉及了这个话题。你应该用自己的语言搭建研究报告，反映自己的思想。支持你思想的大多数材料可能存在于引证、改述和概述里。不同领域采用的方式会有不同。一般说来，人文类研究者直接引证最多；社会和自然科学研究者通常采用改述和概述。在论述中如何运用手中的信息要具体情况具体分析。下面有一些原则可循：

- 当细节不相关或者原始资料的重要性不足以提供更多的依据时，采用概述的办法。
- 当你的表述比原始资料更清晰更简洁时，或者当你的论证依赖的是原始资料的细节而不是特定文字的时候，可以用改述的办法。（在改述前，参看 7.9）。
- 引证多为以下目的：
  - 准确的行文包含了支持论点的证据。
  - 你不认同一篇文章表述的观点时，为了以示公平要给出准确的原文。
  - 引用的文字来自可以支持你的观点的权威来源。

- 引用的文字是明显有独到见解的。
- 引用的文字可以令人信服地表述关键性概念，构建余下的讨论部分。

你必须平衡引证、改述和概述以及你自己的原创思想。不要只是重复，或更糟的，只是下载别人的文字或思想，用自己的少量句子将它们缝合到一起。所有的老师都不喜欢这样的报告，并对其缺少原创性思想而失望。在高端项目中，例如本科或硕士学位论文、博士论文，读者也不认可这种东拼西凑来的东西。

读者对研究的评估只取决于多大程度上他们可以信任其原始资料，所以文中的每一个概述、改述或引证都要用正确的引用格式引用其参考文献中的信息。（见第二部分）。

7.5 将引证融入自己的文本

你可以将引证通过两种方式插入自己的行文中：

- 在行文中直接嵌入 4 行或者短于 4 行的引文。
- 将 5 行或者更长的引文与自己的行文分开，作为缩进的语句块处理。

你可以将插入的引文或者大段引文以下面两种方式融入自己的行文中：

1. 将引文以独立句子或段落的形式置入行文中，由几个起解释作用的词语来引导。但是要避免所有的引文都用……说、……陈述道、……声称等开头：

戴蒙德说："新月沃地和中国历史……给现代世界提供了有益的借鉴：环境改变，过去的辉煌不能保证未来的辉煌。"（417）

取而代之的是给出一些阐释：

戴蒙德指出我们可以从历史汲取的教训是不要指望历史会重演。"新月沃地和中国历史……给现代世界提供了有益的借鉴。"（417）

2. 将引文的语句与你自己的表述交织在一起：

政治领袖应该从历史中学习。戴蒙德指出现代世界可以从新月沃地和中国历史中“学到的教训”就是“环境改变，过去的辉煌不能保证未来仍然辉煌”（417）。所以历史给我们上的一课就是不能指望历史会重演。

为了让引文句子与你自己的语句想啮合，你可以修改引文，只要你不改变其含义，并且用括号清晰地标出加进去的或改动了的词语，或者用六个小点（又称省略号）代表删除部分就可以了。下面的句子完整地引用了原文：

波斯纳以宗教为重点不是因为它的精神性，而是其社会功能：“美国社会的显著特征是宗教多元化，我们应该想想，鉴于宗教作为这些社会规范的源头和实施者的历史重要性，宗教多元化如何与由社会规范所支配的统治权力相关联。”（299）

下面这个版本修改了引文以便适合于作者的句法：

在讨论宗教多元化时，波斯纳提到美国社会的“一个显著特征……是【它的】宗教多元化。”我们应该想想它的社会规范如何影响“统治效力……考虑到宗教作为社会规范的源头和实施者的历史重要性”（299）。

（更多有关将引文融入行文的内容见第 25 章。）

当你第一次提到一份原始资料时，用他或她的全名，不要给名字加上先生、夫人、女士或教授等称呼（有关博士、教士、参议员等见 24.2.2）。从那以后再提到用姓就可以了：

根据史蒂芬·平克所言，“有关语言本能的说法……与人群中可能存在的基因差异几乎没有关系。”平克继续其主张称……

除了指的是国王、女王、主教，绝不可以直接用他或她的名来指向某个文献。不可如下所示：

根据史蒂芬·平克所言，“有关语言本能的说法……”史蒂芬继续其主张称……

7.6 审慎使用脚注和尾注

如果使用参考文献格式（见 3.2.1），你必须在起草的时候确定好如何使用脚注和尾注（对这两点的格式要求见第 6 章）。你必须在一个注解中引用每一个来源。当然，你也可以决定用脚注和尾注来注解一些你不想放在论文正文中但又不想漏掉的实质性材料（也可以将这种实质性材料的注释与作者 - 年格式中的文中夹注形式结合使用，见 18.3.3）。

- 如果你在尾注中引用了来源，将实质性材料放入脚注中。否则你就是强迫读者不停地翻转到你的报告末尾寻找尾注来辨认是否为实质性材料或是参考文献信息。
- 尽量避免使用实质性脚注。如果这类脚注太多，你可能是在冒险，因为这会把自己的论文弄得支离破碎。

在任何情况下都要记住很多读者是会忽略脚注的，他们的原则是，不是重要到放入正文的信息也同样不够重要，不必去脚注中阅读。

7.7 提前阐释复杂或细节烦琐的论据

此时，你也许很肯定自己的论据可以支持论点，所以认为读者不会看不到其关联性。但是论据不会自己开口，特别是长的引文、图片、图纸、表格等更不能为自己解说。你必须用一个句子来介绍它们，表达出你想要读者从中获得的信息。

例如，在下文中很难看出引文是如何支持起始句的：

当哈姆莱特来到祈祷着的继父身后时，他冷静而条理清晰地思考是否当场杀死他。主张

现在容易动手了，当他在祈祷时：
我现在就下手杀了他；然后他就直接上天堂；
这就算是复仇了？
这还需三思；
一个恶徒杀了我的父亲；

而我，父亲的独子，却保送此恶徒登上天堂；
什么，这等于是成全了他；这不算是复仇。 证据

这几行原剧文字里没有明显的语言可以指向冷静理智。对比一下下文：

当哈姆莱特来到正在祈祷的继父克劳迪斯身后时，他冷静而理智地思考是否当场杀死继父。 主张 首先他想立刻杀死克劳迪斯，但接着他停下来思考：如果他在克劳迪斯祈祷的时候杀了他，就把克劳迪斯的灵魂送上了天堂，但是他想把克劳迪斯送进地狱，所以他冷静地决定以后再杀死他。 理由

现在容易动手了，当他在祈祷时：
我现在就下手杀了他；然后他就直接上天堂；
这就算是复仇了？
这还需三思；
一个恶徒杀了我的父亲；
而我，父亲的独子，却保送此恶徒登上天堂；
什么，这等于是成全了他；这不算是复仇。证据

这样的解释性导语在你以图表呈现量化的证据时更加重要（见 8.3.1）。

7.8 敞开大门迎接意想不到的惊奇

如果你按照自己的计划走，在起草草稿之前做了最好的安排，你不太可能在起草过程中遇到完全意想不到的情况。但即便如此，也要自始至终敞开大门迎接新的思路。

- 当你写着写着开始转移话题时，由着它向前走一段看看是否你正在做的比计划中的更好。
- 当证据引领你开始质疑一个推理时，不要忽略它，随着这感觉走。
- 当论证理由的次序让你觉得不顺手时，设置新的次序试试，即使你都已经差不多写完了。

- 即使当你写到了最终的结论部分，你也可以想出一个更清晰更切中要点的方法重新表述你的主张。

如果你产生了有益的新思想，且离完稿日期还足够早，花点时间来做些改变。小小的努力可以换来巨大的改进。

7.9 防范无意中的剽窃

有可能在起草时，你冒险犯下了研究者可能犯下的最严重的错误之一：让读者认为你在尝试把另外一位作者的作品当成是自己的。如果那么做了，你的冒险会被指责为剽窃，这个指控如果成立，将意味着成绩不合格甚至被开除。

许多教师严厉告诫不要剽窃，但并没做解释，因为他们认为这从来就是故意欺骗的行为，不需要解释。无可否认，学生们知道，把自己的名字署在网上购买的文章上或者署在从联谊会的人那里抄来的文章上就是作弊。大多数人也知道把从网上下载来的或从某个文献抄袭来的整页的文章当作自己的东西是作弊行为。对于这些情况，除了禁止没别的可说。

但许多学生没有意识到即使他们不是有意不诚实而只是无知或不小心，他们也可能面临着被指控剽窃的危险。你只要给了读者理由认为你做出了如下一件或几件事，你就是在冒着剽窃的风险：

- 你引用了一个文献，使用了它的原始文字却没有将它们用引号引起来或放入一个引用段里。
- 你改述了一个文献，使用的文字与文献原文如此相似，几乎就是一个引文。任何人都能看出你是按照原文逐字逐句来改述的。
- 你采用了某个文献的思想或方法却没有援引该文献。

7.9.1 标出所有文献原文，即使你注明了其来源

即使你注明了来源，读者也必须知道哪些文字是你的，哪些文字是你摘录的。如果你没有用引号或引用段来标识出你抄录的哪怕只是一小行文字，你都在冒着被

指控剽窃的风险。

然而，如果你摘录的只是几个词，情况会复杂一点。读下文：

科技催生更多科技产生，因此一件发明的重要性其传播价值可能超越发明本身。科技史印证了称之为自身催化的过程：一件事物会随时间增长而加速发展，因为这个过程是自身催化的（戴蒙德 1998，301）。

如果你正在写有关贾雷德·戴蒙德的观点的文章，你可能不得不用到他的一些文字，例如“**一项发明的重要性**”，但是你不会把那个短语放置于引号内，因为这个短语并不能显示出思想或表达的原创性。但有两个其他的短语，非常引人注目，一定要用引号标出来：“**科技催生更多科技**”以及“**自身催化的过程**”。例如下文：

科技的力量超越了个人的发明，因为科技“催生更多科技”，它也是一如戴蒙德指出的一个“自身催化过程”（301）。

这些文字你用过一次之后，下次再用就不必再借用引号或标出引文了：

由于一项发明催生另一项发明，又再催生另一项发明，这个过程变成一个能自身维持下去的催化过程，超越国界而广泛传播。

有一个灰色地带：对某些读者而言是十分引人注目的词语，对其他读者可能只是一般性用语。如果你在过多一般性用语上使用引用符号，读者也许会认为你缺少经验或者不太可靠。但是如果你在读者认为应该使用引号的地方没有使用引号的话，他们会质疑你试图从不属于你的表述或思想中捞功。由于看上去没有经验比不诚实要好，特别是在研究生涯刚开始的阶段，要尽量使用引号（然而你必须遵循你所在学科的标准惯例。例如，律师通常会使用法令或司法判决中的精准语言而不使用引号）。

7.9.2 不要有太接近原文的改述

当你用自己的语言表述一个思想比用原文更清晰更切中要点时，你可以适当地用改述的办法。但是如果读者可以将你的文字和句式与原文相匹配的话，他们会认为你越界了，从正常改述变成了剽窃。例如，下面这几个句子剽窃了你刚刚读到的两句话：

布斯、科洛姆和威廉姆斯称适当的改述是使用自己的语言表达一个思想，从而使一段来自原文的句子更清晰和切中要点。然而，如果他的改述与原文非常相似，让人可以将改述的句子里的文字和短语与原文对应起来，读者就会指责其剽窃。

下面这一段改述几近剽窃：

适当的改述是将原文中的段落重新用自己的文字撰写，使表达的意思更清晰和切中要点。读者认为如果改述与原文太接近而令他们看到极相似的文字和短语，这时就产生了剽窃（布斯、科洛姆和威廉姆斯 2013）。

下面这个改述不是剽窃：

根据布斯、科洛姆和威廉姆斯（2013）所述，改述是使用自己的文字来更清晰地表现他人的思想。当读者能够看到改述与原文在字句上过于相似时，改述就变成了剽窃。

为了避免改述看上去成了剽窃，你改述的时候不要去看原著。读完该段落，目光移开，想一会儿，然后仍然保持目光落在别的地方，用自己的文字来改述。再之后，滑动手指逐字逐句读完你的句子，看看是否能找到与原文相同的语言次序并呈现着相同的思想。如果你能找到，你的读者也能。那就再写一遍。

7.9.3 对于不属于自己的观点，援引其来源

这条规则比看上去要复杂。因为我们的大多数思想都基于或源于历史上某处可识别的史料。读者并不期待你为每个相似观点找出每一处历史悠久的史料来源，但是他们却希望你可以为下面的某个观点标出来源。（1）与某个特定个人联系在一起的观点；（2）观点是最近提出的尚未成为某领域内的一般性知识。

例如，心理学家称我们的大脑从不同的部分思考和感受，不会有读者期待你标出这个观点的来源，因为它不再和某个特定文献相关。人们如此熟悉这个知识，没人会认为你想表明这是你的个人思想。一些心理学家说情感对于做出理性判断是很关键的。这个

观点很新，与某些特定研究者联系在一起，你必须标出这些文献。

原则是这样的：无论何时，如果一位了解情况的读者有可能认为你在表明某个不属于你的观点是你的观点时，你就要标出其来源。尽管这看上去非黑即白，其实有一个巨大的灰色地带在其间。有疑问的话，你要找你的导师确认。

7.9.4 不要借口无知、误解或其他所谓无辜意图

无可否认，某些看上去像剽窃的通常只是真的不知道如何使用和引用原著造成的。一些学生可能在世界上的其他地方上过学，那些地方对于使用其他作者的作品采用的是不同的指导原则。还有一些学生由衷地认为他们从网上下载的对公众开放的免费资料是不必标出来源的。但是这是不对的。免费或对公众开放与否与此没有关系。任何你在使用的由别人创造出来的东西，必须标出来源。

许多学生为自己辩解说他们无意误导让读者认为观点是他们的。问题是，我们读文字不读心。所以要将剽窃视作可感知的行为而不是一个故意的行为。避免任何可能令你的读者有理由怀疑你剽窃的迹象。无论何时当你提交的文章上署着你的名字时，你都要毫无保留地承诺该研究、该推理、该文字都是你的——除非你特别将之归功于别人。

有个最好的办法，我们可以这么假设：某个人，她的作品你使用了，她来读你的报告，她是否会认出其中的某一部分是她的东西，包括改述、概述，甚至来源于她原著的总的思路和方法？如果她能认出来，你就必须要标出这些借来的东西。

7.10 防止不恰当的帮助

有经验的作者经常将自己的草稿拿给别人看以期获得批评和建议，你也要这样做。但是多大程度的帮助是合适的，以及什么样的帮助学生应该致谢承认，教师们之间意见不同。当你获得了帮助，请问两个问题：

1. 多大程度的帮助是合适的？

- 对于一篇课程论文，大多数教师会鼓励学生获得大家的批评指正以及小小的校订，但是不能是详尽到细节的重写和详细而精确的建议。

- 对于本科、硕士学位论文和博士论文，或者要发表的作品而言，作者要寻求来自老师、评论家以及其他人的所有帮助，只要他们不是实际代笔人。

在这些极端情况之间有一个灰色地带，问问你的老师她会在哪里画出界限，然后在允许的范围内得到你能得到的所有帮助。

2. 在你的报告中，对什么样的帮助必须要告知并致谢？

- 就课程论文而言，通常不要求对大家的批评和小的校订或者来自学校的写作老师的帮助给予致谢。但是你必须对特定的帮助或者大量的帮助致谢。你的导师设定规则，所以问问你的指导教师。
- 就本科、硕士学位论文、博士论文和发表作品而言，你不需要对常规性帮助致谢，尽管在前言中这样做是有礼貌的和谦虚的（见 A.2.1.8 和 A.2.1.9）。但是你必须对特定的或大量的校订致谢，并在注解中标出由他人提供的主要思想和语句。

7.11 克服习惯性拖延和写作障碍

如果你觉得不能动手起草第一稿或者动笔艰难只能写下区区几行，你可能是遭遇了写作障碍。有些这类案例来源于与学校有关的严重焦虑和压力，如果你是这个状况，去找一个咨询师。但是大多数情况下，你是能处理好的：

- 你被难住了，因为你没有目标或目标太高。如果出现这种情况，规划一个进度表并且设定小的可以实现的目标。不要不愿意使用一些策略令自己继续前行，例如制定进度表或者与写作伙伴进行定期会晤。
- 你也许觉得写作任务的规模大到不知从哪儿入手，所以胆怯了。如果是这样，参照我们的建议，将写作过程拆分成小的可实现的任务，然后每次只专注于做其中的一小部分。在你完成几个小的部分之前，不要去考虑整个任务。
- 你可能想将每一句每一段都做到完美再移步去下一阶段。如果是这样，告诉自己你不是在写初稿，而只是在勾画其中的一些观点，然后进行快速但并不完美的写作让自己开始行动起来。下一次如果你一边研究一边写，要提醒自己你不是在写第一稿，就能避免这种求全责备的思想困扰自己。不管怎样，我们都必须在完美方面有所妥协才能让工作干起来。

如果你在大部分写作计划中都碰到这类问题，就去学生学习中心看看。那里有专人为这一类习惯拖延和有写作障碍的人提供咨询，能够给出适合你的状况的建议。

另一方面，写作者遭遇障碍时有可能意味着机会，可以让思想在潜意识里慢慢沸腾，让思想重组，再重组，形成令人惊讶的新思想。如果你被难住了，但是还有时间（这是另一个要早点着手研究的原因），那就花一两天干点别的事情，然后再回去看看是否能重回正轨。

8 用表格和图形呈现论据

如果你的资料是数字形式的，用图表会让大部分读者更容易理解。图表有多种选择，有些图表形式会比其他形式更适合呈现你的数据和信息。在这一章里，我们将向你展示如何选择正确的图表形式并对它进行设计，让读者既能看到你的数据又能明白它们是如何支持你的论点的。[①]（图表格式详见第 26 章）

---

① 有关术语：图表术语多种多样，所以在此我们要有自己的规定。在本章中，我们使用术语“图表”（graphics）来指所有证据的视觉再现方式。另一个有关该表述形式的术语是“图解”（illustrations)。一般来说，图表被分为表格（tables）和图形（figures）。表格是一个包含行和列的网状结构，行与列内呈现按类别编组的数字和文字。图形是指其他所有图表形式，包括曲线图、航图、照片、图画和示意图。呈现量化信息的图表通常包括条形、圆形、点和其他形状。曲线图，通常包括连续线。常见图形详见表8.7。

8.1 选择语言或图表方式呈现

通常，当量化信息只包括几个数字时，用语言来呈现。（用文本呈现数字见第23章。）当你的大多数论据都是量化的或者你必须用一个大的数据集来传达信息的时候，就要用图表来呈现。当数据又少又简单时，其含义在一句话的表述中和在表8.1所示的表格中能同样容易被理解：

在1996年，男人平均一年挣$32144，女人挣$23710，相差$8434

表 8.1. Male-female salaries($), 1996

Men	32,144
Women	23,710
Difference	8,434

表 8.2. Changes in family structure, 1970-2000

	Percentage of total families			
Family type	1970	1980	1990	2000
2 parents	85	77	73	68
Mother	11	18	22	23
Father	1	2	3	4
No adult	3	4	3	4

但是如果你在一段文字里呈现的数字超过4个或5个，读者要记住它们就有困难了，特别是必须对比数据的话。如下所示：

在1970年至2000年间，家庭结构以两种方式改变。1970年，85%的家庭是双亲家庭，但是到1980年，数字就下降到77%，1990年再次下降到73%，到2000年下降到68%。单亲家庭增加，特别是母亲为单亲的家庭。在1970年11%的单亲家庭是单亲妈妈家庭。到1980年，数字上升到18%，1990年到22%，2000年到23%。单亲爸爸的家庭在1970年为1%，1980年为2%，1990年为3%，2000年为4%。没有双亲的家庭维持在3%～4%的比例。

这些数据用图表的形式可以更好地呈现，如表8.2所示。

8.2 选择最有效的图表

当你用图表呈现上段文字里那么复杂的数据时，你有很多种选择。最简单最常用的是表格，有条形图、线形图，每一种都有其与众不同的表达效果。

- 要强调特定的数据值，就用类似表 8.2 这样的表格。
- 要强调对比效果，并能一目了然，就用如图 8.1 所示的直方图。
- 要强调趋势，就用线形图，如图 8.2 所示。

同一数据以不同方式呈现，读者的反应是不同的。

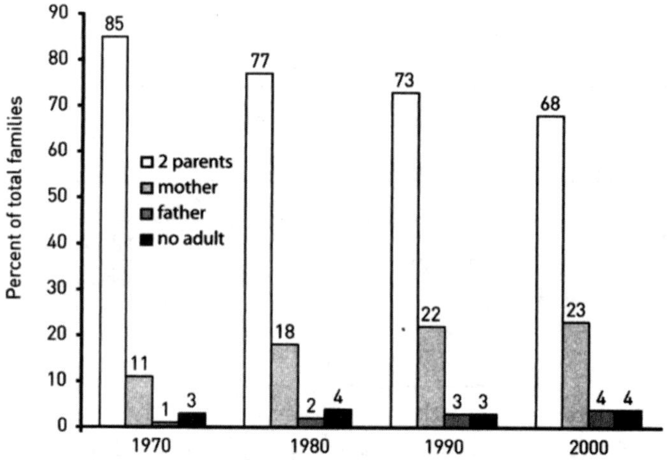

图 8.1. Changes in family structure, 1970-2000

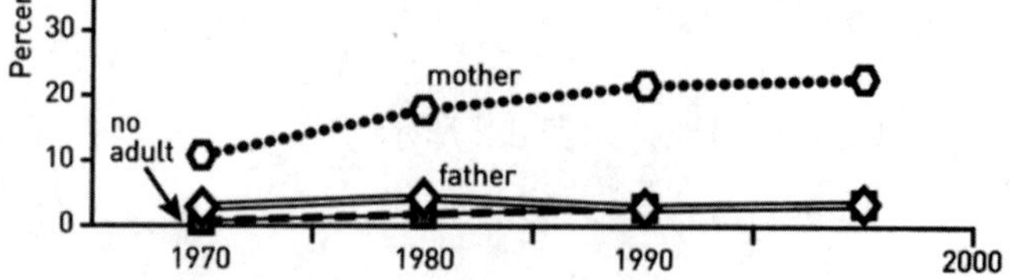

图 8.2. Changes in family structure, 1970-2000

- 表格看上去要精确而直观。它重点呈现个体数据，可使读者推断其间的关系和趋势（除非你以导语来表述）。
- 图形和线状图着重于视觉形象，在传达数字时比表格要稍欠精确，但是它能更直观呈现图形含义。它们还具有以下差别：
    - 条形图着重于独立项之间的对照。
    - 线状图突出趋势，通常是随时间推移出现的趋势。

选择能更好实现你期望的效果的图表，而不是那个首先映入你脑海的图表。

有多少种选择可以考虑，但如何选择取决于你自己的经验。如果你刚刚上手做量化研究，把你的选择限定于基本表格，条形图和线状图。你的电脑软件会提供更多选择，但你要忽略掉那些不熟悉的图表形式。

如果你在做高级研究，读者会期待你使用的图表能最切合你的论点和数据种类，你可在大范围中进行选择。在这种情况下，参看表 8.7，它对通用表格的修辞作用做出了描述。但是如果你在写博士论文，或者论文所属领域有这样的惯例，即用大型数据集来呈现复杂的关系，此时你也许不得不考虑用更加创新的办法来呈现数据。

8.3 设计表格和图形

现在的电脑程序可以让你设计出非常炫目的图表，这可能会让你希望通过软件程序来进行设计。但读者不会关心你的图表看上去做得多么漂亮细致，如果它们实际上令人困惑，产生误导作用，或与你的观点不相关。你必须让它们清晰、有重点，并切题。然后再去设计并将你的判断呈现出来。（如何在文中创建和插入表格和图形，见 A.3.1.3 和 A.1.3.4。）

8.3.1 介绍图形以助读者理解

呈现复杂数据的图形很少能自行表意。你必须对其有所介绍，让读者知晓里面能看到什么，以及理解它如何与论点相关。

1. 在文中用一句话介绍表格和图形，表述一下这些数据如何支持论点。这句话中可以包括任何一个你想要读者特别注意的数据（那个数据必须也出现在图表里）。

2. 为每一个图形和表格做标注。描述出数据类型，如有可能，描述其重要关系。表格的标签为标题，在图表上面设置，要左对齐（有关图表名称和文字说明的形式，见第26章）。图表名称和文字说明要简短，但要能充分描述数据的独特属性并可将图表一一区分。

- 避免名称或文字说明流于一般性话题。

  不可：户主。

  可 ：单亲和双亲家庭的变化，1970-2000。

- 使用名词短语，回避关系从句使用分句

  不可：家庭数量，这些家庭订阅周刊类新闻杂志。

  可 ：订阅周刊类新闻杂志的家庭数量。

- 不要涉及背景信息，不要描述数据含义

  不可：专业人士介入之前，针对抑郁儿童的心理咨询效果差很多，1995-2004。

  可 ：针对抑郁儿童的心理咨询效果，1995-2004。

- 确保标签可将呈现相似数据的图表区分开来：

  伊利诺伊州梅伍德市男子高血压风险因素。

  牙买加金斯顿市男子高血压风险因素。

3. 把有利于读者理解数据是如何支持论点的信息放入图表中。例如，如果表格中的数字显示某个趋势，并且如果该变化的规模很重要，将这个变化加到最后一个纵列里。或者如果一个图形的某条线的变化对应的是图中未提及的某种影响，如图8.3所示，在图形中加入文字给予说明。

尽管重划选区后，阅读和数学的分数一开始下降了约 100 分，但这个趋势在引入补充性数学和阅读项目后被大大扭转了。

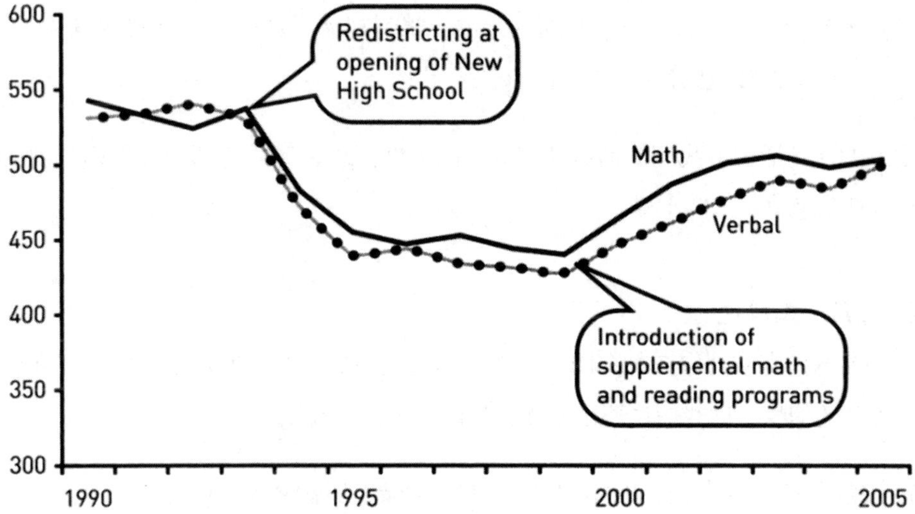

图 8.3. SAT scores for Mid-City High, 1990-2005

表 8.3. Gasoline consumption

	1970	1980	1990	2000
Annual miles (000)	9.5	10.3	10.5	11.7
Annual consumption (gal.)	760	760	520	533

表 8.4. Per capita mileage and gasoline consumption, 1970-2000

	1970	1980	1990	2000
Annual miles (000)	9.5	10.3	10.5	11.7
(% change vs. 1970)		8.4%	10.5%	23.1%
Annual consumption (gal.)	760	760	520	533
(% change vs. 1970)			(31.5%)	(31.6%)

4. 突出表格中你想要读者着重关注的部分，特别是表格导语中提到的数字或关系。例如，我们必须仔细研究表 8.3，才能看出它为什么支持下面的导语：

大多数针对汽油消耗量的预测都被证明是错误的。

我们需要增加一句话解释为什么这些数字与主张相关联，还需要一个内容更详细的介绍和视觉上的帮助才可以让我们注意到自己想看的内容（见表 8.4）：

汽油消耗量并没有像很多人预测的那样上涨。*即使美国人人均行驶里程在 2000 年比 1970 年增加 23%，他们耗油量却减少 32%。*

增加的这句话告诉我们如何解读表 8.4 的关键信息，斜体的部分则告诉我们在哪里可找到这些信息。

8.3.2 图片尽量简化

一些绘图指南鼓励你在每个图表里放入尽可能多的信息，但是读者只想看到与你的论点相关联的信息，这些信息要以不受干扰的方式呈现在图片里。

1. 只包含相关数据。如果你仅想保留信息记录，那就将其做相应的标注，并置于附录里（见 A.2.3.2）。

2. 图表设计要简单

- 制图
    - 当你将两个以上图形分入一个组时，要给图形加框。
    - 谨慎使用阴影或色彩来传达意思。即使你用彩色打印机打印论文或者提交 PDF 文档，它也可能之后以黑白打印机打印或被复印，并且如果它是博士论文，它还可能会被拍摄在微缩胶卷上。阴影和色彩在上述任何形式中都无法很好再现。
    - 不要给一个二维平面图创建一个三维立体背景。增加的景深没有作用，会产生变形，影响读者对信息的判断。
    - 只有当你无法以任何别的方式呈现数据，并且你的读者熟悉立体图形的情况下，才能用三维图形呈现数据。
- 表格
    - 不要同时使用水平线和竖直线来划分纵列和横列。如果你想要将读者的视线导入某个方向对比数据的话，或者表格不同寻常地复杂的话，可以用浅灰色线条。但是不要将浅灰色线条和阴影用在任何将来会被微缩拍摄的表格上，因为影印图像会模糊不清。

- 有很多行的表格中，每五行淡淡涂一次阴影。
- 不要在会被微缩拍摄的文件中使用小于9号的字体。太小的字体会难以辨认。

■ 图表和图形

- 只有当图表很复杂，读者需要看到准确的数字时，才应使用网格线。所有网格线均应为灰色，除非文本要被微缩拍摄。
- 谨慎采用阴影和色彩来表达意思。即使你用彩色打印机打印论文或者提交PDF 文档，它也可能之后以黑白打印机打印或被复印，并且如果它是博士论文，它还可能会被拍摄在微缩胶卷上。阴影和色彩在上述任何形式中都无法很好再现。
- 不要给一个二维平面图创建一个三维立体背景。增加的景深没有作用，会产生变形，影响读者对信息的判断。
- 不要使用图像标注（例如，小汽车图像代表汽车生产），它们添加不了什么内容，却会扰乱读者对数值的解读，看上去也很外行。

3. 使用清晰的表头文字

■ 在表格中标注横列和纵列，以及图表中的两个坐标轴。（表头文字的标点和拼写详见第 26 章。）

■ 在图表的纵轴上使用刻度线和标注来指示间隔（见图 8.4）。

■ 如果可能，标号、柱状分割以及类似的东西都要放在图形上，不要放在标题里置于图形旁边。只有当标注令图形过于复杂而不利于解读时才将标注置于标题中。

■ 有些特别数字很重要，将其标注于条形、柱形或轴线的点上。

8.3.3 遵循表格、条形图和曲线图的绘制原则

8.3.3.1 表格。包含很多数据的表格看上去尤其密集，因此要让图形和其内容保持尽可能的简单。

- 纵列与横列的安排要遵循一个原则，让读者能快速找到你想要他们看到的内容。不要选择自动按字母顺序。
- 取整数相关值。如果小于 1000 的差别不重要的话，那么标注 2123499 与 2124886 的精确性是无意义的。
- 在纵列的底部和横列的最右边算出总数，不要在顶部和最左边。比较表 8.5 和表 8.6。表 8.5 看上去杂乱，其各项的排列不能很好说明问题。表 8.6 就清楚很多，因为它的标题信息更丰富，表格也更少有视觉上的干扰混乱，各项排列让我们更容易看出其排列的原则。

表 8.5. Unemployment in major industrial nations, 1990-2000

	1990	2001	Change
Australia	6.7	6.5	(0.2)
Canada	7.7	5.9	(1.8)
France	9.1	8.8	(0.3)
Germany	5.0	8.1	3.1
Italy	7.0	9.9	2.9
Japan	2.1	4.8	2.7
Sweden	1.8	5.1	3.3
UK	6.9	5.1	(1.8)
USA	5.6	4.2	(1.6)

表 8.6. Changes in unemployment rates of industrial nations, 1990-2000

English-speaking vs. non-English-speaking nations			
	1990	2001	Change
Australia	6.7	6.5	(0.2)
USA	5.6	4.2	(1.6)
Canada	7.7	5.9	(1.8)
UK	6.9	5.1	(1.8)
France	9.1	8.8	(0.3)
Japan	2.1	4.8	2.7
Italy	7.0	9.9	2.9
Germany	5.0	8.1	3.1
Sweden	1.8	5.1	3.3

8.3.3.2 条形图。条形图中图形和数字同样也表达一定的含义。没有按需要的顺序排列的条形图不能清楚地表达需要表达的含义，所以如果可能，将条形分组安放，让读者通过图形能形象地与你的观点联系起来。

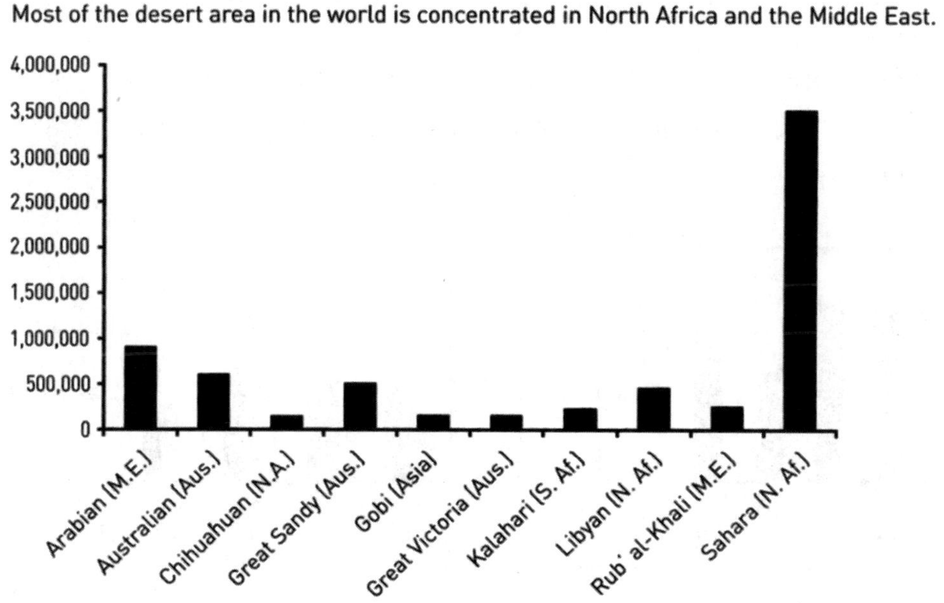

图 8.4. World's ten Largest deserts Most of the desert area in the world is concentrated in North Africa and the Middle East.

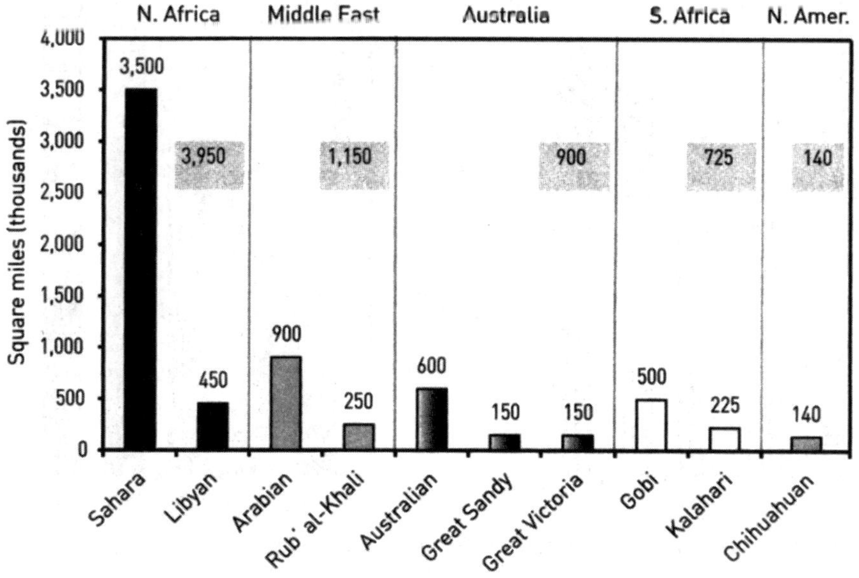

图 8.5. World distribution of large deserts.

例如，图 8.4 表头的解释，图中以字母顺序所列各项不能帮助读者更好地认识这个观点，相比而言，图 8.5 就通过将相关联的数据分组排列的图形支持了其观点。

在标准条形图中，每一个条形代表一个整体的百分之百，但是有时候如果条形中能够看到整体中各部分的数值，会对读者有帮助。你可以借用以下两种方法：

- 累计条形图将条形再细分为按比例的部分，如图 8.6 的左边图表所示。
- 分组条形图用不同的条状代表整体中的每一部分，并组合成一组，如图 8.6 右边的图表所示。

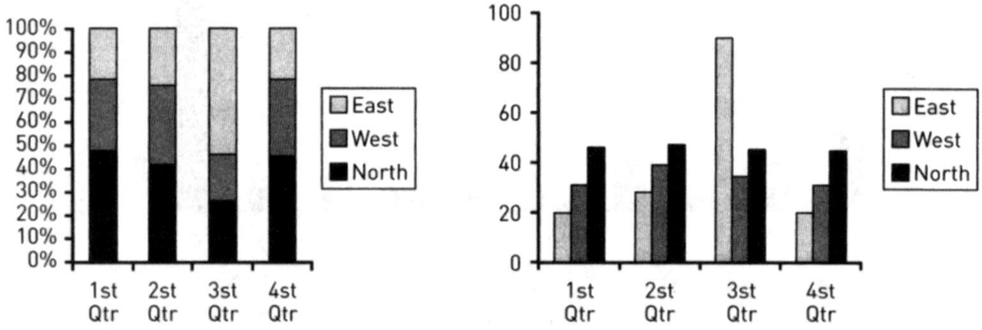

图 8.6. Stacked bar chart compared to grouped bar chart

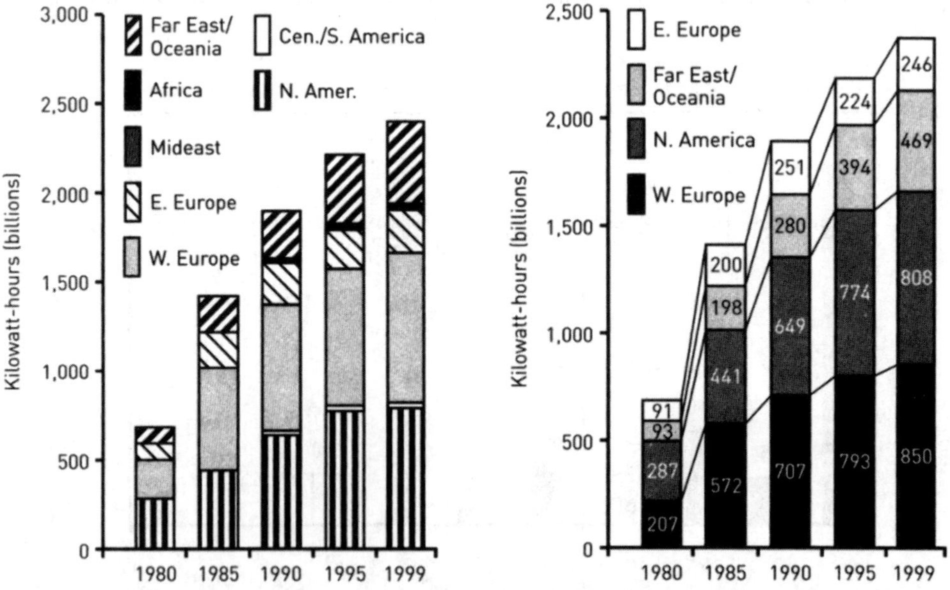

图 8.7. Stacked bar charts showing generators of nuclear energy, 1980-1999

如果整体数值间的比较比分段之间的比较更重要的话，使用累计条形图。然而，读者不能单凭眼力就能轻易估计出百分比，所以如果要用累计条形图，可按如下所示操作：

- 将各部分按逻辑顺序排列，将最大的部分放在底部并涂最深的阴影。
- 用特定的数字标注每个分段，并用灰线连接相应的分段以帮助表明各部分比例。

图 8.7 显示了一个累计条形图如何能更有可读性，当不相关的分段被拿掉，保留下来的部分按逻辑次序排列并完全标注。

分组条形图让读者更容易比较整体中的各个部分，但是要在不同的整体间进行比较就困难了，因为读者必须做计算。如果因为各部分比整体更重要，你要用分组条形图，按下面所示操作：

- 将各组条形以逻辑次序排列，如有可能，将大小差不多的条形左右相邻（以同样方法在组内排列条形）。
- 标注各组，用数字代表整体，或者在每一组上方或者底部标注。

大多数适合于条状图的数据也可以用饼状图来呈现。在杂志、小型画报、年度报告中，饼状图是个受欢迎的选择。但比起条状图，它在解读上要难一些。它容易引起误读，因为读者必须计算才能比较各部分的比例。比较大小很难第一眼就判断出来，所以大多数研究者将其看作不够专业转而使用条状图。

8.3.3.3　曲线图。因为曲线图强调趋势，读者必须看到一个清晰的图形才能正确解读。为了构建一个清晰的图形，请照下面所示操作：

- 选择的变量要让曲线向着一个方向延伸，向上或向下，来支持你的观点。如果高中辍学人数在减少（曲线向下）是个好消息，那么你可以用留下来的学生人数在增长（曲线向上）来更有效地表达同样的意思。
- 只有在你没有其他办法来表达你的观点时，才可以在一个图表里设计 6 条以上的曲线。
- 不要依靠不同的灰色阴影来区分曲线，如图 8.8 所示。

■ 当你依据很少的几个数值来创建一条曲线时，曲线就没有那么精准了。如果你绘制的数值少于 10 个（又称数据点），要用一个小点来标出每个数据点，如图 8.9。如果这些数值相关，你可以将数字列于其小点之上。绘制的数据点等于或多于 10 个时，不要在曲线上加点了。

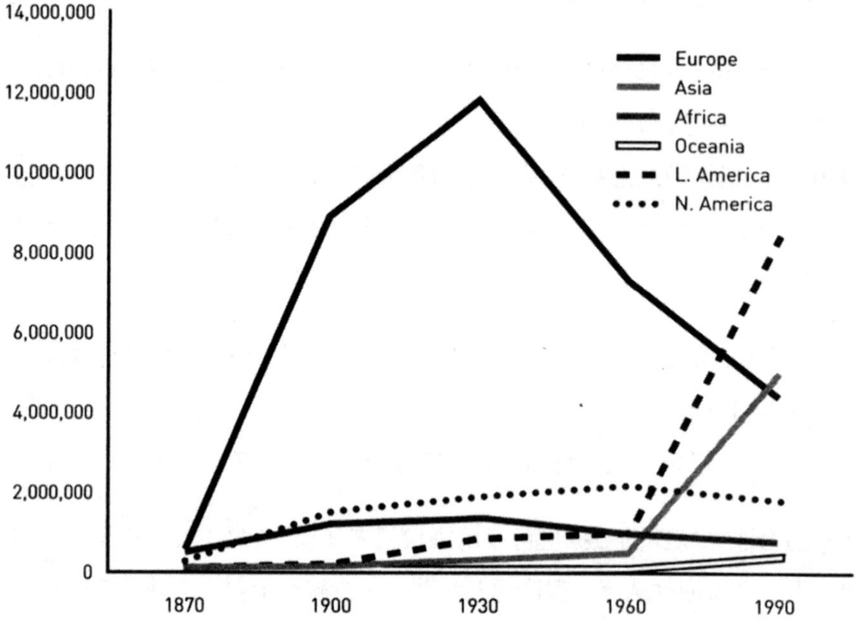

图 8.8. Foreign-born residents in the United States, 1980-1990

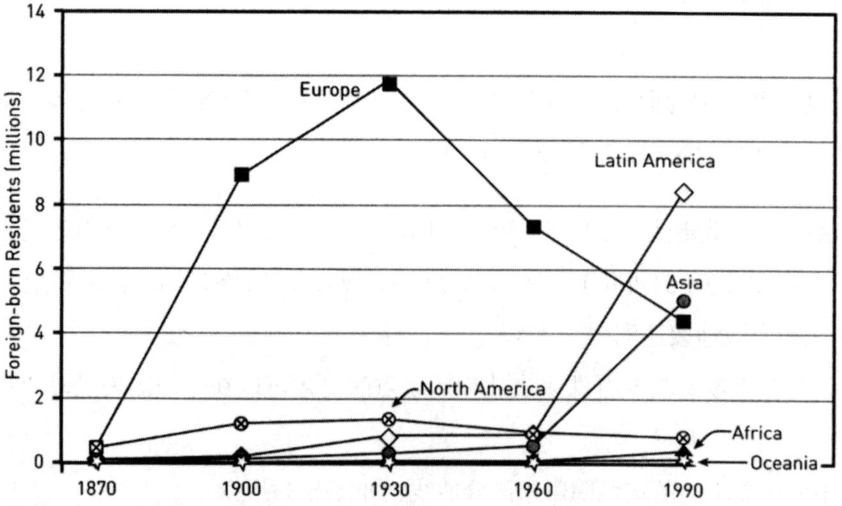

图 8.9. Foreign-born residents in the United States, 1980-1990

比较图 8.8 和图 8.9， 在提供了一般性线索之外，图 8.8 更难解读，灰色阴影不能很好区分曲线，因为我们的眼睛要来去寻找才能将带有变量的曲线和其数字联系到一起。图 8.9 让这些关联更清楚。

呈现同样的数据，可用的方法如此不同，这令人困惑。如果你一开始就用不同的方式来表达同样的数据，你是可以很快从这种困惑中解脱的（你的电脑程序通常会帮你快速完成这个操作），接下来问问某位对此领域不熟悉的人，让他判断这个表达的效果和清晰程度。一定要用一个句子表达出你希望借此图表来支持的主张。

8.4 数据交流合乎道德标准

你的图表不仅必须要清晰、准确，并和数据相互关联，也必须诚实。它不可以曲解数据或其中的关系来制造出某个观点。例如，图 8.10 中两个条形图显示的是同一数据，但看上去传递的是不同的信息。左边图中，全尺寸创建出相当平坦的一个斜率，污染的减少看上去幅度很小。右边图中的竖直刻度不是从 0 开始，而是从 80 开始。当一个刻度被缩短，它拉长了的斜率会将小的差别增大。

图表也会通过隐含的错误关联来误导读者。一些人认为工会会员减少时，失业率也下降。这些人会用图 8.11 作为证据。而且事实上，工会会员与失业率紧密联系在一起，读者可能会认为它们是因果相关的。但是图 8.11 中左轴的刻度（工会会员百分比）与右轴刻度（失业率）是不同的。这两个刻度被刻意偏斜，让两个斜面看起来平行。它们可能是相关的，但是那个曲解了的图形不能证明其相关性。

当图表作者故意诱导读者对数值进行误判时，图表就可能会误导读者。图 8.12 中的两个表一眼看上去似乎传达了不同的信息，其实它们采用的是完全相同的数据。这两个图表是累计条形图。他们不是通过线条的走向来呈现的，而是通过线条之间的面积来呈现的。在这两个图表中，代表南、东、西的带状图形随年份改变宽度变化不大，表明它们所代表的数值变化很小。代表北的带状图形明显加宽了，表明了它所代表的数值有了大幅度增长。在左边的图中，读者有可能误判最上面的三条带状图形，因为它们位于处于上升状态的北部带状之上，令这些带状图形走向也上升了。而在右边的图中，这三个带状图形没有上升，因为它们处于底部，这里只有北部带状图形上升了。

下面有四条原则可避免视觉上的误导：

- 不要改变刻度来夸大或减小差别。
- 不要使用其图形会令数值失真的图表。
- 不要让图表不必要地过于复杂或简单而误导人。
- 如果图表支持某个观点，表述出来。

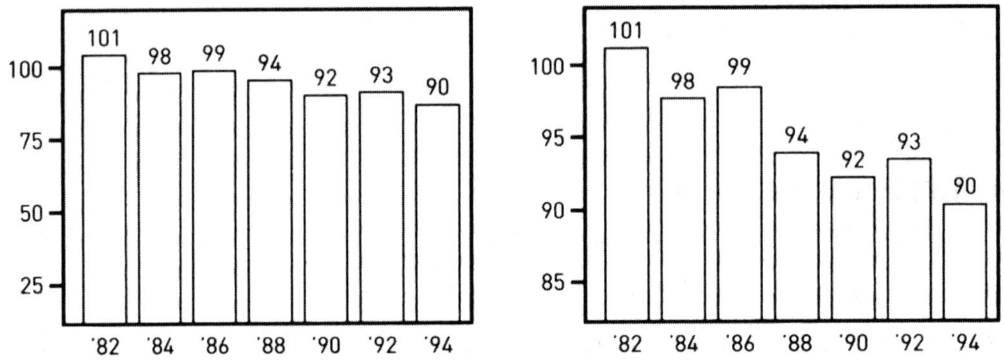

图 8.10. Capitor City Pollution index, 1982-1994

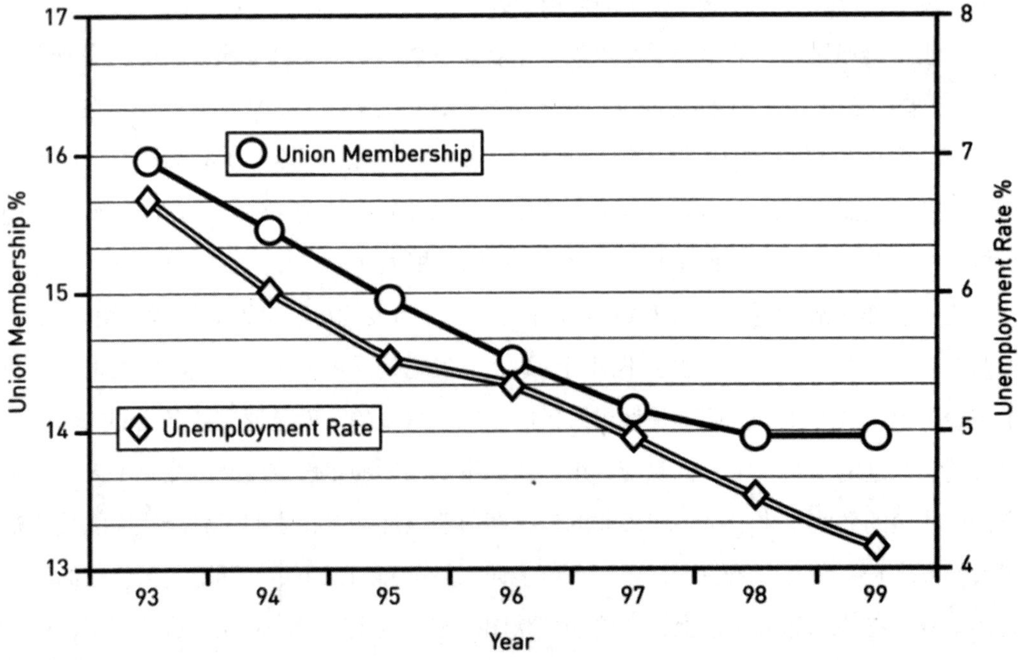

图 8.11. Union membership and unemployment rate, 1993-1999

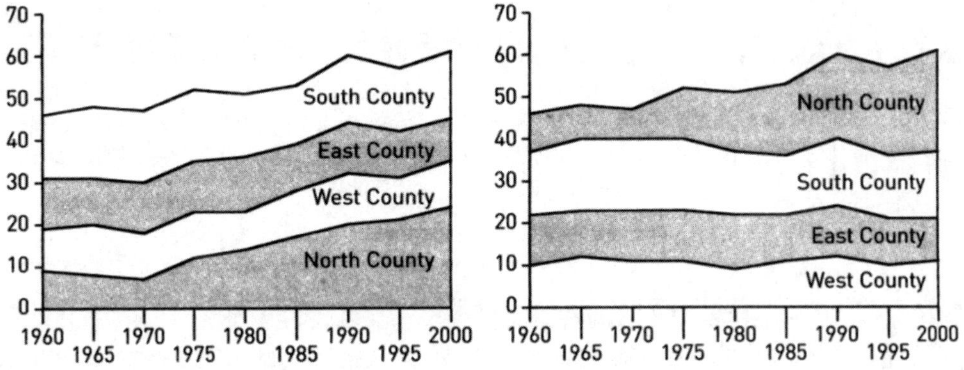

图 8.12. Representation of collar counties among State U. undergraduates（percentage of total）

表 8.7 常用条形图及其用法

	描述	修辞作用
条形图		
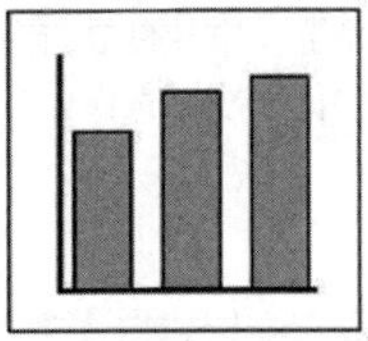	在多个称作实力的项目之间比较同一变量（例如：六家公司里案例服务型员工的平均工资变量）。	创建单个实例间强的视觉对比，着重于对比。代表特定值的数字写在条形图形上。可以显示等级和趋势。竖形条（又称纵列）是最常用的，但条形也可以是水平的，如果实例有很多或者标签太复杂的话，可参看章节 8.3.3.2。
条形图，合成组或拆分开		
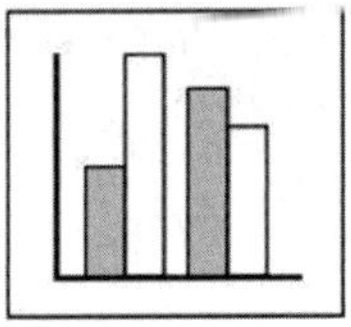	比较一个变量，将不同的实例分成子集（例如：六家公司实例的男女服务性员工子集的平均工资变量）。	在不同实例间和子集内比较，对于比较不同实例间的总数值是不适用的。代表特定数值的数字写在条形图行上，合成组的条形不能很好地显示出级别和趋势，当趋势并不重要的时候才可用于不同时间点之间的比较。参看章节 8.3.3.2。
条形图，堆叠条形图		
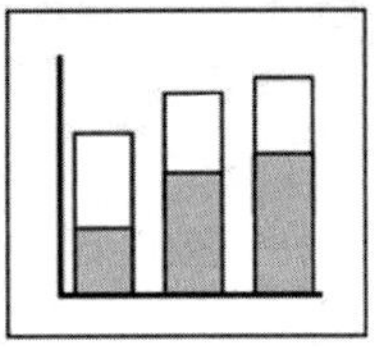	通过一系列实例比较一个变量，分成两个或更多的子集（例如：六个行业中实例按地区分段的子集骚扰投诉变量）。	能很好地运用于比较实例之间和实例内子集间的总数值，不适用于跨实例的子集间比较（使用分组条形图）。代表特定值的数字可以加在条形图形和其分段上。可用于时间序列。能够反映等级和总值的趋势。参看章节 8.3.3.2。

柱状图

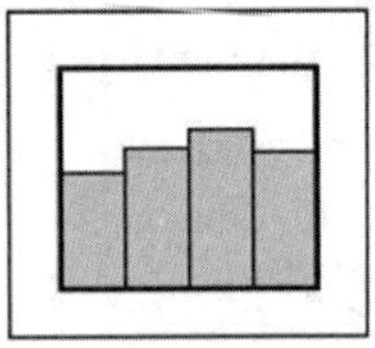

比较两个变量，其中一个变量划分为不同的区间，各区间相当于条形图里的实例（例如：服务业员工$_{\text{持续变量}}$的工资的＄0-5,000，＄5000-10,000，＄10,000-15,000等$_{\text{分级变量}}$）。

最适合于在持续性数集内比较不同区段。可显示趋势，但着重于区段（例如：代表兼职工人的＄5,000-10,000区段突然增长），代表特定值的数字可以加在条形图形上。

相形图

可显示各个实例间一个或多个变量值，体现在地图、图解或其他图像上（例如：美国各州$_{\text{实例}}$涂红色或蓝色来显示投票模式$_{\text{变量}}$）。

可显示数据的分布，与已存在的类别相比较，不再强调特定的值。当图像为常见图像时，最适用于地图或表现某个过程的图解。

饼状图

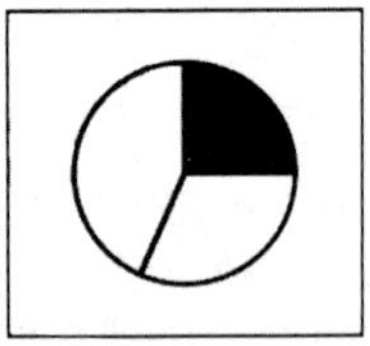

可显示一系列实例间单个变量的百分比（例如：美国政府各部门$_{\text{实例}}$的预算份额$_{\text{变量}}$）。

最适用于分段与整体之间的比较。只有在分段较少或者各分段在大小上有明显区别的时候才适用。否则不同分段间难以相互比较。代表特定值的数字可以加在各分段上。饼状图在流行领域很常见，但专业人员并不对其青睐。见8.3.3.2。

曲线图

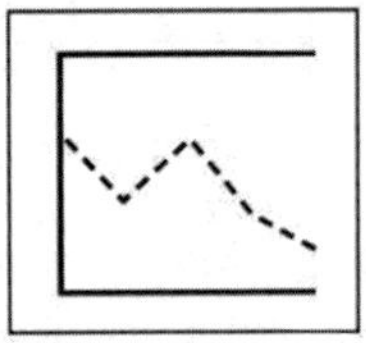

比较一个或多个实例间的连续变量（例如：两种液体中$_{\text{实例}}$的温度$_{\text{变量}}$和黏度$_{\text{变量}}$）。

最适合表示趋势：弱化特定值。适用于时间序列。代表特定值的数字可以加在数据点上。为了显示趋势的显著性，要细分网格（例如：在平均情况之上或之下）。见8.3.3.2。

面积图

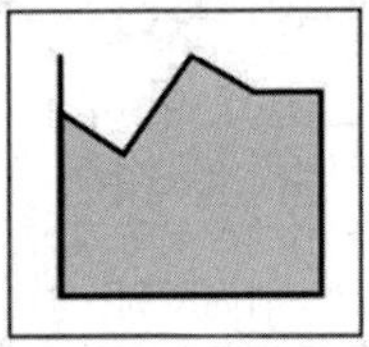

比较一个或多个实例间的两个连续变量（例如：一个学区$_{\text{实例}}$一段时间内$_{\text{变量}}$的阅读测试分数$_{\text{变量}}$）。

可显示趋势，弱化特定值。可用于时间序列。代表特定值的数字可以加在数据点上。曲线之下的面积并不添加信息，并会导致读者误读数值。多重曲线的面积图令人困扰。

面积图，叠加

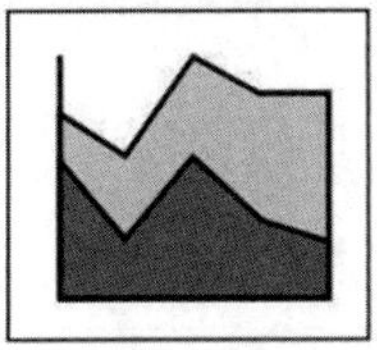

比较两个或多个实例中的两个连续变量（例如：几个产品$_{\text{实例}}$一段时间内$_{\text{变量}}$的利润$_{\text{变量}}$）。

可显示所有实例的整体趋势，加上每个例子对整体的贡献多少。有可能误导读者将数值或趋势理解为某个单一例子。如章节 8.4 所阐述。

散点图

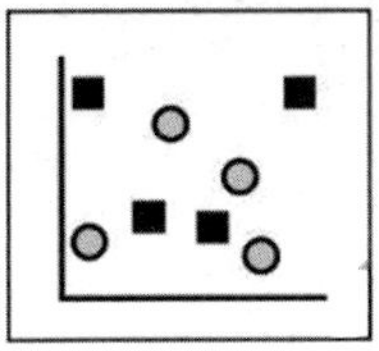

单个案例下多个数据点的两个变量间比较（例如：某城市$_{\text{案例}}$的房屋销售$_{\text{变量}}$与房子离市中心的距离$_{\text{变量}}$）。或者一个数据点上的多个案例（例如：10 个制造商$_{\text{案例}}$的品牌忠诚度$_{\text{变量}}$与维修频率$_{\text{变量}}$）。

最适用于显示数据的分布，特别是当趋势不清晰或者重点是放在外围数据点时。如果只绘制一部分数据点，允许重点突出单个值。

泡泡图

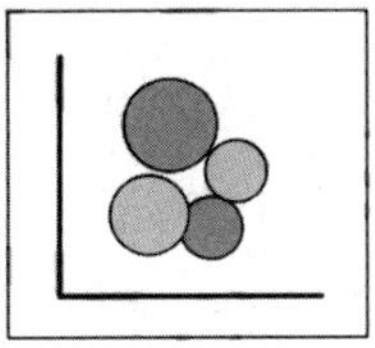

适用于单个案例包含多重数据的三个变量间的比较（例如：某城市案例房屋销售$_{\text{变量}}$与市中心距离$_{\text{变量}}$和房价$_{\text{变量}}$）。或者适用于一个数据点，多重$_{\text{案例}}$（例如：10 个制造商案例图片广告$_{\text{变量}}$维修率$_{\text{变量}}$和品牌忠诚度$_{\text{变量}}$）

重点在于第三个变量（泡泡）与前两个变量之间的关系，当研究问题是第三个变量是否是其他两个变量的结果时，泡泡图最有用。读者容易误读由泡泡显示的相关值，加上数字来减小这个问题。

9 修订草稿

9.1 检查论证中的盲点

9.2 检查引言、结论和论点

9.3 确保研究报告的主要部分是连贯的

9.4 检查各段落

9.5 将草稿冷置一段时间，然后再对其修改

一些新手认为只要弄出了初稿，就大功告成了。考虑周到的作者对此会有更客观的认识。他们的初稿不是写给读者的，而是写给自己的，是为了看看他们能否把这项研究报告完成到如自己所愿或做得更好。之后他们会修改初稿，直到他们认为可以满足读者的需求和期待。这是困难的，因为我们对自己的作品太了解了，很难以读者的眼光来阅读它。为了做有效的修订，你必须清楚读者要寻找的是什么，你的初稿是否能够帮助他们找到这些东西。针对这个目的，我们的建议可能看上去有点呆板。但是只有当你能够客观分析自己的初稿时，你才能避免将你希望读者得到的东西凭推断强加进你的报告里。

我们建议从上至下来修订：首先是“外架构”（引言和结论）；之后是整体结构；再之后是各章节、段落、句子；最后是格式上的问题，例如拼写、标点等（有关这类问题见第三部分）。当然没人能严格按此顺序进行修改。当我们一段段往下走时，我们都会踟蹰于用词，一边修改句子一边重新组织语言。但是如果你的修改是从整体到局部的话，这有可能是最好的修改方式，即使在这一刻你修改的是整体的某个部分。

许多有经验的研究者发现相对于在电脑上修订，他们在纸稿上能更好地进行修订。

你可以在电脑上修订早期的草稿，但是如果你能像读者一样，阅读稍后打印在纸上的版本，你会找到更多的错误，并对报告的整体结构有更好的把握。

9.1 检查论证中的盲点

完成初稿的确是一个成就，但不要一写完初稿就立即开始润色词句。初稿完成后，你的部分论证很可能仍然经不起强劲的挑战。如果你花费大量的时间打磨语句，可能以后很难接受你的论证中有些部分需要重新组织，尤其当你是新手时。因此，首先要检查你的论证推理。你是否考虑了最强的相关抗辩？你寻找了那些挑战你的推理或使你的推理复杂化的证据吗？你考虑了那些对你的论据的其他解读吗？如果没有，现在正是时候。如果你发现很难找到关于你的论证会出现重大异议的地方，你已经完成了初稿，你的老师可能会愿意与你聊聊你的论证在哪里忽略了可能出现的异议。

9.2 检查引言、结论和论点

你的读者必须清晰快速地看到并认可三样东西：

- 你的引言在哪里结束。
- 你的结论从哪里开始。
- 这两者之一或两者中都陈述了你的研究主张的是哪些句子。

为了让头两条清晰可见，你可以在引言和主体论文之间插入一个副标题或者额外的空格，在主体部分和结论之间插入另外一个副标题或额外的空格。（第 10 章详细讨论修改你的终稿的引言和结论部分，特别是如何以及在哪里需要显著标出自己的研究主张。）

9.3 确保研究报告的主要部分是连贯的

你清楚自己研究报告的架构之后，要检查它的主体部分。当读者可以看见以下各项时，他们会认为你的报告是连贯的：

- 哪些关键术语贯穿报告的所有章节。
- 每一章节和分段在哪里结束，下一部分从哪里开始。
- 每一章节如何与前一章节相衔接。
- 每个章节在整体报告中的作用。
- 每个章节和分段的哪句话表述了它的观点。
- 贯穿每个章节的有哪些特定的关键术语。

确保你的读者能看到这些特征，检查下列各项：

1. 关键术语贯穿整个报告吗？

- 在引言和结论部分的研究主张里圈出关键的术语（回顾 7.3）。
- 在你报告的主体部分圈出同样的术语。
- 用下画线方式标出与圈出的术语表述的概念相关的其他词语。

如果读者在大多数段落中找不到这些关键术语，他们会认为你的报告是离题的。你要修改报告，将这些术语放进缺失它们的部分。如果你画线标出的词语大大超过了你圈出的术语，要确保读者能够识别出画线词语如何与你圈出的关键术语所表达的概念相关。如果读者有可能悟不到它们之间的关联，要更改这些与关键术语相关的词语。如果你真的离题了，你就需要做些认真的修改了。

2. 每个章节和分段的起始部分是否有清楚的标识？

你可以使用次标题来标识一个主要章节向下一个章节的过渡（回顾 6.2.4）。在长篇报告里，你可能需要在主要的承上启下处增加额外的空间。如果你在次标题的用词和放置位置上有问题的话，读者就会遇到更大的问题，因为他们可能看不明白你的行文结构。（不同级的标题格式参见 A.2.2.4）

3. 是否每个主要章节都是由标识该章节与前个章节相关联的词语来开始的？

不仅必须要让读者能辨认章节在哪里开始和结束，还要能够让他们了解行文次序缘何如此（见 6.2.5—6.2.6）。用下列词语来标识出你的行文逻辑，例如因此、与此相反、更重要的是、一些人表示异议等。

4. 每一章节与整体的关系是否清晰？

针对每一章节，都要问问这一章节回答的是什么问题？如果它无助于回答组成论证的那五个问题之一（见 5.2），那就要想想其关联性了：它构建的上下文是否能够说明背景概念或重要问题，或者是否能够在其他方面帮助读者？如果你没办法说清楚一个章节如何与你的主张相关联，要考虑去掉它。

5. 每一章节的观点是否都在该章节的导语部分（或章节末尾）的最后文字里用一句话进行了陈述？

如果你可以选择，就在导语的最后部分对该章节的观点进行陈述。任何情况下都不要将该章节的观点埋没在中间部分的文字里。如果一章的长度超过 4 页或 5 页，你可能需要在该章结束的地方重申其观点。

6. 那些区分一个章节的特定术语是否贯穿该章节？

正如关键术语可以将你的报告连为一体并与其他报告区分开来一样，那些区分每一章节和分段的主要术语同样贯穿章节并将其连为一体。针对每一章节重复步骤 1：找出表达该章节观点的句子，确认区分该章节的关键术语，然后检查是否贯穿该章节。如果你找不出该章的关键术语，那读者也会看不明白该章对整个研究报告贡献了怎样的独特思想。

9.4 检查各段落

每一段都要与本章观点相关。就像每一章一样，每一段也要有一两个句子做导语，陈述该段观点并包含该段后面行文中的重要概念。如果一段的开篇句没有表述其观点，那么在结束句中要进行表述。要按照某个原则组织安排句子，使其更好地呈现该段观点（句序原则参照 6.2.5）。

避免写一长串短段落（少于 5 行）和太长的段落（大多数领域里超过半页）。保留使用两句或三句话的段落作为列表、过渡、章节介绍、结论以及你想要重点表述的内容。（我们在这些地方用短段落是为了更便于读者浏览——在学术报告的写作中很少有这种考虑。）

9.5 将草稿冷置一段时间，然后再对其修改

如果你的研究项目动手早，你就有时间冷处理草稿。某天看上去很好的文章隔天看通常会有不同感受。当你再回头看自己的草稿时，不要直接一读到底；浏览它的第一层次各部分，每个主要章节的第一段和结论部分。然后，以你所读的部分为基础，向某个未曾阅读过它的人阐释意思。你的改述是否能连贯一体？它是否能概述你的论证？更好的办法是，让别人浏览你的报告中每个主要章节的导语和结论部分：如果他能很好地概述你的报告就预示着读者也能很好地理解它。

最后，一定要按照老师或指导教师的意见修改。否则，你不仅叨扰了花时间阅读你的草稿并给出建议的人，而你却将这些建议忽略掉，而且你还会错过改进报告的机会。这不意味着你必须遵循每一条建议进行修改，但你应该仔细思考每一条建议。

10 拟出最终的引言和结论

10.1 拟出引言部分的终稿

10.1.1 简短交代以往研究的背景

10.1.2 重述研究问题，就像它尚不为人知晓且不为人充分理解一样

10.1.3 表述研究问题的意义

10.1.4 表述你的研究主张

10.1.5 拟出一个新的起始句

10.2 拟出最终的结论部分

10.2.1 重申你的主张

10.2.2 指明一条新的重要意义，一个实际的应用，或者一个新的研究（或者三者都有）

10.3 创建标题

一旦你有了终稿并能够看到自己实际写出了些什么，你就可以拟出自己的最终引言和结论部分了。这两个结构性部分是影响你的读者如何理解和记住报告其他部分的关键，所以它值得你花时间将它打造得足够清晰和吸引眼球。

你的引言有三个目的。它应该做到以下几点：

- 将你的研究置于其他研究的背景下。
- 让读者理解为什么他们应该读你的报告。
- 给他们提供一个理解报告的阅读框架。

大多数引言部分占总篇幅的 10%（在科学领域，它们通常要更短一些）。

你的结论也应该有三个目的。它应该做到以下几点：

- 给读者一个清晰的概念，你的主张是什么。
- 让读者理解它的重要性。
- 给未来的研究提出建议。

你的结论部分通常比引言部分要短。（在学术论文和博士论文中，引言和结论通常是单独的章节。）

10.1 拟出引言部分的终稿

不同的领域以不同的方式设置引言介绍研究报告，但背后大多有一个模式，包含四个部分，具体介绍见 6.2.2：

1. 综述研究背景。 这部分要概述相关研究，也称作文献综述，把你的研究置于其他研究的背景下，并且设置下一步骤。这部分要保持简短。

2. 表述研究问题。通常陈述不了解不知晓的是什么，或者在第一步中引述的研究有哪些缺陷。它通常以但是、然而，或者另一个标志其性质的词语来开始。

3. 指出研究问题的意义。这部分回答“那又怎样”的问题。它是激发读者的关键。

4. 提出你的主张。这部分回答你在第二步中表述的研究问题。下面是一个简短的例子（每一句话都可以扩展成一个或多个段落）。

几个世纪以来，风险分析师将风险作为一个统计问题和概率论的合理运用来研究。研究背景 但是风险沟通者发现一般人群思考风险的方式看上去与基于统计的概率无关。问题 在我们了解非专家人群如何考虑风险问题之前，人类认知的一个重要方面仍然是一个谜。意义 看来，非专家人群通过想象最糟的场景，然后根据那个情景会有多么恐怖来评判风险。主张

10.1.1 简短交代以往研究的背景

不是每一个研究都是以文献综述来开始的。一些报告直接以一个研究问题来开始，该问题被表述为某个不知晓不了解的事物，后面紧跟着相关文献回顾。当知识或理解存在的差距为人熟知时，这是一个通用的策略：

二手烟和心脏疾病之间的关系仍然受到质疑。

但是如果那个差距不为人熟知，这样的开篇就会是唐突的，例如下面的例子：

研究者不理解普通人群如何思考风险。

一般说来，写作者要通过对以往研究的描述让读者有所准备，该描述要覆盖其研究将要延伸、修改或更正的内容。如果报告是写给一般读者的，这部分背景介绍可以简短一点：

我们每天都要冒险——过马路或者吃高热量的食物，甚至当我们洗澡的时候。对风险的研究始于机遇游戏，所以它很久以来都被当作数学问题对待。到了 20 世纪，研究者运用数学工具来研究很多领域的风险，甚至战争。结果，大多数研究者认为风险是一个统计量化问题，且风险决策应该基于理性。

在一份写给其他研究人员的研究报告中，开篇的这个背景介绍通常需要对该报告中可能进行延伸、修改或予以更正的特定的研究给予描述。公平地呈现以往的研究是重要的，所以要像下面这位研究者一样来表述文献：

自从 16 世纪吉罗拉莫·卡尔达诺把机遇游戏当作量化概念处理以来（卡尔达诺 1545），风险就一直被当作纯数学问题来对待。风险分析在 17 世纪帕斯卡尔、莱布尼茨等发展了微积分之后得到显著改进（伯恩斯坦 1996）。到了 20 世纪，研究者扩展了他们的关注重心，开始研究生活中各个领域的风险：投资、消费产品、环境，甚至战争（斯廷森 1990；1998）。这些问题被讨论的时候也几乎只在数学领域。[有关当代研究的详细讨论紧随其后。]

一些研究报告，特别是学位论文、专题论文，会有几页的内容是类似上文那样写的。

引述大量与研究主题相关的书籍和文章，通常为了展示研究者的阅读有多么广泛。这一类文献综述能够为其他研究者，特别是新手，提供有帮助的参考书目，但是忙碌的读者想要知道的只是研究者打算延伸、修改或更正的特定文献是什么。

公平而全面地表述以往的研究是重要的：你表述文献的时候要像研究者本人可能做的那样，甚至在引证的时候，不要有选择地引证和脱离其上下文，而要一如她本人会如何表述她的作品一样。

在你的研究生涯刚刚开始的时候，不可能很自信地写出这种研究回顾，因为你还不可能了解很多。如果是这样，在你开始研究之前，将读者想象为一个像你一样的人。那么你不知道什么？你的研究纠正了哪些你搞错了的地方？它如何改进了你有瑕疵的理解？这里正是你可以运用以往否认过的待证假设的地方：看上去好像 X 是这样的，但是……（见 4.1.2）。

10.1.2 重述研究问题，就像它尚不为人知晓或不为人充分理解一样

在开场的背景简介之后，就要陈述以往的研究没有做过什么，或者它有哪些不完善，甚至有错误。用下面的词语来介绍其性质和矛盾，例如但是、然而，或者其他术语，这些词语能够表明你将要修改刚才在综述里描述的已被接受的知识和认识。

> 自从吉罗拉莫·卡尔达诺……数学领域。研究背景 *但是风险沟通者发现普通人群思考风险的方式是非理性的和与统计学上实际的概率无关的。尚无法理解的是，是否这样的非专家风险评估是基于随机的猜测，或者它也有其系统性。*研究问题重述

10.1.3 表述研究问题的意义

现在你必须向你的读者展示回答你的研究问题的意义在哪里。想象一位读者问出最令人烦恼的问题“那又怎样？”然后回答。将你的回答设计成如果不知道答案会导致更大代价的样子：

> 自从吉罗拉莫·卡尔达诺……数学领域。研究背景 但是风险沟通者发现……尚无法理解的是，是否这样的非专家风险评估是基于随机的猜测，或者它也有其系统性。研究问题重述 [*那又怎样？*] *在我们了解非专家人群如何考虑风险问题之前，人类认知的一个重*

要方面仍然是一个谜：这一类认知过程看上去有系统性却处于被称作“理性思考”的范畴之外。 意义

可替代的办法还有，你可以将代价描述改为利益描述：

自从吉罗拉莫·卡尔达诺……数学领域。 研究背景 但是风险沟通者发现……尚无法理解的是，是否这样的非专家风险评估是基于随机的猜测，或者它也有其系统性。研究问题重述 ［那又怎样？］*如果我们能够了解普通人群如何在他们的日常生活中做出风险决策，我们就能更好地理解这一类认知过程——看上去有其系统性却处于被称作“理性思考”的范畴之外。* 意义

你可以努力回答“那又怎样？”的问题。这是一个只有经验可以解决的问题，但事实是，即使有经验的研究者也为之困扰。

10.1.4 表述你的研究主张

一旦你的表述中有不为人知道或者不为人理解，以及为什么应该是这样的东西，读者就想要看到你的主张是什么，即你对自己的研究问题的回答（下面的例子做了很大的缩减）：

自从吉罗拉莫·卡尔达诺……数学领域。 研究背景 但是风险沟通者发现普通人群思考风险的方式是非理性的和与统计学上实际的概率无关的。研究问题 ［*那又怎样？*］在我们了解非专家人群如何考虑风险问题之前，人类认知的一个重要方面仍然是一个谜：这一类认知过程看上去有其系统性却处于被称作“理性思考”的范畴之外。 意义 *看起来，非专家人群评估风险不是通过将量化概率分配给可能发生的事件，而是通过想象最糟的场景，然后根据那个情景会有多恐怖来评判风险。* 主张

如果你有理由保留自己的主张直到论文结尾处，那就写一个句子来总结你的引言部分，运用来自你的研究主张的关键术语以及能够建构下文的术语：

看上去非专家人群评估风险不是通过分配量化概率，而是通过对他们的视觉想象的特性进行系统运用。预设的主张

这四个步骤看上去很呆板，但是它们却是了学术界内外每一个领域里大多数研究的引言部分的组成部分。你一边读文献，特别是期刊文章，一边要留意这四个部分组成的结构。你将不仅能学到一系列引言写作的策略，而且还能够更好地理解你阅读的那些文章中的这些部分。

10.1.5 拟出一个新的起始句

有些作者发现很难写出报告的第一句话，他们陷入陈词滥调中。避免下面这些：

- 不要重复你课题任务里的语言。
- 不要引用词典里的定义：韦氏词典将风险定义为……
- 不要自大武断：几个世纪以来，哲学家们对这个亟待解决的问题进行了辩论……（好的研究问题会自行表明其重要性。）

如果你想要开篇用一些比以往的研究更充满活力的东西，试试下面的一个或多个开篇语（留意后面的警告）：

1. 惹人注目的引文：

   正如某人曾经说过的，计算风险就如同评价美女，全在于非理性的旁观者眼里所见。

2. 惊人的事实：

   许多人愿意驾车而不搭乘飞机，因为空难强烈的视觉影像吓坏了他们，即使车祸中死亡的人数比空难中死亡的人数要多出很多倍。

3. 相关的趣闻轶事：

   乔治·米勒总是长途驾车会见客户，因为他认为空难的风险太大。即使他在一次交通意外中脊背受伤，他仍然认为他做了正确的考量。“至少我活下来了。空难中活下来的概率是零。”

你可以将以上三种方法组合在一起：

正如某人曾经说过的，计算风险就如同评价美女，全在于非理性的旁观者眼里所见。例如，许多人愿意驾车而不搭乘飞机，因为空难强烈的视觉影像吓坏了他们，即使他们更可能在车祸中死亡而不是空难。因为这类非理性的思考，乔治·米勒总是长途驾车会见客户，因为他认为空难的风险太大。即使他在一次交通意外中脊背受伤，他仍然认为他做了正确的考量。“至少我活下来了。空难中活下来的概率是零。”

要确定的是，这些开篇语中要包括那些涉及关键概念的术语，这些术语在接下来的引言部分（以及报告的其他部分）要被你使用到。在这个例子里，它们包括计算、风险、强烈的影像、非理性、更可能等。

警告：在你写时髦的开篇语之前，确定你所在领域内的其他人也运用同样的开篇方法。在某些领域，这些开篇方式被看作过于新闻化，不适合严肃的学术研究。

10.2 拟出最终的结论部分

如果你没有更好的计划，将结论围绕你引言部分的主要内容来写，但是要按照相反的次序。

10.2.1 重申你的主张

在结论的开头部分重申你的主张，但是比在引言里表述得要更全面充分：

普通人做风险决策不是基于理性和量化基础，而是基于至少六个心理因素，不仅涉及情感，而且经常涉及视觉影像的力量。

这时候，你大概可以确定自己的主张是什么了，但是即便如此，也要把握这最后的机会对其措辞再次修改，让它尽可能明确和全面。

10.2.2 指明一条新的重要意义，一个实际的应用，或者提出一个新的研究（或者三者都有）

陈述主张之后，提醒读者它的意义所在，或更好的做法是，表述一条新的重要意义，或者你的主张在实际中的应用：

这些发现意味着一个迄今为止未被质疑的人类认知方面一种独立于统计概率的量化逻辑，涉及精确度和视觉想象的现实性。一旦我们理解了这种假想的却又是系统性的风险评估，就有可能让风险沟通者更好解释日常生活中存在的风险。

最后，为以后的研究给出建议。这个动作意味着研究者团体将如何继续这个对话。它反映了开篇部分的研究背景：

尽管这些因素提高了我们对风险的理解，它们却没有穷尽风险判断中的人为因素。我们也必须对年龄、性别、教育、智力等的相关性进行研究。例如……

10.3 创建标题

标题是读者看到的第一个东西，它应该是你到最后才写出来的。它应该同时宣告你的研究主题和传达的基本概念，所以要在你早先圈出来和画线标出来的关键术语中创建标题（回顾 9.3）。比较下面三个标题：

风险
思考风险
非理性却系统性的风险评估：计算相对风险时视觉影像的作用

第一个标题是准确的但太笼统，不能提供给我们有关文章内容的更多引导。第二个标题要更具体一点，但是第三个标题同时使用了标题和副标题，提前让我们注意到下文中会出现的关键词。当读者看到标题中的关键词在你的引言部分再次出现并且一遍遍贯穿你的报告时，他们更能够感受到这些部分是连为一体的。由两部分构成的标题是最有用的：它们给你足够的机会运用关键词呈现关键概念。

此时你可能对自己的报告已经厌恶到只想将它踢出门去。抵御住这样的冲动，你还有一项重要的任务。

11 修订句子

你的最后一项重要任务就是让句子更清晰地传达你的思想。有时你也许知道自己的写作很笨拙，特别当你写的东西对读者来说既不熟悉又复杂而让他们望而生畏时。有时，你甚至感觉到完全忘记了怎样才能写得清楚明了。因此你得有一个计划，可以修订一眼看出需要修改的句子，但是更多时候，你首先需要一个方法辨认出在你看来很好而在读者眼里可能就不够好的句子。

我们不能告诉你具体如何修订每个句子里的每个问题，但是我们可以告诉你怎么处理那些最经常困扰作者的问题，有些作者总是努力让自己听起来像个“严肃的学者”，这种风格大多数有经验的读者会认为很做作。下面有个短小的例子：

1a. 对恐怖分子思想的了解能够使我们在保护公众安全方面取得进展。

不管句子看上去多么深刻，写这个句子的学生只是想表达下面的意思：

1b. 如果我们了解恐怖分子怎么想，我们就能更好地保护公众安全。

要诊断句子 1a，将它修改成 1b，你先必须了解一些语法术语：名词、动词、主动动词、被动动词、完整主语、简单主语、主句、分句。如果它们在你的记忆中很模糊，在继续修改之前浏览一下语法指南。

11.1 重点放在句子的前 7 个或 8 个词语

就像写一份报告、一个章节或一个段落一样，清晰明了的关键是头几个句子，一个表达清楚的句子的关键就在开头的那几个词语。当读者能轻易把握开头的 7 个或 8 个词语的时候，他们就能快速阅读后面的部分，更好地理解句子，并且也能记得更久。区别可以从下面两个句子中看到：

2a. 联邦主义者有关大众民主下政府的不稳定性的讨论来自他们相信派系之间有牺牲大众利益来增进私利这种趋势。

2b. 联邦主义者认为大众民主令政府不稳定，因为他们相信各派系倾向于增进自己的私利而牺牲大众的利益。

要写出 2b 这样的句子，或者想把 2a 改成 2b，要遵循下面 7 条原则：

- 用长的短语和分句来引导的句子不要太多，尽快直达句子的主语。
- 主语要短而具体，最好用紧随其后的动词的施动者做主语。
- 主语和动词之间要避免插入超过一个或多个词语。

- 用动词而不用名词表示主要动作。
- 将读者熟悉的信息放于句子的开头，新的信息放最后。
- 选择动词的主动或被动语态反映上述原则。
- 适当使用第一人称代词。

这些原则加起来就是：读者想要快速扫过一个简短具体且熟悉的主语，轻松理解一个表达特定动作的动词。当你那样写的时候，余下的句子通常自行豁然开朗。要诊断自己写的东西，就要寻找到这些特点。浏览每一句的头 7 个或 8 个词语。不符合这些标准的句子要仔细看，然后依此原则修改。

11.1.1 避免太长的引导性分句和短语

比较下面两个句子（引导性短语用粗体表示，完整主语用斜体）：

3a. 基于高等教育研究者的观点，进行专业学习的大多数本科学生至少经历一次专业变化，*一年级新生*对选择专业并不十分了解。

3b. *高等教育研究者*认为*大多数学生*在本科期间至少经历了一次专业变化。**如果确实如此，***一年级新生*在他们选择专业时没有做到充分了解。

大多数读者发现 3a 比 3b 要难懂，因为他们在到达主语（一年级新生）前要先行通过一个几十个字的短语。在 3b 的两个句子里，读者可以马上接触到主语（高等教育研究者），或者在一个很短的短语之后（如果确实如此），到达主语。

原则是这样的：大多数句子都要直接用主语开头。只有很少数句子可以用引导性短语或分句开头，引导部分字数不要超过 10 个左右。过长的引导短语和分句通常要对其进行修改，将其变成几个独立的句子，就像 3b 一样。

11.1.2 主语要短而具体

读者必须很容易就能找到句子的主语，但是如果主语很长且复杂又抽象的话他们就有困难了。比较下面两个句子（每个句子里的完整主语用斜体表示；只有一个词的简单主语用粗体表示）：

4a. *为小学设置的新的阅读课程能否被学校体系成功采纳*取决于每个学校如何展示其校长的承诺以及老师们能否合作设定合理的目标。

4b. 只有当*每一位校长*表现出*她*致力于此，并且*老师们*也愿意合作制定合理目标时，一个*学校体系*才能成功采纳新的小学阅读课程。

在 4a 里，完整主语长达 20 多个字，简单主语是一个抽象词——采纳。在 4b 这个更清晰的版本里，每一个动词的完整主语都很短，每一个简单主语都相对具体：**学校体系、每一位校长、她、老师们**。而且每一个主语都实施它的动词里的动作：**体系采纳、校长表现、她致力、老师们合作**。

原则是这样的：读者判定一个句子可读，就是当动词的主语就是句子的主要角色，且只用几个具体的词表示，这个角色即为动作的施动者，而动作由其后面的动词表达。

但是有个复杂情况，你通常要能够清楚讲述抽象主角表达的内容：

5. 职业圈里*没有什么技能*比解决问题更有价值的了。*快速解决问题的能力*要求我们以不同的方式构想情境并找到不止一个解决办法。事实上，*有效解决问题*可以界定出个人的智力水平。

很少有读者对这些抽象词理解困难，因为它们简短又为人熟悉：**没有什么技能、快速解决问题的能力、有效解决问题**。会困扰读者的是又长又不熟悉的抽象主语。

要修改一个带有又长又抽象的主语的句子，可以分三步走：

- 识别句子的主要角色。
- 找到主要角色的关键动作，如果这个动作被埋没在一个抽象名词里，将这个名词变成一个动词。
- 让主要角色成为这个新的动词的主语。

例如，比较 6a 和 6b：

6a. 对于创造更多工作机会而言，没有办法来**分析**社会阶层和教育之间的**相互作用**，成功**理解**经济流动性将依然受限。

6b. 经济学家不能完全理解经济流动性，因为他们不能分析社会阶层和教育如何互相作用而创造更多的工作机会。

两个句子的主角都是经济学家，但是6a中这个主角不是任何动词的主语。实际上，它根本就不存在：我们必须从埋没在名词里的动作来推断它——分析和理解（经济学家才这么做）。我们将6a修改成6b，把主角，即经济学家、社会阶层、教育，变成清晰的动词，即理解、分析、相互作用和创造这几个动词的主语。

读者想要用主语来称呼你的故事里的主角。理想状态是有活生生的主角，有具体动词来表达它们的主要动作。

11.1.3 主语和动词之间要避免插入超过一个或多个词语

一旦扫过短主语，读者就想快速直达动词，所以不要把动词和它的主语用长的短语和分句分隔开：

7a. 一些经济学家，由于他们的写作文体是客观而不带个人情感的，与非专业人员不容易交流。

在7a里，这个原因从句将主语一些经济学家和动词不容易交流分开了，迫使我们延缓思维呼吸的节奏。要改动它，就把插入其中的分句放到句首或句末，这取决于它与前一个句子联系更紧密还是与后面一个句子联系更紧密。不确定的话，就放到句末（更多指南见11.1.5）。

7b. 因为一些经济学家的写作文体是客观而不带个人情感的，他们与非专业人士之间不容易交流。交流上的不顺畅……

7c. 一些经济学家与非专业人士不容易交流是因为他们的写作文体是客观且不带个人情感的……

读者会更容易应付短的间隔：

8. 几乎没有经济学家会*刻意*采用一种客观不带个人情感的文体写作。

11.1.4 将主要动作用动词表示而不用名词

读者想要快速到达动词，他们也希望动词表达的是主要动作。所以要避免使用空动词来引导一个埋没在抽象名词里的动作，比如使用动词有、做、使、是等。把名词转变成动词。

比较下面两个句子（指向动作的名词用粗体；几乎不表示动作的动词用斜体）：

9a. 内战早期那些年，南方想要取得大英帝国的**支持**的**企图**遭遇的是**失败**。

9b. 内战早期那些年，南方*试图赢得*大英帝国支持但*失败*了。

在 9a 中，三个重要的动作不是用动词而是用名词来表达的：企图、支持、失败。句子 9b 看上去更直接，因为它表达的动作都是用动词：试图、赢得、失败。

11.1.5 将读者熟悉的信息放于句子的开头，新的信息放最后

当主语容易把握的时候读者也最容易理解一个句子；最容易把握的主语不仅要短而具体还要熟悉。比较一下下面两个段落中的第二句看看它们是否语意“流畅”：

10a. 有关宇宙本质的新问题已经由研究宇宙黑洞的科学家提出来。死亡恒星坍缩成弹子大小的点创造了黑洞。如此巨量的物质挤压在如此小的空间里会以奇特的方式改变它周围的空间结构。

10b. 有关宇宙本质的新问题已经由研究宇宙黑洞的科学家提出来。黑洞产生于死亡恒星坍缩成弹子大小的点。如此巨量的物质挤压在如此小的空间里会以奇特的方式改变它周围的空间结构。

大多数读者认为 10b 比 10a 要流畅，部分原因是 10b 第二句的主语黑洞，较之 10a 短而具体，而 10a 的主语死亡恒星坍缩成弹子大小的点太长。10b 流畅的另一个原因是它传递的思想的顺序不同。

在 10a 中，第二句的头几个词表达的是新的信息：

10a. ……研究宇宙黑洞的科学家提出来。死亡恒星坍缩成弹子大小的点创造了黑洞……

这些有关坍缩恒星的文字看起来不知从哪儿来。但是在 10b 里，头几个词语呼应了前面一个句子：

10b.……研究宇宙黑洞的科学家提出来。黑洞产生于……

而且，一旦我们做出这样的改变，第二句的结尾就能更紧密地引出第三句了：

10b.……黑洞产生于死亡恒星坍缩成弹子大小的点。如此巨量的物质挤压在如此小的空间里会以奇特的方式改变……

对比 10a，它的第二句的结尾不能顺利流入第三句：

10a. 死亡恒星坍缩成弹子大小的点创造了黑洞。如此巨量的物质挤压在如此小的空间里会以奇怪的方式改变它周围的空间结构。

这就是为什么读者会认为 10a 与 10b 相比有些条理不清：每一句的结尾部分都不能顺利延续到下一句的开头。

把旧的信息放在前面新的信息放在后面，特别是新的专业术语。所以当你要引入一个新术语时，把它放在句子的最后。比较下面的文字：

11a. 钙阻断剂可以控制肌肉痉挛。肌节是小的肌肉组织单位，在那里，药物发挥作用。两个单纤维，一条粗一条细，存在于每一个肌节里。肌动蛋白和肌浆球蛋白包含在细肌丝里。当肌动蛋白和肌浆球蛋白相互作用时，你的心脏就收缩。

11b. 肌肉痉挛能够被称作*钙阻断剂*的药物控制。它们作用于小的肌肉组织单位，称作*肌节*。每一个肌节有*两个单纤维，一条粗一条细*。细肌丝里包含*两种蛋白*，*肌动蛋白和肌浆球蛋白*。当肌动蛋白和肌浆球蛋白互相作用的时候，你的心脏就收缩。

在 11a 里，新的专业术语是**钙阻断剂**、**肌节**、**单纤维**、**肌动蛋白和肌浆球蛋白**，但是它们一开始就出现在句子的开头部分。相比而言，在 11b 里，这些新的术语第一次出现都是在句子的最后。然后它们就成为旧的信息出现在下一句的句首了。

没有哪个写作原则比这个更重要：旧的放在新的前面，熟悉的引出不熟悉的。

11.1.6 按上述原则选择动词的主动或被动语态

当被动动词迫使你写出的句子违反我们刚才讨论的原则时，你也许会想到不使用被动动词—— 建议很好，就像下文中的第二句：

12a. 全球变暖可能会有许多灾难性影响。向北甚至延伸至加拿大边境的热带疾病和破坏性虫灾被加重了 被动动词 受气候变化的影响。

第二句一开始就是一个多达几十个字的主语，传达的是新的信息，**甚至向北延伸至加拿大边境的热带疾病和破坏性虫害**。这是一个被动动词**被加重**的主语，动词后面跟着的是一小段短而熟悉的来自前文的信息：**受气候变化影响**。这句话如果动词用主动语态意思会更清晰：

12b. 全球变暖可能会有许多灾难性影响。气候变化会加剧 主动动词 向北甚至延伸至加拿大边境的热带疾病和破坏性虫灾。

现在主语是熟悉的，长的短语里的新信息放在了最后。这个情况下，主动语态是正确的选择。

但是如果你总是不用被动动词，你写的句子可能会与旧前新后原则相冲突。我们来看看 10a 这句：

10a. 有关宇宙本质的新问题已经由研究宇宙黑洞的科学家提出来。死亡恒星坍缩成弹子大小的点创造了 主动动词 黑洞。如此巨量的物质挤压在如此小的空间里会以奇怪的方式改变它周围的空间结构。

第二句中的动词是主动语态，但是该段落在使用被动动词时语意更流畅：

10b. 有关宇宙本质的新问题已经由研究宇宙黑洞的科学家提出来。黑洞产生于 被动

动词 死亡恒星坍缩成弹子大小的点。如此巨量的物质挤压在如此小的空间里会以奇怪的方式改变它周围的空间结构。

当主语简短具体又熟悉时，句子的可读性更强，此时不管动词是被动语态或主动语态。所以选择主动或被动语态要考虑的是哪种会给你带来合适的主语：简短、具体，而且熟悉。

如果你能找个人把你写的文章读给你听，就最能够帮助你判断读者会怎样回应你写的东西。如果那人读起来结结巴巴或者听上去唠唠叨叨，你可以相信，读者不会像你喜欢它一样去喜欢你的这个东西。

11.1.7 适当使用第一人称代词

几乎每个人都会听到这样的建议，不要在学术写作时使用我或者我们。实际上，有关这一点意见是不统一的。有些老师告诉学生不要使用我，因为那会使得文章有“主观性”。也有人鼓励使用我，可以使得文章更生动和个性化。

大多数指导教师和编辑会认同我的两种用法是要回避的：

■ 有些作者会一开头很多句子都用我认为、我相信（或者类似的，以我所见）。读者一般假定你写的就是你想的和相信的，所以没有必要这么写。

■ 没有经验的作者会过多陈述研究过程：首先我查阅……然后我调查……读者不那么关心你的研究过程，更关心的是研究结果。

但是我们相信，大多数学术刊物认同第一人称的使用在两个情况下是合适的。上句话体现了其中之一：我们相信……第一人称……

■ 偶尔出现的引导性词语我（或者我们）相信可以软化一段陈述语言中教条的一面。比较下面的错误，不太合格的版本：

13. 但是~~我们相信，大多数学术刊物认~~同第一人称的使用在两个情况下是合适的。

窍门就是，不要用得太多，让你听上去靠不住，也不要基本不用，让你听上去自以为是。

■ 你作为写作者，一个动词所表达的动作对你而言是独有的，这时动词的主语用我或者我们就是合适的。指向这些意思的动词通常出现在引言（我要说明 / 辩明 / 证明 / 声明 X）和结论里（我论证了 / 得出结论 Y）。由于只有你能够在自己的论证中说明、证明和声明，也就只有你可以用我来这样表达：

14. 在这份报告里，我要说明这所大学的社会差异是……

另一方面，当动作是其他人必须重复来做从而可以复制报告中的研究时，第一人称很少使用。这些词语包括划分、测量、称重、检测等。研究者也很少用主动动词来书写下面这样的句子：

15a. 我*计算* X 的系数。

反而，它们要用被动动词来表达，因为任何人都可以这么做：

15b. X 的系数*得到计算*。

同样的原则也适用于“我们”的用法，如果你是两个或多个作者之一的话。但是许多指导教师和编辑反对下面两种“我们”的用法：

■ 一般使用“the royal we”（“本座”）的都是地位比较高的人，如国王、教皇、元首之类的，他们在有些句子中使用“We”的时候其实指的只是“I”，也就是他 / 她本人。

■ 通用性的 we（我们）其实指的是一般大众。

例如：

16. 我们使用文献里的资料要小心摘录。看到有人没这么做的时候，我们会不信任这个作者。

最后，如何使用还是要由你的指导教师来决定。如果他断然禁止“我”或者“我们”的使用，那就按照他说的办。

11.2 正确评价你所读到的

一旦你理解了读者会怎样评判他们阅读到的文章，你就知道该怎样写出清楚明白的文章，并且明白为什么你必须阅读的很多内容看上去如此晦涩难懂。你读一些文章时要费点劲，可能是因为这部分内容很难。有时你读得很辛苦，却可能是因为作者没有写清楚。例如下面这个段落，当然这还绝不是最难懂的：

15a. 认识到一种语言和另一种语言间语法是不相同的这个事实能够成为思考的基础来严肃考虑那些对世界文学中由英语之外的其他语言写出的伟大作品进行翻译的译者所碰到的问题。

但是只要一半的字数就可以表达其义了：

15b. 一旦我们明白语言不同语法各异，我们就会去思考将文学巨著译成英文的译者面临的问题。

所以，当你费力去理解一些学术文章的时候（的确会这样），不要责怪自己，至少不要首先怪自己。先看下文中的句子。如果主语都很长，塞满了抽象名词，表达的都是新的信息，那么问题就不是你没有通读的能力，而是作者没有写出清晰达意的文字的能力。实际上，这是专业写作中的常见问题，到处都存在，不管在学术范畴之内或之外。

11.3 选择恰当的用词

另一条建议就是选择恰当的用词。

1. 选择的词意思要对。affect（影响）不同于effect（效果），elicit（引出）不是illicit（非法的）。许多手册列出了通常会困扰人的词语。如果你是写作新手，那么买一本吧。

2. 选择的词要有适当的使用量。如果你拟稿速度太快，就可能有风险，选的词意思虽然差不多但用法太随意，很少用于研究报告中。某人能够criticize（批评）另一位作者或者knock（敲打）他；风险可以是frightening（恐怖的）或者scary（可怕的）。这些成对的词有相似的意思，但是大多数读者会将每一对词的第二个含义理解得更宽泛一点。

另一方面，如果你用力过猛想让自己听起来像真正的“学术界的”，你的风险有可能是用词太正式。你可以 think（思考）也可以 cogitate（谋划），可以 drink（喝）也可以 imbibe（饮用）。这些成对的词意思相近，但是每一对词的第二个都太花哨，不适合于用普通英语撰写的报告。不论何时你想要用一个自己认为特别好的词的时候，去找一个更让人熟悉的词语。

浅层的建议就是查查你没有把握的词。但是它们不是问题，问题在于那些你有把握的词。糟糕的是，没有词典会告诉你，是否 visage（外表）或者 perambulate（巡视）对于任何语境都太花哨。短期解决办法就是在上交报告之前找人读一读你的报告（在接受太多的建议之前要谨慎；见 7.10）。长期的解决办法就是多读多写，承受很多批评，然后从中学习。

11.4 最后的修订

在打印报告之前，最后读一遍，纠正语法拼写和标点方面的错误。许多有经验的写作者从最后一句往第一句读以防陷入自己的惯性思维而漏掉一些词语。不要只是依赖你的拼写检查软件。它查不出来拼写正确使用错误的词，比如 their（他们的）/there（那里）/they're（他们是），it's（它是）/its（它的），too（太）/to（向），accept（接受）/except（除了），affect（影响）/effect（效果），already（已经）/all ready（一切就绪），complement（补足）/compliment（恭维），principal（首要的）/principle（原则），discrete（离散的）/discreet（谨慎的），等等。如果你有这方面的问题，需要做一个全面检查来检查这些词语。更多有关拼写的内容见第 20 章。

如果你用了很多外来词、数字、缩略语等，查看相关章节，见本手册第三部分。

最后如果你的报告有目录，列出了章节段落的标题和相应序号，确保他们准确对应于你报告主体部分里的相应文字和编号。如果在你的文章中你重新提到或者提前提到其他章节和段落，确保这些提及的信息是准确的。

一些学生认为他们只需要在英语课程担心自己写作的质量问题。没错，英语课程之外的其他课程的老师有可能更关注的是报告的内容而不是行文方式。但是不要认为他们会忽略文章的清晰度和连贯性。如果一位历史老师或者艺术老师批评你的报告写得很糟糕，不要辩解说这不是英语课程。每一门需要写作的课程都是一个机会，能够锻炼你清晰写作、连贯写作和令人信服地写作的能力，这是会让你受用一生的技能。

11.5 结束修订并打印作品

如果说有什么是比动笔更难的，那就是结束写作。我们都想再有一天把结构调整一下，再多一个小时润色下开篇的段落，再多一分钟……如果有经验的研究者知道研究和报告过程中有更关键的事情的话，那就是：你不可能写到完美，将最后百分之一或百分之五写到完美有可能是得不偿失的，尤其是写毕业论文的学生绞尽脑汁想要达到一个完美的标准，因为这标准很大程度上只存在于他们的心里。没有论文或毕业论文能够绝对完美，必须做的已经做了。此时，足够就够了。放下它，打印出来吧。（但是在上交之前，最后一次迅速翻阅，确保它看上去符合你希望的样子：看看分页符、页边距、图标的位置等。）

你可能以为你的工作已经做完了。实际上，你还有个最后的任务：从老师的论文评语中学习。

12 从论文评语中学习

让老师困扰和受挫的是，学生们往往只看论文的分数而忽略实质性的评语，或者更糟的是，根本懒得再拿起论文。由于你在学术和职业生涯里要写许多的报告，聪明的做法是弄明白你的读者如何评价你的报告，你下次怎么做才能获得一个更好的反馈。为此，你需要再多一个计划。

12.1 从具体意见中发现一般原则

当你阅读老师的评语时，请专注于那些你可以下次做研究时采纳的部分。

■ 找到一个语法、拼写和标点的错误模式。如果你能看出来，你就知道该怎么努力了。

■ 如果老师说你的错误是事实上的错误，检查一下你的笔记：你的笔记记错了，还是你对它们进行了错误引用？还是被不可靠的文献误导了？不管你发现什么，都知道下一次要怎么做了。

■ 如果老师只给出了对你写作方面的评价，找找是什么产生了这些问题。如果她说你的写作没有条理，难以理解，或者累赘，用第 11 章里介绍的步骤检查自己的句子。如果她说你的文章杂乱无章或者跑题，用第 9 章的方法来检查一下你的文章。你不可能总是找得到这些批评的原因，但是你去找的话，下次你就知道要怎么做了。

12.2 与老师交流

如果老师的评语里有这些词，例如杂乱无章、不合逻辑或未经证实，你不可能找得出是什么引起了这些问题，要与老师约谈来问问她。就如同你的研究计划中的每一步，如果你能提前计划并演练一下，拜访老师的结果会更好：

■ 如果老师标出了语法拼写和标点的错误，用黑体字改正这些错误后再去见老师，让她看到你认真对待她的评语。其实，你也可以在她的评语后面略略记下自己的反馈来告诉她你仔细阅读了它们。

■ 不要抱怨你的分数。要清楚你只想搞明白评语的意思以便下次做得更好。

■ 只专注于其中一些评语。演练一下你要问的问题以便它们听上去是友好的：不要说“你说这个杂乱无章，你又没说为什么”，而要问“能否帮我看看我的文章结构哪里出了问题，这样我下次可以做得更好”。

■ 要你的指导教师指出是哪些段落可以阐明她的评语，并且问问她这些段落应该看起来是怎样的。不要问“你不喜欢什么？”而要这样问“我具体哪里不对，应该怎么做可以修改它？”

如果你的老师不能清楚解释她给出的评语，她可能仅凭印象给你的论文一个评价而不是逐点逐条来打分写评语的。如果如此，坏消息：你这次拜访可能学不到什么。

你即使得了 A 也可以去拜访一下老师。重要的是去了解你怎么获得了 A，因为你的下一个计划可能更有挑战，甚至让你觉得又重新当了新手。实际上，如果每一个新的研究计划都让你有这种感觉，也不要觉得奇怪，我们大多数人都会如此。只要心中有计划和安排，我们就能克服它，你也能。

13 在可选择的论坛上展示你的研究

在你的职业生涯中考虑出版论文还为时尚早，但是你可以将研究中的某些部分以口头报告的方式与同学分享。整理一份口头报告比准备一份书面报告要容易，但要做好，一样也需要一份计划和一些练习。实际上，能站起来清楚而中肯地讲述自己的研究工作，这种能力也是你将来从事任何职业都需要的一个重要的技能。如果你正在着手做博士研究论文，你也许期待最终能将你的工作成果发表出来，但是你在将其送交专业杂志之前应该找机会做个口头报告。

在这一章里，我们要向你展示如何利用你的写作计划来准备一个口头报告。我们也会讨论报告的混合形式——展板展示，它结合了写作和演讲的元素。最后，我们讨论如何准备会议提案让你可以获得邀请发言。

13.1 设计口头发言

口头表述与书面表述相比有优势。你在之后的问答环节可以得到即刻的反馈，这些反馈与你书面报告可能得到的反馈相比，可能批评没有那么严厉，特别是如果你把自己的口头陈述设计成对新思想的试讲或者对新的数据的检验的话。但是要从这些反馈中获益，你必须仔细设计发言稿，就像你准备书面报告一样。

13.1.1 收窄重点

你可能只有 20 分钟发言。（如果只是阅读论文的话，可不是好主意，这意味着你只能读到 7-10 页双面打印的文章的长度。）所以你必须将你的研究归纳成句子，重点只放在其中的某些部分。下面有三个常用的选择：

■ 概述你的论点来陈述问题。如果你的研究问题是新的，重点放在它的原创性上。由一个简短的介绍开始：简短的文献综述＋问题＋不知道答案产生的后果＋研究主张（回顾 9.2），然后解释你的理由，为每一条理由概述论据。

■ 概述子论点。如果你的论点很大，着力于一个关键子论点。你可以在介绍和总结部分提到你的更大的研究问题，但要清楚知道你的发言只能涉及其中一部分。

■ 方法和资料汇报。如果你提出一个新的方法或者资料来源，解释它为什么重要。首先简短提出问题，然后着重表述你的新方法或者新资料如何解决问题。

13.1.2 理解听众和读者的区别

发言者有用不完的方法来折磨听众。有些发言者机械背诵记忆中的句子或者埋头读稿子，与听众几乎没有眼神的交流。有些发言者则不停地转换投影资料，除了“现在这张投影显示的是……”之外再没有什么脉络可循。这样的发言人是把被动的听众看成了主动的阅读者和忙碌的对话者。但他们不是。

■ 我们阅读的时候会停下来反思，在难以理解的那几页上会苦苦思考。为了跟上文章的结构，我们会看次标题，甚至段落的缩排。如果我们走神，就会重新阅读。

■ 我们对话的时候，会随着思路提出问题，会让另外一个人解释推理过程或者只是重述一遍。

但是观众中的听众做不了上述任何事情。他们必须被激发出注意力，他们需要帮助来跟上一条复杂的思路。而且如果他们乱了头绪，也可以渐渐出神陷入自己的思绪中。所以演讲的时候，必须明确你的目的和结构，如果你照稿子念，也必须让句子比书面报告要简单得多。所以最好用更短的句子，主语要一致（见 11.1.2），多使用“我”、“我们”、“你们”。对听众来说笨拙的重复通常很受欢迎。

13.2 口头陈述要适合聆听

要抓住听众的注意力就必须看起来不要像做报告，而是在友好地与之交谈，这个技能得来不易，因为我们很少有人会像说话一样写作，而且我们大多数人需要笔记以防跑偏题。如果必须阅读，你的速度不能快过两分钟一页（一页 300 字）。阅读的速度要比你平常讲话的速度慢得多。要挤出时间有意看向你的观众，特别是当你在讲重要的内容的时候。每一页至少要有 1-2 次这么做。

只用演讲笔记来演讲效果会更好，但是也需要好好准备才能有好的表现。

13.2.1 概述介绍部分

20 分钟的讲话，你只有一次机会在观众失去兴趣之前激发他们，所以介绍部分要比其他部分准备得更加仔细。以 10.1 介绍的陈述问题的四个部分为基础，加一条线路图。（下面列表中括号里的时间是粗略的估计。）

发言提纲只是用来提醒你这四个部分，不是逐字逐句的发言稿。如果你记不住内容，就没有准备好演讲。发言笔记中要有足够记录来提醒你下面这几项：

1. 你进行了扩充、修改或者更正的研究（不超过一分钟）。
2. 陈述你的研究问题——你谈及的知识或理解中存在的缺口（30 秒钟或更少）。
3. 回答“那又怎样”的问题（30 秒钟）。

这三个步骤在激发你的听众方面十分关键。如果你的问题新颖或者有争议的话，多给一点时间。如果听众知道研究问题的意义，就稍作提及，再继续下面的内容。

4. 你的主张，你给予研究问题的答案（30 秒钟或更少）。

听众比读者更需要直截了当地知道你的答案，所以至少陈述其大意，除非你有一个强有力的理由要等到最后再宣布。如果需要等，至少要预报你的答案。

5. 预先告知听众你的发言提纲（10-20 秒钟）。最有用的方法就是一个口头目录："首先我要讨论……"这在打印文字里显得笨拙，但是听众比读者需要更多帮助。你要一边进入演讲的主要部分一边重复这个提纲。

对你的介绍部分进行预先的演练，不仅要表述准确而且要能在演讲时直视读者的眼睛。你可以稍后再看演讲笔记。

总之，不要花费超过三分钟在介绍部分。

13.2.2 为发言的主要部分设计提纲以便一目了然

不要把演讲笔记写成完整的句子（更不要写成段落）来朗读；笔记要一目了然地让你看到整个发言提纲并在关键的地方提示要说的内容。所以不要剪切粘贴你的书面报告里的现成句子，要从头开始拟定发言笔记。

每一要点都需要另起一张发言稿。在每一页上写出你的要点，不要只是标题，而要写出你的观点，以简缩的形式或者以完整句子的形式（只在你必须的情况下）。在此基础之上，还可以加上一条明显的相当于口头次标题的转折语："第一个问题是……"

视觉上要突出这些要点以便你能立刻辨认出它们。在它们下面，要像列出标题一样列出支持这些要点的论据。如果你的论据包括数字和引证，你可能需要把它们写出来，除非你十分了解这些证据能够直接报告给你的观众。

组织好你的要点，首先要说最重要的。如果你说得太长（我们大多数人会这样），你可以跳过后面的一个部分，甚至直接进入结论部分，而不会丢失任何关键的论证。不要试图设立一个你可能到达不了的高潮。如果你必须跳过什么内容的话，用问答时间来找回它。

13.2.3 结论部分以介绍部分为模板

要使你的结论令人难忘，因为读者被问到的话需要把它重述出来，“琼斯说了什么？”牢牢记住它，呈现给你的听众时要看着他们，不要读笔记。它应该有下面三个部分：

- 你的主张要比介绍部分详细（如果听众多半会对你的理由和证明材料更感兴趣，你也可只对主张进行概述）。
- 针对“那又怎样”的问题给出你的答案（你可以重申介绍部分的回答，但是要努力增加一个新答案，即使它只是推测性的）。
- 为今后的研究和仍然在进行中的研究提出建议。

演练你的结论，以便你准确知道要花费多长时间（不要超过两分钟）。接下来，如果你只有这么多时间剩下了，马上作结论，即使你还没有说完最后的要点（相对不那么重要）。如果你不得已要跳过一两个要点，将它们放进问答时间里回答。如果你的讲话并不长，不要即兴而作。如果有另一个发言者等在你后面，把你没有用到的时间赠送给他。

13.2.4 准备收获提问

如果你幸运，会在演讲之后获得他人的提问，所以要为可预见到的问题准备答案。要准备有关证明材料和文献方面的问题，特别是你没有在讲话中谈及的。如果你谈及的东西与著名的研究者或研究院有关，要准备阐述你的研究如何与他们的相关，尤其是如果你反驳了他们的研究结果和研究方法，或者是将其向前推进一步的时候。同时也要准备回答你从未听说过的一个文献的有关问题，出现这种情况最好的对策就是告诉别人你还没有看过但是会去查看它。如果问题看上去很友好，你可以问问为什么这个文献与此相关。不要只准备防御性的答案。要利用对问题的回答来重新强调你的主要观点或者覆盖那些你未及谈到的部分。

仔细听每一个问题，然后确定你理解了问题，在回答之前停一停，想一会儿。如果你不明白问题的意思，让提问者再表述一遍。不要条件反射式地或者防御式地做出反驳。好的提问是非常宝贵的，即使它们看上去有敌意。用这些提问来提炼你的思想。

13.2.5 设计讲义

你可以将简短的引证和重要的数据朗读给你的听众，但是如果太多，就需要设计一个讲义。如果你用幻灯片，将它打印出来发给大家。你也可以将写有主要观点的提纲发给大家，空白的地方留给大家记笔记。

13.3 设计展板

展板就是一块大的展示板，上面列出了你对自己研究的综述和与之最紧密相关的证据。展板区通常在门厅里，或者在一间大房间里，里面摆满了其他发言人的展板。人们从一个展板走到下一个展板，针对展示者提出问题。展板集合了书面报告和演讲的优点。读过你的展板的人会比单听报告的人更能把握你的报告，他们可以依赖你使用的醒目的视觉信号——方框、线条、颜色，以及放大或缩小的标题来组织你的材料。

你可以用手头的软件和网站来设计展板，制作出可用的最终成品。而文本本身要遵循文章适合朗读的原则，有两点要额外考虑：

1. 论点分层次。你的论点在视觉上要有三个层次的细节：

- 在展板的顶部要突出摘要或者问题说明和概述（框起来或者用大一些的字体等）。
- 紧接着在下面，列出你的论证理由，作为每一部分的次标题来总结论据。
- 再往下，重申你的理由并将证据分组列于其下。

2. 解释所有图表。除了给每一个图表配上标题，还要加上一两句话解释数据中重要的内容是什么，它们如何支持你的推理和主张（回顾 7.7 和 8.3.1）。

13.4 设计会议提案

会议是分享你的成果的好机会，但是受邀发言，你通常需要提交一个会议提案。写提案的时候不要一段接一段地写成工作总结，而要写成一个 30 秒钟的“电梯故事”——

好像你们两个人同时踏进电梯去往演讲的路上，你要告诉提问你的人什么呢？*你今天讲什么？*事实上，一个精心准备并演练过的“电梯故事”对任何与你研究有关的对话都是特别有用的，特别是会谈的时候。

“电梯故事”要有三个部分：

- 陈述问题，突出回答“*那又怎样？*”
- 概述你的研究主张和主要理由。
- 综述大部分重要证据。

会议审稿委员对你的准确用词没那么感兴趣，他们关心的是为什么有人愿意聆听你的报告。你的目的是提出自己的研究问题并回答审稿委员的问题“*那又怎样*”。所以要把重点放在你的主张如何能够对你所在领域的研究有贡献，尤其是，有什么新的和有争议的地方。如果你谈的问题是以前的研究确立的，要提及它，然后重点谈你的新数据或新主张，谈哪个取决于哪一个更加有原创性。

要知道审稿委员通常不如你更了解你的论题，他们需要帮助才能明白你的研究问题的意义所在。所以即使在你回答了第一个“*那又怎样*”的问题以后，也要再一次提问并回答，如果可以，就再多问一次。你在会议上的角色是发言还是聆听，这不仅仅取决于你的研究的质量，也取决于你的问题的意义。

14 关于科研精神

正如我们已经说过的，除了科学研究，还有很多方法也能获得好的结论：我们可以依靠直觉、情感，甚至灵感。但是我们用这些方法得到的真理只是个人的。当我们要其他人接受它们并按照它们行事时，我们不能把自己的感受作为证据去说服别人，我们只能要求别人无条件地相信源于我们内心的经验和主张。

然而，我们科学研究得出的真理以及如何获得真理的过程必须公之于众。我们的研究主张是基于每一个人都可以获得的证据以及逻辑推理的基本原理，我们希望读者可以视之为合理而接受。然后读者可以用他们或其他人能够想出来的一切办法来检验所有的证据和推理。那是一个很高的标准。但如果我们希望其他人把他们的理解、行动，甚至他们的生活都建立在我们要他们相信的东西上，就必须如此。

当你接受这些原则，而这些原则塑造了公众认可的以证据为基础的信仰时，你也就接受了另外两条原则，两条在生活中会感到沉重的原则。其一涉及我们同权威的关系。仅 5 个世纪以前，以证据为基础寻求更进一层了解事物的行为还经常被看作是威胁。在权威人士中，有许多人相信所有重要的真理已经被认知，学者的工作就是保护真理和传播真理，当然不可能是挑战真理。如果有新的事实让旧有的信仰受到质疑，这个信仰通常会打败事实。许多胆敢追随证据得出结论挑战权威的人被流放、被关押入狱，甚至被杀害。

即使在今天，那些靠证据来推理的人也会触怒那些怀揣珍贵信仰的人。例如，一些历史学者认为，根据所有收集到的证据，托马斯·杰弗逊可能至少是一个奴隶所生孩子的父亲，这孩子由他的奴隶莎丽·海明斯所生。有些人不同意，并不是他们有更好的反驳证据，而是因为他们持有的信仰如此强烈：一个有着杰弗逊这样境界的人不可能做这种事情（见 5.5）。但是在科研界，不论学术领域还是职业领域，好的证据和合理的推理次次都会击败信仰，或至少它们应该击败信仰。

在这个世界的某些地方，更重要的事情是维护既有的信仰而不是检验它们。但是在科研价值得到传播的地方，我们却有不同的思考：我们相信我们不仅可以质疑已有的信仰，而且必须质疑，不论有多少权威维护这些信仰——只要我们的答案是基于合理的推理和可以信赖的证据。

但是这条原则还有另一个要求。当我们宣称一个主张的时候，我们必须期待，甚至要鼓励其他人提出质疑，不仅针对我们的主张，还要针对我们如何得出这个主张，他们要问我们“为什么你要相信那个？”很难对这样的问题表示欢迎，但是我们不得不欣然乐意地倾听反对的声音，倾听保留意见和限制性条件等，这些声音合起来的含义就是“我不同意，至少现在还不能。”我们挑战旧有思想越多，我们要承认和回答这些问题时必须做的准备就越多，因为我们所要求的也许是让别人放弃他们深信不疑的东西。

当一些学生认识到这些价值标准时，他们发现这在生活中很沉重，甚至很痛苦。一些人觉得，对他们相信的东西发起挑战，并不是对真理的热烈追求，而是对他们心中深埋的价值观念进行攻击。还有一些人退避为愤世嫉俗的怀疑论者，怀疑一切，不相信任何东西。还有一些人，陷入了盲目的相对主义：我们都有资格拥有自己的信仰，所有的信仰对于相信它的人来说都是对的。还有一些人离开了积极的精神生活，拒绝可能打扰他们固有信仰的答案，甚至对激发这些答案的问题也予以拒绝。

但是不管在哪个方面，工作也好，做学问也好，公民行动乃至政治生活中等各个方面，个人的意见、相对真理的观点，或者来自“权威的”既定知识，都不能取代经受了检验的知识和来之不易的对事物的理解。

但那不意味着我们将轻易放弃长期以来持有的经受了时间考验的信仰。我们只有对建立在有效证据之上以合理的推理为基础的论证进行友好平等的检验之后，如果我们被说服了，才会放弃旧有的信仰。简而言之，当我们能够检验和评价别人的论证并得出合理结论，我们才真正成了有理性的人。

你可能觉得很难在一篇课程论文的工作里看到上述这一切，但是抛开它冰冷的外在形式，一份写给任何读者的科研报告都如同一段对话，其实仍然是对我们应该相信什么和不应该相信什么的质询，仍然需要协同，仍然需要非常严谨。

第二部分

引文格式

引文实践概述

参考文献格式：基本形式

注释 - 参考文献格式：引用特定类型文献

作者 - 年格式：基本形式

作者 - 年格式：引用特殊类型文献

15 引文实践概述

作为研究者，你的第一个责任就是确保事实准确无误，第二个责任就是告诉读者这些事实来自哪里。为此，你必须引述你在文章中使用过的有关事实、观点或文献来源。

15.1 为什么引用文献

有至少四个原因要引用文献：

1. **给予认可**。研究是辛苦的工作。做得好，一些人可以获得具体的回报——金钱、晋升、好成绩、学位等。然而绝不亚于此的还有被人赏识，以及看到自己的名字与他人看重并采纳的知识联系在一起的那种荣耀和威望。其实这是一些研究者能得到的唯一回馈。所以，当你引用别人的作品时，你给予作者的是对他或她的认可。

2. **让读者对事实的准确性放心**。研究者引用文献不仅是对其他研究者公平，也是赢得读者信任的途径。引述的事实仅仅准确是不够的，你还必须要告诉读者文献来源，以便读者可以评判其可靠性，如果读者希望予以核查的话。读者不知道或者找不到的文献是不会对之予以信任的。如果他们不相信你的文献，也就不会相信你列出的事实；而不相信事实，他们就不会相信你的论点。在这个信任链条上你要建立的第一个结点就是完整、准确、恰当地引用文献。

3. **告诉读者这个研究传统遍布于整个研究工作**。研究者使用的文献要引述其来源，而他们拓展的、支持的、反对的、纠正的作品也要引述来源。这些引文不仅可以让读者理解你的特定课题，也可以让他们把你的课题与该领域中的其他研究联系起来。

4. **帮助读者追踪你的研究或对其进行延伸**。许多读者使用研究报告中引用的文献不是为了核查它的可靠性，而是为了继续他们自己的研究。所以你的引证不仅可以帮助他人跟上你的脚步，也可以帮助他人朝新的方向延伸。

绝不能让你看起来像是把不属于自己的东西归功于自己（见 7.9），规范的引文可以避免被人指控剽窃，它还可以强化你的论点，帮助那些在你的研究的基础上进行延伸的人。

15.2 引文的要求

为了规范引文的使用，你要知道你的报告中什么时候需要引文，以及需要的引文信息。

15.2.1 什么情况下需要引文

第 7 章，特别是 7.9，深度讨论了什么时候你应该引用来自其他文献的资料。简单说，下面这些情况下你要提供引文：

- 当你要精确引用文献的时候（见第 25 章关于引证）。
- 当你对某特定文献的思想进行改述的时候，即使你不打算精确引用原文。
- 当你采用的观点、资料或方法来自你查阅的文献的时候。

正如 15.1 中提到的，你也可以通过文献引用来引导读者关注与你的某部分论证相关的文献，即便这些文献没有被原文转录也没有被改述。这样的文献引用要表明的是你对这些文献很熟悉，即使它们的观点与你的观点不一致。

15.2.2 引文需要的信息

文献引证历史悠久，由于不同领域的研究者以不同的方式写作，他们也发展出有自己特色的引用文献和记录文献的方法。当引用方法被标准化之后，研究者就不得不从很多种方法而不只是一两种中做出选择。

引文格式的区别在于涉及的要素和这些要素的格式，它们有共同的目的：向读者提供需要的信息来鉴定和寻找文献。对于大多数文献，包括书、文章、未发表文档，以及其他书面资料，不论印刷版或电子版，其信息必须能回答下面这些问题：

- 是谁写的，谁编撰的，谁翻译的（有时三个都要）？
- 哪些信息可以鉴别该文本？包括作品的标题、次标题；刊出作品的刊物、杂志、作品集或者丛书的标题、卷号、版次，以及其他标识性信息；如果引用的是一个大的作品中的某个特定部分，还要包括页码和其他定位信息。
- 是谁出版了该文本以及什么时候？这包括出版者的名称、地点和出版日期，如果该文本未被发表需注明。
- 哪里可以找到该文本？大多数印刷文献可以在图书馆和书店里找到，相关信息自不待言。但是网上获得的文献，提供 URL 或者商业资料库的名称可以帮助读者找到文献。对于来自独一无二的作品集里的某一篇文章，相关信息要包括该作品集被收藏的地方。

其他类型文献的信息会各有区别，例如录音资料和录像资料，但是它们也同样回答几个问题：谁写的，谁编辑的，谁翻译的，不然就是谁对于该资料的创建负责？哪些信息可以鉴别资料？谁在什么时间出版了它？它可以在哪里被找到？

读者期待你使用与特定领域相切合的引文格式，不只是因为他们对这个格式熟悉，而是因为当你使用该格式的时候，你在告诉他们你了解他们的价值和方法。细节可能是琐碎的：比如需要使用大写字母、句号、逗号，甚至什么地方要空格等。但如果你不把这些小地方搞准确，很多读者会质疑是否在大的方面要信任你。很少研究者能努力记住这些细节。相反，他们学习那些自己用得最频繁的引文格式，从而不用重复查找这些细节。对于那些不太常见的文献，或者有很少用到的引文要素的文献，他们才会查阅本书这样的参考书。

15.3 两种引文格式

这本书论及两种最常用的引文格式：注释 – 参考文献格式，或简称参考文献格式（广泛用于人文和一些社会科学领域），和作者 – 年格式（用于大多数社会科学领域、自然和物理科学领域，在本书的以往版本中被称为文中夹注 – 参考书目格式）。如果你不确定什么格式适合你的论文，咨询你的指导老师。

可能不同情况下，你会被要求使用不同的格式（比如，艺术史和政治学课程要求不同）。然而在一篇论文里，要一直使用相同的格式。

如果你是个研究新手，先读读本章节，获得针对两种引文格式的简短描述。接下来，如果你要使用参考文献格式，阅读第 16 章看看有关该格式的概述，然后参看第 17 章里面的详细指导和具体例子，它会告诉你如何对大部分你可能会查阅到的各类文献进行引证。如果你用作者 – 年格式，分别查阅第 18 章和第 19 章的概述和具体指导。

15.3.1 参考文献格式

如果使用参考文献格式，为了告诉读者你使用了一个文献，就要将一个上标数字置于你提及该文献的那个句子最后：

He concludes that “being a person is not a pat formula, but a quest, a mystery, a leap of faith”.[1]

你将引文文献信息标注于相应序号的注解中（作者、标题和出版信息），同时标上相关页码。注解印制于页面下端（称为脚注），或者在论文末或该章节末的总列表中（称为尾注）。所有注解都有大体相同的形式：

N: Jaron Lanier, *You Are Not A Gadget: A Manifesto* （New York: Alfred A. Knopt. 2010）, 5.

如果你再次引用同样的文字，你可以简化相应的注解：

N: 5. Lanier, *Not A Gadget*，133-34.

大多数情况下，你也要在文章最后的参考文献里列出这些文献。那个列表通常包括你在注解中引用的每一条文献，有时也包括你参阅过但没有引用的文献。每个参考文献条目都包括完整注解里的相同的信息，但是格式稍有不同：

B: Lanier, Jaron. *You Are Not A Gadget: A Manifesto*. New York: Alfred A. Knopt. 2010.

15.3.2 作者－年格式

如果使用作者－年格式，为了告诉读者你使用了某个文献，就要在文中夹注中提供文献信息（包括作者、日期、相关页码），并置于引文旁边：

He concludes that "being a person is not a pat formula, but a quest, a mystery, a leap of faith" （Lanier 2010,5).

在论文结尾，你需要在参考书目列表中列出所有文献。这个列表通常包括你以文中夹注的方式引用的每一个文献，有时也包括你查阅过但没有引用的文献。每一个参考书目条目都包括完整的参考文献信息。出版日期紧跟在作者名字之后，让人很容易跟随文中夹注找到参考书目列表的相应条目。

R: Lanier, Jaron. 2010. *You Are Not a Gadget: A Manifesto*. New York : Alfred A. Knopf.

15.4 电子文献

标准的引文格式是在印刷时代逐步形成的，但是研究者现在越来越多地依赖网上文献以及其他电子媒介里的资源。这些文献已经使用时间很长，形成自己的标准而适应了其特殊特点。

15.4.1 网上资源

15.4.1.1 引文信息。当你引用网上文献时，文献信息应该包括与印刷文献相同的那些信息，但是有时这些信息很难找到，或者随时会更改。这些情况使得读者要找到你引用的文献就更困难，有时这会让人质疑文献的权威性和可靠性。

■ 许多网站没有可辨识的作者、出版机构或者主办方。这使得它们等同于其他任何匿名资源，不具足够的权威性和可靠性，是不能被使用的（见 3.4.3）。同样要谨慎对待的是用户评价这类的内容，用户使用假名，即使张贴它们的网站和博客是大家认为可靠的也要谨慎。

■ 网上的内容可以随时被改动，标明这些改动的标准又没有。网站上的某个修改日期可能指的是一个拼写错误的修改，也可能指的是实际数据或研究主张的修改。

■ 网上的内容可能同时能从多个网站获取，某些网站比其他网站要更可靠一些。

■ 大多数网上文献是通过 URL 来定位的，但是 URL 是随时可能消失的。你不能保证它们数月数周后仍可利用，甚至几天之后它们就消失了，让你和读者非常困难甚至没有可能再找到你起初参阅的内容。

在研究中，要谨慎选择网上文献。当多家网站都有该信息时，或者多种媒介（纸质资源和网上资源）都提供该信息时，参阅能找到的最可靠的版本，并总是从这个版本上引用。

15.4.1.2 两类文献。网上文献分为两类。

1. 网上很多资源与印刷资源相比在各个方面都一样，除了表现形式。例如，一篇文章发表在网络刊物上而不是发表在印刷刊物上。其他这类文献包括网上书籍、报纸、杂志文章和公共文件。引用这类网上文献和引用印刷文献是类似的，首先是标准出版信息（作者名字、标题、日期等）。在引文最后，加上你获取该资料的时间和 URL（见 15.4.1.3）或者你获得该资源所访问的数据库的名称（见 15.4.1.4）。你可以在第 17 章（参考文献格式）和第 19 章（作者 - 年格式）找到例子，它们会告诉你如何在相关类型文献里摘录下这些信息。

2. 其他类型的网上文献，例如机构网站、个人网站以及社交网站，其呈现形式都是独特的。不像更传统一些的媒介，这些文献通常缺少一个或更多的标准出版信息。要引用这样的文献，除了提供一个 URL 和访问日期之外，你还需要尽可能提供多一些有关于该文献的信息（见 15.4.1.3）。如何摘录这类信息的例子可参见 17.7（参考文献格式）和 19.7（作者 - 年格式）。

15.4.1.3 URLs 和访问日期。对于你引用的任何文献，你必须在提供 URL 之外提供完整的出版信息。如果 URL 改变，有兴趣的读者通常可以通过查询作者、标题和其他出版信息来找到你的文献。

URL 的组件，要准确按照它们出现在你的屏幕上的样子写。如果 URL 以一个斜线号结尾，你就把它加上去。不要把 URL 以括号框起来。最好不要把 URL 写在一行的末尾而截断它，如果你需要这样做，参看 20.4.2 的指导。

如果一个网站提供了首选的 URL，同时提供了一个文献的引用时间，那么要采用这个地址而不要用你浏览器里的地址栏。有些文献由 DOI（数字对象标识符）来识别。URL 基于 DOI 的比一般的 URL 要更持久稳定。要引用一个包含有数字对象标识符的文献，DOI 信息要附加于 httP：//dx.doi.org/。具体例子可参看表 16.1（参考文献格式）和表 18.1（作者 - 年格式）以及第 17 章和第 19 章有关期刊文献的部分。

除此之外，每次引用网上文献都应该包括你最后一次访问它的时间。如果文献被修改或删除了，读者（你的导师）会想要知道该文献最后一次被你获得的时间。第 17 章和第 19 章提供了很多有关引文中访问日期的实例。

15.4.1.4 商业数据库。许多网上资源，包括日报和其他期刊，以及一些电子书籍，都只能通过一个有访问权限的商业数据库获得（通常是大学的或其他主要图书馆的数据库）。如果这样一个数据库列出的 URL 是与文献放在一起的，那就用这个地址而不要用你浏览器里的地址栏。一个基于 DOI 的 URL，如果有的话，是最好的选择（见 15.4.1.3）。然而，如果没有合适的简短而直接的 URL 存在，你也可以用这个数据库的名称代替 URL（比如，学术大全数据库 LexisNexis Academic）。更多例子见 17.1.19（参考文献格式）和 19.1.10（作者 – 年格式）。

15.4.2 其他电子媒介

从其他电子媒介可获取的出版物，例如可供下载的电子书或者 CD 光盘、DVD 光盘，通常与印刷文献的引用类似，要加上有关该媒介的信息或文件格式，参看 17.1.10 和 17.5.8（参考文献格式）或者 19.1.10 和 19.5.8（作者 – 年格式）。

如果一个文献在超过一种电子媒介上可获得（例如，有超过一种电子书格式），或者既有电子媒介形式又有印刷形式，那就参阅最可靠最权威的版本（见 3.4），然后一直从这个版本上引用。

15.5 引文准备工作

如果能预见到你需要什么，你可以让准备引文和检查引文的过程轻松一点。

- 使用最权威的文献、最可靠的版本。如果你找到二手或三手信息，跟随它们追踪到原始文献。
- 如果一个文献有多个版本，一直引用你实际参阅的那个版本。这些版本之间可能会有虽小但重要的区别，会影响你转录的准确性和对该文献的其他引用。
- 在你写下笔记之前，记录文献的所有信息，参看表 16.1（参考文献格式）和表 18.1（作者 – 年格式），里面有模板告诉你几种常见的文献需要什么样的信息。
- 每一条摘录和改述都要记下页码。
- 写草稿的时候，要在你需要引用文献的地方清楚地标识。当你修改的时候就可以更容易移除不必要的引文，而不需要记住在什么地方你采用的可能是别人的思想。

■ 当你最后定稿的时候，参阅第 17 章和第 19 章确保每一个引文都有正确的格式，包括标点和空格。

■ 在参阅文献或者打草稿和做修改的时候，同时可将参考文献和参考书目汇总。每个细节确保仔细检查。

每一个引文都要做到准确无误是个冗长乏味的工作，但是在研究的各个阶段，如果你能预见自己需要什么，并从一开始就注重这个过程，你也能把这部分最无趣的工作完成，并能更快、更容易，也更可靠。

15.6 引文管理软件

如果你大部分的文献工作都是在网上进行，你可能想要使用引文管理软件来搜集文献信息。像 EndNote、RefWorks，以及 Zotero 这些软件都通过了专门的设计，帮助你建立一个各类型文献的引文“图书馆”。以后，你就可以将这些文献按照本手册中描述的其中一个格式，直接放入你的论文里（在大多数软件中本手册被称为杜拉宾体例或芝加哥格式）。有几点要记住：

■ 再次核对你的引文信息。如果你建立自己的引文库，就要在获得文献信息后马上核对每个学科的文献。确保作者的名字、作品的标题、日期等是准确的，并且可以适用于相应的学科。不论你是自己访问该资料还是从一个图书馆目录或其他数据库导出该引文信息，你都需要确认它们。

■ 再次核对你的引文。引文一旦插入论文，就要确保每一个引文的格式正确，并按照你选择的引文格式要求加标点。要额外仔细地回看你的终稿。引文软件也会出错，所以你仍然要负起责任来确保引文的准确。参考文献格式的例子可参看第 16 章、第 17 章；作者 - 年格式的例子可参看第 18 章、第 19 章。

■ 永远记住要保存至少两个引文库的备份。如果学校让你在服务器上保存一份，你也要确保自己在本地驱动器上还保存一份。

这些软件对于只引用一些最常用种类的文献的论文是最好用的。学术刊物上的文章很容易操作。如果你引用很多不同种类的文献，要预见到会花费额外的时间来调整自己的引文库，并要校订终稿。你可以选择文字处理软件和电子表格来处理，而不是把信息录入设定格式的引文里。

16 参考文献格式：基本形式

16.4.2 如上

16.4.3 文中夹注

被广泛使用于人文领域和一些社会科学领域的引文格式是注释 - 参考文献格式，或者简称参考文献格式。我们在这一章里综述参考文献格式里引文的基本模式，包括参考文献条目、完整注释、缩短的注释和文中夹注。注释的例子用“N”（note）来标记，参考文献条目的例子用“B”（bibliography）来标记。

在参考文献格式里，你要表明自己使用了一个文献或者参考了一个文献，就要把一个上标的数字加在你所转录的句子的末尾：

According to one scholar, “The railroad had made Chicago the most important meeting place between East to West.”[4]

根据一位学者所指出的，“铁路让芝加哥成为东部和西部的最重要交汇地。”[4]

你将引文文献信息标注于相应序号的注解中（作者、标题和出版信息），同时标上相关页码。注解印制于页面下端（称为脚注），或者在论文末或该章节末的总列表中（称为尾注）。所有注解都有大体相同的格式：

N: William Cronon, *Nature's Metropolis: Chicago and the Great West* (New York. W.W.Norton, 1991), 92-93.

如果你再次引用同样的文字，可以简化相应的注解：

N: Cronon, *Nature's Metropolis*, 383.

多数情况下，你需要在论文结束后列出参考文献。在参考文献条目中，你需要列出在注释中出现过的文献，也包括小部分没有出现在注释中但你可能参考过的文献。参考文献需要包含的信息和一个完整的注释中包含的信息基本相同，但格式稍有区别：

B: Cronon,William. *Nature's Metropolis: Chicago and the Great West* (New York: W.W.Norton, 1991), 92-93.

读者希望你不折不扣遵循正确的引文规则。这些规则不仅涉及你必须要给出的文献信息，还包括它们的顺序，以及标点、大写、斜体等。为了引文的正确，你必须对许多微小细节密切关注，这些小细节很少有研究者能很容易记下来。第 17 章为这些细节提供了现成的参考。

16.1 基本模式

尽管文献和引文的变化无穷尽，你也只可能用上其中的一些。你需要查阅细节才能对不常见的文献进行引用，但是你很容易就能学会基本的模式，将其适用于你最常使用的那几种文献。你接下来可以自创模板帮助自己一边阅读一边快速而可靠地记录参考文献信息。

这一章节余下的部分对这个基本模式进行了描述，表 16.1 提供了模板，并给出了几种常用种类文献的范例。第 17 章涉及的文献实例范围很广，包括这里讨论的基本模式的例外规则。

表 16.1 注释和参考文献条目模板

下面的模板显示在引用常见的几种文献时，注释（N）和参考文献（B）应该涉及的要素以及呈现顺序，也包括标点符号、标题大写，以及什么时候要使用斜体和引用号。灰色阴影显示缩写（或者它们的完整拼写）以及在引文中以其实际出现的方式呈现的其他术语。## 代表脚注编号。XX 代表实际引用的页码。YY 代表一篇文章或一个章节的完整的页码跨度。

更多实例、详解或者其他变化形式，见第 17 章。缩短的注释模板见表 16.2。

Books

1. 单个作者或编者

N: ##. 作者的名和姓，书的标题：书的副标题（出版地：出版者名称，出版日期），XX-XX。

1. Malcolm Gladwell，*The Tipping point: How Little Things Can Make a Big Difference* (Boston:Little, Brown, 2000), 64-65.

B: 作者的姓，作者的名，书的标题：书的副标题。出版地：出版者名称 ，出版日期。

续表

Gladwell, Malcolm. *The Tipping Point: How Little Things Can Make a Big Difference*. Boston: Little, Brown, 2000.

对于一本标有编者而不是标有作者的书，按如下所示改变格式：

N: ##. 编者的名和姓，ed.，书名……

7.Joel Greenberg, ed., *Of Prairie, Woods, and Water* ...

B: 编者的姓，编者的名，ed.，书名……

Greenberg, Joel, ed. *Of Prairie, Woods, and Water*...

2. 多个作者

对于有两位作者的书，使用下面的格式：

N: ##. 第一位作者的名和姓 and 第二位作者的名和姓，书的标题：副标题（出版地：出版者名称，出版日期），XX-XX。

2. Peter Morey and Amina Yaqin, *Framing Muslims: Stereotyping and Representation after 9/11* (Cambridge, MA:Harvard University Press, 2011), 52.

B: 第一作者姓，第一作者名，and 第二作者名和姓，书的标题：副标题。出版地：出版者名称，出版日期。

Morey, Peter, and Amina Yaqin. *Framing Muslims: Stereotyping and Representation after 9/11*. Cambridge, MA: Harvard University Press, 2011.

有三位作者的书，要按照下面所示改动格式：

N: ##. 第一作者的名和姓，第二作者的名和姓，and 第三作者的名和姓，书的标题……

5. Joe Soss, Richard C. Fording, and Sanford F. Schram, *Disciplining the Poor*...

B: 第一作者的姓，第一作者的名，第二作者的名和姓，and 第三作者的名和姓，书的标题……

有四位作者甚至更多作者的书，按下面改动注释格式：

续表

Soss, Joe, Richarcl C. Fording, and Sanford F. Schram, *Disciplining the poor*...

N: ##. 第一作者的名和姓 et al.，书的标题……

15. Jay M. Bernstein et al., *Art and Aesthetics after adorno*...

3. 作者加编者或译者

一本书有作者和编者，使用下面的格式：

N: ##. 作者的名和姓，书的标题：副标题，ed. 编者的名和姓（出版地：出版者的名称，出版日期），XX-XX。

9. Jane Austen, *Persuasion: An Annotated Edition*, ed. Robert Morrison (Cambridge, MA: Belknap Press of Harvard University Press, 2011), 311-12.

B: 作者的姓，作者的名。书的标题：副标题。Edited by 编者的名和姓。出版地：出版者的名称，出版日期。

Austen, Jane. *Persuasion: An Annotated Edition*. Edited by Robert Morrison. Cambridge, MA: Belknap Press of Harvard University Press, 2011.

如果一本书有译者而不是编者，格式中用 trans.，以及 Translated by，用译者的名字替代编者的名字就可以了。

4. 版次

N: ##. 作者的名和姓，书的标题：副标题，版次 ed.（出版地：出版者的名称，出版日期），XX-XX。

11. John Van Maanen, *Tales of the Field: On Writing Ethnography*, 2nd ed. (Chicago: University of Chicago Press, 2011), 84.

B: 作者的姓，作者的名。书的标题：副标题。版次 ed. 出版地：出版者的名称，出版日期。

Van Maanen, John. *Tales of the Field: On Writing Ethnography,* 2nd ed. Chicago: University of Chicago Press, 2011.

续表

5. 编撰的书籍中的单个章节

N: ##. 章作者的名和姓，“章标题：章副标题，” in 书的标题：书的副标题，ed. 编者的名和姓（出版地：出版者的名称，出版日期），XX-XX。

15. ángeles Ramírez, “Muslim Women in the Spanish Press: The Persistence of Subaltern Images,” in *Muslim Women in War and Crisis: Representation and Reality*, ed. Faegheh Shirazi(Austin: University of Texas Press, 2010), 231.

B: 章作者的姓，章作者的名．“章标题：章副标题，” in 书的标题：书的副标题，edited by 编者的名和姓，YY-YY。出版地：出版者的名称，出版日期。

Ramírez, ángeles. “Muslim Women in the Spanish Press: The Persistence of Subaltern Images,” in *Muslim Women in War and Crisis: Representation and Reality*,edited by Faegheh Shirazi,227-244. Austin: University of Texas Press, 2010.

期刊论文

6. 印刷版期刊

N: ##. 作者的名和姓，“文章标题：文章副标题，” 期刊标题卷号，期号（出版日期）：XX-XX。

4. Alexandra Bogren, “Gender and Alcohol: The Swedish Press Debate,” *Journal of Gender Studies* 20, no.2(June 2011):156.

B: 作者的姓，作者的名。“文章标题：文章副标题．” 期刊标题卷号，期号（出版日期）：YY-YY。

Bogren, Alexandra. “Gender and Alcohol: The Swedish Press Debate.” *Journal of Gender Studies* 20, no.2(June 2011):155-169.

一篇文章有多个作者的情况参看模板 2 有关作者姓名的相关格式。

7. 网上期刊

一篇网上参阅的期刊，要包括访问日期和 URL。有数字对象标识符（DOI）的文章，URL 的构成可将 DOI 附加于 http://dx.doi.org/，而不使用地址栏里的 URL。下例中凯瑟的文章的 DOI 就是 10.1086/658052 。

续表

N:	##. 作者的名和姓，“文章标题：文章副标题，”期刊标题卷号，期号（出版日期）：XX-XX。accessed 访问日期，URL。
	Lisa J. Kiser, “Silencing the Lambs:Economics, Ethics, and Animal Life in Medieval Franciscan Hagiography,” *Modern Philology* 108, no. 3(February 2011):340, accessed September 18,2011, http://dx.doi.org/10.1086/658052.
B:	作者的姓，作者的名。“文章标题：文章副标题。”期刊标题卷号，期号（出版日期）：YY-YY。Accessed 访问日期。URL。
	Kiser, Lisa J. “Silencing the Lambs:Economics, Ethics, and Animal Life in Medieval Franciscan Hagiography.” *Modern Philology* 108, no. 3(February 2011):323-342. Accessed September 18, 2011. http://dx.doi.org/10.1086/658052.
	更多细节详见 15.4.1 。

16.1.1 各要素顺序

对所有文献而言，注释和参考文献条目的各要素的顺序遵循相同的通用格式：作者、标题、出版信息。然而，注释在呈现作者的名字时按照标准顺序（名在前），而参考文献条目是相反的顺序（姓在前），整个列表按照字母顺序排列。在引用特定篇章的时候，注释通常包括页码和其他定位信息，但参考文献条目不包括这些信息，尽管它们也注明该文献位于一个更大的作品里的完整的页码跨度，比如是其中的一篇文章或者一个章节。

16.1.2 标点

在注释里，大多数要素的区分用逗号；在参考文献条目里，用句号区分。在注释里，要用括号把出版信息框起来，而参考文献条目不需要。格式不同是因为注释是要在文中阅读的，句号会意味着一段引文的结束。而参考文献是设计成列表的形式，在那里文献有其自己的条目，因此句号可以区分作者、标题、出版日期等各要素而不引起混乱。

16.1.3 大写字母

大多数书名按照标题方式大写，但是外文标题按照句子方式大写（见 22.3.1，参看两种格式）。专有名词按照通常方式大写（见第 22 章）。

16.1.4 斜体和引号

大一级的文献（书籍和期刊）的标题要用斜体；小一级的（章节、文章）用罗马字体并用引号引起来。未出版的作品(例如学位论文)的标题要用罗马字体并用引号框起来，即使它们像一本书那么长。参见 22.3.2 。

16.1.5 数字

标题中，任何数字都要全部拼写出来，或者按照原文的数字方式呈现。在原文中以罗马数字呈现的页码要以小写字体呈现。所有其他的数字（例如章节编号或者表格编号）都要以阿拉伯数字的形式，即使它们在原文中是罗马数字或是拼写出来的。

16.1.6 缩写

在注释中，要缩写术语，例如编者、译者（ed. 和 trans.）。在参考文献条目中，这些术语在名字前面的时候通常要拼写完整（edited by），在名字后面的时候用缩写（ed.）。复数通常加 s，除非缩写以一个 s 结尾（trans. 既代表单数又代表复数）。例如卷、版和号（vol.，ed.，和 no.），总是以缩写形式出现。

16.1.7 行首空格

注释一如文章中的其他段落一样要行首空格：第一行行首空格，所有其他行都左对齐。参考文献条目是悬挂式缩进：第一行左对齐，余下各行都缩进，缩进量等同一个段落的第一行。

16.2 参考文献

使用注释 - 参考文献格式的文章通常既包括注释又包括一个参考文献，列出了所有在注释中引用了的文献。尽管同样的信息既出现在注释中又出现在参考文献列表里，读者却需要在两个地方看到它，因为注释和参考文献的用法是不同的。注释可以让读者快速检索某个特定引文的文献信息而不会中断读者的阅读。参考文献可以告诉读者你的研究范围以及与以往研究的关系。参考文献也可以帮助读者在他们的研究中使用你的文献。所以除非你只有少量的文献，或者你的导师告诉你不必列出，不然都一定要在你的论文中同时包含注释和参考文献。如果你没有加进参考文献列表，请确保你的注释显示了每一条文献的完整信息，至少在你第一次引用的时候。

16.2.1 参考文献种类

大多数情况下，你的参考文献应该包括你在文中引用的所有作品（例外情况见16.2.3）。你也可以把对你的思想产生重要影响的作品包括进来，这些作品你没有在文章中专门提到。将这一类作品标记为 Bibliography 或者 Sources Consulted。见附录表A15，参考文献样板页。

还有其他一些选择如下：

- **精选目录**。一些参考文献目录不包括注释中引用的所有作品，这样做要么为了节省篇幅，要么为了忽略掉不太可能让读者感兴趣的不重要的参考资料。如果你有合理的理由，或者你的导师同意你这样做，你也可以使用精选目录，将它标记为 Selected Bibliography，加上一条批注解释一下你的选择原则。
- **单一作者目录**。一些作者按照某一人来排列作品，通常是在标准参考文献列表之外加一个另外的表，但是有时候也作为研究单一作者的唯一参考文献列表，此时其他文献很少。将这样的列表标记为 [作者名字] 作品或者某个合适的描述性的标题（某某已出版作品或某某作品等）。你可以按照作品时间顺序排列或者按照标题字母顺序排列。如果按照时间顺序，同一年内发表的作品再按标题字母顺序排列。
- **带注释的文献目录**。一些作者为每一个文献条目做注释，简单描述作品的内容和与他们的研究之间的相关性。大多数情况下，如果你为一个条目做注释，你就要为所有的条目做注释。但是研究者有时也只注释最重要的作品，或者与他们的研究显著相关的作品。如果你的注释是简短的短语，把它们放在括号里置于出版日期之后（注意中间没有句点，括号后面也没有）：

B: Toulmin, Stephen. *The Uses of Argument*. Cambridge University Press, 1958.[a seminal text describing argument in nonsymbolic language]

你也可以新起一行按照段落缩进加入完整句子的注释：

B: Toulmin, Stephen. *The Uses of Argument*. Cambridge University Press, 1958.

This is a seminal text describing the structure of an argument in nonsymbolic language.

16.2.2 条目安排

16.2.2.1　按作者姓的字母顺序排列。一个参考文献目录通常是一个单个的列表，所有的文献都要按照作者姓氏的字母顺序，或者按照编者，或者按照任何一个首先出现在条目中的姓氏的字母顺序排列（如何按字母顺序排列外语名字、复合名字和其他特殊情况，见 16.2.2.2）。大多数文字处理软件都提供一个按字母排序的功能；如果你使用它，先要确保每一个条目后都跟着一个回车。如果你在写学位论文或者博士论文，你所在系或者大学可能详细规定了你应该按一个个字母的字母顺序排列文献还是应该按一个个单词的字母顺序排列文献。《芝加哥格式手册》第 16 版（2010）第 16 章第 58–61 页里面有对这两种方法的详细介绍。

如果你的参考文献目录包括由同一个人撰写、编辑或者翻译的两个或更多的作品，将这些条目按照标题的字母顺序排列（忽略冠词例如 a 或者 the）。第一个条目后面的所有条目，可以用一个长画线代替这个人的名字，称为 3-em dash，即 3 个字母 M 宽度的破折号（见 21.7.3）。编撰或翻译的作品，要加一个逗号和一个适当称号（ed., trans. 等），置于长画线之后。将所有这些作品列在其他有这个人参与写作或编撰的作品的前面。注意在你把完整的参考文献目录按照名字的字母顺序整理出来之后，最好手工做这些调整。

B: Gates, Henry Louis. Jr. *America Behind the Color Line: Dialogues with African Americans*. New York: Warner Books, 2004.

——, *Black in Latin America*. New York: New York University Press,2011.

——, ed. *The Classic Slave Narratives*. New York:Penguin Putnam, 2002.

——, *The Signifying Monkey: A Theory of African-American Literary Criticism*. NewYork: Oxford University Press, 1988.

——, *Tradition and the Black Atlantic: Critical Theory in the African Diaspora.* NewYork: Basic Civitas, 2010.

Gates, Henry Louis, Jr., and Cornel West. *The African-American Century:How Black Americans Have Shaped Our Country*. New York: Free Press, 2000.

同样的方法也适用于一组以相同的顺序排名的作者。

B: Marty, Martin E., and R. Scott Appleby, eds. *Accounting for Fundamentalisms*. Chicago: University of Chicago Press, 2004.

——, *The Glory and the Power. The Fundamentalist Challenge to the Modern World*. Boston:Beacon Press,1992.

Marty, Martin E., and Micah Marty. *When True Simplicity is Gained: Finding Spiritual Clarity in a Complex World*. Grand Rapids, MI:William B. Eerdmans, 1998.

如果一个文献没有署名的作者或编者，那就以文献信息中的第一个要素的字母排列，通常是它的标题。忽略冠词，比如 a 或者 the。

B: *Account of the Operations of the Great Trigonometrical Survey of India.* 22 vols. Dehra Dun: Survey of India, 1870-1910.

"The Great Trigonometrical Survey of India." *Calcutta Review* 38 (1863):26-62.

"State and Prospects of Asia." *Quarterly Review* 63, no.126 (March 1839):369-402.

16.2.2.2 特殊类型的名字。一些作者的名字里包含不止一个易辨识的名和姓。很多情况下你可以通过查询你所在图书馆的目录来确定正确的顺序。对于历史名字，有个很好的资料《韦氏传记词典》（*Merriam-Webster's Biographical Dictionary*）可参看。本节概述了在参考文献目录中以名字的字母顺序排序的一般性原则。在短注释或括号夹注里，正好颠倒过来，要使用姓（下文粗体显示）。如果你的文章里有很多来自某种外文的名字，遵循该语言的传统。

■ **复合名字**。复合姓氏进行字母排序，包括复姓，要按复合名字的第一部分排序。如果一位女士既使用娘家姓又使用夫家姓，但是没有用连字符连接，通常就按照第二个姓排序。在许多种语言里复合名字是有可预测的模式的（如下所示），而其他语言，比如法语和德语就没有。

Kessler-Harris, Alice　　　　**Mies van der Rohe**, Ludwig

Hine, Darlene Clark　　　　**Teihard de Chardin**, Pierre

■ **含虚词的名字**。这取决于什么语言，有些像 de，di，D′，以及 van 可以当成也可以不当成姓氏的第一部分来进行字母排序。如果你对某个名字没有把握，可以参考上文提到的相关资源。注意虚词既可以是小写也可以是大写，有一些还跟着所有格符号。

de Gaulle Charles　　　　**Beauvoir**, Simone de

di Leonardo, Micaela　　　　**Kooning**, Willem de

Van Rensselaer, Stephen　　　　**Medici**, Lorenzo de′

■ **名字由"Mac"，"Saint"，或者"O"来开头**。名字开头有"Mac"、"Saint"、"O"会有多种变化，比如缩写（Mc，St.）、拼写（Sainte， San）、大写（Macmillan，McAllister）、使用连字符或者单引号（O′Neil 或者 Odell；Saint-Gaudens 或者 St.Denis）。这些名字按字母顺序排序的时候要以字母实际呈现的形式为准，而且不要把它们放在一起，因为它们太相似了。

■ **西班牙名字**。许多西班牙姓氏是复合姓，包括一个人父亲家族和母亲家族的姓，有时会用一个 y 来连接。要以名字的第一部分来给这些名字排序。

Ortega y Gasset, José　　　　**Sánchez Mendoza**, Juana

■ **阿拉伯名字**。阿拉伯名字的姓是以虚词 al- 或者 el-（相当于英语的 the）来开头的，给这些名字排序要按照虚词后面的部分来排。名字开头是 Abu、Abd 和 Ibn 的时候，类似于英语名字开头的 Mac 或者 Saint，应该按照这个部分的字母顺序排序。

Hakim, Tawfiq al-　　　　**Abu Zafar Nadvi**, Syed

Jamal, Muhannad Hamid al-　　　　**Ibn Saud**, Aziz

■ **中国和日本名字**。如果一个作者有中国和日本的名字，遵循传统惯例（姓在前名在后），不要将名字倒过来或者在名和姓中间插入逗号。如果作者遵循的是西方姓名的惯例（名在前姓在后），那就按照你对待一个英语名字的办法来处理这个名字。

传统惯例	欧美惯例
Chao Wu-chi	**Tsou**, Tang
Yoshida Shigeru	**Kurosawa**, Noriaki

16.2.2.3　除了字母顺序的其他顺序。有时候，读者会在字母顺序之外找到一个更有用的顺序。单一作者参考文献目录以时间顺序排列通常更有用，还有一些特殊的文献也如此，比如报纸文章、档案记录等。有时你发现出于某个特定的目的而设计一个顺序是有用的——例如，地形图按照州或者区域来列表。如果你使用的排序方法不是字母顺序或者时间顺序，在眉批里对你的选择做出解释。

16.2.2.4　分类列表。你可以将一个很长的参考文献列表分成几类，帮助读者按照类别分组来参阅相关的文献。一些常用的将长的列表分成几部分列表的方法如下：

■ **按照文献的形式**。你可以创设不同的列表，例如手稿、档案集、语音记录等。

■ **按照文献的重要性**。你可以在单一作者文献列表中把一次文献与二次文献和三次文献区分开来。

■ **按照文献所属领域**。你可以通过领域来分组文献，原因或者是你的读者会有不同的兴趣（好比对这本书的文献列表有兴趣），或者是你的研究工作将通常不搭界的领域整合到一起了。比如，一个针对喜剧文学理论和心理学的研究可能会按照如下方式分类文献：喜剧理论、心理学研究、文学批评、喜剧作品。

如果你要将文献分类，那么要么将它们置于分开的目录里，要么放在一个目录的不同区间。用一个小标题来介绍每一个目录或分类区间，并且如果必要，用批注。在单一目录里，要在每一个目录区间使用相同的排序原则（通常是字母顺序），不要把一个文献列入超过一个区段里，除非它能清晰地以两种或更多的方法归类。如果你使用不同的排序原则，创设不同的目录，每一个目录都要有自己的解释性标题。

16.2.3 可略去的文献

按照惯例，你可以在目录中省去下列类型的文献：

- 报纸文章（见 17.4）。
- 古典的、中世纪的、早期的英国文学作品（17.5.1）和（某些情况下）著名的英语戏剧（17.8.5.2）。
- 圣经和其他宗教性作品（17.5.2）。
- 著名的参考书，例如主要的词典和百科全书（17.5.3）。
- 简短的出版物，例如已发表作品评论或者现场表演（17.5.4）、摘要（17.5.5），以及小册子和报告（17.5.6）。
- 未发表的访谈和个人通信（17.6.3）、博客和评论（17.7.2），社交网络上的帖子（17.7.3），电子讨论组或者邮件列表（17.7.4）。
- 未发表的手稿集里的个人文档 (17.6.4)。
- 视觉艺术或表演艺术，包括艺术作品（17.8.1）和现场表演（17.8.2）。
- 美国宪法（17.9.5）、法律案例（17.9.7）和一些公文（17.9.2.5）。

你也可以在文献目录中加入上述各类中的某个特定作品，该作品对你的论证十分重要且引用频繁。如果你使用了许多类似的文献，同取自单个大的文献实体，例如几个文献取自某一个手稿集，你可以将这个大的文献实体列入文献目录，如 17 章相关部分所论述的。

16.3 注释

不同种类的注释的使用取决于写作者所处的研究领域、读者以及他们的科研项目的性质。本节阐释了你可拥有的选择以及如何从中进行选择。

16.3.1 脚注与尾注

你所在院系也许对你是否应该使用脚注或尾注有特别规定，尤其是针对学位论文或学术论文。如果没有特别规定，你通常应该选择脚注，这更易于阅读。尾注会迫使读者必须翻到论文的最后或每一章最后才能查阅引用信息。如果你在尾注中加入实质性的注解（见 16.3.5），读者有可能会忽略掉它们，因为如果不翻到最后去查看，他们是分不清楚哪些注释是实质性的，哪些注释只是引用了的文献。

但当你的脚注又长又多且占用页面大量位置，让你的研究报告看上去没有吸引力又难以阅读的时候，你可以选择尾注。而且，尾注能更好地容纳表格，可以引用诗歌，以及其他需要大量空间且排版复杂的东西。

如果你使用尾注，并且里面包含了一些实质性的注释，你可以将实质性的注释与文献来源类注释区分开，从而降低风险，使读者不会错过阅读实质性注释。将文献来源类注释编个号并作为尾注排印。用星号和其他符号来标识实质性注释（见 16.3.3），将其作为脚注排印。

16.3.2 文中参考注释

任何时候你要参考某个文献或使用该文献中的材料，你都必须在自己的文本中插入一个注释编号，引导你的读者去关注一个提供了该文献信息的注解，将这个编号置于包含了该引文或其他材料的句子或短语的末尾（见 25.2）。正常情况下，注释序号跟在标点符号后面，包括右括号。

> Magic was a staple of the Kinahan charm. [1]
>
> 魔法是基纳汉魔术的主题[1]。
>
> “This,” wrote George Templeton Strong, “is what our tailors can do.” [2]
>
> “这个，”乔治·坦普顿·斯特朗写道，“是我们的裁缝能够做的。”[2]
>
> (In an earlier book he had said quite the opposite.) [3]
>
> （在一本更早的书里他说的正好相反。）[3]

如果注释所指的是破折号之前的内容，将这个注释编号放在破折号的前面：

The bias surfaced in the Shotwell series [4] – though not obviously.

肖特维尔系列里显露出了偏见 [4] ——虽然不是很明显。

不要在一个地方放置超过一个注释编号（比如 5，6）。取而代之的做法是，使用一个编号并将所有的引文和评论都包含在一个单个的注释里（见 16.3.5）。

不要将注释编号放在章节标题或副标题中间或后面。如果你的注释是有关于整章节的，省略掉编号，将这个未编号的脚注放在第一页，置于所有其他编号的注释之前。但你可以将一个注释编号加入一个分目标题里。

16.3.3 注释编号

注释编号要连续，从 1 开始。如果你的论文有分开的章节，每一章从 1 开始重新编号。不要跳过一个号码或者使用像 5a 这样的编号。

如果你使用尾注标出文献信息，而用脚注表述实质性评论（见 16.3.1），不要给脚注编号。取而代之的是，将该页的第一个脚注标上星号（ * ）。如果一页上有超过一个脚注，依次使用上标符号 * + ≠ §。

有关注释的表格见 26.2.7。

16.3.4 注释格式

脚注和尾注都使用普通段落缩进。每个注释都以编号开头，编号不上标，而是普通文本格式。编号和注释文字之间用英文句点和一个空格隔开。对于那些标注有符号的注释（见 16.3.3），在符号和注释文字之间放置一个空格而不是一个英文句点。

如果你当地的写作指南允许，你也可以在注释里使用上标的数字或符号。那样的话，你应该在每一个注释的文字前加入一个空格而不是句点。

16.3.4.1 脚注。每个脚注都要放在有引用文献的那一页。在正文的最后一行和第一个脚注之间放入一条短的铅线，包括任何超过前一页篇幅跑到这一页来的注释，即使你的文字处理软件不能自动处理也要手动处理。如果一个脚注超过篇幅跑到下一页去，最好是能在一个句子中间将其断开，以防读者认为这个脚注已经结束了，而在下一页忽略掉这一部分。每一条脚注内用单倍行距。如果一页上有超过一条脚注，在不同脚注间加入一个空白行。见图 A.10，显示了带有脚注的一页范例。

16.3.4.2　尾注。尾注应该排列在一起，并放置于正文之后，或者附录之后，但要处于参考文献目录之前。每一条注释内用单倍行距，注释与注释之间加入一个空白行。将这个列表标注为“注释”。如果每一个章节你都重新给注释编号，那么在每一章的第一条注释之前加一个小标题“第 X 章”。见图 A.14，显示了带有尾注的一页范例。

16.3.5　复杂注释

16.3.5.1　引文。如果你引用了几个文献来阐明某单个论点，将这几个文献放入一个注释中避免你的正文里杂乱地填满了注释编号，将引文按照其在文中出现的顺序排序；用分号分隔开不同的引文。

Only when we gather the work of several scholars – Walter Sutton's explications of some of Whitman's shorter poems; Paul Fussell's careful study of structure in "Cradle"; S.K. Coffman's close readings of "Crossing Brooklyn Ferry" and "Passage to India" – do we begin to get a sense of both the extent and the specificity of Whitman's forms. [1]

只有在我们收集了几位学者的研究之后 —— 华尔特·萨顿对惠特曼短篇诗歌的解读；保罗·福塞尔对于《摇篮》结构的仔细研究；以及 S.K. 科夫曼对《轮渡布鲁克林》和《印度之行》的深入解读 ——我们才开始对惠特曼诗歌形式的特性和广度有一些感受。[1]

N:　Sutton, "The Analysis of Free Verse Form, Illustrated by a Reading of Whitman," *Jounal of Aethetics and Art Criticism* 18 (December 1959): 241-54; Fussel, "Whitman's Curious Warble: Reminiscence and Reconciliation," in *The Presence of Whitman*, ed. R. W. B. Lewis (New York: Columbia University Press, 1962),28-51; Coffman, " 'Crossing Brooklyn Ferry': A Note on the Catalogue Technique in Whitman's Poetry," *Modern Philology* 51,no.4 (May 1954): 225-32; Coffman, "Form and Meaning in Whitman's 'Passage to India,'" *PMLA* 70, no.3(June 1955):337-49.

当你引导读者参阅某个编号下的其他追加文献的时候，将引文信息按组排在一起是很有用的（称之为“串引用”）：

N: 2. For accounts of the coherence-making processes of consciousness from, respectively, psychological, neuropsychological, and philosophical points of view, see Bernard J. Baars, *A Cognitive Theory of Consciousness* (New York: Cambridge University Press, 1988); Gerald Edelman, *Bright air, Brilliant Fire: On the Matter of the Mind* (New York: Basic Books, 1992); and Daniel Dennett, *Consciousness Explained* (Boston: Little, Brown, 1991).

16.3.5.2 引文和评论。如果一个注释中包含引文信息和一个实质性评论，先列出引文，后面加一个句点，句点后面另起一句列出评论。

To come to Paris was to experience the simultaneous pleasures of the best contemporary art and the most vibrant art center. [9]

来到巴黎就是要同时体验最好的当代艺术和最具活力的艺术中心带来的双重快乐。[9]

N: 9. Natt, “Paris Art Schools,” 269. Gilded Age American artists traveled to other European art centers, most notably Munich, but Paris surpassed all others in size and importance.

镀金年代美国艺术家旅行到其他欧洲艺术中心，最引人注目的就是慕尼黑，但是巴黎在规模和重要性上都超过了其他中心。（Natt, “Paris Art Schools,” 269）

当你在注释中加入原文摘录时，要把引文信息放在这段原文摘录的最后一个标点符号之后。

Property qualifications dropped out of US practice for petit juries gradually during the nineteenth century but remained in force for grand juries in some jurisdictions until the mid-twentieth century. [33]

在美国，财产资格在 19 世纪针对小陪审团的操作中逐渐退出，但是直到 20 世纪中期在某些司法管辖区针对大陪审团是仍然有效的。[33]

N: 33. “A grand jury inquires into complaints and accusations brought before it and, based on evidence presented by the state, issues bills of indictment." Kermit Hall, *The magic Mirror: Law in American History* (New York: Oxford University Press, 1989), 172.

"大陪审团调查呈递上来的控诉和指控，以该州提供的证据为基础，颁发诉状。" [Kermit Hall, *The magic Mirror: Law in American History* (New York: Oxford University Press, 1989), 172.]

在注释中使用实质性评论要审慎，如果某个观点对于你的论证来说是很关键的，就把它放到正文里。如果它是次要的，仔细考虑是否它重要到一定要加在注释中。

16.4 短注释形式

在某些领域，你的导师可能希望你在每个注释中都给出完整的文献信息，但是大多数情况下，你在第一次引用该作品时可以给出完整的引文信息，随后的注释中只要使用短注释就可以了。在有些领域，作者针对所有引文都使用短注释的形式，而完整的信息只是在参考文献目录中列出。

如果你不了解你所在领域的操作惯例，参看你当地的写作指南。

16.4.1 缩短的注释

短注释要包括足够多的信息让读者能在文献目录中或者前面的注释中找到完整的引文信息。两个主要的选择就是“只有作者注释”（author-only）和“作者－标题注释”（author-title）。在许多领域，所有短注释都用“作者标题”形式；而其他领域，大多数短注释又采用“只有作者”注释，但是当写作者引用同一个作者多部作品的时候采用“作者－标题注释”形式。如果一个文献没有作者（或者编者），你可以使用“只有标题注释”。图 16.2 提供了每种短注释的模板。

一个只有作者的注释包括作者的姓和页码（或其他定位信息），由逗号隔开，后面跟一个句点。如果这个作品有一个编者而不是作者，用编者的姓但是不要加上 ed.。作者－标题注释要加短标题，短标题由最多四个来自完整标题的特征性词语构成。用一个逗号将作者和短标题隔开，标题用斜体或者用引号引起来，就像你在完整注释中的操作一样。

图 16.2 短注释模板

下列模板显示三种短注释要包括什么要素，这些要素应该以什么顺序呈现（见 16.4.1，参看每种模板在什么时候使用）。它们也显示标点，标题的大写，以及这些要素的排印。灰色的阴影显示这些表达方式在引文信息中实际出现的样子。## 表示注释编号，XX 表示引文页码。

只有作者注释

1. 单一作者

N: ##. 作者的姓，XX–XX.

2. Gladwell，85-9.

引用作品是有编者或译者而没有作者的时候（见 17.1.1），用编者或译者代替作者。不要像在完整注释中一样加上 ed. 或者 trans.。

N: ##. 编者或译者的姓，XX–XX.

9. Greenberg，15.

如果有两位或更多的作者有相同的姓，要加上他们的名或者首字母来加以区分。

2. 两位或三位作者

N: ##. 第一位作者的姓 and 第二位作者的姓，XX–XX.

7. Morey and Yaqin，52.

N: ##. 第一位作者的姓，第二位作者的姓，and 第三位作者的姓，XX–XX.

15. Soss，Fording，and Schram，135-36.

3. 四位或更多的作者

N: ##. 第一位作者的姓 et al.，XX–XX.

10. Bernstein et al.，114-15.

续表

作者－标题注释

4. 书

N:　##. 作者的姓，短标题，XX-XX.

2. Gladwell，*Tipping Point*，85-90.

对于作者超过一位的书，按照模板 2 和 3 的格式呈现作者的名字。

5. 文章

N:　##. 作者的姓，“短标题，” XX-XX.

8. Kiser，“Silencing the Lambs，”328.

文章作者超出一位的，按照模板 2 和 3 的格式呈现作者名字。

只有标题注释

6. 没有作者的书

N:　##. 短标题，XX-XX.

11. *Account of Operations*，252.

7. 没有作者的文章

N:　##. “短标题，” XX-XX.

17. “Great Trigonometrical Survey，”26-27.

N: 1. Harriet Murav, *Music from a Speeding Train: Jewish Literature in Post-Revolution Russia* (Stanford, CA: Stanford University Press, 2011), 219.

4. Murav, 220.

或者

4. Murav, *Speeding Train*, 220.

12. Francoise Meltzer, "Theories of Desire: Antigone Again," *Critical Inquiry* 37, no.2 (Winter 2011): 170.

17. Meltzer, 184.

或者

17. Meltzer, "Theories of Desire," 184.

20. Hasan Kwame Jeffries, "Remaking History: Barack Obama, Political Cartoons, and the Civil Rights Movement," in *Civil Rights History from the Fround Up: Local Struggles, a National Movement*, ed. Emilye Crosby (Athens: University of Georgia Press, 2011), 260.

22. Jeffries, 261-62.

或者

22. Jeffries, "Remaking History," 261-62.

有多个作者和编者的话，以他们出现在完整注释中的顺序列出他们的姓。

N: 5. Daniel Goldmark and Charlie Keil, *Funny Pictures: Animation and Comedy in Studio-Era Hollywood* (Berkeley: University of California Press, 2011), 177-78.

8. Goldmark and Keil, 180.

或者

8. Goldmark and Keil，*Funny Pictures*，180.

16.4.2 如上

写作者一度在注释中使用拉丁术语和缩写来缩短引文信息：idem，表示“同样的”；op.cit.，代表 opere citato，意思是“同前”；还有 loc.cit.，代表 loco citato，意思是“从上述引文中”。这样的操作已经不通行了，所以要避免使用所有的拉丁引文术语，但有一个除外——ibid.，取自 ibidem“出处同上”。在对前面一条注释中的作品再次引用时，一些写作者会使用 ibid. 来简化引文信息。

N: 30. Buchan, *Advice to Mothers*, 71.

31. Ibid., 95.

32.Ibid.

在注释中，ibid. 不应该使用斜体；在一个注释的开头部分，它应该要大写。由于 ibid. 是缩写，他后面必须跟一个句点；如果引文信息包括页码，将逗号加在 ibid. 的后面。如果一条参考引文的页码与前一条注释中的相同，就不要在 ibid. 后面再加页码。一条注释中包含超过一个引文时，在其后不要使用 ibid.，也不要使用 ibid. 来提及未出现在同一页上的脚注。

16.4.3 文中夹注

16.4.3.1 文中夹注与脚注或尾注。要详细讨论某个特定作品且要频繁引用它的时候，你可以使用文中夹注。这类在行文中列出的出处参考，会让你的文章更容易阅读。你第一次引用作品时，要在脚注或尾注里提供完整的信息；随后的参考信息里，可使用文中夹注的形式而不用短注释的形式（见 16.4.1）。实例可参看 16.4.3.2 。

对于某些只需要几个信息要素读者就可以辨认的文献，例如报纸文章（见 17.4）、法律案例（见 17.9.7）、旧的文学作品（见 17.5.1）、圣经或其他宗教作品（见 17.5.2），或者视觉和表演艺术作品（见 17.8）等，你也可以使用文中夹注的注释方法。这些文献通常在你的参考文献目录中不需要被列出（见 16.2.3）。

在语言和文学研究中，文中夹注普遍地取代了脚注和尾注来呈现大多数文献的来源信息，也包括第一次引用一部作品时。

16.4.3.2　文中夹注的格式。在你要放置一个注释编号的地方，如一段原文摘录、句子或短语的末尾插入文中夹注。把原文摘录部分嵌入正文的时候，注释放置在逗号、句点或其他标点符号的前面而不是后面。有一个例外：有大段引文的时候，注释跟在最后一个标点符号的后面（例子详见 25.2.2.1）。

最完整的文中夹注包括作者－标题短注释中相同的信息，各信息要素由逗号隔开（要注意的是各信息要素和标点符号都与作者－年格式中的文中夹注有些微不同，第 18 章和第 19 章对此进行了描述，不要混淆或混用这两种格式）。

"What on introspection seems to happen immediately and without effort is often a complex symphony of processes that take time to complete "(LeDoux, *Synaptic Self*, 116).

"通过内省看起来不需要努力立刻就能发生的事情通常都是需要花费时间来完成的诸多过程的交响合奏"（LeDoux，*Synaptic Self*，116）。

According to one expert, the norms of friendship are different in the workplace (Little, "Norms of Collegiality," 330).

在一个专家看来，友谊的标准在不同工作场所中是各有不同的（Little，"Norms of Collegiality，" 330）。

在一些领域，人们希望写作者使用完整的文中夹注；另一些领域，又允许写作者使用简短的形式，因为这些夹注会打断正文。如果你所在领域允许短的夹注，对大多数文献来说，你有三个选择可供参考：

■ **只有页码**。如果因为某文献是你的主要研究目标（正如下文中的第一个例子涉及哈里特·比彻·斯托的《汤姆叔叔的小屋》），或者因为你在正文中已经提到了该文献的作者和标题，读者可以从你的正文中轻易辨认出该特定文献，这时你在文中夹注中只列出页码或其他定位信息就可以了。不论上述哪种情况，你都必须在别的地方提供参考文献的完整信息。

"Poor John!" interposes Stowe's narrative voice, "It was rather natural; and the tears that fell, as he spoke, came as naturally as if he had been a white man" (169).

"可怜的约翰！" 斯托叙述的声音插进来，"这很自然；在他说话的时候，眼泪流下来那么自然，就好像他是个白人"（169）。

Earnest Cassirer notes this in *Language and Myth* (59-60).

恩斯特·卡西尔在《语言与神话》中着重提到了它（59–60）。

■ **作者和页码**。如果读者不能从你的正文中轻易辨认出文献，只要你引用该作者的一部作品，你就要将作者和页码或者其他定位信息包括在夹注里。

While one school claims that "material culture may be the most objective source of information we have concerning America's past" (Deetz, 259), others disagree.

当一家学派声称"物质文化可能是我们所拥有的有关美国的过去的最客观信息来源"(Deetz, 259)，其他学派不认同。

■ **标题和页码**。如果读者能比较容易地从你的正文中辨认出作者，但是你引用的该作者的作品超过一部的话，你应该在夹注中加入简短的标题和页码。

According to Furet, "the Second World War completed what the First had begun – the domination of the great political religions over European public opinion" (*Passing of an Illusion*, 360).

据孚雷所言，"第二次世界大战完成了第一次世界大战已经开启的东西——大规模的政治意识形态支配了欧洲的民意"（*Passing of an Illusion*，360）。

如果你频繁引用一部作品，可以将标题缩写。如果缩写不清晰明了，你也可以在第一次引用的时候在注释中特别加以说明（如果你的引文中使用的类似缩写超过 5 个，要将它们单独列表作为论文的一个部分；见 A.2.1.10）。

N: 2. Francois Furet, *The Passing of an Illusion: The Idea of Communism in the Twentieth Century*, trans. Deborah Furet （Chicago: University of Chicago Press, 1999), 368 (cited in text as PI）.

According to Furet, “the Second World War completed what the First had begun – the domination of the Great political religions over European public opinion” (*PI*, 360).

据孚雷所言，“第二次世界大战完成了第一次世界大战已经开启的东西——大规模的政治意识形态支配了欧洲的民意”（*PI*, 360）。

报纸文章和其他种类的文献，作者、标题以及页码都不是主要的辨识要素（见 16.4.3.1 以及第 17 章中的相关部分），按照需要修改夹注的格式修改。

In a *New York Times* article on the brawl in Beijing (August 19, 2011), Andrew Jacobs compares the official responses with those posted to social media networks.

17 注释－参考文献格式：引用特定类型文献

第 16 章大致呈现了注释 - 参考文献格式中有关引文的基本格式，包括文献目录条目、完整注释、短注释和文中夹注。如果你对这种引文格式还不熟悉，那么请阅读这个章节，然后再参看本章。

本章为许多不同的文献提供详细的有关文献目录条目和注释形式的讲解。一开始讲的是引用最普遍的文献书籍和期刊文章，之后再谈到其他很多不同类型的文献。有关书的部分（17.1）和期刊文章的部分（17.2），讨论的是比如作者的名字和作品的标题这些要素的变化，这部分的讨论比不常用的文献部分的讨论要更深入一些。

大多数种类的文献的电子版实例都与其他类型实例一起列入讨论。17.1.10 里讨论电子书。网站、博客和社会网络服务在 17.7 里探讨。

有关注释的例子用 N(note)表示，有关参考文献目录条目的例子用 B(bibliography)

表示。有些情况下，一些例子显示了相同的作品在两种形式下的引用，这是为了展示这两种形式之间的共同点和区别之处；另外一些情况下，它们显示的是不同的作品，为了表明一种特定类型文献内的引文要素的变化。有关短注释见 16.4。

如果你在本章里找不到需要的例子，参看《芝加哥论文格式手册》第 16 版（2010）。你也可以根据这里提供的原则和例子自创一套自己的格式。大多数导师、院系和大学接受这样的改编，只要你在使用中是前后一致的。

17.1 书

书的引用要包括很多引用要素。本节讨论的这些要素的许多变化与其他类型的文献也有关。

17.1.1 作者的名字

每一个作者（编者、译者或者其他贡献人）的名字一定要与它在标题页上的一致，顺序也要一致。如果一个名字包含超过一个首字母，在它们中间要留空格（见 24.2.1）。多位作者的情况见图 16.1。

在注释里，作者的名字要按照标准顺序列出（名在前）：

N: 1. Harriet Murav, *Music from a Speeding Train: Jewish Literature in Post-revolution Russia* (Stanford, CA: Stanford University Press, 2011), 219-20.

6. G.J. Barker-Benfield, *Abigail and John Adams: The Americanization of Sensibility* (Chicago: University of Chicago Press, 2010), 499.

11. Donald R. Kindler and Allison Dale-Riddle, *The End of Race? Obama, 2008, and Racial Politics in America* (New Haven, CT: Yale University Press, 2012), 47.

在参考文献目录条目里，要将先列出的作者名倒过来（姓在前），非英语名字除外，其他情况参看 16.2.2.2 的讲解。其他作者的名字要跟在后面，但顺序不要倒置。

B: Murav, Harriet. *Music from a Speeding Train: Jewish Literature in Post-revolution Russia*.

Stanford, CA: Stanford University Press, 2011.

Barker-Benfield, *G.J. Abigail and John Adams: The Americanization of Sensibility*. Chicago: University of Chicago Press, 2010.

Kindler, Donald R., and Allison Dale-Riddle. *The End of Race? Obama, 2008, and Racial Politics in America*. New Haven, CT: Yale University Press, 2012.

17.1.1.1　除了作者之外的编者和译者。如果一个标题页列出了作者之外的编者和译者，作者的名字如上所述处理。将编者或译者的名字放在书的标题之后。如果有译者也有编者，名字的顺序按照文献原著上标题页的顺序排列。如果作者的名字出现在标题中，你可以在注释中省略其名字，但是参考文献目录的条目里不能省略。

在注释里，插入缩略语 ed.（不要用 eds.，因为在上下文中它的意思是“edited by”而不是“editor”）或者 trans. 时，要放在编者名字或者译者名字的前面。

N: 6. Elizabeth I, *Collected Works*, ed. Leah S. Marcus, Janel Mueller, and Mary Beth Rose (Chicago: University of Chicago Press, 2000), 102-4.

7. Georg Wilhelm Friedrich Hegel, *The Science of Logic*, ed. and trans. George di Giovanni (Cambridge: Cambridge University Press, 2010), 642-43.

10. *The Noé Jitrik Reader: Selected Essays on Latin American Literature*, ed. Daniel Balderston, trans. Susan E. Benner (Durham, NC: Duke University Press, 2005), 189.

在参考文献目录条目里插入短语 Edited by 或者 translated by，放在编者或者译者的名字前面。

B: Elizabeth I. *Collected Works*. Edited by Leah S. Marcus, Janel Mueller, and Mary Beth Rose. Chicago: University of Chicago Press, 2000.

Hegel, Georg Wilhelm Friedrich. *The Science of Logic*. Edited and translated by George di Giovanni.Cambridge: Cambridge University Press, 2010.

Jitrik Noé. *The Noé Jitrik Reader: Selected Essays on Latin American Literature*. Edited by Daniel Balderston. Translated by Susan E. Benner. Durham, NC: Duke University Press, 2005.

当标题页用一个复杂的表述来辨识某位编者或译者时，例如“Edited with an Introduction and Notes by”（连同引言和注释由……编辑）或者“Translated with a Foreword by”（连同前言由……翻译），你可以简化这个短语为“edited by”（由……编辑）或者“translated by”（由……翻译），可遵照上面的例子。一般来讲，如果前言或引言是由作者之外的某人所写，你不需要提到那个人，除非你特别引用了那个部分的内容（见 17.1.8）。

17.1.1.2　编者或译者代替作者。当书的标题页列出的是编者或译者而不是作者的时候，将那个名字替换到作者的位置。就像作者的名字那样处理（见上文），但是要加上一个缩略语 ed. 或者 trans.，放在名字后面。如果有几个编者或译者，使用 eds. 或者 trans.（单数和复数形式）并且遵循图 16.1 中所表述的针对多位作者的处理方法来处理。

N:　3. Seamus Heaney, trans., *Beowulf: A New Verse Translation* (New York: W. W. Norton, 2000), 55.

4. Anne-Maria Makhulu, Beth A. Buggenhagen, and Stephen Jackson, eds., *Hard Work, Hard Times: Global Volatility and African Subjectiveities* (Berkeley: University of California Press, 2010), viii-ix.

B: Heaney, Seamus, trans. *Beowulf: A New Verse Translation*. New York: W. W. Norton, 2000.

Makhulu, Anne-Maria, Beth A. Buggenhagen, and Stephen Jackson, eds. *Hard Work, Hard Times: Global Volatility and African Subjectiveities*. Berkeley: University of California Press, 2010.

17.1.1.3　某组织作为作者。如果一个出版物是由某组织、协会、委员会或者社团发行的，没有个人作为作者名字出现在标题页上的话，将组织的名字作为作者列出，即使它也是出版者。关于公文，见 17.9。

N:　9. American Bar Association, *The 2010 Federal Rules Book* (Chicago: American Bar

Association,2010), 221.

B: National Commission on Terrorist Attacks upon the United States. *The 9/11 Commision Report*. New York：W. W. Norton, 2004.

17.1.1.4 笔名。对于一个被广泛认可的笔名要像对待作者的真名一样。如果列出的作者名是笔名而真名又不知道的话，加上 pseud.，放在括号里，跟在笔名之后。

N: 16. Mark Twain, *The Prince and the Pauper: A Tale for Young People of All Ages* (New York: Harper and Brothers, 1899), 34.

B: Centinel [pseud.]. “Letters.” In *The Complete Anti-Federalist*, edited by Herbert J.Storing. Chicago: University of Chicago Press, 1981.

17.1.1.5 匿名作者。如果能知道谁是作者或者能猜到，但是书的标题页却省略了这个信息的话，将名字放入括号里（如果不确定就加一个问号）。如果作者或编者不知道是谁，不要使用 Anonymous（匿名）放在名字的位置上，而要在注释或者文献目录条目里用标题开头。

N: 22. [Ebenezer Cook?], *Sotweed Redivivus, or The Planter’s Looking-Glass* (Annapolis, 1730), 5-6.

31. *A True and Sincere Declaration of the Purpose and Ends of the Plantation Begun in Virginia, of the Degrees Which it Hath received, and Means by Which it Hath Been Advanced* (London, 1610), 17.

B: [Cook, Ebenezer?]. *Sotweed Redivivus, or The Planter’s Looking-Glass.* Annapolis, 1730.

A True and Sincere Declaration of the Purpose and Ends of the Plantation Begun in Virginia, of the Degrees Which it Hath received, and Means by Which It Hath Been Advanced. London, 1610.

17.1.2 标题

列出完整的标题和副标题。两者都要斜体，用一个冒号分开标题和副标题。如果有两个副标题，第一个副标题之前用冒号，第二个副标题之前用分号。

N: 5. Daniel Goldmark and Charlie Keil, *Funny Pictures: Animation and Comedy in Studio-Era Hollywood* (Berkeley: University of California Press, 2011), 177-78.

B: Ahmed, Leila. *A Border Passage: From Cairo to America; A Woman's Journey*. New York: Farrar, Straus and Giroux, 1999.

以标题的格式来大写标题和副标题，也就是说，标题和副标题中的第一个单词和最后一个单词的第一个字母大写，所有的主要词语第一个字母大写。针对非英语标题，用句子格式来大写，也就是说，标题和副标题中的第一个单词的第一个字母大写。任何专有名词和专有形容词也要按照原语言的传统来大写。在某些罗曼语言中，专有形容词和某些专有名词不用大写（这两种格式更详细的讨论见 22.3.1）。

（标题格式） *How to Do It: Guides to Good Living for Renaissance Italians*

（句子格式） *De sermone amatorio apud latinos elegiarum scriptores*

保留原始标题的拼写、连字符、标点，有两个例外：全部大写字母的单词（首字母缩略词或首字母组合词除外；见第 24 章）改为大写加小写字体，并将 & 的记号改为 and。数字要拼写出来或者按照原文的样子给出（Twelfth Century 或者 12th Century），除非有合理的理由要让它们与列表中的其他标题保持一致。

章节标题和书的其他部分标题，见 17.1.8。

17.1.2.1 标题中的特殊要素。标题中的几个要素需要特殊的印刷格式。

■ **日期**。在标题或副标题后面用逗号分开日期，即使原始文献中没有标点。但是如果文献用介词来介绍日期（例如“from 1920 to 1945”）或者用冒号引出日期，这时就不要用逗号了。

N: 5. Romain Hayes, *Subhas Chandra Bose in Nazi Germany: Politics, Intelligence, and*

Propaganda, 1941-42 (New York: Columbia University Press, 2011), 151-52.

B: Sorenson, John L., and Carl L. Johannessen. *World Trade and Biological Exchanges before 1492*.Bloomington, IN: iUniverse, 2009.

■ **标题中有标题**。当一个作品斜体字体的标题出现在另一个也是斜体字体的标题里面时，将转录的标题用引号引起来。如果这个内含标题在正常情况下就是放入引号内的，那就保留这个引号。

N: 22. Elisabeth Ladenson, *Dirt for Art's Sake: Books on Trial from "Madame Bovary" to "Lolita"*(Ithaca, NY: Cornell University Press, 2007), 17.

B: McHugh, Roland. *Annotations to "Finnegans Wake"*. 2nd ed. Baltimore: Johns Hopkins University Press, 1991.

然而，当一本书的整个主标题是由一个引用语组成的，或者是一个内含标题的标题，就不要在将它放入引号里。

N: 8. Sam Swope, *I am a Pencil: A Teacher, His Kids, and Their World of Stories* (New York: Henry Holt, 2004), 108-9.

B: Wilde, Oscar. *The Picture of Dorian Gray: An Annotated, Uncensored Edition*. Edited by Nicholas Frankel. Cambridge, MA: Harvard University Press, 2011.

■ **斜体字术语**。当一个斜体字标题里面有一个在正文中通常也是以斜体字体出现的术语时，例如物种名称或者船名，将这些术语设置成罗马字体。

N: 7. T. Hugh Pennington, *When Food Kills: BSE*, E. coli, *and Disaster Science* (New York:Oxford University Press, 2003), 15.

B: Lech, Raymond B. *The Tragic Fate of the U.S.S.* Indianapolis: *The U.S. Navy's Worst Disaster at Sea*. New York: Cooper Square Press, 2001.

■ **问号和感叹号**。当一个标题或副标题是以问号或感叹号结尾的，正常来说后面不要再跟其他标点符号。有一个例外：如果标题正常情况下后面是跟逗号，就像在短注释中一样（见 16.4.1），那就保留这个逗号。参看 21.12.1。

N: 26. Jafari S. Allen, *iVenceremos? The Erotics of Black Self-Making in Cuba* (Durham, NC: Duke University Press, 2011), 210-11.

27. Allen, iVenceremos?, 212.

B: Wolpert, Stanley. *India and Pakistan: Contimued Conflict or Cooperation?* Berkeley: University of California Press, 2010.

17.1.2.2 年代久的标题。对于出版于 18 世纪或者更早的作品的标题，保留原有的标点和拼写，也保留原著的大写方式，即使它不遵循标题格式。然而，全部以大写字母出现的单词要改成大写加小写的方式。如果标题很长，你可以缩短它，但是要保留足够的信息让读者能在图书馆里或者出版者目录里找到其全名。要在这样的标题中用三个省略点标出省略部分。如果在参考目录条目里省略的是标题的最后部分，用一个句点和三个省略点表示。

N: 19. John Ray, *Observations Topographical, Moral, and Physiological: Made in a Journey Through part of the Low-Countries, Germany, Italy, and France: with A Catalogue of Plants not Native of England...Whereunto is added A Brief Account of Francis Willughby, Esq., his Voyage Through a great part of Spain* ([London], 1673), 15.

B: Escalante, Bernardino. *A Discourse of the Navigation which the Portugales doe make to the Realmes and Provinces of the East Partes of the Worlde*....Translated by John Frampton. London, 1579.

17.1.2.3 非英语标题。非英语标题用句子格式大写，遵循该语言的专有名词的大写规则。如果你对这些规则不熟悉，参考一本可靠的文献。

N: 3. Sylvain Gouguenheim, *Aristote au Mont-Saint-Michel: Les racines grecques de l'Europe chrétienne* (Paris: Éditions du Seuil, 2008),117.

6. Ljijana Piletić Stojanović, ed. *Gutfreund i češki kubizam* (Belgrade: Muzej savremene umetnosti, 1971), 54-55.

B: Kelek, Necla. *Die Fremde Braut: Ein Bericht aus dem Ineren des türkischen Lebens in Deutschland*. Munich: Goldmann Verlag, 2006.

如果你把标题的英文翻译加进来，将翻译放在原标题之后，用方括号括起来，不要用斜体和引号，按照句子格式大写。

N: 7. Henryk Wereszycki, *Koniec sojusze trzech cesarzy* [The end of the Three Emperors' League] (Warsaw: PWN, 1977), 5.

B: Yu Guoming. *Zhongguo chuan mei fa zhan qian yan tan suo* [New perspectives on news and communication]. Beijing: Xin hua chu ban she, 2011.

如果你需要引用原著和译著，使用下面的其中一种形式，这取决于你想要读者把重点放在原著上还是译著上。

B: Furet, Franćois. *Le passé d'une illusion.* Paris: Éditions Robert Laffont, 1995. Translated by Deborah Furet as *The Passing of an Illusion* (Chicago: University of Chicago Press, 1999).

或者

Furet, Franćois. *The Passing of an Illusion*. Translated by Deborah Furet. Chicago: University of Chicago Press, 1999. Originally published as *Le passe d'une illusion*. (Paris: Éditions Robert Laffont, 1995).

17.1.3 版次

一些作品出版超过一版。每一版在内容或格式上有不同，或者两者都不同。要一直引用你实际参看的那一版（除非是第 1 版，第 1 版通常不会列出这个信息）。

17.1.3.1 修订版。当一本书再次出版时内容有重大改变时，它被称为“修订版”或者“第二版”（或者后续版）。这个信息通常会出现在书的标题页上，并且会随着该版日期在版权页再次出现。

当你引用的版本不是第 1 版时，将该版的说明或编号放在标题之后。下列词用缩略语，比如“Second Edition Revised and Enlarged”用缩略语 2nd ed.；“Revised Edition”用缩略语 rev.ed.。包括出版日期也只采用你参看的这个版本的，不要用以前任何一个版本的（见 17.1.6）。

N: 1. Paul J. Bolt, Damon V. Cletta, and Collins G. Shackelford Jr., eds., *American Defense policy*, 8th ed. (Baltimore: Johns Hopkins University Press, 2005), 157-58.

B: Foley, Douglas E. *Learning Capitalist Culture: Deep in the Heart of Tejas.* 2nd ed. Philadelphia: University of Pennsylvania Press, 2010.

Levitt, Steven D., and Stephen J. Dubner. *Freakonomics: A Rougue Economist Explores the Hidden Side of Everything.* Rev. Ed. New York: William Morrow, 2006.

17.1.3.2 重印版。许多书会以超过一种版式重复出版和发行，例如，平装版（由原出版人或另一个出版人发行）或者电子版（见 17.1.10）。要一直从你参看的版本记录出版信息。如果你参看的版本是在原版之后超过一两年才出版的或者是一个古典作品的现代印刷版，你可以将原版和你参看的这个版本的出版日期同时记录下来（见 17.1.6.3）。

N: 23. Randall Jarrell, *Pictures from an Institution: A Comedy*（1954; repr., Chicago: University of Chicago Press, 2010） 79-80.

B: Dickens, Charles. *Pictures from Italy*. 1846. Reprint, Cambridge:Cambridge University Press, 2011.

17.1.4 卷

如果一本书是多卷宗作品的一部分，要把这个信息加到引用信息里。

17.1.4.1 特别卷。引用一个有着自己的标题的特别卷，要将这个多卷宗作品的标题整体列出，后面跟该卷的卷号和特别卷的标题。用缩略语 vol. 并用阿拉伯数字表示卷号。

N: 10. Hamid Naficy, *A social History of Iranian Cinema*, vol. 2, *The Industrializing Years, 1941-1978* (Durham, NC: Duke University Press, 2011), 16.

B: Naficy, Hamid. *A social History of Iranian Cinema*. vol. 2，*The Industrializing Years, 1941-1978*. Durham, NC: Duke University Press, 2011.

如果各卷没有单独的标题，将你引用的每一卷卷号列在参考文献目录里（见 17.1.4.2）。在注释里，特定卷卷号（不要加 vol.）紧随着排在页码之前，由冒号隔开，中间不空格。

N: 36. Muriel St. Clare Byrne, ed., *The Lisle Letters* (Chicago: University of Chicago Press, 1981), 4:243.

B: Byrne, Muriel St. Care, ed. *The Lisle Letters*. Vols. 1 and 4. Chicago: University of Chicago Press, 1981.

一些多卷宗的作品既有总编又有每一卷各自的编者或作者。当引用这样的作品中的某部分时，将有关的单个编者或作者的信息（见 17.1.1）放在他们负责的那部分标题的后面。下文中的一个例子显示了怎样引用这种超过三个实体部分的卷（vol. 2，bk.3）。

N: 40. Barbara E. Mundy, "Mesoamerican Cartography," in *The History of Cartography*, ed. J. Brian Harley and David Woodward, vol. 2, bk. 3, *Cartography in the Traditional African, American, Arctic, Australian, and Pacific Societies,* ed. David Woodward and G. Malcolm Lewis (Chicago: University of Chicago Press, 1998),233.

B: Donne, John. *The Variorim Edition of the Poetry of John Donne.* Edited by Gary A. Stringer. Vol. 7, *The holy Sonnets*, edited by Gary A. Stringer and Paul A. Parrish.Bloomington: Indiana University Press, 2005.

17.1.4.2 多卷作品作为一个整体。要作为一个整体来引用一部多卷作品，给出标题，总的卷号，并且如果这些卷是在好几年的间隔之间出版的，还要给出出版的时间跨度。

B: Aristotle. *Complete Works of Aristotle: The Revised Oxford Translation.* Edited by J. Barnes. 2 vols. Princeton, NJ: Princeton University Press, 1983.

Tillich, Paul. *Systematic Theology*. 3vols. Chicago: University of Chicago Press, 1951-63.

17.1.5 丛书

如果一本书属于一个丛书系列，你可以选择将丛书的信息加进来帮助读者定位或判断文献的可信度。将丛书信息放在标题（以及卷、版次或者编者名字）之后，放在出版信息之前。

将丛书信息用罗马字体和标题格式大写，省略开头的“The”。如果丛书中各卷都有编号，将引用的作品的编号加进来，跟在丛书标题之后。丛书编者的名字通常省略，但是你可以在丛书标题之后加上。如果既有编者又有卷号，卷号前面加上 vol.。

N: 7. Blake M. Hausman, *Riding the Trail of Tears*, Native Storiers: A Series of American Narratives (Lincoln: University of Nebraska Press, 2011), 25.

B: Lunning, Frnchy, ed. *Fanthropologies*. Mechademia 5. Minneapolis: University of Minnesota Press, 2010.

Stein, Gertrude. *Selections*. Edited by Joan Retallack. Poets for the Millennium, edited by Pieere Joris and Jerome Rothenberg, vol. 6. Berkeley: University of California Press, 2008.

17.1.6 出版信息

出版信息通常包括下面三个要素：出版地点（城市）、出版者名称、出版日期（年）。在注释中，这些信息都放在圆括号里；在参考文献目录条目里就不用括号。

N: 1. Malcolm Gladwell, *The Tipping point: How Little Things Can Make a Big Difference* (Boston: Little, Brown. 2000), 64-65.

B: Gladwell, Malcolm. *The Tipping point: How Little Things Can Make a Big Difference*. Boston: Little, Brown. 2000.

在 20 世纪之前出版的书，你可以省略出版者名称。

N: 32. Charles Darwin, *The Descent of Man, and Selection in Relation to Sex* (London, 1871), 1:2.

B: Darwin, Charles. *The Descent of Man, and Selection in Relation to Sex*. 2 vols. London, 1871.

17.1.6.1 出版地。出版地是指该书的出版者的主要编辑部所在的城市。如果你在标题页上看不到这个信息，到版权页上去找找。如果原书给出了两个或更多的城市（例如“芝加哥和伦敦”），只用第一个城市名。

Los Angeles: Getty Publications

New York: Columbia University Press

如果出版城市为读者所不熟知，或者会与另一重名城市混淆，那就加上州（见 24.3.1）、省或者（如果必要）国家的缩写。当出版者的名称包括州名，那就不需要州名缩写了。

Cheshire, CT: Graphics Press

Harmondsworth, UK: Penguin Books

Cambridge, MA: MIT Press

Chapel Hill: University of North Carolina Press

外国城市要用当下通用的英语名字。

Belgrade（不是 Beograd）　Milan（不是 Milano）

当出版地不可知时，你可以在注释中使用缩写 n.p.（或者在参考文献目录条目里用 N.p.）放在出版者名称之前。如果出版地仅为猜测，要加上一个问号，放在方括号里。

(n.p. : Windsor, 1910)

[Lake Bluff, IL?]: Vilet and Edwards, 1920

17.1.6.2 出版者名称。 出版者名称要准确地按照标题页上的来给出，即使你知道那个名称已经改变，或者你的参考文献目录里另外列出有书，其上印刷的同一出版者的名称是不同的。

Haircourt Brace and World

Harcourt Brace Jovanovich

Harcourt, Brace

然而你可以省略开头的 The 和下面的类似缩略语，例如 Inc.，Ltd.，S.A.，Co.，&Co.，还有 Publishing Co.（以及这类出版公司的缩写的全拼形式）。

University of Texas Press	取代	The University of Texas Press
Houghton Mifflin	取代	Houghton Mifflin Co.
Littlc, Drown	取代	Little, Brown & Co.

对于外国出版机构，不要翻译或者缩写出版者名称的任何一个部分，但是城市要用其英语名称（正如 17.1.6.1 中提到的）。当出版者不可知时，就只列出出版地（如果知道）和出版日期。

17.1.6.3 出版日期。 一本书的出版日期只包括年，没有月和日，通常与版权日期一致。它通常出现在版权页，有时出现在标题页。

修订版和重印版可能包含不止一个版权日期。这种情况下，最近的日期表示出版日期。例如，在这一串数字里“©1992，2003，2010.” 2010 就是出版日期。这类作品的出版日期引用见 17.1.3。

如果你不能确定一部作品的出版日期，用缩略语 n.d. 取代年。如果日期没有提供，但是你相信自己知道，你可以将它加在方括号里，用一个问号表示你的不确定。

B: Agnew, John. *A Book of Virtues.* Edinburgh, n.d.

Miller, Samuel. *Another Book of Virtues*. Boston, [1750?].

如果一本书与一个出版机构订立有合同，并且已经有了书名，但是出版日期还不确定，就用“forthcoming”（即将出版）取代日期。还没有订立出版合同的任何书都要按照未出版手稿来对待（见 17.6）。

N: 91. Jane Q. 作者，书标题 （出版地：出版者名称，forthcoming）。

17.1.7 页码和其他定位信息

页码和其他用来判定所引用的一段文章或资料的所在位置的信息通常出现在注释里，而不是在参考文献目录里。一个例外：如果你在文献目录中要引用一个章节或书的一个部分，要给出该章节或该部分的页码范围（例子见 17.1.8)。

有关页码跨度的标识见 23.2.4。

17.1.7.1 页、章和页码范围。定位通常是注释的最后一项。在页码前面，page 这个词或者缩写的 p. 或 pp. 通常是省略掉的。使用阿拉伯数字，除非原文献中页码用罗马数字标识。

N: 14. Richard Arum and Josipa Roksa, *Academically Adrift: Limited Learning on College Campuses* (Chicago: University of Chicago Press, 2011), 145-46.

17. Jacqueline Jones, preface to the new edition of *Labor of Love, Labor of Sorrow:Black Women, Work, and the Family , from Slavery to the Present*, rev. Ed. (New York: Basic Books, 2010), xiv-xv.

有时你想要提及的可能是一整章（缩写 chap.），部分（pt.），书（bk.）或者节（sec.），而不是一个页码范围。

N: 22. Srikant M. Datar, David A. Garvin, and Patrick G. Cullen, *Rethinking the MBA: Business Education at a Crossroads* (Boston: Harvard Business Press, 2010), pt. 2.

一些书是 1800 年以前印刷的，没有带页码，而是被分成不同的识别标志再分成正反面的一张张或者对开的一张张，每一张都有正面（recto，或者 r）和背面（verso，或者 v）。要引用这样的书页，就要加入相关数字串信息和标识符，将它们放在一起，不要有空格，不要用斜体：例如 G6v，176r，232r–v，或者（如果你引用的是整张的文献）fol. 49。

17.1.7.2 其他类型的定位。有时你可能会引用某特定注释、图表或有编号的某行（如某些诗歌作品）。

■ **注释的编号。** 使用缩略语 n（复数 nn）来引用注释。如果引用的注释只是所在页的脚注，或者一个编号的脚注，将 n 加在该页码之后（中间不要有空格或标点）。如果同一页上有其他脚注或尾注，将页码放在 n 的后面或者 nn（如果有两个或更多连续的注释被引用）后面，再加上注释编号。

N: 45. Anthony Grafton, *The Footnote: A Curious History* (Cambridge, MA: Harvard University Press, 1997), 72n.

46. Dwight Bolinger, *Language: The Loaded Weapon* (London: Longman, 1980), 192n23, 192n30, 199n14, 201nn16-17.

■ **图表编号。**使用缩略语 fig. 代表 figure（图），但是要全拼 table（表），map（示意图），plate（整页插图），或者全拼其他图示的名称。将页码放在图表编号之前。

N: 50. Richard Sobel, *Public Opinion in U.S. Foreign Policy:The Controversy over Contra Aid* (Boston: Rowman and Little field, 1993), 87, table 5.3.

■ **行编号。**诗歌和其他最好用行编号标识的作品，不要用缩略语 l.(line) 和 ll.(lines)；它们太容易与数字 I 和 II 混淆。使用 line 或者 lines，或者单独使用编号，在单独使用编号处清晰表明你指的是行。

N: 44. Ogden Nash, “Song for Ditherers,” lines 1-4.

17.1.8 章节和书的其他部分

在大多数情况下你应该引用一本书的主要标题，因为一本书提供一个连续的论证或叙事，即使你实际上只用了其中的一个部分。但是有时你会想要引用其中一段与你的研究最相关的独立的文章或者章节，这样做可以帮助读者看明白该文献如何与你的研究融为一体。

B: Demos, John. “Real Lives and Other Fictions: Reconsidering Wallace Stegner’s Angle of Repose.” In *Novel Historians and Novelists Confront America’s Past (and Each Other)*, edited by Mark C. Carnes, 132-45. New York: Simon and Schuster, 2001.

不可：

Carnes, Mark C., ed. *Novel History: Historians and Novelists Confront America’s Past (and Each Other)*.New York: Simon and Schuster, 2001.

17.1.8.1 单一作者的书的各部分。 如果你引用的是一本单一作者的书里面的一个章节或者其他标题的某部分，将该部分的标题先列出来，用罗马字体并放入引号里面。在指示 in 后面，给出书的标题。在参考文献目录条目中，将那部分完整的页码跨度标在书名之后；在注释里，给出特定引文所在页码，就如同你对待其他原文摘录一样。

N: 1. Susan Greenhalgh, “Strengthening China’s Party-State and Place in the World,” in *Cultivating Global Citizens: Population in the Rise of China* (Cambridge, MA: Harvard University Press, 2010),82.

B: Greenhalgh, Susan. “Strengthening China’s Party-State and Place in the World,” in *Cultivating Global Citizens: Population in the Rise of China*, 79-114. Cambridge, MA: Harvard University Press, 2010.

如果你引用的部分有一个通用的标题比如 introduction（引言）、preface（前言）

或者 afterword（后记）之类的，将那个名称放在书名之前，用罗马字体不要引号。如果这部分不是该书的主要作者所写，而是其他人所写，把这部分的作者名字放在前面，该书作者的名字放在后面，都置于书名之后。

N: 7. Alfred W. Crosby, preface to the new edition of *Ecological Imperialism: The Biological Expansion of Europe, 900-1900*, new ed. (New York: Cambridge University Press, 2004), xv.

16. Craig Calhoun, foreword to *Multicultural Politics: Racism, Ethnicity, and Muslims in Britain*, by Tariq Modood (Minneapolis: University of Minnesota Press, 2005), xii.

如果这个通用部分的作者与书的作者是一人，那就将书作为整体引用到文献目录里，不要只引用该部分。

B: Crosby, Alfred W. *Ecological Imperialism: The Biological Expansion of Europe, 900-1900*.New ed. New York: Cambridge University Press, 2004.

Calhoun, Craig. Foreword to *Multicultural Politics: Racism,Ethnicity, and Muslims in Britain*, by Tariq Modood, ix-xv. Minneapolis: University of Minnesota Press, 2005.

17.1.8.2 编辑的作品集的各部分。如果你引用的是编辑的集著里的一部分，该集著有多位作者，将引用部分的作者和标题先列出来（以罗马字体，放入引号内）。在指示词 in 后面，给出书名和编辑名。在参考文献目录条目里，列出该部分页码的完整范围，跟在书名之后；在注释里，给出一个特定引文的书页页码，就像你对待其他原文摘录一样。

N: 3. Cameron Binkley, “Saving Redwoods: Clubwomen and Conservation, 1900-1925.” In *California Women and Politics: From the Gold Rush to the Great Depression*, ed. Robert W. Chernv, Mary Ann Irwin, and Ann Marie Wilson (Lincoln: University of Nebraska Press, 2011), 155.

B: Binkley, Cameron. “Saving Redwoods: Clubwomen and Conservation, 1900-1925.” In *California Women and Politics: From the Gold Rush to the Great Depression*, edited by Robert W. Cherny, Mary Ann Irwin, and Ann Marie Wilson,151-74. Lincoln: University of

Nebraska Press, 2011.

如果你引用了同一个作品集里两个或更多的作品，你可以使用 16.4.1 里讨论过的短形式节省页面空间。第一次在注释里引用一本书的任何一部分时，要给出完整的参考文献信息，包括该部分以及该书作为整体的信息。之后，如果你又从该书引用了另一部分，给出该部分的作者名和标题的完整信息，但是有关该书的信息可以用短形式。随后的有关这些单个部分的注释里都可以用短形式（只有作者的形式，如下所示，或者作者 - 标题的形式）。

N: 4. Robert Bruegmann, “Built Environment of the Chicago Region,” in *Chicago Neighborhoodsand Suburbs: A Historical Guide, ed. Ann Durkin Keating* (Chicago: University of Chicago Press, 2008), 259.

12. Janice L. Reiff, “Contested Spaces,” in Keating, 55.

14. Bruegmann, 299-300.

15. Reiff, 57.

在你的参考文献目录里，要提供整书的完整引用信息以及每个单个部分的短形式的变化。

B: Keating, Ann Durkin, ed. *Chicago Neighborhoods and Suburbs: A Historical Guide.* Chicago: University of Chicago Press, 2008.

Bruegmann, Robert. “Built Environment of the Chicago Region.” In Keating, 76-314.

Reiff, Janice, L. “Contested Spaces.” In Keating, 55-63.

17.1.8.3 诗文曲画选集里的作品。在一个出版的选集里面引用一个短故事、诗歌、散文或者其他作品，方法同你从一个有多位作者的集著里引用一个作品是一样的。选集里出版的大多数作品的标题用罗马字体，放入引号里。一个例外就是，如果是一篇书一样长度的诗歌或散文，那就要用斜体（见 22.3.2）。

N: 2. Isabel Allende, “The Spirits Were Willing,” in *The Oxford Book of Latin american Essay*, ed. Ilan Stavans (New York: Oxford University Press, 1997), 463-64.

B: Wigglesworth, Michael. Excerpt from *The Day of Doom*. In *The New Anthology of American Poetry*, vol. 1, *Traditions and Revolutions, Beginnings to 1900*, edited by Steven Gould Axelrod, Camille Roman, and Thomas Travisano, 68-74. New Brunswick, NJ: Rutgers University Press, 2003.

如果作品的最初出版日期在你的论文上下文中很重要，那就要在作品的标题后面以及注释和参考文献目录里的选集标题前面加上该日期。

N: 2. Isabel Allende, "The Spirits Were Willing"(1984), in *The Oxford Book* ...

B: Wigglesworth, Michael. Excerpt from *the Day of Doom*. 1662. In *The New Anthology* ...

17.1.9 书信和其他出版集中的通信

要引用一封信、备忘录或者一本书中汇总的这类文献，要将发信人和收信人的名字放在通信日期之后。（未出版的个人通信，见 17.6.3；未出版的手稿集里的书信，见 17.6.4。）letter 这个字不需要出现，但是其他形式的文献需要标注，比如报道或备忘录。标题和选集中的其他日期按照编辑书籍的格式列出。同样文献的后续注释里，收信人和发信人的名字可以用短形式（如果必要加上一个日期）。

N: 1. Henry James to Edith Wharton, November 8, 1905, in *Letters*, ed. Leon Edel, vol. 4, 1895-1916 (Cambridge, MA: Belknap Press of Harvard University Press, 1984), 373.

2. James to Wharton, 375.

5. EBW to Harold Ross, memoradum, May 2, 1947, in *Letters of E.B.White*, ed. Dorothy Lobrano Guth (New York: Harper and Row, 1976), 273.

在参考文献目录里，引用整个选集。

B: James, Henry. *Letters*. Edited by Leon Edel. Vol. 4, 1895-1916. Cambridge, MA: Belknap Press of Harvard University Press, 1984.

White, E.B. *Letters of E.B. White*. Edited by Dorothy Lobrano Guth. New York: Harper and

Row, 1976.

17.1.10 电子书

电子书的引用和印刷的书籍一样，正如 17.1 整节所讨论的。此外你还需要将参看的电子书格式信息加进来。如果你读的是网上书籍，那么需要给出一个访问日期和一个 URL。如果一个推荐的 URL 与该书列在一起，使用这个 URL 而不用你浏览器地址栏里的那个。如果你参看的是图书馆里的电子书或者是商业数据库里的文献，你要给出数据库的名称。如果你以某个专门的电子书格式下载了某书，要特别标出该格式，但不用给出访问日期。更多详情见 15.4.1。

N: 1. George Pattison, *God and Being: An Enquiry* (Oxford: Oxford University Press, 2011), 103-4, accessed September 2, 2012, http://dx.doi.org/10.1093/acprof:oso/9780199588688.001.0001.

2. Joseph P. Quinlan, *The last Economic Superpower: The Retreat of Globalization, the End of American Dominance, and What We can Do about it* (New York: McGraw-Hill, 2010), 211, accessed November 1, 2011, ProQuest Ebrary.

4. Erin Hogan, *Spiral Jetta: A Road Trip through the Land Art of the American West* (Chicago: University of Chicago Press, 2008), 86-87, Adobe PDF eBook.

8. Malcolm Gladwell, *Outliers: The Story of Success* (Boston: Little, Brown, 2008), 193, Kindle.

B: Pattison, George. *God and Being: An Enquiry.* Oxford: Oxford University Press, 2011. Accessed September 2, 2012. http://dx.doi.org/ 10.1093/ acprof:oso/9780199588688.001.0001.

Quinlan, Joseph P. *The last Economic Superpower: The Retreat of Globalization, the End of American Dominance, and What We can Do about it*. New York: McGraw-Hill, 2010. Accessed November 1, 2011. ProQuest Ebrary.

Hogan, Erin. *Spiral Jetta: A Road Trip through the Land Art of the American West*. Chicago: University of Chicago Press, 2008. Adobe PDF eBook.

Gladwell, Malcolm. *Outliers: The Story of Success*. Boston: Little, Brown, 2008. Kindle.

一些电子书格式有固定的页码，每一个读者看到的都一样（例如 PDF 格式的电子书），但是某些格式允许读者个人对打印尺寸和其他设置进行调整，页码就会因人不同而有不同版本。你使用的格式名称和数据库也能帮助读者判定你的引用信息中的页码是否固定。另一个选择是，如果页码是不固定的，就引用篇章或者其他有编号的可区分部分（见 17.1.7.1），或者，如果这些都没有编号，就采用章节的名（见 17.1.8）。下面文献就缺少原始出版信息。

N: 11. Fyodor Dostoevsky, *Crime and Punishment*, trans. Constance Garnett (Project Gutenberg, 2011), pt. 6, chap. 1, accessed September 13, 2011, http://gutenberg.org/files/2554/2554-h/2554-h.htm.

17.2 期刊文章

期刊是指学术或专业的定期出版刊物，主要可在学校图书馆或者通过订阅获取。它们一般在刊名上有 journal 的字样（*Journal of Modern History*，《现代历史》），但也不总是这样，（比如 Signs）。期刊不同于杂志，杂志面向的是更大众的读者。这个区别很重要，因为引用期刊文章和引用杂志文章是不同的（见 17.3）。如果你不确定一个定期出版的刊物是期刊还是杂志，就看它的文章是否包含文献引用，如果包含，就将其当作期刊对待。

许多期刊文章在网上可以获取，通常可以通过你所在学校图书馆网站或者某个商业数据库获取。要引用一篇在网上阅读到的文章，引用信息里要包括访问时间和一个 URL。如果 URL 与文章一起列出，那就使用列出的 URL 而不要使用浏览器地址栏里的那个。如果你参考的文献是从一个图书馆数据库或者商业数据库获取的，你可以给出该数据库的名称。更多详情见 15.4.1。

17.2.1 作者的名字

作者的名字要与它们在文章标题页上的一致。在注释中，其名字要以标准顺序列出（名在前）。在参考文献目录中，第一作者的名和姓要倒置。特殊情况见 16.2.2.2 和 17.1.1。

17.2.2 文章标题

列出完整的文章标题和副标题。标题和副标题使用罗马字体，两者之间用冒号隔开，并放入引号内。用标题格式大写（见 22.3.1）。

N: 12. Saskia E. Wieringa, "Portait of a Women's Marriage: Navigating between Lesbophobia and Islamophobia," *Signs* 36, no. 4(Summer 2011): 785-86, accessed February 15, 2012, http://dx.doi.org/10.1086/68500.

B: Saskia E. Wieringa. "Portait of a Women's Marriage: Navigating between Lesbophobia and Islamophobia." *Signs* 36, no. 4(Summer 2011): 785-93. Accessed February 15, 2012, http://dx.doi.org/10.1086/68500.

术语在文中通常是斜体格式，例如物种名称或书的标题，这些在文章标题信息中要保持斜体格式；那些在文中属于摘录的术语一般放在单引号里面，因为标题本身要放在双引号里面。不要在后面带有问号或感叹号的标题或副标题后面加冒号或者句点。如果标题后面正常来说有一个逗号，就像下面短注释例子所示（见 16.4.1），那就用两个标点符号。参看 21.12.1。

N: 23. Lisa A. Twomey, "Taboo or Tolerable? Hemingway's *For Whom the Bell Tolls* in Postwar Spain," *Hemingway Review* 30, no. 2(Spring 2011): 55.

25. Twomey. "Taboo or Tolerable?," 56.

B: Lewis, Judith. "'Tis a Misfortune to Be a Great Ladie': Maternal Mortality in the British Aristocracy, 1558-1959." *Journal of British Studies* 37, no.1 (January 1998): 26-53. Accessed August 29, 2011. http://www.jstor.org/stable/176034.

外语标题通常采用句子格式大写（见 22.3.1），要根据特定语言的惯例。如果你加入英语翻译，放入方括号里，不要引号。

N: 22. Antonio Carreno-Rodríguez, "Modernidad en la literature gauchesca: Carnavalización y parodia en el *Fausto* de Estanislao del Campo," *Hispania* 92, no. 1 (March 2009): 13-14, accessed December 8, 2011, http://www.jstor.org/stable/40648253.

B: Kern, W. "Waar verzamelde Pigafetta zijn Maleise woorden?" [Where did Pigafetta collect his Malasian words?] *Tijdschrift voor indische taal-, land- en volkenkunde 78* (1938): 271-73.

17.2.3 期刊名

文章标题之后，用斜体字列出期刊名，用标题格式大写（见 22.3.1）。标题要与期刊网站上的或者标题页上的准确一致；不要使用缩略语，即使你可以省略开头的 The。如果官方标题就是一个首字母形式，例如《美国现代语言学协会会刊》（*PMLA*），不要扩展它。非英语期刊，你可以使用标题格式或者句子格式大写，但是要保留所有开头的冠词（Der Spiegel）。

17.2.4 发行信息

大多数期刊引用信息包括卷号、期号、月或季，还有年。读者可能不需要所有这些元素来定位一篇文章，但是要将它们都加入以防其中一个出错。

17.2.4.1 卷号和期号。卷号跟在期刊名之后，中间无标点也不用斜体。即使期刊本身用罗马数字，引用信息也用阿拉伯数字。如果有期号，它要放在卷号后面用逗号隔开，前面加上一个 no.。

N: 2. Campbell Brown, "Consequentialize This," *Ethics* 121, no. 4(July 2011): 752, accessed August 29, 2011, http://dx.doi.org/10.1086/660696.

B: Ionescu, Felicia. "Risky Human Capital and Alternative Bankrupcy Regimes for Student Loans." *Journal of Human Capital* 5, no. 2 (Summer 2011): 153-206. Accessed October 13, 2011. http://dx.doi.org/10.1086/661744.

当一个期刊有期号没有卷号时，期刊名后跟一个逗号。

B： Beattie, J. M. “The Pattern of Crime in England, 1660-1800.” *Past and Present*, no. 62(February 1974):47-95.

17.2.4.2 出版日期。出版日期放入圆括号里，跟在卷号和期号信息后面，遵循期刊有关日期信息的操作方式，它必须包括年，也包括季、月和准确的日期。在期刊信息里大写季，即使原文中没有大写。

N： 27. Susan Gubar, “In the Chemo Colony,” *Critical Inquiry* 37, no. 4(Summer 2011): 652, accessed August 29, 2011, http://dx.doi.org/10.1086/660986.

B：Bartfeld, Judi, and Myoung Kim. “Participation in the School Breakfast Program: New Evidence from the ECLS-K.” *Social Service Review* 84, no. 4(December 2010): 541-62. Accessed Actober 31, 2012. http://dx.doi.org/10.1016/657109.

如果一篇文章已被接受出版，但还未出版，用 forthcoming 代替出版日期和页码。未获接受出版的任何文章都作为未出版手稿对待（见 17.6）。

N： 4. Margaret M, Author“Article Title,” *Journal Name* 98（forthcoming).

B：Author, Margaret M. “Article Title.” *Journal Name* 98 (forthcoming).

17.2.5 页码

如果你在注释中引用某特定段落，要给出引用的特定页码。对于注释或者参考文献目录，如果引用的是整篇文章，要将文章的完整页码范围给出来（见 23.2.4）。根据惯例，期刊文章的页码跟在冒号后面而不是逗号后面。

N： 4. Tim Hitchcock, “Begging on the Streets of Eighteenth-Century London,” *Journal of British Studies* 44, no. 3(July 2005): 478, accessed January 11, 2012, http://dx/doi.org/10.1086/429704.

B：Gold, Ann Grodzins. “Grains of Truth: Shifting Hierarchies of Food and Grace in Three

Rajasthani Tales." *History of Religions* 38, no. 2(November 1998)：150-71. Accessed April 8, 2012. http://www.jstor.org/stable/3176672.

17.2.6 特刊和增刊

专门围绕一个主题的一期期刊称为特刊。它有正常的卷号和期号。如果特刊有标题和自己的编者，将这两个信息都放进引用信息里。标题用罗马字体，放在引号里。

N： 67. Gertrud Koch, "Carnivore or Chameleon: The Fate of Cinema Studies," in "The Fate of Disciplines," ed. James Chandler and Arnold I. Davidson, special issue, *Critical Inquiry* 35, no. 4 (Summer 2009): 921, accessed August 30, 2011, http://dx.doi.org/10.1086/599582.

B：Koch, Gertrud. "Carnivore or Chameleon: The Fate of Cinema Studies." in "The Fate of Disciplines." edited by James Chandler and Arnold I. Davidson. special issue, *Critical Inquiry* 35, no. 4 (Summer 2009): 918-28. Accessed August 30, 2011. http://dx.doi.org/10.1086/599582.

如果你要把这一期作为一个整体引用，省略文章信息。

B：Chandler, James, and Arnold I. Davidson, eds. "The Fate of Disciplines." Special Issue, *Critical Inquiry* 35, no.4 (Summer 2009).

一本增刊也许也有标题和作者或者自己的编者。不像特刊，它与常规的各期是分开编号的，通常有一个 S 作为页码的一部分。使用逗号隔开卷号和增刊号。

N： 4. Ivar Ekeland, James J. Heckman, and Lars Nesheim, "Identification and Estimation of Hedonic Models," in "Papers in Honor of Sherwin Rosen," *Journal of Political Economy* 112, S1(February 2004): S72, accessed December 23, 2011, http://dx.doi.org/10.1086/379947.

B：Ekeland, Ivar, James J. Heckman, and Lars Nesheim. "Identification and Estimation of Hedonic Models." in "Papers in Honor of Sherwin Rosen," *Journal of Political Economy* 112, S1(February 2004): S60-S109. Accessed December 23, 2011, http://dx.doi.org/10.1086/379947.

17.3 杂志文章

杂志上文章的引用和期刊文章是很相似的（见 17.2），但是日期和页码的处理不同。

杂志的引用只要日期，即使它们有卷号和期号。不要把日期放进圆括号里。如果你在注释中引用特定的一段文章，将页码加上。但是在参考文献目录条目里，你可以省略文章所包括的页码，因为杂志文章的页码跨很多页，其中有很多是无关的材料。如果你加入页码，不用冒号而用逗号来区分页码和出版日期。和期刊一样，省略杂志标题中打头的冠词 The（见 17.2.3）。

N： 11. Jill Lepore，“Dickens in Eden” *New Yorker*， August 29，2011,52.

B：Lepore, Jill. “Dickens in Eden.” *New Yorker*, August 29,2011.

如果你引用定期出现的某个部分或某专栏，用标题格式大写且不要放入引号里。

N： 2. Barbara Wallraff, Word Court, *Atlantic Monthly*, June 2005, 128.

网上杂志要加上访问日期和一个 URL（见 15.4.1.3）。通常不用引用页码信息。

N： 7. Robin Black, “President Obama: Why Don’t You Read More Women?,” *Salon*, August 24, 2011, accessed October 30, 2011, http://www.salon.com/books/wring/index.html?story=/books/feature/2011/08/24/obama_summer_reading.

B：Black, Robin. “President Obama: Why Don’t You Read More Women?,” *Salon*, August 24, 2011. Accessed October 30, 2011. http://www.salon.com/books/wring/index.html?story=/books/feature/2011/08/24/obama_summer_reading.

17.4 报纸文章

17.4.1 报纸名

对于英文报纸，省略报纸名打头的冠词 The。如果名字不包含城市，将城市加到官方名称上，著名的国家级报纸除外，例如《华尔街日报》（*Wall Street Journal*）和《基督教科学箴言报》（*the Christian Science Monitor*）。如果一个报纸名被很多城市使用或者城市不清晰的话，你可以将州、省加在圆括号里（通常用缩略形式，见24.3.1）。对于外国报纸，如果冠词是原名称的正常部分，保留原始的冠词，如果必要，把城市名放在报纸名之后使信息更清晰。

Chicago Tribune

Saint Paul (Alberta or *AB) Journal*

Le Monde

Times (London)

17.4.2 注释中引用报纸

大多数情况下，只在注释中引用报纸上的文章或报纸上其他片段。只有当某特定文章对你的论证很关键或引用频繁，或两种情况都存在的时候，才需在参考文献目录里加入该文章的引用信息。

遵循杂志文章引用的一般性格式（见 17.3）。即使是印刷版本的报纸也可省略页码，因为报纸有几个版，里面的内容所出现的页面会有不同，或者甚至有的内容被删去。你要交代清楚你参看的是哪个版本，加上 final edition（终版）、Midwest edition（中西部版）或者类似这样的字样作为标识。网上的文章要加上一个访问日期和一个 URL。从商业数据库获取的文章，要给出数据库的名称。更多详情见 15.4.1。

N： 4. Editorial, *Milwaukee Journal Sentinel*, March 31, 2012.

5. Christopher O. Ward, letter to the editor, *New York Times*, August 28, 2011.

10. Mel Gussow, obituary for Elizabeth Taylor, *New York Times*, March 24, 24, 2011, New York edition.

13. Saif-al-Islam Gaddafi, interview by Simon Denyer, *Washington Post*, April 17, 2011, accessed September 3, 2011, http://www.washingtonpost.com/world/an-interview-with-saif-al-islam-gaddafi-son-of-the-libyan-leader/2011/04/17/AF4RXVwD_story.html.

18. Associated Press, "Ex-IMF Chief Returns Home to France," *USA Today*, September 4, 2011, accessed September 4, 2011, http://www.usatoday.com/news/nation/

story/2011-09-04/Ex-IMF-chief-returns-home-to-France/50254614/1.

21. Richard Simon, "Redistricting Could Cost California Some Clout in Washington," *Los Angeles Times*, August 28, 2011, accessed August 30, 2011, http://www.latimes.com/news/local/la-me-california-congress-20110829,0,1873016.story.

29. Mark Lepage, "Armageddon, Apocalypse, the Rapture : People Have Been Predicting the End since the Begining," *Gazette* (Montreal), May 21, 2011, accessed December 20,2012, LexisNexis Academic.

来自星期日“杂志”增刊或其他特别版块的文章应该按照杂志文章对待（见17.3）。

17.4.3 正文中引用报纸

当你想要引用一篇文章时，你通常需要将几个重要的元素编织到行文中。至少，要包括报纸名、日期和文章的作者（如果有的话）。一些信息可以放在圆括号里，即使它不遵循 16.4.3 里描述的文中夹注的形式。

In a *New York Times* article on the brawl in Beijing (August 19, 2011), Andrew Jacobs compares the official responses with those posted to social media networks.

或者

In an article published in the *New York Times* on August 19,2011, Andrew Jacobs compares the official responses to the brawl in Beijing with those posted to social media networks.

17.5 出版文献的其他类型

还有另外一些出版物，在引用上有其特殊要求。

17.5.1 古典、中世纪以及早期英语文学作品

古希腊、古罗马、中世纪欧洲和文艺复兴时期的英国的文学作品，其引用方式与现

代文学作品是不同的。这些文献通常编入了有序号的章节（书籍、诗篇、诗节等），这些编号在引用时通常取代了页码。因为这样的作品已经被出版了很多版本，几个世纪以来一直被翻译，它们的现代版本的出版信息通常不像其他类型文献那么重要。

因为这个原因，古典的、中世纪的以及早期英语文学作品通常应该只在脚注中引用，或者对于频繁引用的作品使用文中夹注（见 16.4.3），如下文中的第一个例子，要包括作者的姓名、标题和章节编号（用阿拉伯数字）。看看下文，注意在不同类型作品中，标点、缩略语和数字在引用格式上有什么不同。

The eighty days of inactivity reported by Thucydides(8.44.4)for the Peloponnesian fleet at Rhodes, terminating before the end of winter (8.60.2-3), suggests...

N： 3. Ovid, *Amores* 1.7.27.

8. *Beowulf,* lines 2401-7.

11. Spenser, *The Faerie Queene*, bk. 2, canto 8, st. 14.

如果你的论文是有关文学研究或者属于另一个领域内有关文本分析的，或者是在探讨译本间的差别关系是否重大时，需要把这些作品放进你的参考文献目录里。遵循 17.1.1.1 里有关翻译或编辑作品的规则。

N： 35. Propertius, *Elegies*, ed. And trans. G.P. Goold, Loeb Classical Library 18 (Cambridge, MA: Harvard University Press, 1990), 45.

B：Aristotle. *Complete Works of Aristotle: The Revised Oxford Translation.* Edited by J. Barnes. 2 vols. Princeton, NJ: Princeton University Press, 1983.

17.5.1.1 古典作品。 除了上述的一般性原则之外，下面的规则也可应用于古典作品的引用。

在标题和行号或者章节号之间不要有标点。数字之间的区分用句点而不要用空格。用阿拉伯数字（如果需要用小写字母）表示章节号。同一个文献中的两个或更多的引用之间用逗号隔开，不同文献的引用用分号隔开。

N：　5. Aristophanes, *Frogs* 1019-30.

6. Cicero, *In Verrem* 2.1.21, 2.3.120; *Tacitus*, Germania 10.2-3.

10. Aristotle, *Metaphysics* 3.2.116b5-8; Plato, *Republic* 360e-361b.

你可以缩写作者的名字、作品名、选集名等。最广为接受的缩略语可在《牛津古典词典》（*Oxford Classical Dictionary*）里查到。之后对同一部作品的引用要使用这些缩略语而不要使用 ibid.（同上）。下面第一个例子里，作者（Thucydides）代替了标题，所以逗号就不需要了。

N：　9. Thuc. 2.40.2-3.

14. Pindar, *Isthm.* 7.43-45.

17.5.1.2　中世纪作品。引用古典作品的格式同样能很好地用在非英语语言的中世纪作品上。

N：　27. Augustine, *De civitate Dei* 20.2.

31. Abelard, *Epistle 17 to Heloise* (Migne, *PL* 180.375c-378a).

17.5.1.3 早期英语文学作品。除了上述一般性原则，下面的规则也适用于早期英语文学作品。

引用诗歌和戏剧按照书、篇、节，或者节和行，或者幕、场、行，或者类似的区分。

N：　1. Chaucer, "Wife of Bath's Prologue," *Canterbury Tales*, lines 105-14.

3. Milton, *Paradise Lost*, book 1, lines 83-86.

你可以通过省略 act 和 line 这样的词来缩短编号的分项，使用类似于古典书籍引用的一套格式（见 17.5.1.1）。记住一定要在第一条注释里说清楚你的这套格式。

N：　3. Milton, *Paradise Lost* 1.83-86(references are to book and line numbers).

如果各版本在措辞、行号甚至场景区分上都有不同——最常见于莎士比亚作品——将这样的作品放入参考文献目录时，要标出特定的版本。如果你没有列出参考文献目录，就在第一条注释里对其版本给予特别标示。

B：Shakespeare, William. *Hamlet*. Edited by Ann Thompson and Neil Taylor. Arden Shakespeare 3. London: Arden Shakespeare, 2006.

17.5.2 圣经和其他宗教作品

圣经和其他宗教作品可直接在脚注、尾注或文中夹注中使用（见 16.4.3），你不需要将这些作品列入文献目录。

来自圣经的引文信息可以包括书的缩写名字、章号，以及节号，一定不要用页码。对于书名，你可以使用惯用的缩略语或者更短的缩写，这取决于上下文的需要（见 24.6），如果你不确定哪一种形式是合适的，可以咨询你的指导老师。章号和节号可以使用阿拉伯数字（用一个冒号隔开它们），书的编号也用阿拉伯数字。

常用缩略语：

N： 4.1 Thess. 4:11, 5:2-5, 5:14.

更短的缩略语：

N： 5.2 Sm 11:1-17, 11:26-27; 1 Chr 10:13-14.

因为圣经的版本不同，各书和编号也不同，你要在第一次引用的时候标出版本，要么拼写全名，要么用一个大家都接受的缩写（见 24.6.4）。

N： 6.2 Kings 11:8 (New Revised Standard Version).

7.1 Cor. 6:1-10 (NAB).

对于来自其他宗教传统的宗教作品的引用，可以将圣经引用格式的一般规则做一些调整使之适用（见 24.6.5）。

17.5.3 参考书籍

著名的参考书，例如主要的词典和百科全书，应该通常在注释中给出引用信息。一般你不需要将它们放入文献目录里，尽管你可以选择加入某个特定作品，如果该作品对你的论证来说很重要或者引用频繁。在注释里，你可以省略出版信息，但是必须标出特定的版本（如果不是第 1 版，或者除非没有特别版本）。网上参阅的资料需要一个访问日期和一个 URL（见 15.4.1.3）。 像词典或百科全书这样对关键术语进行排列整理的作品，引用的信息（没有卷号和页码）前面加上 s.v.(sub verbo，“under the word 在该词条下”；复数为 s.vv）。

N： 1. *Oxford English Dictionary*, 3rd ed., s.v. “mondergreen,” accessed February 1, 2012, http://www.oed.com/view/Entry/251801.

2. *Encyclopaedia Britannica*, s.v. “Sibelius, Jean,” accessed April 13, 2011, http://www.britannica.com/EBchecked/topic/542563/Jean-Sibelius.

对于那些更专业的参考书或者没有那么出名的参考书，在注释中要加入出版细节信息，并在文献目录中列出该作品。

N： 4. *MLA Style Manual and Guide to Scholarly Publishing* , 3rd ed. (New York: Modern Language Association of America, 2008), 6.8.2.

B：Aulestia, Gorka. *Basque-English Dictionary*. Reno:University of Nevada Press, 1989.

17.5.4 评论性刊物

书评、表演评论等出现在各种刊物中的评论，通常只需在注释中出现。只有当其对论证来说非常重要或者引用非常频繁时才需要在文献目录中出现。

要加入评论者的名字；review of 这个词要放在受评作品和其作者（或者作曲人、导演等）之前；也要加入其他相关信息（如电影制片厂或者表演场地）；最后，给出该评论刊载的期刊。如果该评论是网上获取的，要加上访问日期和 URL（见 15.4.1.3）。

N： 7. David Malitz, review of concert performance by Bob Dylan, Merriweather Post

Pavilion, Columbia, MD, *Washington Post*, August 17, 2011, accessed August 31, 2011, http://www.washintonpost.com/lifestyle/style/music-review-bob-dylan-at-merriweather-post-pavilion/2011/08/17/glQAeb1DMJ_story.html.

B：Mokyr, Joel. Review of *Natural Experiments of History*, edited by Jared Diamond and James A. Robinson, *American Historical Review* 116, no.3(June 2011): 752-55. Accessed December 9,2011. http://dx.doi.org/10.1086/ahr.116.3.752.

17.5.5 摘要

你可以在注释里引用期刊文章、博士论文或者其他作品摘要里的信息。要包括摘要作品的完整引用信息，引文中插入 abstract 这个词，跟在标题之后。

N：　13. Campbell Brown, "Consequentialize This," abstract, *Ethics* 121, no. 4(July 2011):749.

在你的文献目录里，列入文章或其他作品的完整信息，而不是其摘要的信息。

17.5.6 小册子和报告

引用小册子、公司报告、手册或其他独立出版物，可以和引用一本书一样。如果你缺少一些常用的信息，例如作者和出版人，那就给出足够的其他信息来标识这份文件。这类文献通常只在注释中出现。只有当它对你的论证非常关键或者引用频繁的时候才需列入参考文献目录，网上的这类文献应该包括一个访问日期和 URL（见 15.4.1.3）。

N：　34. Hazel V. Clark, *Mesopotamia: Between Two Rivers* (Mesopotamia, OH: End of the Commons General Store, 1957).

35. *TIAA-CREF Life Funds: 2011 Semiannual Report* (New York : TIAA-CRFF Financial Services, 2011), 85-94, accessed October 5, 2011, http://www.tiaa-cref.org/public/prospectuses/lifefunds-semi-ar.pdf.

17.5.7 缩微版本

你参阅的微缩版本作品应该根据其类型来引用（书、报纸文章、博士论文等）。此外，需特别标出出版形式（微缩胶片、微缩胶卷等），放在出版信息之后。在注释中，如果可能的话，要给出定位信息。下列第一个例子中，页码（用缩写 p. 来清楚标识）出现在微缩胶片的打印文本上；还有另外一些数字标明胶片和画面，字母表示的是行。

N： 5. Beatrice Farwell, *French Popular Lithographic Imagery*, vol. 12, *Lithography in Art and Commerce*(Chicago: University of Chicago Press, 1995), text-fiche, p. 67, 3C12.

B：Tauber Abraham"Spelling reform in the United States." PhD diss., Columbia University, 1958. Microfilm.

17.5.8 CD-ROM 和 DVD-ROM

引用出版在 CD-ROM 或者 DVD-ROM 上面的作品，可以按照类似印刷作品的操作方式，它们中大多是书。

N： 11. *Complete National Geographic: Every Issue since 1888 of "National Geographic" Magazine*, DVD-ROM (Washington, DC: National Geographic, 2010), disc 2.

B：*Oxford English Dictionary*. 2nd ed. CD-ROM, version 4.0. New York: Oxford University Press, 2009.

17.5.9 线上收藏

一些类似 Perseus 的网站，完全致力于一个特定领域或者致力于汇聚某类文献，那么这样的网站就足够重要而需要你在引用具体出版物时提及它。这样一个文献与一个有形手稿集是类似的（见 17.6.4）。除了出版信息，要加上该收藏集的名称和访问日期以及 URL（见 15.4.1.3）。

N： 1. Pliny the Elder, *The Natural History*, ed. John Bostock and H. T. Riley (1855), in the Perseus Digital Library, accessed May 15, 2011, http://www.perseus.tufts.edu/hopper/text?doc=:text:1999.02.0137.

在文献目录里，如果你从一个收藏集里引用了超过一个文献，你可能也要将该收藏集作为一个整体录入其引用信息（这种情况下，访问日期就不需要了）。

B：Perseus Digital Library. Edited by Gregory R. Crane. http://www.perseus.tufts.edu/.

17.6 未出版的文献

未出版的文献对读者而言比出版的文献更难查找，因为它们通常只存在于一个地方且通常缺少正式出版信息。引用这样的文献，将下面列出的所有信息加入到引用信息里非常重要，以便给读者查找提供尽可能多的帮助。

未出版作品的标题用罗马字体，放入引号里，不要用斜体。这个格式可以将其与类似已出版的文献区别开。英语标题用标题格式大写。

17.6.1 硕士论文和博士论文

硕士论文和博士论文的引用和书一样，除了标题，标题要用罗马字体，放入引号内。作者和标题之后列出论文种类、学术机构和日期。像一本书的出版信息一样，这些信息都要放在注释的圆括号里，而不放入文献目录。dissertation（博士论文）缩写为 diss.，unpublished（未出版）的字样不需要。如果你参考的是网上的文献，要加上访问日期和 URL。如果与文件一起列出了一个推荐的 URL，就使用这个 URL 而不用浏览器地址栏里的那个。如果你是在图书馆数据库或者商业数据库查看的文献，可以给出数据库的名称而不用 URL。更多详情见 15.4.1。

N： 1. Karen Leigh Culcasi, “Cartographic Representations of Kurdistan in the Print Media” (master’s thesis, Syracuse University, 2003), 15.

3. Dana S. Levin, “Let’s Talk about Sex...Education: Exploring Youth Perspectives, Implicit Messages, and Unexamined Implications of Sex Education in Schools” (PhD diss., University of Michigan, 2010), 101-2, accessed March 13, 2012, http://hdl.handle.net/2027.42/75809.

4. Afrah Daaimah Richmond, “Unmasking the Boston Brahmin: Race and Liberalism in the Long Struggle for Reform at Harvard and Radcliffe, 1945-1990”(PhD diss., New York University, 2011),211-12, accessed September 25,2011, ProQuest Dissertations & Theses.

B：Levin, Dana S. “Let’s Talk about Sex...Education: Exploring Youth Perspectives, Implicit Messages, and Unexamined Implications of Sex Education in Schools.” PhD diss., University of Michigan, 2010. Accessed March 13, 2012. http://hdl.handle.net/2027.42/75809.

17.6.2 会议报告和发言稿

在会议报告和发言稿的标题和作者后面，列出会议赞助者、举办地点和日期。将这些信息放在圆括号里列入注释而不列入文献目录。unpublished（未出版）的字样不必出现。如果你参考的文本或者文字记录来源于网上，要加入访问日期和 URL（见 15.4.1.3）。如果你在网上看到或听到会议发言，这里的例子可做一些调整以适用 17.8.3.5 中给出的建议。

N： 2. Gregory R. Crane, “Contextualizing Early Modern Religion in a Digital World” (Lecture, Newberry Library, Chicago, September 16, 2011).

7. Irineu de Carvalho Filho and Renato P. Colistete, “Education Performance: Was it All Determined 100 Years Ago? Evidence from Sao Paulo, Brazil” (Paper presented at the 70th annual meeting of the Economic History Association, Evanston, IL, September 24-26, 2010), 6-7, accessed January 22, 2012, http://mpra.ub.uni-muenchen.de/24494/1/MPRA_paper_24492.pdf.

B：Pateman, Carole. “Participatory Democracy Revisited.” Presidential address, annual meeting of the American Political Science Association, Seattle, September 1,2011.

17.6.3 访谈和个人通信

未出版的访谈（包括你自己实施的访谈）通常应该只在注释中出现。只有当某特定访谈与你的论证有重要关系或者被频繁引用时才需列入参考文献目录。注释开头列出被采访人和访问者的名字，也包括访谈的地点和日期（如果可知），以及任何录音带或文字记录的所在地（如果可获得）。注意短注释的格式，它与通常的格式有所不同（见 16.4.1）。已出版的访谈的例子见 17.4.2。广播访谈，见 17.8.3.3。

N： 7. David Shields, interview by author, Seattle, February 15,2011.

14. Benjamin Spock, interview by Milton J.E. Senn, November 20,1974, interview 67A, transcript, Senn Oral History Collection, National Library of Medicine, Bethesda, MD.

17. Macmillan, interview; Spock, interview.

如果你不能披露被采访人的姓名，那就以上下文的方式引用。在注释中或者前言中解释一下名字为什么缺失（如“所有的访谈都是私密的；被采访人的姓名获得双方共识予以保留不表”）。

N： 10. Interview with a health care worker, March 23, 2010.

对话、信件、电子邮件等，一般在注释中出现，引文要素一般包括人名、访谈的种类和时间等。多数情况下，你可以用文中夹住形式，或者将其融入正文（见 16.4.3）。电子邮件地址可以忽略。引用社会网络服务器的格式详见 17.7.3，讨论组和邮件列表格式见 17.7.4。

N： Maxine Greene，e-mail message to author，April 23. 2012.

In a telephone conversation with the author on January 1, 2012, Mayan studies expert Melissa Ramirez confided that ...

2012 年 1 月 1 日与作者的一次电话交谈中，玛雅人研究专家梅丽莎·拉米雷斯吐露道……

17.6.4 手稿

未出版的有形手稿集里的资料比已出版文献涉及更多复杂而变化的引用信息。在引用时，要尽可能加入标识性信息，各引用元素的格式要一致，可按需要将这里列出的一般性格式做一些调整。

17.6.4.1 要列出的信息和它们的顺序。如果可能，要确定每一条引文的作者和日期，文件的标题和文件类型，手稿集的名称以及保管人的名称。注释用作者的名字开头；如果文件有标题没有作者，或者标题比作者更重要，就先列出标题。

N: 5. George Creel to Colonel House, September 25, 1918, Edward M. House Papers, Yale University Library, New Haven, CT.

23. James Oglethorpe to the Trustees, January 13,1733, Phillipps Collection of Egmont Manuscripts, 14200:13, University of Georgia Library, Athens (hereafter cited as Egmont MSS).

24. Burton to Merriam, telegram, January 26, 1923, box 26, folder 17, Charles E. Merriam Papers, University of Chicago Library.

31. Minutes of the Committee for Improving the Condition of Free Blacks, Pennsylvania Abolition Society, 1790-1803, Papers of the Pennsylvania Society for the Abolition of Slavery, Historical Society of Pennsylvania, Philadelphia (hereafter cited as Minutes, Pennsylvania Society).

44. Memorandum by Alvin Johnson, 1937, file 36, Horace Kallen Papers, YIVO Institute, New York.

45. Joseph Purcell, "A Map of the Southern India District of North America" [ca. 1772], MS 228, Ayer Collection, Newberry Library, Chicago.

对于短注释，可调整引文的常用格式（见 16.4.1）以适应手头的信息，让人能清楚地辨识文件。

N: 46. R.S. Baker to House, November 1, 1919, House Papers.

47. Minutes, April 15, 1795, Pennsylvania Society.

如果你从一个手稿集中引用一个资料，而它对你的论证又很关键或者在你的论文中被反复引用，那么你可以选择将它加到你的文献目录中。目录条目的开头用作者的名字；如果文件有标题没有作者，或者标题比作者更重要，那就先列出标题。

B: Dinkel, Joseph. Description of Louis Agassiz written at the request of Elizabeth Cary Agassiz. Agassiz Papers. Houghton Library, Harvard University, Cambridge, MA.

如果你从一个集子里引用了多份文件，在文献目录中需将该集作为整体列出，给出该集的名，给出该集中引用的文件的作者或保管人。对于相似类型的尚未归档的未出版资料，用下列词语取代有关该集的信息“in the author' s possession（在作者处）”或者“private collection（私人收藏）”，不要提及地点。

B：Egmont Manuscripts. Phillipps Collection. University of Georgia Library, Athens.

House, Edward M., Papers. Yale University Library, New Haven, CT.

Pennsylvania Society for the Abolition of Slavery. Papers. Historical Society of Pennsylvania, Philadelphia.

Strother, French, and Edward Lowry. Undated correspondence. Herbert Hoover Presidential Library, West Branch, IA.

Women's Organization for National Prohibition Reform. Papers. Alice Belin du Pont files, Pierre S.du Pont Papers. Eleutherian Mills Historical Library, Wilmington, DE.

17.6.4.2 如何确定引文格式。对于手稿集中的资料，下面有一些特定的格式可供选择。

具体标题与通用标题。文件的具体标题放入引号，但是一般性术语例如 report（报告）和 minutes（会议记录）就不必使用引号。对于这类一般性名称，如果是手稿正式标题的一部分，就需要大写，如果它们只是描述性的术语，就不必大写。

定位信息。一些手稿可能包含页码信息，可放入注释中，但许多手稿包含的是其他类型的定位信息，或者完全没有定位信息。更古旧一些的手稿通常只通过签名或者对开纸来编号而不是通过书页来定位。一些手稿集中有辑号或文卷号，可以放入引文中。

文件和手稿。在手稿集的标题中，papers（文件）和 manuscripts（手稿）是同义的。两者都可，缩略语 MS 和 MSS（复数）也都可接受。

书信。在注释中引用书信，要把写信人的姓名放在最前面，后面跟 to 和收件人姓名。如果发信人和收信人的身份在文中很清楚，你可以省略名。不必使用 letter（信）这个词，大家都明白，但是其他形式的通信（如电报、备忘录）要标出类别。已出版的集子里的信件，见 17.1.9。

17.7 网站、博客、社交网络、网络讨论组

在网站、博客或者社交网络等类似的网上平台张贴的或分享的资料，缺少一个或多个标准出版信息（作者、标题、出版人或者日期）。除了访问日期和 URL（见 15.4.1.3），你必须加入足够的信息来明确识别或者（如果可能）定位一个资料，即使 URL 变化了或者废弃了。

17.7.1 网站

对于来自网上的而不是书本和期刊的原创内容（见 15.4.1.2），要将下列你可以判定的信息尽可能列出来：作者、网页标题（罗马字体，放入引号里），网站所有者或网站名（通常用罗马字体，见 22.3.2.3），出版或修订日期，也要加上访问日期和 URL（见 15.4.1.3）。正常情况下，你可以将网上内容的引用信息限制在注释里。只有当引用项对你的论证非常重要或者被频繁引用或两种情况都有的时候才需在文献目录中列出该特定项。

N： 8. Susannah Brooks, “Longtime Library Director Reflects on a Career at the Crossroads,”University of Wisconsin-Madison News, September 1, 2011, accessed May 14, 2012, http://www.news.wisc.edu/19704.

15. “Privacy Policy,” Google Privacy Center, last modified October 3, 2010, accessed March 3, 2011, http://www.google.com/intl/en/privacypolicy.html.

18. “Toy safety,” McDonald’s Canada, accessed November 30, 2011, http://www.mcdonalds.ca/en/community/toysafety.aspx.

23. “Wikipedia Manual of Style,” *Wikipedia*, last modified September 2, 2011, accessed September 3, 2011, http://en.wikipedia.org/wiki/Wikipedia:Manual_of_Style.

在参考文献目录里，如果没有作者的话，该文献就应该列在网站名下，或者列在网站所有人或赞助人名下。

B：Google, “Privacy Policy.” Google Privacy Center. Last modified October 3, 2010. Accessed

March 3, 2011, http://www.google.com/intl/en/privacypolicy.html.

17.7.2 博客条目和评论

博客条目的引用如同报纸文章的引用（见 17.4），要包含你所能确定的尽可能多的信息：该条目的作者、标题（用引号），博客名（用斜体），以及该条目挂上网的日期，还要加上访问日期和 URL（见 15.4.1.3）。博客名要与列出来的准确一致，即使很明显是个笔名；如果博主的真名可以很容易确定，要把真名放入方括号里。如果博客名不能明白显示其属于博客类别，那就加上一个 blog 放入方括号里来标明。如果该博客是一个更大的出版物的一部分，给出该出版物的名称，放在博客名之后。博客条目的引用信息通常限制在注释里。只有当该条目对你的论证非常关键或者被引用频繁，或两种情况都有的时候，才需在文献目录中列出该博客条目。

N： 5. Gary Becker, “Is Capitalism in Crisis?” , *The Becker-posner Blog,* February 12, 2012, accessed February 16, 2012, http://www.becker-posner-blog.com/2012/02/is-capitalism-in-crisis-becker.html.

7. The Subversive Copy Editor [Carol Fisher Saller], “Still Learning : Fun Language Words,” *The Subversive Copy Editor Blog*, February 16,2011, accessed February 28,2011, http://www.subversivecopyeditor.com/blog/2011/02/still-learningfun-language-words.html.

8. Dick Cavett, “Flying? Increasingly for the Birds,” *Opinionator*(blog), *New York Times*, August 19,2011, accessed October 14,2011,http://www.blogs.nytimes.com/2011/08/19/flying-increasingly-for-the-birds/.

12. John McWhorter and Joshua Knobe, “Black Martin Linguists,” *Bloggingheads.*tv(video blog), August 26, 2011, accessed November 7,2011, http://bloggingheads.tv/diavlogs/38530?in=:00&out=:03.

B： Becker, Gary.”Is Capitalism in Crisis?” *The Becker-Posner Blog*, February 12,2012. Accessed February 16.2012. http://www.becker-posner-blog.com/2012/02/is-capitalism-in-crisis-becker.html.

引用读者的评论，要遵循博客条目的基本格式，但首先要明确评论人、评论日期和时间。评论人的名字要与网上列出的准确一致，即使很明显是个笔名。如果某博客条目的评论已经在注释中引用过，之后的就用短形式（见 16.4.1）。

N: 9. Roman Gil, comment September 4,2011(2:14 p.m. ET), on "Second Thoughts about the Debt Debacle," *Daniel W. Drezner* (blog), *Foreign Policy*, September 1, 2011, accessed December 2, 2011, http://www.foreignpolicy.com/posts/2011/09/01/second_thoughts_about_the_debt_debacle.

11. Mr. Feel Good, comment, February 14, 2012(1:37 a.m.), on Becker, "Is Capitalism in Crisis?"

17.7.3 社交网络服务

社交网络上挂出的信息应该只能在注释中引用。列出发帖人的身份（如果知道而正文中没有提到），社交网络的名称，发帖的日期和时刻。引文信息最后加上访问日期和 URL(见 15.4.1.3)。

N: 11. Sarah Palin, Twitter post, August 25,2011(10:23 p.m.), accessed September 4, 2011, http://twitter.com/sarahpalinusa.

12. Obama for America, post to Barack Obama's Facebook page, September 4, 2011(6：53 a.m.), accessed September 22, 2011, https://www.facebook.com/barackobama.

13. Comment on Sarah Palin's Facebook page, April 1, 2011 (3:21 p.m.), accessed December 8, 2011, https://www.facebook.com/sarahpalin.

和报纸文章一样（见 17.4.3），你可以选择将这样的信息揉进你的论文正文里而不是在注释中引用它。要确保有足够的信息让读者可以辨识出文献。

In a message posted to her Twitter site on August 25, 2011(at 10:23 p.m.), Sarah Palin(@SarahPalinUSA) noted that ...

2011 年 8 月 25 日下午 10：23， 萨拉·佩林通过微博 (@SarahPalinUSA) 发布一条讯息称……

17.7.4 电子讨论组和邮件列表

要从电子讨论组和邮件列表中引用资料，要列出通信者的名字，论坛的标题和邮件消息的主题（放入引号里），论坛名或列表，帖子或消息发布的日期和时刻。邮件地址可省略。通信人的名字要与网上列出的准确一致，即使很明显是笔名。如果该资料在网上归档，列出访问日期和 URL。和个人通信一样（见 17.6.3）， 这样的引文只出现在注释里。

N：17. Dodger Fan, post to “The Atomic Bombing of Japan,” September 1, 2011(12:57:58p.m. PDT), History forum, Amazon.com, accessed September 30, 2011, http://www.amazon.com/forum/history/.

18. Sharon Naylor, “Removing a Thesis,” e-mail to Educ. & Behavior Science ALA Discussion List, August 23,2011(1:47:54 p.m. ET), accessed January 31, 2012, http://listserv.uncc.edu/archives/ebss-l.html.

和报纸文章一样（见 17.4.3），你可以选择将这样的信息嵌入你的论文正文里而不是在注释中引用它。要确保有足够的信息让读者可以辨识出文献。

Sharon Naylor, in her e-mail of August 23, 2011, to the Educ. &Behavior Science ALA Discussion List(http://listserv.uncc.edu/archives/ebss-l.html), pointed out that...

莎朗·奈勒，在她写给教育和行为科学阿拉巴马州讨论列表的邮件里（http://listserv.uncc.edu/archives/ebss-l.html），她指出……

17.8 视觉和表演艺术中的文献

视觉和表演艺术可以产生各种不同类型的资料，包括艺术作品、现场表演、广播、不同媒介的录音作品以及文本。引用这类文献可能很困难，因为它们缺少已出版作品的通用的辨识性信息。要将尽可能多的辨识性信息列出来，各信息元素的格式要前后一致，此处概述的一般性格式可按照需要调整。

该节涉及的一些文献，特别需要指出的是，只能在注释中引用其信息，或者将关键的信息揉进正文的行文里。如果该文献对你的论证非常重要，或者被频繁引用的话，你也可以选择将该特定文献加入你的参考文献列表。如果你的论文是为艺术或者媒体研究这类领域的课程准备的，请咨询你的指导教师。

17.8.1 艺术品和图像

17.8.1.1 绘画、雕塑和照片。引用绘画、雕塑、照片、图画等这类的资料，只能列入注释。要列出艺术家的名字、艺术作品的标题（用斜体）以及创作的日期（前面加上 ca. [circa]，如果可粗略估计），以及收藏该作品的机构名（如果有的话），包括所在地。你也可以列出媒介，如果相关的话。如果是网上参考的图像，要加上访问日期和 URL。

N: 7. George O'Keeffe, *The Cliff Chimneys*, 1938, Milwaukee Art Museum.

11. Michelangelo, *David*, 1501-4, Galleria dell'Accademia, Florence.

24. Ansel Adams, *North Dome, Basket Dome, Mount Hoffman, Yosemite*, ca. 1935, Smithsonian American Art Museum, Washinton, DC.

29. Erich Buchholz, *Untitled*, 1920, gouache on paper, Museum of Modern art, New York, accessed December 4, 2011, http://www.moma.org/collection/browse_results.php?object_id=38187.

你有时也可以将引用信息融入你的行文中而不必在注释中引用该文献。一些信息可以放在圆括号里，即使它们不遵循 16.4.3 中陈述的文中夹注的格式。

George O'Keeffe first demonstrated this technique in *The Cliff Chimneys* (1938, Milwaukee Art Museum).

乔治亚·艾琪芙第一次在 “悬崖上的石柱”里展示了这个画技（1938, Milwaukee Art Museum)。

如果你是在已出版的资源中看到的这个艺术作品，而你当地的论文写作规则要求你标明出处，你就要给出出版信息，取代收藏机构名及其所在地。

N： 7. Georgia O'Keeffe, *the Cliff Chimney*, 1938, in Barbara Buhler Lynes, Lesley Polingkempes, and Fredrick W. Turner, *Georgia O'Keeffe and New Mexico: A Sense of Place* (Princeton, NJ:Princeton University Press, 2004), 25.

17.8.1.2 平面艺术。平面资源的引用，如印刷品广告、地图、卡通等，只能放在注释中，调整基本格式使其适合艺术作品并给出尽可能多的信息。标题或者说明文字用罗马字体，放入引号内，如果从标题看不出来作品类型，要标出平面作品的类型，放入圆括号内。网上参考的作品，要加上访问日期和 URL。

N： 12. Toyota, "We See beyond Cars" (advertisement), *Architectural Digest*, January 2010,57.

15. "Republic of Letters:1700-1750" (interactive map), Mapping the Republic of Letters, accessed February 28,2012, http://republicofletters,stanford.edu/.

18. "Divide by Zero" (Internet meme), Yo Dawg Pics, accessed December 2, 2012, http://yodawgpics.com/yo-dawg-pictures/divide-by-zero.

17.8.2 现场表演

现场戏剧、音乐和舞蹈表演只能使用注释的方式标明引用信息。基本信息包括表演作品的标题、作者、主要表演者以及各自的角色、表演场地、地点以及表演时间。剧名和长篇音乐作品要用斜体，除非是通过流派来表示的音乐作品（见 22.3.2.3），短作品的标题用罗马字体并放入引号内。如果引文偏重于某个个人的表演，将该表演者的名字列在作品标题之前。

N： 14. *Spider-Man: Turn Off the Dark*, by Glen Berger and Julie Taymor, music and lyrics by Bono and The Edge, directed by Julie Taymor, Foxwoods Theater, New York, September 10, 2011.

16. Simone Dinnerstein, pianist, Intermezzo in A, op. 118, no. 2, by Johannes Brahms, Portland Center for the Performing Arts, Portland, OR, January 15,2012.

有时你也可以通过将现场表演的引用信息融入你的论文正文里而不使用注释。一些引用信息可以放在圆括号里，即使它们不遵循 16.4.3 陈述的有关文中夹注的格式。

Simone Dinnerstein's performance of Brahms's Intermezzo in A, op. 118, no.2(January 15, 2012, at Portland Center for the Performing Arts), was anything but intermediate...

西蒙·戴那史坦对勃拉姆斯 A 大调间奏曲作品 118 第 2 号的演奏（波特兰表演艺术中心，2012 年 1 月 15 日），并不是……

要引用现场表演的录音和广播材料，需要加上媒介的有关信息，见 17.8.3–17.8.5 中阐述的有关这种类型文献的例子。

N: 17. Artur Rubinstein, pianist, "Spinning song," by Felix Mendelssohn, Ambassador College, Pasadena, CA, January 15,1975, on *The Last Recital for Israel*, BMG Classics, 1992, VHS.

17.8.3 电影、电视、收音机节目以及类似作品

电影、电视节目、广播节目或者类似的资源的引用会因资料类型的不同而不同，但至少要有作品的标题，发布、播放的日期或可获取的日期，演播室的名称或其他制作传播或广播该作品的实体的名称。如果你观看了视频或者听到了录音，要将媒介的信息加进来。如果你参考了网上的资源，加上访问日期和 URL（见 15.4.1.3）。

17.8.3.1 电影。在注释里，列出电影的标题（斜体），后面跟导演的名字，制作公司或发行公司的名称，电影上映的年份。你也可以将剧作家、演员、制片人等信息加进来，如果它们与你的论文确有关联。除非你是在影院观看的电影，不然要给出媒介的信息。

N: 12. *Crumb*, directed by Terry Zwigoff(Superior Pictures, 1994), DVD(Sony Pictures, 2006).

14. *Fast Times at Ridgemont High*, directed by Amy Heckerling, screenplay by Cameron Crowe, featuring Jennifer Jason Leigh and Sean Penn (university Pictures, 1982), DVD(2002).

15. *High Art*, directed by Lisa Cholodenko (October Films, 1998), accessed September 6, 2011, http://movies.netflix.com/.

18. A.E. Weed, At the Foot of the Flatiron (American Mutoscope and Biograph, 1903), 35mm film, from Library of Congress, The Life of a City: Early Films of New York, 1898-1906, MPEG video, 2:19, accessed February 4, 2011, http://www.loc.gov/ammem/papr/nychome.html.

在参考文献目录里，你可以将电影列在导演的名下（后面跟 dir.）或者放在电影标题的位置。

B：*Crumb*, Directed by Terry Zwigoff. Superior Pictures, 1994.DVD. Sony Pictures, 2006.

或者

Zwigoff, Terry, dir. *Crumb*. Superior Pictures, 1994. DVD. Sony Pictures, 2006.

电影里附属材料的信息可以融入到正文的行文里。

In their audio commentary, produced twenty years after the release of their film, Heckerling and Crowe agree that...

在电影上映之后 20 年制作的评论音轨中，海克林和克罗都认同……

17.8.3.2　电视和广播节目。要引用电视或广播节目，引用信息至少要包括节目的标题、某集或某段的标题，第一次播放或面向公众的日期，制作或播出该作品的实体。你也可以将第几集、导演的名字、该集或该段的编剧，以及（如果与你的论证有关）主要演员的名字列出来。节目的标题要用斜体字，但是集或段的标题用罗马字体，放入引号内。如果你是在第一次播放该节目的媒介之外的其他渠道看到节目或听到录音的话，要把媒介的信息列出来。

N：　2. “Bumps on the road Back to Work,” Tamara Keith, *All Things Considered*, aired September 5, 2011, on NPR.

16. *Mad Men*, season 1, episode 12, “Nixon vs. Kennedy,” directed by Alan Taylor, aired October 11, 2007, on AMC, DVD (Lions Gate Television, 2007), disc4.

19. *30 Rock*, season 5, episode 22, “Everything Funny All the Time always,” directed by John Riggi, featuring Tina Fey, Tracy Morgan, Jane Krakowski, Jack McBrayer, Scott Adsit, Judah Friedlander, and Alec Baldwin, aired April 28, 2011, on NBC, accessed March 21, 2012, http://www.hulu.com/30-rock/.

如果这些节目被论文频繁引用，你可以将相关信息揉入你的论文正文里而不使用注释，尤其是如果有一些附加信息或全部的附加信息都无法获取时，又或者这些附加信息与引文无关时。

Mad Men uses history and flashback in “Nixon vs. Kennedy”(AMC, October 11,2007), with a combination of archival television footage and ...

《广告狂人》在“尼克松与肯尼迪”这一集（AMC，2007 年 10 月 11 日）里运用了历史和闪回，并加入了电视资料影片以及……

在参考文献目录里，广播和电视节目的引用通常都是通过标出该节目或系列的标题来引用的。

B：*Mad Men*, Season 1, episode 12, “Nixon vs. Kennedy.” Directed by Alan Taylor. Aired October 11, 2007, on AMC. DVD. Lions Gate Television, 2007, disc 4.

17.8.3.3　访谈。引用电视访谈、广播访谈或者类似的资源，要把被采访人当作作者对待，在引文的上下文中明确采访人身份。也要把该节目或者访谈的发行日期（或者发行日或者播送日）列出来。访谈通常只在注释中引用。只有当访谈对你的论文而言是非常关键的时候或者被频繁引用的时候，才将其列入参考文献目录，见 17.6.3。

N：　10. Condleezza Rice, interview by Jim Lehrer, *PBS NewsHour*, July 28, 2005, accessed July 7, 2012, http:// www.pbs.org/newshour/bb/politics/jan-june05/rice_3-4.html.

12. Laura Poitras, interview by Lorne Manly, “The 9/11 Decade: A Cultural View” (video), New York Times, September 2, 2011, accessed March 11, 2012, http://www.nytimes.com/interactive/2011/09/02/us/sept-11-reckoning/artists.html.

17.8.3.4　广告。从电视、广播等类似资源引用广告也只能放在注释里，或者也可以将引用信息融入到论文正文里。

N：　18. Doritos, “Healing Chips,” advertisement aired on Fox Sports, February 6, 2011, 30 seconds.

和电视节目一样（见 17.8.3.2），你可以将广告的主要引用信息揉进正文里而不使用注释，尤其是如果有一些或全部的附加信息都无法获取，又或者其与引文无关。

The Doritos ad “Healing Chips,” which aired during Super Bowl XLV (Fox Sports, February 6, 2011) ...

17.8.3.5　视频和播客。引用视频和播客的内容，要至少列出该资料的名称和对它的描述，再加上访问日期和 URL（见 15.4.1.3）。关于附加信息，可以参看上文有关电影电视和广播（17.8.3.1–17.8.3.4）的例子作为模板。原创人的名字要与资料里列出的完全一致，即使明显是笔名；如果原创的真名能够轻易确定，就加在方括号里。

N：　13.Adele, “Someone like you” (music video), directed by Jake Nava, posted October 1, 2011, accessed February 28,2012, http://www.mtv.com/videos/adele/693356/someone-like-you.jhtml.

18. Fred Donner, “How Islam Began” (video of lecture, Alumni Weekend 2011, University of Chicago,June 3, 2011), accessed January 5,2012, http://www.youtube.com/watch?v=5RFK5u5lkhA.

40. Michael Shear, host, “The Spat over President Obama’s Upcoming Jobs Speech,” The Caucus (MP3 podcast), *New York Times*, September 1,2011, accessed September 6, 2011, http://www.nytimes.com/pages/podcasts/.

4. Luminosity, “WomensWork_SPN”(video), March 5, 2009, accessed April 22, 2011, http://viddler.com/v/1f6d7f1f.

视频和播客的引文通常只出现在注释里，或者像报纸文章的引用一样，可以揉进正文的行文里（见 17.4.3）。 如果一个文献对你的论文很重要或者被频繁引用，可将它加到你的文献目录里。

B：Adele. “Someone Like You” (music cideo). Directed by Jake Nava. Posted October 1,2011. Accessed February 28, 2012. http://www.mtv.com/videos/adele/693356/someone-like-you.jhtml.

17.8.4 声音录音

引用一段录音的话，要列出尽可能多的信息以足够将该录音与其他相似录音区分开来，包括录音的日期、录制公司的名称、录音的标识号、版权日（如果与录制年份不一致的话），以及媒介。唱片的标题应该用斜体，单个选曲要放入引号里，除非是通过流派来表示的音乐作品。用缩略语 CD 代表 compact disc。网上参考的录音应该要给出访问日期和 URL（见 15.4.1.3）。

N：　11. Billie Holiday, “I’m a Fool to Want You,” by Joel Herron, Frank Sinatra, and Jack Wolf, recorded February 20, 1958, with Ray Ellis, on Lady in Satin, Columbia CL 1157, 33¼ rpm.

14. Ludwig van Beethoven, Piano Sonata no.29 (“Hammerklavier”), Rudolf Serkin, recorded December 8-10, 1969, and December 14-15, 1970, Sony Classics, 2005, MP3.

19. Richard Strauss, Don Quixote, with Emanuel Feuermann (violoncello) and the Philadelphia Orchestra, conducted by Eugene Ormandy, recorded February 24, 1940, Biddulph LAB 042, 1991, CD.

22. Pink Floyd, “Atom Heart Mother,” recorded April 29, 1970, Fillmore West, San Francisco, streaming audio, accessed July 7, 2011, http://www.wolfgangsvault.com/pink-floyd/concerts/fillmore-west-april-29-1970.html.

在文献目录里你可以将录音列在作曲者的名字下或者表演者的名字下，这取决于哪个与你的论证更相关。

B：Rubinstein, Artur. *The Chopin Collection*. Recorded 1946, 1958-67. RCA Victor/BMG 60822-

2-RG, 1991. 11 CDs.

Shostakovich, Dmitri. Symphony no. 5/Symphony no.9. Conducted by Leonard Bernstein. Recorded with the New York Philharmonic, October 20, 1959(no. 5), and October 19, 1965(no. 9). Sony SMK 61841, 1999.CD.

戏剧、散文或诗歌朗读、演讲，或此类的录音，与音乐录音的引用是一样的。

N： 6. Dylan Thomas, *Under Milk Wood*, performed by Dylan Thomas et. Al., recorded May 14, 1953, On *Dylan Thomas: The Caedmon Collection*, Caedmon, 2002, 11 CDs, discs 9 and 10.

B：Schlosser, Eric. *Fast Food Nation: The Dark Side of the American Meal*. Read by Ricj Adamson. New York: Random House. RHCD 493, 2004. 8 CDs.

17.8.5 视觉和表演艺术文本

17.8.5.1 艺术展目录。引用艺术展目录和引用一本书一样。仅在参考文献目录条目中，才需把展览信息放在出版信息之后。

N： 6. Susan Dackerman, ed., *Prints and the Pursuit of Knowledge in Early Modern Europe* (New HAven, CT: Yale University Press, 2011), 43.

B：Dackerman, Susan, ed. *Prints and the Pursuit of Knowledge in Early Modern Europe*.New Haven, CT: Yale University Press, 2011. Published in conjunction with the exhibitions shown at the Harvard Art Museums, Cambridge, MA, and the Block Museum of Art, Northwestern University, Evanston, IL.

17.8.5.2 戏剧。有时你只能在注释中引用著名的英语戏剧作品。（参见 17.5.1。）省略出版信息，按照幕和场（或其他区分）而不使用页码来标识。

N： 22. Eugene O'Neill, *Long Day's Journey into Night*, act 2, scene 1.

如果你的论文是有关文学研究领域或其他需要对文本进行仔细研究的领域，又或者你在引用一本译著或者一本晦涩难懂的作品，要像引用一本书一样引用每一部剧本，且每一部剧本都要在文献目录中列出来。段落的引用既可以按部分也可以按页码来标记，要依据你当地的惯例。

N： 25：Enid Bagnold, *The Chalk Garden* (New York: Random House, 1956), 8-9.

B：Anouilh, Jean. *Becket, or The Honor of God*. Translated by Lucienne Hill. New York: Riverhead Books, 1996.

17.8.5.3 乐谱。引用乐谱的格式和引用一本书是一样的。

N： 1. Giuseppe Verdi, *Giovanna D'Arco, dramma lirico* in four acts, libretto by Temistocle Solera, ed. Alberto Rizzuti, 2 vols., Works of Giuseppe Verdi, ser. 1, Operas (Chicago: University of Chicago Press; Milan: G. Ricordi, 2008).

B：Mozart, Wolfgang Amadeus. *Sonatas and Fantasies for the Piano*. Prepared from the autographs and earliest printed sources by Nathan Broder. Rev. Ed. Bryn Mawr, PA: Theodore Presser, 1960.

引用未出版的乐谱与引用未出版手稿集的资料是一样的格式。

N： 2. Ralph Shapey, "Partita for Violin and Thirteen Players," score, 1966, Special Collections, Joseph Regenstein Library, University of Chicago.

17.9 公文

公文包括全世界不同级别的政府颁布的范围很广的一系列文件。本节提供了公众可获取的通用类型的英文政府公文的基本引用原则。如果你需要引用其他类型的公文，调整一个最接近的模板。

这些公文比大多数出版物包含更复杂和多样的引用要素。在你的引文中要包括尽可能多的辨识信息，各要素的格式要前后一致，按需要将本节概述的一般性模式做适当调整。

这节的大部分内容是有关美国政府机构出版的公文。由加拿大政府和英国政府以及国际组织出版的公文，见 17.9.9–17.9.11。未出版政府文件见 17.9.12 。

17.9.1 引文要素、顺序和规范格式

在你的引用信息中要尽可能多地包括下面这些要素：

- 政府名（国家、州、城市、县或其他区划）以及发布公文的政府机构（立法机构、行政部门、法院、理事会、专门委员会、一般委员会等）。
- 公文或公文集的标题，如果有的话。
- 单个作者、编者或编纂者的名字。
- 报告编号或者其他标识信息（例如出版地、出版人，针对某些独立出版物或者二次文献里的内容）。
- 出版日期。
- 页码或其他定位信息，如果相关。
- 网上资源要有访问日期和 URL 或数据库名称（见 15.4.1 ，实例见 17.9.13 ）。

一般而言，按照上述的顺序列出相关信息，某些信息可以不在注释中出现但应该列入文献目录。其他类型的例外情况在 17.9 下面的节里会有阐述。

N： 1. Select Committee on Homeland Security, Homeland Security Act of 2002, 107th Cong., 2d sess., 2002, HR Rep. 107-609, pt. 1, 11-12.

B：US Congress. House of Representatives. Select Committee on Homeland Security. Homeland Security Act of 2002. 107th Cong., 2d sess., 2002. HR Rep. 107-609, pt.1.

注意，按惯例，公文的序数要用 d 结尾而不用 nd（用 2d 不是 2nd）。

17.9.2 国会出版物

对于国会出版文件，文献目录条目通常以 US Congress（美国国会）这个标识开头，后面跟着 Senate（参议院）或者 House of Representatives（众议院）。你也可以将之

简化成 US Senate 或者 US House。在注释里，US 通常省略。其他的常规信息包括委员会和小组委员会，如果有的话；文件名；哪一届国会哪一次会议（放在这儿缩写分别为 Cong. 和 sess.)；出版日期；文件名和文件说明（例如 H. Doc. 487），如果有的话。

17.9.2.1 辩论。1873 年以来，国会辩论都会在《国会议事录》（*Congressional Record*）里由政府发布（注释里通常缩写为 *Cong. Rec.*)。只要可能就要引用永久卷，它可以反映出议事录的动态变化(引用参众两院记录的每日版，要在页码上保留 H 或 S)。

N： 16. *Cong. Rec.*, 110th Cong., Ist sess., 2008, vol. 153, pt. 8: 11629-30.

B：US Congress. *Congressional Record*. 110th Cong., 1st sess., 2008.Vol. 153, pt.8.

偶尔你也需要在注释中标明辩论中的发言人身份、发言主题和日期。

N： 4. Senator Kennedy of Massachusetts, speaking for the Joint Resolution on Nuclear Weapons Freeze and Reductions, on March 10, 1982, to the Committee on Foreign Relations, SJ Res. 163, 97th Cong., 1st sess., *Cong. Rec*. 128, pt. 3: 3832-34.

在 1874 年以前，国会辩论发表在《美国国会年报》（*Annals of the Congress of the United States*)（也有别的名称，涵盖年份 1789−1824）、《辩论记录》（*Register of Debates*，涵盖年份 1824−1837），以及《美国国会议事录》（*Congressional Globe*，涵盖年份 1833−1873）上。这些文献的引用与《国会议事录》一样。

17.9.2.2 报告和文件。引用参议院（缩写 S.）和众议院（缩写 H.) 的文件和报告时，要列出第几届国会和第几次会议，如果可能，列出系列号，注意短注释的格式，它与通常的格式有不同的地方（见 16.4.1）。

N： 9. Select Committee on Homeland Security, Homeland Security Act of 2002, 107th Cong., 2d Sess., 2002, HR Rep. 107-609, pt. 1, 11-12.

14. Declarations of a State of War with Japan, Germany, and Italy, 77th Cong., 1st sess., 1941, S. Doc. 148, serial 10575, 2-5.

15. Select Committee, Homeland Security Act, 11.

22. Reorganization of the Federal Judiciary, 75th Cong., 1st sess., 1937, S. Rep. 711.

B：US Congress. House. Expansion of National Emergency with Respect to Protecting the Stabilization Efforts in Iraq . 112th Cong., 1st sess., 2011. H. Doc. 112-25.

17.9.2.3 议案和决议。国会议案（法律草案）和决议通常是以小册子的形式出版。引用的时候，形成议案和决议的众议院要缩写为 HR 或者 H. Res.，而形成于参议院的要缩写为 S. 或者 S. Res.。还要列出《国会议事录》（如果有的话）的出版细节信息。如果一份议案获得颁布，就要将其作为法规来引用（见 17.9.2.5）。

N：16. No Taxpayer Funding for Abortion Act, H.Res. 237, 112th Cong., 1st sess., *Congressional Record*, vol. 157, daily ed. (May 4, 2011): H3014.

B：US Congress. House. No Taxpayer Funding for Abortion Act. H. Res. 237. 112th Cong., 1st sess. *Congressional Record 157*, daily ed. (May 4, 2011): H3014-37.

17.9.2.4 听证会。在国会委员会上的证词记录通常与标题一起发布，应该被引入引文信息（斜体字）。相关委员会正常情况下作为标题的一部分列出。注意短注释的形式，它不同于常用的格式（见 16.4.1）。

N：13. *Hearing Before the Select Committee on Homeland Security*, HR 5005, Homeland Security act of 2002, day 3, 107th Cong., 2d sess., July 17,2002, 119-20.

14. HR 5005, *Hearing*, 203.

B：US Congress. Senate. *Famine in Africa: Hearing before the Committee on Foreign Relations*. 99th Cong., 1st sess., January 17,1985.

17.9.2.5 法规。法规指的是议案或决议获得法律通过，第一次单独颁发，然后在《美国法令汇编》年合订本结集出版，《联邦法律汇编》是 1874 年开始出版发行的，后来并入《美国法典》。可以引用《联邦法律汇编》，或者《美国法典》，或两者都用。《法典》的每一章节编号前有一个章节标识（§；使用 §§ 或者 et seq. 来表示一个以上的章节）。

只在注释中引用法律汇编，你不需要将它们放进文献目录里。注意短注释的格式，它与常用格式会有不同（见 16.4.1）。

N： 18. Atomic Energy Act of 1946, Public Law 585, 79th Cong., 2d sess. (August 1, 1946), 12, 19.

19. Fair Credit Reporting Act of 1970, *US Code* 15(2000), §§ 1681 et seq.

25. Homeland Security Act of 2002, Public Law 107-296, *US Statutes at Large* 116 (2002): 2163-64, codified at *US Code* 6 (2002), §§ 101 et seq.

27. Homeland Security Act, 2165.

1874 年之前，所有法律条文都在共 17 卷的《美利坚联邦法律汇编，1789-1873》里颁发。引用这个法律汇总，要列出卷号和出版日期。

17.9.3 总统出版物

总统公告、行政命令、否决、演说及类似文件发表在《总统文件每周汇编》或者《美国总统公开文件》上。公告和行政命令也会放在每日《联邦公报》里，然后在《美国联邦法规》标题 3 出版。一旦收进《法规》出版，你就要将《法规》作为你的引用来源，将单个的标题放进引号里。

N： 2. Barack Obama, Proclamation 8621, "National Slavery and Human Trafficking Prevention Month, 2011," *Federal Register* 75, no. 250 (December 30, 2010): 82215.

21. William J. Clinton, Executive Order 13067, "Blocking Sudanese Government Property and Prohibiting Transactions with Sudan," *Code of Federal Regulations*, title 3 (1997 comp.):230.

B： US President, proclamation 8621. "National Slavery and Human Trafficking Prevention Month, 2011." *Federal Register* 75,no.250(December 30, 2010): 82215-16.

美国总统的公开文件都收在两个多卷宗的文献里：《总统消息和文件汇编，1789-1897》，从胡佛总统开始，收入《美国总统的公开文件》。没有被这两部汇编所收编的文件在别处出版。要引用这些汇编里面的文件，需遵循多卷宗书籍的引用方法（见17.1.4）。

17.9.4 政府部门和机构出版物

政府管理部门、办公司局和专业行政部门发布的报告、公告、通告及其他文件，引用这些文件，标题要用斜体字，要将能明确的作者的名字列出来放在标题之后。

N： 30. US Department of the Treasury, *Report of the Secretary of the Treasury Transmitting a Report from the Register of the Treasury of the Commerce and Navigation of the United States for the Year Ending the 30th of June, 1850*, 31st Cong., 2d sess., House Executive Document 8 (Washington ,DC, 1850-51).

B：US Department of the Interior. Minerals Management Service. *Environmental Division. Oil-Spill Risk Analysis: Gulf of Mexico Outer Continental Shelf (OCS) Lease Sales, Central Planning Area and Western Planning Area, 2007-2012, and Gulfwide OCS Program, 2007-2046*, by Zhen-Gang Ji, Walter R. Johnson, and Charles F. Marshall. Edited by Eileen M. Lear. MMS 2007-040, June 2007.

17.9.5 美国宪法

美国宪法应该只在注释中引用，你不需要将它列入文献目录。要给出条款或修正条款、法律条文的项，如果相关需列出法条。使用阿拉伯数字，如果你倾向于使用缩略语，可用这些术语的缩略语，比如 amendment 和 section。

N： 32. US Constitution, art. 2, sec. 1, cl. 3.

33. US Constitution, amend. 14, sec. 2.

多数情况下，你可以使用文中夹注（见 16.4.3），或者在论文正文中加入标识信息。在正文中要全拼该宪法部分的标题，如果不用编号而使用特别修正法的名称的话要大写。

The US Constitution, in article 1, section 9, forbids suspension of the writ "unless when in Cases of Rebellion or Invasion the public Safety may require it."

美国宪法，第一款第九项，禁止中止令状"除非在叛乱或入侵情况下公众的安全需要。"

The First Amendment protects the right of free speech.

第一修正款保护言论自由。

17.9.6 条约

1950 年之前签订的条约文本在《联邦法律汇编》中出版，非官方引文可参阅《联合国条约集》（*TS*）或者《行政协定集》（*EAS*）。那些 1950 年及以后签订的条约出现在《美国条约和其他国际协定》（*UST*，1950-）或者《条约及其他国际法规集》（*TIAS*，1945-）里。涉及两个国家以上的条约可参看《联合国条约集》（*UNTS*，1946-），或者 1920-1946 年间的，参看《国际联盟条约汇编》（*LNTS*）。

上述出版物的标题及其缩写要用斜体。除非条约的标题中给予了命名，否则要列出协定各方的主体，用连字符分开。要列出标明签署日期的确切日子，最好只用年，这个时间可以和条约出版年不同。注意短注释的格式与通常格式有区别（见 16.4.1）。

N： 4. Treaty Banning Nuclear Weapon Tests in the Atmosphere, in Outer Space, and Under Water, US-UK-USSR, August 5, 1963, *UST* 14, pt. 2, 1313.

15. Convention concerning Military Service, Denmark-Italy, July 15, 1954, *TIAS* 250, no. 3516, 45.

39. Nuclear Test Ban Treaty, 1317-18.

B：United States. Naval Armament Limitation Treaty with the British Empire, France, Italy, and Japan. February 6, 1922. *US Statutes at Large* 43, pt.2.

17.9.7 法律案例

法律案例的引用通常采用各级法院所用的格式。注释中要包括案件全称（包括缩写 v.）要用斜体，还包括卷号（阿拉伯数字），判决书的名称（缩写，见下文），序数号（如果有），判决书的起始页码，法院名称缩写和判决日期（都放入圆括号内），以及其他相关信息，例如州法院或地方法院的名称（如果从序列名不能辨别出来）。实际引用的页码要跟在起始页码后面，用逗号隔开。

法律法规只在注释中引用，不需要放进文献目录里。

N：　18. *United States v. Christmas*, 222 F. 3d 141, 145(4th Cir. 2000).

21. *Profit Sharing Plan v. MBank Dallas, N.A.*, 683 F. Supp. 592 (ND Tex. 1988).

短注释可以包括案件名称，以及页码（如果需要的话）。

N：　35. *Christmas*, 146.

有一个引用要素取决于法院级别，有时也是判决书的名称。最常用的如下所示：

■ **联邦最高法院**。联邦最高法院的判决，要引用 United States Supreme Court Reports(缩写 US）或者，如果尚未公布出版，使用 Supreme Court Reporter（缩写 S. Ct.)。

N：　21. *AT&T Corp. V. Iowa Utilities Bd.*, 525 US 366(1999).

39. *Brendlin v. California*, 127 S. Ct. 2400(2007).

■ **联邦下级法院**。对于联邦下级法院的判决，引用 Federal Reporter（F.) 或者 Federal Supplement(F. Supp.)。

N：　3. *United States v. Dennis*, 183 F. 201(2d Cir. 1950).

15. *Eaton v. IBM Corp.*, 925 F. Supp. 487(SD Tex. 1996).

■ **州及地方法院**。对于州和地方法院的判决，只要可能，引用官方的州判决汇编。如果你使用的是一个商业判决报告，引用要如下文第二例所示。如果判决书里无法明确法院名，要将它放在日期前面，放在圆括号里。

N：　6. *Williams v. Davis*, 27 Cal. 2d 746 (1946).

8. *Bivens v. Mobley*, 724 So. 2d 458, 465(Miss. Ct. App. 1998).

17.9.8 州及地方政府文件

引用州及地方政府公文和引用联邦政府公文是一样的。州法律和城市条例用罗马字体（不用引号）；独立出版的章程（汇编）以及标题用斜体。

N：39. Illinois Institute for Environmental Quality (IIEQ), *Review and Synopsis of Public Participation regarding Sulfur Dioxide and Particulate Emissions*, by Sidney M. Marder, IIEQ Document no. 77/21(Chicago, 1977), 44-45.

42. Methamphetamine Control and Community Protection Act, *Illinois Compiled Statutes*, ch. 720, no. 646, sec. 10 (2005).

44. *Page's Ohio Revised Code Annotated*, title 35, sec. 399.01(2011).

47. New Mexico Constitution, art. 4, sec. 7.

B：Illinois Institute for Environmental Quality (IIEQ). *Review and Synopsis of Public Participation regarding Sulfur Dioxide and Particular Emissions*, by Sidney M. Marder. IIEQ Document 77/21. Chicago, 1977.

17.9.9 加拿大政府文件

引用加拿大政府文件与引用美国政府公文一样。引文结尾处加上 Canada（圆括号里），除非上下文中可明显看出来。

加拿大法规最先出版于年度《加拿大法规》，然后它们被收进《加拿大法规修订汇编》，这是一个每 15 年或 20 年整理出版的法规集。不管哪里，只要可能，使用后面一个资料来源，用案件标题、判决书、法规汇编年份、章、节明确标出法规。

N：4. Canada Wildlife Act, *Revised Statutes of Canada 1985*, chap. W-9, sec. 1.

5. Assisted Human Reproduction act, *statutes of Canada 2004*, chap. 2, sec. 2.

1876 年以来加拿大最高法院的案子都公布在《最高法院报告》（*Supreme Court Reports*，简称 SCR)；1974 年以后的案子包括判决书的卷号。联邦法庭的案子都公布在《联邦法庭报告》（*Federal Courts Reports* FC，1971-）或者《财政大臣法庭报告》

（*Exchequer Court Reports* EX.CR，1875–1971）里。上述资源里找不到的案例可查找《自治领法律精选案例报告》（*Dominion Law Reports*，简称 DLR）。要列出案件名称（用斜体），跟着列出日期（圆括号里），卷号（如果有），判决书缩写，判决书起始页码。

N： 10.*Robertson v. Thomson Corp.*, (2006) 2 SCR 363(Canada).

11. *Boldy v. Royal Bank of Canada*, (2008) FC 99.

17.9.10 英国政府文件

引用英国政府文件与引用美国政府公文是一样的，引文最后加上 United Kingdom（放入圆括号内），除非上下文可明显看出来。

议会法案通常应该在注释中引用。只有当该法案对你的论证很重要或者被频繁引用时，你才需将该法案收入你的文献目录里。标识法案的信息有标题、日期、章号（阿拉伯数字表示国家号码，小写罗马数字表示地方号码）。1963 年以前的法案的引用要有（国王）即位年号、君主姓名（简写）以及序号（阿拉伯数字）。

N： 8. Act of Settlement, 1701, 12&13 Will. 3, chap.2.

15. Consolidated Fund Act, 1963, chap. 1 (United Kingdom).

16. Manchester Corporation Act, 1967, chap.xl.

大多数英国的法律案件都能在《判例汇编》（*Law Reports*）里找到适用的报告，其中有诉讼案件（Ac）， 女王（国王）王座法庭（QB， KB），大法官法庭（Ch.），家庭法庭（Fam.），以及遗嘱（P.）检验报告。直到最近以前，英国最高上诉法院（除了苏格兰刑事案件）一直是上议院（HL）和枢密院司法委员会（PC）。到 2005 年，英国最高法院（UKSC）成立。

引文中要包括案件的名称，用斜体字（涉及君王的要用 Rex 或者 Regina 表示）、日期、放入圆括号、卷号（如果有）、判决书的缩写，以及判决书的起始页码。如果判决书名称没有明确表明法庭名，或者上下文中法院名称不明确，如果必要就要把其中一个信息或者两个信息都放入圆括号里。

N： 10. *Regina v. Dudley and Stephens*, (1884) 14 QBD 273 (DC).

11. *Regal (Hastings) Ltd. v. Gulliver and Ors*, (1967) 2 AC 134 (HL) (Eng.).

12. *NML Capital Limited (Appellant) v. Republic of Argentina (Respondent),* (2011) UKSC 31.

17.9.11 国际机构出版物

联合国这样的国际机构的公文的引用和书籍引用是一样的。注释中要明确授权机构（作者或编者），文件的题目或标题，出版人或出版地（或两者），日期，后面跟页码信息。还要包括文件系列或其他标识性出版信息。

N： 1. League of Arab States and United Nations, *The Third Arab Report on the Millennium Development Goals 2010 and the Impact of the Global Economic Crisis*(Beirut: Economic and Social Commission for Western Asia, 2010), 82.

B：United Nations General Assembly. *Report of the Governing Council/ Global Ministerial Environment Forum on the Work of Its Eleventh Special Session*. Official Records, 65th sess., supplement no.25, A/65/25. New York: UN, 2010.

17.9.12 未出版政府文件

如果你引用的是未出版的政府公文，遵循 17.6.4 中列出的未出版手稿的引用模式。

大多数美国政府未出版的公文都收在华盛顿的美国国家档案馆 (NARA)，或者在它的某个分部里。引用电影、照片以及书面材料声音录音等，要按照记录组（RG）编号来引用。

收编未出版的加拿大政府文件的类似机构有安大略省渥太华的加拿大图书档案馆（LAC）。英国有许多未出版政府公文的保管处，最著名的就是国家档案馆（NA）和不列颠图书馆（BL），都在伦敦。

17.9.13 网上公文

引用网上公文要参照 17.9 中列出的相关的实例。此外，要包括访问时间和 URL。从商业数据库获取的文件，你需要给出数据库的名称，详见 15.4.1。注意有关法律案例的数据库可能要标出页码（屏幕上）划分，使用星号标识。这些要被保留在特定引文里（见 17.9.7）。

N： 1. Select Committee on Homeland Security, Homeland Security Act of 2002, 107th Cong., 2d sess., 2002, HR Rep. 107-609, pt. 1, 11–12, accessed September 8, 2011, http://www.gpo.gov/fdsys/pkg/CRPT-107hrpt609/pdf/CRPT-107hrpt609-pt1.pdf.

12. United Nations Security Council, Resolution 2002, July 29, 2011, accessed October 10, 2011, http://www.un.org/Docs/sc/unsc_resolutions11.htm.

17. *Mcnamee v. Department of the Treasury*, 488 F. 3d 100,*3(2d Cir. 2007), accessed September 25, 2011, LexisNexis Academic.

B：US Congress. House of Representatives. Select Committee on Home land security. Homeland security Act of 2002. 107th Cong., 2d sess., 2002. HR Rep. 107-609, pt.1. Accessed September 8, 2011. http://www.gpo.gov/fdsys/pkg/CRPT-107hrpt609/pdf/CRPT-107hrpt609-pt1.pdf.

17.10 摘录于另一文献中的文献

负责任的研究者不会复制那些他们在原著中没有实际看到的引文。如果一个文献包括一个很有用的针对另外一个文献的引用，读者会指望你能拿到原著去核实这段引文是否确切，以及它是否能代表原文的含义。

如果原著无法获取，那就要在注释里作为“引自（quoted in）”二次文献处理。文献目录条目中，要按照需要调整“引自”的格式。

N： 8. Louis Zukofsky, “Sincerity and Objectification,” *Poetry 37* (February 1931): 269, Quoted in Bonnie Costello, *Marianne Moore: Imaginery Possessions* (Cambridge, MA:Harvard University Press, 1981),78.

B：Zukofsky, Louis. “Sincerity and Objectification,” *Poetry 37* (February 1931): 269. Quoted in Bonnie Costello, *Marianne Moore: Imaginery Possessions.* Cambridge, MA:Harvard University Press, 1981.

从一次文献中提取的二次文献的引文也会出现同样的情况（见 3.1.1）。通常你不可能去参看这些一次文献，特别是当它只收在未出版的手稿集中时。这种情况下，遵循上面概述的那些原则。

18 作者 - 年格式：基本形式

大多数社会科学以及自然与物理科学领域广泛使用的引用格式是作者 - 年格式，之所以这么称呼是因为作者的名字和出版年是标识信息中的关键要素。这一章里对作者 - 年引用格式的基本形式进行了概述，包括参考书目和文中夹注。文中夹注的举例用 P（parenthetical）来标注；参考文献目录条目用 R（reference）表示。

作者－年格式中，你要标明刚刚在文中夹注中使用了一个文献，就要把文中夹注（包括作者、年和相关页码）放置于你参考的该文献的旁边：

According to one Scholar, "The railroads had made Chicago the most important meeting place between East and West" (Cronon 1991, 92-93).

根据某学者所言，"铁路让芝加哥成为东西交汇的最重要的地点。"（Cronon 1991，92-93）

在论文结尾处，你要在参考书目中列出所有的文献。参考书目通常包括你在文中夹注中引用的每一个文献，以及你虽然没有引用但是有时作为参考的其他文献。因为文中夹注不包括一个文献的完整参考信息，你必须要在参考书目里列出所有信息。所有的参考书目条目都有相同的格式：

R：Cronon, William. 1991. *Nature's Metropolis: Chicago and the Great West.* New York: W.W. Norton.

读者希望你能按照规则完全准确地进行引用。这些规则不仅包括你要纳入的是什么样的信息，也包括它们呈现的顺序、标点符号、大写、斜体等。要使你的引文准确，你必须仔细对待微小细节，这些细节很少有研究者能轻易记住。第 19 章为这些细节提供了一个现成的参考指导。

18.1 基本格式

尽管文献和其引文出现的形式变化无穷，你也只可能使用其中的几种。你可能需要查看细节才能正确引用一些不常用的文献，但是对于你经常使用的那几类文献，其基本引用格式是很容易学会的。你可以创设模板帮助自己一边阅读一边快速而可靠地记录下文献信息。

这一章节余下的部分探讨了这个基本格式，图表 18.1 提供了几种常用文献种类的引用模板。第 19 章包括范围很广的一系列文献的实例，包括这里探讨的引用格式的例外情况。

18.1.1 各引用要素顺序

参考书目条目中各引用要素的顺序要遵循所有文献种类的一般通用格式：作者、出版日期（年）、标题，其他出版信息。文中夹注只包括这些要素中的两个。如果它们引用的是特定的一段文章，引用要素中要包括页码信息和其他定位信息；参考书目条目中则不要，尽管这些条目也包括一个文献的页码总跨度，但通常是一个更大的文献整体的一部分，比如一篇文章或一个章节。

18.1.2 标点

参考书目条目里要用句点分隔大多数要素。在文中夹注里，作者和出版年之间不使用标点符号，但是要用一个逗号分开出版年和页码。

18.1.3 大写

所有标题都用标题格式大写，但是非英语标题要用句子格式大写。（见 22.3.1 参考两种格式。）以通常的方式大写专有名词（见第 22 章）。某些领域，除了期刊杂志或报纸的标题，可能要求你对大多数标题使用句子格式处理；遇到这种情况查看当地的文献引用指南。

图表 18.1 参考书目条目模板和文中夹注模板

下列模板展示了在引用几个常用类型的文献时，参考书目（R）和文中夹注（P）要包括的引文信息以及信息顺序。同时也展示了标点符号、标题大写的使用，以及何时使用斜体和引号。灰色阴影表示缩略语（或者全拼形式）以及其他实际出现在引文信息中的术语。XX 代表实际引用的页码，YY 代表一篇文章或一个章节可能的页码跨度。

更多例子、解说和变化见第 19 章。

书

1. 单个作者和编者

R：作者的姓，作者的名。出版年。书的标题：副标题。出版地：出版者名称。

Gladwell, Malcolm. 2000. *The Tipping Point: How Little Things can Make a Big Difference.* Boston: Little, Brown.

P:（作者的姓，出版年，XX-XX）

(Gladwell 2000, 64-65)

一本书有编者而没有作者的话，其格式调整如下：

R：编者的姓，编者的名，ed. 出版年……

Greenberg, Joel, ed. 2008...

P：（编者的姓，出版年，XX-XX）

(Greenberg 2008, 75-80)

2. 多位作者

一本书有两位作者的话，使用下面的格式：

R：第一位作者的姓，第一位作者的名，and 第二位作者的名和姓。出版年。书的标题：副标题。出版地：出版人名称。

Morey, Peter, and Amina Yaqin. 2011. *Framing Muslims: Stereotyping and Representation after 9/11.* Cambridge MA：Harvard University Press.

P：（第一位作者的姓 and 第二位作者的姓，出版年，XX-XX）

(Morey and Yaqin 2011,52)

一本书有三位作者，格式调整如下：

R：第一位作者的姓，第一位作者的名，第二位作者的名和姓，and 第三位作者的名和姓。出

续表

版年……

Soss, Joe, Richard C. Fording, and Sanford F. Schram. 2011...

P: （第一位作者的姓，第二位作者的姓，and 第三位作者的姓 出版年，XX-XX）

(Soss, Fording, and Schram 2011, 135-136)

一本书有四位或者更多的作者，只要如下所示调整文中夹注的格式：

P: （第一作者的姓 et al. 出版年，XX-XX）

(Bernstein et al. 2010, 114-115)

3. 作者加编者或译者

一本书有一位作者和一位编者，使用下面的格式：

R: 作者的姓，作者的名。出版年。书的标题：副标题。Edited by 编者的名和姓。出版地：出版者名称。

Austen, Jane. 2011. *Persuasion: An Annotated Edition*. Edited by Robert Morrison. Cambridge, MA: Belknap Press of Harvard University Press.

P: （作者的姓 出版年，XX-XX）

(Austen 2011, 311-312)

如果一本书有译者而不是编者，用短语 Translated by 以及译者的名字代替参考书目条目中的编者信息。

4. 版次

R: 作者的姓，作者的名。出版年。书的标题：副标题。版次 ed. 出版地：出版者名称。

Van Maanen, John. 2011. *Tales of the Field: On Writing Ethnography*. 2nd ed. Chicago: University of Chicago Press.

P: （作者的姓 出版年，XX-XX）

(Van Maanen 2011, 84)

续表

5. 编撰书籍中的单个章节

R：章作者的姓，章作者的名。出版年。“章标题：章副标题。” In 书标题：书副标题，edited by 编者的名和姓，YY-YY。出版地：出版者名称。

Ramírez, Angeles. 2010. “Muslim Women in the Spanish Press: The Persistence of Subaltern Images.” *In Muslim Women in War and Crisis:* Representation and Reality, edited by Faegheh Shirazi, 227-44. Austin: University of Texas Press.

P:（章作者的姓，出版年，XX-XX）

(Ramírez 2010, 231)

6. 刊印的期刊文章

R：作者的姓，作者的名。出版年。“文章的标题：文章的副标题。” 期刊名卷号，期号（增加的日期信息）：YY-YY。

Bogren, Alexandra. 2011. “Gender and Alcohol: The Swedish Press Debate.” *Journal of Gender Studies 20,* no. 2 (June): 155-69.

P:（作者的姓 出版年，XX-XX）

(Bogren 2011, 156)

一篇文章有多个作者，遵循模板 2 里面有关作者名字的相关格式。

7. 网上期刊文章

网上参阅的期刊，要列出访问日期和 URL。包含 DOI 信息的文章，URL 的构成里要把 DOI 加到 http://dx.doi.org/ 后，而不要使用地址栏里的 URL。下例中凯瑟的文章的 DOI 就是 10.1086/658052.

R：作者的姓，作者的名。出版年。“文章的标题：文章的副标题。” 期刊名卷号，期号（增加的日期信息）：YY-YY。Accessed 访问日期。URL。

Kiser, Lisa J. 2011, “Silencing the lambs: Economics, Ethics, and Animal life in Medieval Franciscan Hagiography.” *Modern Philology 108,* no. 3(February): 323-42. Accessed September 18, 2011. http://dx.doi.org/10.1086/658052.

续表

P:	（作者的姓，出版年，XX）
	(Kiser 2011, 340)
	更多详情见 15.4.1。

18.1.4 斜体和引号

大的标题如书和期刊的标题要用斜体排印；小一些的标题如章、文章的标题用罗马字体排印并放入引号内。未出版作品的标题如博士论文的标题用罗马字体排印并放入引号内，即使它们的长度相当于一本书。可参见 22.3.2。

18.1.5 数字

标题中的任何数字都要全拼出来或者按照原始文献中的数字呈现。原文中是罗马数字的页码要用小写罗马数字呈现。所有其他数字（例如章节数或者图表编号）都要用阿拉伯数字，即使在原文中它们使用的是罗马数字或者是全部拼写出来的。

18.1.6 缩略语

Editor 和 translator 这样的术语出现在名字后面的时候可以用缩略语（ed. 和 trans.），但是如果是在名字之前就要全拼出来（Edited by）。复数通常加 s（eds.），除非缩略语以 s 结尾（trans. 既用于单数也用于复数）。像 volume、edition 和 number 这样的术语总是使用其缩略语（vol.，ed. 和 no.）。

18.1.7 首行缩排

参考书目条目有一个悬挂式缩进：第一行左对齐，接下来的各行都缩进，缩进量等同于一个段落第一行。文中夹注放置于正文中，不需要缩进。

18.2 参考书目

使用作者 - 年格式的论文，文中夹注所引用的所有文献，参考书目都要列出完整的文献信息（不同于一些特定类型的文献，见 18.2.2）。你也可以将那些对你的论文有重要影响但没有在正文中特别提到的作品列出来。除了提供文献信息，参考书目还要展示给读者的是你的研究范围以及你的研究与以往研究的关系，并帮助读者在他们自己的研究中使用你的文献。如果你使用作者 - 年格式，论文中必须有一个参考书目列表。

该列表要标注 Reference（参考书目）。见附录表 A.16 展示的参考书目范例。

18.2.1 条目编排

18.2.1.1. 按照作者名字的字母顺序或者时间顺序。参考书目通常是一个单一列表，里面列出的所有引用文献都由作者、编者或者任何一位在条目中第一个出现的名字的姓的字母顺序排列。（非英语名字、复合名字以及其他特殊情况的字母顺序详见 18.2.1.2。）大多数文字处理软件都提供一个按字母顺序的排序功能。如果你使用该功能，首先要确保每一个条目后面都有硬回车。如果你在写一篇硕士论文或者博士论文，你所在系或者大学可能会特别规定你应该使用首字母顺序还是首单词顺序；这两套系统的讲解详见 2010 年第 16 版《芝加哥格式手册》。

如果你的参考书目包括两部或者更多的由同一个人写的、编辑的或者翻译的作品，要按照出版日期的时间顺序排列条目。第一个条目之后的所有条目中，这个人的名字要用一个长的破折号代替，又称作 3-em dash（长度相当于三个字母 M 的破折号，见 21.7.3）。对于编辑或翻译的作品，将逗号或者指称（ed. 或者 trans. 等）放在破折号后面。将所有这些作品放在有这个人参与合写或者合编的作品的前面。在你已经将完整的参考书目列表通过字母顺序整理出来后最好手工做这些调整。

R：Gates, Henry Louis, Jr. 1988. *The signifying Monkey: A Theory of African-American Literary Criticism*. New York: Oxford University Press.

——, ed. 2002. *The Classic Slave Narratives*. New York: Penguin Putnam.

——. 2004. *America behind the Color Line: Dialogues with African Americans.* New York : Warner Books.

——. 2010. *Tradition and the Black Atlantic: Critical Theory in the African Diaspora*. New York: Basic Civitas.

——. 2011. *Black in Latin America*. New York: New York University Press.

Gates, Henry Louis, Jr., and Cornel West. 2000. *The African-American Century: How Black Americans Have Shaped Our Country*. New York: Free Press.

同样的原则适用于单个的作者团队，其排名顺序没有变化。

R：Marty , Martin E., and R. Scott Appleby. 1992. *The Glory and the Power: The Fundamentalist Challenge to the Modern World*. Boston: Beacon Press.

——, eds. 2004. *Accounting for Fundamentalisms*. Chicago: University of Chicago Press.

Marty, Martin E., and Micah Marty. 1998. *When True Simplicity is Gained: Finding Spiritual Clarity in a Complex World*. Grand Rapids, MI: William B. Eerdmans.

如果你的参考书目包括一位作者或一个排名顺序相同的作者团队在同一年出版的一个以上的作品，那就要将条目按照标题的字母顺序排列（忽略冠词 a 或者 the）。将字母 a、b、c 等加在出版年后面，用罗马字体不要用空格。这些作品的文中夹注也要包括这些字母（见 18.3.2）。

R：Fogel, Robert William. 2004a. *The Escape from Hunger and Premature Death, 1700–2100: Europe, America, and the Third World*. New York: Cambridge University Press.

——. 2004b. "Technophysio Evolution and the Measurement of Economic Growth." *Journal of Evolutionary Economics* 14, no. 2: 217–21.

如果一本书或者一篇期刊文章没有作者或编者（或者其他署名的汇编人，如译者），将作品标题首先放入条目中并且以标题的字母顺序进行排序，忽略冠词 a 或者 the。

R: *Account of the Operations of the Great Trigonometrical Survey of India*. 1870–1910. 22 vols. Dehra Dun: Survey of India.

"The Great Trigonometrical Survey of India." 1863. *Calcutta Review* 38:26–62.

"State and Prospects of Asia." 1839. *Quarterly Review* 63, no. 126 (March): 369-402.

对于杂志或者报纸上的文章，如果没有作者，使用杂志或者报纸名来代替作者（见 19.3 或者 19.4）。其他类型的文献，见第 19 章相关部分的讲解；如果没有标明，相关位置用标题替代。

18.2.1.2　特定类型的名字。一些作者的名字里包含不止一个易辨识的名和姓。很多情况下你可以通过查询你所在图书馆的目录来确定正确的顺序。对于历史名字，有个可靠的文献《韦氏传记词典》可参看。本节概述了在参考文献目录中以名字的字母顺序排序的一般性原则。在短注释或括号夹注里，名姓颠倒过来使用（下文粗体显示）。如果你的文章里有很多来自某非英文的名字，遵循该语言的传统。

■ **复合名字**。复合姓氏进行字母排序，包括复姓，要按复合名字的第一部分排序。如果一位女士既使用娘家姓又使用夫家姓，但是没有用连字符连接，通常就按照第二个姓排序。在许多种语言里复合名字是有可预测的模式的（如下所示），而其他语言，比如法语和德语就没有。

Kessler-Harris, Alice	Mies van der Rohe, Ludwig
Hine, Darlene Clark	Teihard de Chardin, Pierre

■ **含虚词的名字**。这取决于什么语言，有些像 de，di，D'，以及 van 可以当成也可以不当成姓氏的第一部分来进行字母排序。如果你对某个名字没有把握，可以参考上文提到的相关资源。注意虚词既可以是小写也可以是大写，有一些还跟着所有格符号。

de Gaulle, Charles	Beauvior, Simone de
di Leonardo, Micaela	Kooning, Willem de
Van Rensselaer, Stephen	Medici, Lerenzo de'

■ **名字由"Mac"，"Saint"，或者"O"来开头**。名字开头有"Mac"、"Saint"、

“O”会有多种变化，比如缩写（Mc，St.）、拼写（Sainte，San）、大写（Macmillan，McAllister）、使用连字符或者单引号（O’Neil 或者 Odell，Saint-Gaudens 或者 St.Denis）。这些名字按字母顺序排序的时候要以字母实际呈现的形式为准，而且不要把它们放在一起，因为它们太相似了。

■ **西班牙名字**。许多西班牙姓氏是复合姓，包括一个人父亲家族和母亲家族的姓，有时会用一个 y 来连接。要以名字的第一部分来给这些名字排序。

Ortega y Gasset，José	Sánchez Mendoza，Juana

■ **阿拉伯名字**。阿拉伯名字的姓是以虚词 al- 或者 el-（相当于英语的 the）来开头的，给这些名字排序要按照虚词后面的部分来排。名字开头是 Abu、Abd 和 Ibn 的时候，类似于英语名字开头的 Mac 或者 Saint，排序是应该按照这个部分的字母顺序排。

Hakim，Tawfiq al-	Abu Zafar Nadvi，Syed
Jamal，Muhannad Hamid al-	Ibn Saud，Aziz

■ **中国和日本名字**。如果一个作者有中国和日本的名字，遵循传统惯例（姓在前名在后），不要将名字倒过来或者在名和姓中间插入逗号。如果作者遵循的是西方姓名的惯例（名在前姓在后），那就按照你对待一个英语名字一样来处理这个名字。

传统惯例	欧美惯例
Chao Wu-chi	Tsou，Tang
Yoshida Shigeru	Kurosawa，Noriaki

18.2.1.3　分类列表。因为读者从文中夹注中只能获得一个作者和日期的信息来帮助他们辨别相关的参考书目条目，因此这样的列表要按照上面描述的方式处理，一些罕见情况除外。在下面这些情况下，你要考虑将列表分成不同的几个分类：

■ 如果某类特定文献有三个或者四个条目，例如手稿、档案集、语音记录等，将它们与参考书目其他部分的列表分开来列出。

- 如果区分一次、二次、三次文献很重要，你可以将这些条目按照这个区分分别列出。

如果你要对文献进行类别区分，要用一个小标题来介绍每一个目录或分类区间，并且如果必要，用标注。每一部分的条目要根据上述的原则来排序，不要把一个文献列入超过一个区段里，除非它能清晰地以两种或更多的方法归类。

18.2.2 可省略的文献

按照惯例，你可以在目录中省去下列类型的文献：

- 古典的、中世纪的、早期的英国文学作品（19.5.1）和（某些情况下）著名的英语戏剧（19.8.5.2）。
- 圣经和其他宗教性作品（19.5.2）。
- 著名的参考书，例如最基础的词典和百科全书（19.5.3）。
- 未发表的访谈和个人通信（19.6.3），博客和评论（19.7.2），还有社交网络上的帖子（19.7.3）或者电子讨论组，或者邮件列表（19.7.4）。
- 某些资源是视觉艺术或表演艺术，包括艺术作品（19.8.1）和现场表演（19.8.2）。
- 美国宪法（19.9.5）和其他公文（19.9）。

你也可以在文献目录中加入上述各类中的某个特定作品，如果该作品对你的论证十分重要且引用频繁。

18.3 文中夹注

文中夹注要包括读者需要的足够信息，可以让他们在参考书目列表中查找到完整的引文信息，通常是作者的名字、出版日期，以及（如果你引用的是某个特定段落）页码或其他定位信息。名字和日期必须与参考书目条目中的完全一致。（注意文中夹注的引用项和标点与 16.4.3 中讲解的注释 - 参考文献格式中的文中注释是不同的，不要混淆或者混用。）

18.3.1 文本中的位置放置

不论何时你参考一个文献或者摘录一个文献中的资料，你都必须在正文的行文中插入文中夹注交代基本的文献辨识信息。通常，文中夹注放在一个句子或短语的最后，该句子或短语包含了摘录文字或其他原始资料。但是如果作者的名字在正文中已经提及，就将其他的引用信息（放入圆括号里）紧跟着放在作者名字的后面。当摘录文字是嵌入论文行文之中的时候，右括号后面可以跟逗号、句号或者其他标点符号，见 25.2。

“What on introspection seems to happen immediately and without effort is often a complex symphony of processes that take time to complete” (LeDoux 2003, 116).

While one school claims that “material culture may be the most objective source of information we have concerning America’s past”(Deetz 1996, 259), others disagree.

The color blue became more prominent in the eighteenth century (Pastoureau 2001, 124).

According to Gould(2007, 428), the song “spreads a deadpan Liverpudian irony over the most clichéd sentiment in all of popular music.”

然而使用引用段的话，文中夹注要跟在一个终止性标点符号后面。

He concludes with the following observation:

> The new society that I sought to depict and that I wish to judge is only being born. Time has not yet fixed its form; the great revolution that created it still endures, and in what is happening in our day it is almost impossible to discern what will pass away with the revolution itself and what will remain after it. (Tocqueville 2000, 673)

见表 A.11 参考文中夹注范本页。

18.3.2 特殊要素和格式问题

文中夹注的基本格式在 18.1 中有了阐述，几个常用类型的文献的模板也在图表

18.1 中给予了展示。本部分涉及的是需要被加进来的特定引用项，以及所有类型的文中夹注都会出现的特殊格式问题。

下列情况中，作品的编者、译者或者其他汇编人的名字在引用时要以作者名字的格式处理，除非有特别的情况说明。

18.3.2.1 同一个姓的作者。如果你引用的作品里有两个以上的作者姓氏相同，即使作品出版年是不同的，也要将作者名字的首字母加到文中夹注里。如果首字母也一样，就全拼其名。

(J. Smith 2011, 140)　　(Howard Bloom 2005, 15)

(T. Smith 2008, 25-26)　　(Harold Bloom 2010, 270)

18.3.2.2 作者与出版年都相同的作品。如果你引用的同一年出版的两部或以上作品是由同一位作者或者名字顺序相同的同一组作者所写，参考书目条目要按照书目列表中的标题来进行字母顺序排列，并且要加上 a、b、c 等，放到出版年之后（见 18.2.1.1）。文中夹注使用相同的标识（字母用罗马字体，日期之后没有空格）。

(Davis 2009a, 74)

(Davis 2009b, 59-60)

18.3.2.3 没有作者。如果你引用的一本书或者期刊文章没有作者，用标题代替参考书目列表中的作者信息（见 18.2.1）。文中夹注使用短注释，要包括完整标题中的最多 4 个特定文字，标题用斜体或使用罗马字体，与参考书目列表一致。

(*Account of Operations* 1870-1910)

("Great Trigonometrical Survey" 1863, 26)

没有作者的杂志或报纸文章，要使用杂志或者报纸名代替作者信息（见 19.3 和 19.4）。其他类型的文献，可以参照 19 章的相关章节；如果没有注明，就在相应位置上使用短标题。

18.3.2.4 没有日期。如果你引用的出版文献没有出版日期，使用一个标识 n.d.(“no date”）取代书目列表和文中夹注的出版年信息。使用罗马字体和小写字母格式。

(Smith n.d., 5)

其他类型的文献见第 19 章的相关章节。

18.3.2.5 引用超过一部文献。如果你为了一个论点引用了几个文献，要将它们放入一组，列入一个文中夹注里。文献按字母顺序、时间顺序或者重要性排序（取决于上下文），用分号分开。

Several theorists disagreed strongly with this position (Armstrong and Malacinski 2003; Pickett and White 2009; Beigl 2010).

18.3.3 脚注和文中夹注

如果你希望在文中加入实质性评论，使用脚注而不要用文中夹注。见 16.3.1-16.3.4，查看注释的位置放置、编号，以及格式。要在脚注中引用文献，使用通用的文中夹注格式。

N： 10. As Michael Pollan (2007, 374) observed, “We don’t know the most basic things about mushrooms.”

19 作者－年格式：引用特殊类型文献

第 18 章概述了作者 - 年格式的基本引用格式，包括参考书目条目和文中夹注。如果你不熟悉该引用格式，在参考本章之前阅读第 18 章。

本章提供详细的有关参考书目条目的格式信息（并且在较小范围内探讨了文中夹注），以及覆盖范围很广的各类文献格式信息。本章开始首先谈到引用的最普遍文献——书籍和期刊文章，之后谈到其他很多不同类型的文献。有关书的部分（19.1）和期刊文章的部分（19.2），讨论的是如作者的名字和作品的标题等这些引用要素的变化，这部分的讨论比不常用的文献部分的讨论要更深入一些。

大多数种类文献的电子版实例都与其他类型实例一起列入讨论。19.1.10 里讨论电子书。网站、博客和社交网站引文格式在 19.7 里探讨。

本章大部分章节都包括了针对参考书目条目格式的指导和实例（用 R 标识）。因为大多数文中夹注遵循第 18 章的基本格式（用 P 标识），这里对它们的讨论只是对某些非常规引用要素出现在文中夹注时可能引起的混乱进行阐明（例如一部作品没有作者的情况）。

如果你在这章里找不到需要的例子，参看《芝加哥论文格式手册》第 16 版（2010）。你也可以根据这里提供的原则和例子自创一套自己的格式。大多数导师、院系和大学接受这样的调整，只要你的格式是前后一致的。

19.1 书

书的引用要包括很多引用要素。本节讨论的这些要素的许多变化与其他文献类型也有关。

19.1.1 作者姓名

在参考书目列表里，每一个作者（编者、译者或者其他贡献人）的名字一定要与它在标题页上的一致，顺序也要一致。如果一个名字包含超过一个首字母，在它们中间要留空格（见 24.2.1）。列在第一位的作者要姓在前名在后，非英语名字除外，其他情况参看 18.2.1.2 的讲解。其他作者的名字要跟在后面，但顺序不要倒置。

R：Murav, Harriet. 2011. *Music from a Speeding Train: Jewish Literature in Post-revolution Russia*. Stanford, CA: Stanford University Press.

Barker-Benfield, G.J.2010.*Abigail and John Adams: The Americanization of Sensibility*. Chicago: University of Chicago Press.

Kindler, Donald R., and Allison Dale-Riddle. 2012.*The End of Race? Obama, 2008, and Racial Politics in America*. New Haven, CT: Yale University Press.

在文中夹注里，只需要使用作者的姓，需和参考书目中列出的一致。对于有三个或更多作者的作品，可参看表格 18.1。

P： (Murav 2011, 219-20)

(Barker-Benfield 2010, 499)

(Kinder and Dale-Riddle 2010, 47)

19.1.1.1 除了作者之外的编者和译者。如果一个标题页列出了作者之外的编者和译者，作者的名字如上所述处理。将编者或译者的名字放在书的标题之后。如果有译者也有编者，名字的顺序按照文献原著上标题页的顺序排列。

在参考书目条目里，插入短语 Edited by 或者 Translated by，放在编者名字或者译者名字的前面。

R：Elizabeth I, 2000. *Collected Works*, Edited by Leah S. Marcus, Janel Mueller, and Mary Beth Rose. Chicago: University of Chicago Press.

Hegel, Georg Wilhelm Friedrich. 2010. *The Science of Logic*. Edited and translated by George di Giovanni. Cambridge: Cambridge University Press.

Jitrik, Nóe. *The Nóe Jitrik Reader: Selected Essays on Latin American Literature*. Edited by Daniel Balderston. Translated by Susan E. Benner. Durham, NC: Duke University Press.

当标题页用一个复杂的表述来辨识一个编者或译者时，例如"Edited with an Introduction and Notes by"（连同引言和注释由……编辑）或者"Translated with a Foreword by"（连同前言由……翻译），你可以简化这个短语为"edited by"（由……编辑）或者"translated by"（由……翻译），可遵照上面的例子。一般来讲，如果前言或引言是由作者之外的某人所写，你不需要提到那个人，除非你特别引用了那个部分的内容（见 19.1.9）。

如果某作品在参考书目列表中是列于作者名字之下的，文中夹注里不要加入编者和译者的名字。

P：(Elizabeth I 2000, 102-4)

(Hegel 2010, 642-43)

(Jitrik, 189)

19.1.1.2 编者或译者代替作者。当书的标题页列出的是编者或译者而不是作者的时候，将那个名字替换到作者的位置，就像作者的名字那样处理（见上文），但是参考书目条目里要加上一个缩略语 ed. 或者 trans. 放在名字后面。如果有几个编者或译者，使用 eds. 或者 trans.（单数和复数形式），并且遵循图表 18.1 中所表述的针对多位作者的处理方法来处理。

R：Heaney, Seamus, trans. 2000. *Beowulf: A New Verse Translation*. New York: W. W. Norton.

Makhulu, Anne-Maria, Beth A. Buggenhagen, and Stephen Jackson, eds. 2010. *Hard Work, Hard Times: Global Volatility and African Subjectivities.* Berkeley: University of California Press.

P：(Heaney 2000, 55)

(Makhulu, Buggenhagen, and Jackson 2010, viii-ix)

19.1.1.3 某组织作为作者。如果一个出版物是由某组织、协会、委员会或者社团发行的，没有个人名字作为作者名字出现在标题页上的话，将组织的名字作为作者列出，即使它也是出版者。有关公文的表述，见 19.9。

R：American Bar Association. 2010. *The 2010 Federal Rules Book*. Chicago: American Bar Association.

P: (American Bar Association 2010, 221)

19.1.1.4 笔名。对于一个被广泛认可的笔名要像对待作者的真名一样。如果列出的作者名是笔名而真名又不知道的话，加上 pseud.，放在括号里，跟在参考书目条目里的笔名之后，文中夹注里则不需要。

R：Twain, Mark. 1899. *The Prince and the Pauper: A Tale for Young People of All Ages*. New York: Harper and Brothers.

Centinel [pseud.]. 1981. "Letters." In *The Complete Anti-Federalist*, edited by Herbert J. Storing. Chicago: University of Chicago Press.

P: (Twain 1899, 34)

(Centinel 1981, 2)

19.1.1.5 匿名作者。如果能知道谁是作者或者能猜到，但是书的标题页却省略了这个信息的话，将名字放入括号里（如果不确定就加一个问号）。如果作者或编者不知道是谁，不要使用 Anonymous(匿名)放在名字的位置上，而要在参考书目条目里用标题开头。文中夹注里使用短标题（见 18.3.2）。

R: [Cook, Ebenezer?]. 1730. *Sotweed Redivivus, or The Planter's Looking-Glass*. Annapolis.

A True and Sincere Declaration of the Purpose and Ends of the Plantation Begun in Virginia, of the Degrees Which it Hath received, and Means by Which it Hath Been Advanced. 1610. London.

P: （[Ebenezer Cook?] 1730，5-6）

（*True and Sincere Declaration 1610*，17）

19.1.2 出版日期

一本书的出版日期只包含年，没有月和日，通常与版权日期一致。它通常出现在版权页上，有时出现在标题页上。

在参考书目条目里，作为一个引用项用句点分开出版日期。在文中夹注里，将它放在作者的名字之后，不要用标点隔开。

R: Franzén, Johan. 2011. *Red star over Iraq: Iraq Communism before Saddam.* New York: Columbia University Press.

P: (Franzén 2011, 186)

修订版和重印版可能包含不止一个版权日期。这种情况下，用最近的日期表示出版日期，例如，在这一串数字里“©1992，2003，2010.”2010 就是出版日期。这类作品的出版日期引用见 19.1.4。

如果你不能确定一部作品的出版日期，用缩略语 n.d. 取代年。如果日期没有提供，但是你相信自己知道，你可以将它加在方括号里，用一个问号表示你的不确定。

R：Agnew, John. n.d. *A Book of Virtues*. Edinburgh.

Miller, Samuel. [1750?].*Another Book of Virtues*. Boston.

P:　(Agnew n.d., 5)

(Miller [1750?], 5)

如果一本书与一个出版机构订立有合同，并且已经有了书名，但是出版日期还不知道，就用“forthcoming”取代日期。为了避免混淆，在文中夹注里加一个逗号在作者名之后。还没有订立出版合同的书都要按照未出版手稿来对待（见 19.6）。

R：作者， Jane Q. Forthcoming。书标题。出版地。出版者名称。

P:（作者， forthcoming，16）

19.1.3　标题

列出完整的标题和副标题。两者都要用斜体，用一个冒号分开标题和副标题。如果有两个副标题，第一个副标题之前用冒号，第二个副标题之前用分号。

R：Goldmark, Daniel, and Charlie Keil. 2011. *Funny Pictures: Animation and Comedy in Studio-Era Hollywood*. Berkeley: University of California Press.

Ahmed, Leila. 1999. *A Border Passage: From Cairo to America; A Woman's Journey*. New York: Farrar, Straus and Giroux.

以标题的格式来大写标题和副标题，也就是说，标题和副标题中的第一个单词和最后一个单词的第一个字母大写，所有的主要词语第一个字母大写。非英语标题，用句子格式来大写，也就是说，标题和副标题中的第一个单词的第一个字母大写。任何专有名词和专有形容词也要按照原语言的传统来大写（在某些罗曼语言中，专有形容词和某些专有名词不用大写）。这两种格式更详细的讨论见 22.3.1。

（标题格式） *How to Do It: Guides to Good Living for Renaissance Italians*

（句子格式） *De sermone anatorio apud latinos elegiarum scriptores*

保留原始标题的拼写、连字符、标点。有两个例外：全部大写字母的单词（首字母缩略词或首字母组合词除外，见第 24 章）改为大写加小写字体，并将 & 的符号改为 and。将数字拼写出来或者按照原文给出（Twelfth Century 或者 12th Century），除非有合理的理由要让它们与列表中的其他标题保持一致可以不拼写出来。

章节标题和书的其他部分标题，见 19.1.9。

19.1.3.1 标题中的特殊要素。标题中的几个要素需要特殊的格式。

■ **日期**。在标题或副标题后面用逗号分开日期，即使原始文献中没有标点。但是如果文献用介词来介绍日期（例如“from 1920 to 1945”）或者用冒号引出日期，这时就不要用逗号了。

R：Hayes, Romain. 2011. *Subhas Chandra Bose in Nazi Germany: Politics, Intelligence, and Propaganda, 1941-42* . New York: Columbia University Press.

Sorenson, John L., and Carl L. Johannessen. 2009. *World Trade and Biological Exchanges before 1492*. Bloomington, IN: iUniverse.

■ **标题中有标题**。当一个作品的标题（通常是斜体字体），出现在另一个也是斜体字体的标题里面时，将摘录的标题用引号框起来。如果这个内含标题在正常情况下就是放入引号内的，那就保留这个引号。

N： Ladenson, Elisabeth. 2007. *Dirt for Art's Sake: Books on Trial from "Madame Bovary" to"Lolita."* Ithaca, NY: Cornell University Press.

McHugh, Roland.1991. *Annotations to "Finnegans Wake."* 2nd ed. Baltimore: Johns Hopkins University Press.

然而，当一本书的整个主标题是由一个引用语组成的或者是一个内含标题的标题，就不要再将它放入引号里。

R：Swope, Sam 2004. *I am a Pencil: A Teacher, His Kids, and Their World of Stories*. New York: Henry Holt, 2004.

Wilde, Oscar. 2011. *The Picture of Dorian Gray: An Annotated, Uncensored Edition*. Edited by Nicholas Frankel. Cambridge, MA: Harvard University Press.

■ **斜体字术语**。当一个斜体标题里面有一个在正文中通常也是以斜体出现的术语时，例如物种名称或者船名，将这些术语设置成罗马字体。

R：Pennington, T. Hugh. 2003. *When Food Kills*: BSE, E. Coli, *and Disaster Science*. New York: Oxford University Press.

Lech, Raymond B. 2001. *The Tragic Fate of* the U.S.S. Indianapolis: *The U.S. Navy's Worst Disaster at Sea*. New York: Cooper Square Press.

■ **问号和感叹号**。当一个标题或副标题是以问号或感叹号结尾时，一般来说后面不要再跟其他标点符号（参看 21.12.1）。

R：Allen, Jafari S. 2011. *iVenceremos? The Erotics of Black Self-Making in Cuba*. Durham, NC: Duke University Press.

Wolpert, Stanley. 2010. *India and Pakistan: Contimued Conflict or Cooperation?* Berkeley: University of California Press.

19.1.3.2 年代久的标题。对于出版于 18 世纪或者更早的作品的标题，保留原有的标点和拼写，也保留原著的大写方式，即使它不遵循标题格式。然而，全部以大写字母出现的单词要改成大写加小写的方式。如果标题很长，你可以缩短它，但是要保留足够的信息让读者能在图书馆里或者出版人目录里找到其全名。要在这样的标题中用三个省略点标出省略部分。如果在参考目录条目里省略的是标题的最后部分，用一个句点和三个省略点表示。

R：Ray, John. 1673. *Observations Topographical, Moral, and Physiological: Made in a Journey Through part of the Low-Countries, Germany, Italy, and France: with A Catalogue of Plants not Native of England...Whereunto is added A Brief Account of Francis Willughby, Esq., his*

Voyage Through a great part of Spain[London].

Escalante, Bernardino. 1579. *A Discourse of the Navigation which the Portugales doe make to the Realmes and Provinces of the East Partes of the Worlde...*Translated by John Frampton. London.

19.1.3.3　非英语标题。非英语标题用句子格式大写，遵循相关语言的专有名词的大写规则。如果你对这些规则不熟悉，参考一本可靠的文献。

R：Gouguenheim, Sylvain. 2008. *Aristote au Mont-Saint-Michel: Les racines grecques de l'Europe chrétienne*. Paris: Éditions du Seuil.

Piletic Stojanovic, Ljijana, ed. 1971. *Gutfreund i češki kubizam*. Belgrade: Muzej savremene umetnosti.

Kelek, Necla. 2006. *Die fremde Braut: Ein Bericht aus dem Inneren des Turkischen Lebens in Deutschland*. Munich: Goldmann Verlag.

如果你加入标题的英文翻译，将它放在原标题之后，用方括号括起来，不要用斜体和引号，按照句子格式大写。

R：Wereszycki, Henryk. 1977. *Koniec sojusze trzech cesarzy* [The end of the Three Emperors' League]. Warsaw: PWN.

Yu Guoming. 2011. *Zhongguo chuan mei fa zhan qian yan tan suo* [New perspectives on news and communication]. Beijing: Xinhua chu ban she.

如果你需要引用原著和译著，使用下面的其中一种形式，这取决于你想要读者把重点放在原著上还是译著上。

R：Furet, Francois. 1995. *Le passe d'une illusion*. Paris: Editions Robert Laffont. Translated by Deborah Furet as The Passing of an Illusion (Chicago: University of Chicago Press, 1999).

或者

Furet, Francois. 1999. *The Passing of an Illusion*. Translated by Deborah Furet. Chicago: University of Chicago Press. Originally published as *Le passe d'une illusion*. (Paris: Editions Robert Laffont, 1995).

19.1.4 版次

一些作品出版超过一版，每一版在内容或格式上有不同或者两者都有不同。要一直引用你实际参看的那一版（除非是第 1 版，第 1 版通常不会列出这个信息）。

19.1.4.1 修订版。当一本书再次出版时，内容有重大改动时，它被称为“修订版”或者“第二版”（或者后续版）。这个信息通常会出现在书的标题页上，并且会随着该版日期在版权页再次出现。

当你引用的版本不是第 1 版时，将该版的说明或编号放在标题之后。下列词用缩略语，比如“Second Edition Revised and Enlarged”用缩略语 2nd ed.；“Revised Edition”用缩略语 rev.ed.。出版日期也只采用你参看的这个版本的，不要用以前任何一个版本的（见 19.1.2）。

R：Foley, Douglas E. 2010. *Learning Capitalist Culture: Deep in the Heart of Tejas*. 2nd ed. Philadelphia: University of Pennsylvania Press.

Levitt, Steven D., and Stephen J. Dubner. 2006. *Freakonomics: A Rougue Economist Explores the Hidden Side of Everything*. Rev. Ed. New York: William Morrow.

19.1.4.2　重印版。许多书会以超过一种版本重复出版和发行，如平装版（由原出版人或另一个出版人发行）或者电子版（见 19.1.10）。要一直从你参看的版本记录出版信息。如果你参看的版本是在原版之后超过一两年才出版的，或者是一个古典作品的现代印刷版，你可以将原版和你参看的这个版本的出版日期同时记录下来（见 19.1.2）。

R：Jarrell, Randall. 2010. *Pictures from an Institution: A Comedy*. Chicago: University of Chicago Press. (Orig. Pub.1954.)

P: (Jarrell 2010, 79-80)

如果重印版是一部古典作品的现代印刷本，你应该仍然引用重印版，但是如果原版出版日期在你论文的上下文中很重要的话，在参考书目和文中夹注里都要将它放入括号里，放在重印日期之前。

R：Dickens, Charles. 2011. *Pictures from Italy*. Cambridge：Cambridge University Press. (Orig. pub. 1846.)

P：(Dickens 2011, 10)

或者

R：Dickens, Charles. [1846] 2011. *Pictures from Italy*. Cambridge: Cambridge University Press.

P：(Dickens [1846] 2011,10)

19.1.5 卷

如果一本书是多卷宗作品的一部分，要把这个信息加到引用信息里。

19.1.5.1　特定卷。引用一个有自己标题的特定卷，要将这个多卷宗作品的标题作为整体列出，后面跟该卷的卷号和特别卷的标题。用缩略语 vol. 并用阿拉伯数字表示卷号。

R：Naficy, Hamid. 2011. *A Social History of Iranian Cinema.* vol. 2*, The Industrializing Years, 1941-1978*. Durham, NC: Duke University Press.

如果各卷没有单独的标题，将你引用的每一卷列在参考书目列表里（见 19.1.5.2）。在文中夹注里，特定卷卷号紧随着排在页码之前，由冒号隔开，中间不空格。

R：Byrne, Muriel St. Care, ed. 1981. *The Lisle Letters*. Vols. 1 and 4. Chicago: University of Chicago Press.

P：(Byrne 1981, 4:243)

一些多卷宗的作品既有总编又有每一卷各自的编者或作者。当引用这样的作品中的某部分时，将有关的单个编者或作者的信息（见 19.1.1）放在他们负责的那部分标题的后面。下文中的例子显示了怎样引用有超过三个实体部分的卷（vol. 2，bk.3)。在文中夹注里，只列出引用部分的作者。

R：Mundy, Barbara E. 1998. "Mesoamerican Cartography," in *The History of Cartography*, edited by J. Brian Harley and David Woodward, vol.2, bk.3, *Cartography in the Traditional African, American, Arctic, Australian, and Pacific Societies*, edited by David Woodward and G. Malcolm Lewis，183-256. Chicago: University of Chicago Press.

P：（Mundy 1998，233）

19.1.5.2　多卷作品作为一个整体。 作为一个整体来引用一部多卷作品，要给出标题、总的卷号，并且如果这些卷是在时间跨度好几年出版的，还要在参考书目列表和文中夹注里给出出版的时间跨度。

R：Aristotle. 1983. *Complete Works of Aristotle: The Revised Oxford Translation*. Edited by J. Barnes. 2 vol. Princeton, NJ: Princeton University Press.

Tillich, Paul. 1951-63. *Systematic Theology*. 3vols. Chicago: University of Chicago Press.

P: (Tillich 1951–63, 2:41)

包含有独立卷名和各卷编者的作品（见 19.1.5.1），通常最好在参考书目列表中单独引用每一卷。

19.1.6 丛书

如果一本书属于一个丛书系列，你可以选择将丛书的信息加进来帮助读者定位或判断文献的可信度。将丛书信息放在标题（以及卷、版次或者编者名字）之后，放在出版信息之前。

将丛书信息用罗马字体和标题格式大写，省略开头的“The”。如果丛书中各卷都有编号，将引用的作品的编号加进来，跟在丛书标题之后。丛书编者的名字通常省略，但是你可以在丛书标题之后加上。如果既有编者又有卷号，卷号前面加上 vol.。

R：Hausman, Blake M. 2011. *Riding the Trail of Tears*, Native Storiers: A Series of American Narratives. Lincoln: University of Nebraska Press.

Lunning, Frenchy, ed.2010. *Fanthropologies*. Mechademia 5. Minneapolis: University of Minnesota Press.

Stein, Gertrude. 2008. *Selections*. Edited by Joan Retallack. Poets for the Millennium, edited by Pierre Joris and Jerome Rothenberg, vol. 6. Berkeley: University of California Press.

19.1.7 出版信息

出版信息通常包括下面两项：出版地点（城市）和出版者名称。第三个出版信息出版日期，作为一个分开的信息项在该引文格式中出现在作者名字的后面，见19.1.2。

R：Gladwell, Malcolm. 2000. *The Tipping point: How Little Things Can Make a Big Difference*. Boston: Little, Brown.

20世纪之前出版的书，或者作品中没有出现该信息的文献，你可以省略出版者名称。

R：Darwin, Charles. 1871. *The Descent of Man, and Selection in Relation to Sex.* 2 vols. London.

19.1.7.1　出版地。出版地是指该书的出版者的主要编辑部所在城市。如果你在标题页上看不到这个信息，到版权页上去找找。如果给出了两个或更多的城市（例如“芝加哥和伦敦”），只用第一个城市名。

Los Angeles: Getty Publications

New York: Columbia University Press

如果出版城市读者可能不知，或者可能会与另一重名城市混淆，那就加上州（见24.3.1）或者（如果必要）国家的缩写。当出版者的名称包括州名，那就不需要州名缩写了。

Cheshire, CT: Graphics Press

Harmondsworth, UK: Penguin Books

Cambridge, MA: MIT Press

Chapel Hill: University of North Carolina Press

外国城市要用当下通用的英语名字。

Belgrade（不是 Beograd） Milan（不是 Milano）

当出版地不可知时，你可以在注释中使用缩写 N.p.，放在出版者名称之前。如果出版地为猜测，要加上一个问号，放在方括号里。

N.p. : Windsor

[Lake Bluff, IL?]: Vilet and Edwards

19.1.7.2 出版者名称。 出版者名称要准确按照标题页上的来给出，即使你知道那个名称已经改变了，或者你的参考文献目录里有另外列出的书，其上印刷的同一个出版者的名称是不同的。

Haircourt Brace and World

Harcourt Brace Jovanovich

Harcourt, Brace

然而你可以省略开头的 The 和下面的类似缩略语，例如 Inc.，Ltd.，S.A.，Co.，&Co.，还有 Publishing Co.（以及这类出版公司的缩写的全拼形式）。

University of Texas Press 取代 The University of Texas Press

Houghton Mifflin 取代 Houghton Mifflin Co.

Little, Brown 取代 Little, Brown & Co.

对于国外出版机构，不要翻译或者缩写出版者名称的任何一个部分，但是城市要用其英语名称（正如19.1.7.1中提到的）。当出版者不可知时，就只使用出版地（如果知道）。

19.1.8 页码和其他定位信息

页码和其他用来判定所引用的一段文章或资料的所在位置的信息通常出现在文中夹注里，而不需出现在参考书目里。一个例外：如果你在参考书目中要引用一个章节或书的一个部分，要给出该章节或部分的页码范围（例子见19.1.9）。

有关页码跨度的标示见23.2.4。

19.1.8.1 页、章和区分页码。定位通常是文中夹注的最后一项。在页码前面，page或者缩写p.或pp.通常是省略掉的。使用阿拉伯数字，除非原文献中页码用罗马数字标识。

P：(Arum and Roksa 2011, 145-46)

(Jones 2010, xiv-xv)

有时你可能想要提及的是一整章（缩写chap.），部分（pt.），书（bk.）或者节（sec.），而不是一个页码范围。

P: (Datar, Garvin, and Cullen 2010, pt. 2)

一些书是1800年以前印刷的，没有页码，而是被分成不同的识别标志，再分成正反面的一张张或者对开的一张张，每一张都有正面（recto，或者r）和背面（verso，或者v）。引用这样的书页，要加入相关数字串信息和标识符放在一起，不要有空格不要用斜体：例如G6v，176r，232r–v，或者fol. 49（如果你引用的是整张的文献）。

19.1.8.2 其他类型的定位标识。有时你会需要引用一个特定的注释、图形、表格，或者一个有编号的行（例如在诗歌作品中）。

■ **注释的编号**。注释的引用要使用缩略语n.（复数nn.）。如果引用的注释是该页唯一的脚注或者是一个未编号的脚注，那就把n.加在页码之后（不要空格或标点）。如果引用的注释所在页面上还有其他脚注或尾注，就要将页码标在n.或者nn.（如果引用了连续两个或两个以上的注释）以及注释编号的后面。

P: (Grafton 1997,72n)

(Bolinger 1980, 192n30,199m4,201nn, 6-17)

■ **插图和表格的编号**。要用缩略语 fig. 代表图形（figure），但是表格（table）、示意图（map）、整页插图（plate）以及其他类型的插图的名称就需要完整拼写出来。将页码标注在插图编号之前。

P: (Sobel 1993,87,table 5.3)

■ **行编号**。对于诗歌或者其他最适合用行编号来标识的作品，要避免使用缩略语 l.(line) 以及 ll.(lines)，它们很容易与数字 I 和 II 混淆。应该使用 line 或者 lines 标示，或者在你清楚表明了所指即为行数的时候，就只用数字来标识就可以了。

P：(Nash 1945, lines 1-4)

19.1.9 章节和书的其他部分

在大多数情况下你应该引用一本书的主要标题，该书提供一个连续的论证或叙事，即使你实际上只用了其中的一个部分。但是有时你会想要引用其中一段独立的文章或者章节，如果那部分与你的研究最相关。这样做可以帮助读者看明白该文献如何与你的研究相关联。

R：Demos, John. 2001. "Real Lives and Other Fictions: Reconsidering Wallace Stegner's *Angle of Repose*." In *Novel History: Historians and Novelists Confront America's Past (and Each Other)*, edited by Mark C. Carnes, 132-45. New York: Simon and Schuster .

P：(Demos 2001, 137)

不可：

R： Carnes, Mark C., ed. 2001. *Novel History: Historians and Novelists Confront America's Past (and Each Other)*. New York: Simon and Schuster.

P：(Carnes 2001, 137)

19.1.9.1 单一作者的书的各部分。 如果你引用的是一本单一作者的书里面的一个章节或者其他标题的某部分，将该部分的标题先列出来，用罗马字体，并放入引号里面。在指示词 In 后面给出书的标题。将该部分完整的页码跨度标在书名之后。

R：Greenhalgh, Susan. 2010. “Strengthening China’s Party-State and Place in the World,” In *Cultivating Global Citizens: Population in the Rise of China*, 79-114. Cambridge, MA: Harvard University Press.

有些单一作者的书包括一个由其他作者单独写出的部分，如 preface（前言）或者 afterword（后记）之类。引用这一部分，要将那部分的标题名称放在书名之前，用罗马字体，不要引号，只大写第一个单词。文中夹注只要提及该部分的作者名即可。

R：Calhoun, Craig. 2005. Foreword to *Multicultural Politics :Racism, Ethnicity, and Muslims in Britain*, by Tariq Modood, ix-xv. Minneapolis: University of Minnesota Press.

P: (Calhoun 2005, xii)

如果这个通用部分的作者与书的作者是同一人，那就将书作为整体引用到参考书目里，不要只引用该部分。

19.1.9.2 编辑的作品集的各部分。如果你引用的是编辑的集著里的一部分，如果该集著有多位作者，在参考书目列表中，将引用部分的作者和标题先列出来（以罗马字体，放入引号内）。在指示词 In 后面，给出书名和编辑名、该部分书页页码跨度。在文中夹注里，只需要给出该部分的作者名。

R：Binkley, Cameron. 2011. “Saving Redwoods: Clubwomen and Conservation,1900-1925.” In *California Women and Politics: From the Gold Rush to the Great Depression*, edited by

Robert W. Cherny, Mary Ann Irwin, and Ann Marie Wilson,151-74. Lincoln: University of Nebraska Press.

P: (Binkley 2011, 155)

如果你引用了同一个作品集里两个或更多的作品，你可以使用短形式省出页面空间。在参考书目列表中，提供整本书的完整引用信息以及每一部分的短形式。后者要有完整的作者名、出版日期以及该部分的完整标题；在提示词 In 后面，加上该书编者名字的短形式、出版日期和该部分的完整页码跨度。

R：Keating, Ann Durkin, ed. 2008. *Chicago Neighborhoods and Suburbs: A Historical Guide*. Chicago: University of Chicago Press.

Bruegmann, Robert. 2008. “Built Environment of the Chicago Region.” In *Keating* 2008, 76-314.

Reiff, Janice, L. 2008. “Contested Spaces.” In *Keating* 2008, 55-63.

如果你使用这个格式，文中夹注就只需涉及该部分信息，而不需要提到整本书的编者信息。

P：(Bruemann 2008, 299-300)　　不是　（Keating 2008, 299-300）

(Reiff 2008, 57)　　不是　（Keating 2008, 57）

19.1.9.3　诗文曲画选集作品。在一个出版的选集里面引用一个短故事、诗歌、散文或者其他作品，方法同你从一个有多位作者的集著里引用一个作品是一样的。选集里出版的大多数作品的标题用罗马字体，放入引号里。一个例外就是如果是一篇书一样长度的诗歌或散文，那就要用斜体（见 22.3.2）。

R：Allende, Isabel. 1997. “The Spirits Were Willing,” In *The Oxford Book of Latin American Essay*, ed. Ilan Stavans, 461-67. New York: Oxford University Press.

Wigglesworth, Michael. 2003. Excerpt from *The Day of Doom.* In *The New Anthology of American Poetry*, vol. 1, *Traditions and Revolutions, Beginnings to 1900*, edited by Steven Gould Axelrod, Camille Roman, and Thomas Travisano, 68-74. New Brunswick, NJ: Rutgers University Press.

P: (Allende 1997, 463-64)

(Wigglesworth 2003, 68)

如果作品的最初出版日期在你的论文上下文中很重要，那就要在参考书目列表和文中夹注里将该日期加在选集出版日期之前。

R：Wiggleworth, Michael. [1662] 2003. Excerpt from...

P: (Wiggleworth [1662] 2003, 68)

19.1.10 电子书

电子书的引用和印刷的书籍一样，正如 19.1 整节所讨论的。此外你还需要加入参看的电子书的格式信息。如果你读的是网上书籍，要包括一个访问日期和一个 URL。如果一个推荐的 URL 与该书列在一起，使用这个 URL 而不用你浏览器地址栏里的那个。如果你参看的是图书馆里的电子书或者是商业数据库里的文献，你要给出数据库的名称。如果你以某个专门的电子书格式下载了书，要特别标出该格式，不用给出访问日期。更多详情见 15.4.1。

R：Pattison, George. 2011. *God and Being*: *An Enquiry*. Oxford: Oxford University Press. Accessed September 2, 2012. http://dx.doi.org/10.1093/acprof:oso/9780199588688.001.0001.

Quinlan, Joseph P. 2010. *The last Economic Superpower: The Retreat of Globalization, the End of American Dominance, and What We can Do about it*. New York: McGraw-Hill. Accessed November 1, 2011. ProQuest Ebrary.

Hogan, Erin. 2008. *Spiral Jetta: A Road Trip through the Land Art of the American West* . Chicago: University of Chicago Press. Adobe PDF eBook.

Gladwell, Malcolm. 2008. *Outliers: The Story of Success*. Boston: Little, Brown. Kindle.

P： (Pattison 2011, 103-4)

(Gladwell 2008，193)

一些电子书格式有固定的页码，每一个读者看到的都一样（例如 PDF 格式的电子书），但是某些格式允许读者个人对打印尺寸和其他设置进行调整，页码就会不同。你使用的格式名称和数据库都能帮助读者判定你的引用信息中的页码是否固定。另一个选择是，如果页码是不固定的，就引用篇章或者其他有编号的可区分部分（见 19.1.8.1），或者，如果没有编号就采用章节的名（见 19.1.9）。下面文献就缺少原始出版信息。

R：Dostoevsky, Fyodor. 2011. *Crime and Punishment*, translated by Constance Garnett. Project Gutenberg. Accessed September 13, 2011. http://gutenberg.org/files/2554/2554-h/2554-h.htm.

P：(Dostoevsky 2011, pt.6, chap.1)

19.2 期刊文章

期刊是指学术或专业的定期出版刊物，主要可在学校图书馆或者通过订阅获取。它们一般在刊名上有 Journal 的字样（如 *Journal of Modern History*，《现代历史》），但也不总是这样（如 Signs，杂志）。期刊不同于杂志，杂志面向的是更大众的读者。这个区别很重要，因为期刊文章和杂志文章的引用是不同的（见 19.3）。如果你不确定是否一个定期出版的刊物是期刊还是杂志，看看它的文章是否包含文献引用，如果包含，就将其当作期刊对待。

许多期刊文章在网上可以获取，通常可以通过你的学校图书馆网站或者某个商业数据库。要引用一篇你在网上阅读的文章，引用信息里要包括访问时间和一个 URL。如果 URL 与文章一起列出，那就使用列出的 URL 而不要使用浏览器地址栏里的那个。如果你参考的文献是从一个图书馆数据库或者商业数据库获取的，你可以给出该数据库的名称。更多详情见 15.4.1。

19.2.1 作者的名字

作者的名字要与它们在文章标题页上的一致。文中夹注中要使用姓。在参考书目列表中，第一作者的名姓要倒置。特殊情况见 18.2.1.2 和 19.1.1。

19.2.2 出版日期

一篇期刊论文的主要出版日期只包括年份。在参考书目列表中，用句点将出版年份区分开来作为信息项放在作者名字之后。文中夹注里，出版年放在作者名之后，中间没有标点符号。

R：Gubar, Susan. 2011. "In the Chemo Colony," *Critical Inquiry* 37, no.4(Summer): 652-71. Accessed August 29, 2011. http://dx.doi.org/10.1086/660986.

Bartfeld, Judi, and Myoung Kim. 2010. "Participation in the School Breakfast Program: New Evidence from the ECLS-K." *Social Service Review* 84, no. 4(December): 541-62. Accessed October 31, 2012. http://dx.doi.org/10.1016/657109.

P：(Gubar 2011, 652)

(Barfeld and Kim 2010, 550-51)

注意，增加的其他日期信息要放在参考书目条目里，用圆括号括起来，置于卷号和期号信息之后（见 19.2.5）。

如果一篇文章已被接受出版，但还未出版，用 forthcoming 代替出版日期（和页码）。为避免混淆，这种格式的文中夹注里需要加一个逗号在作者名字后面。未获出版的任何文章都作为未出版手稿对待（见 19.6）。

R：作者，Margaret M. Forthcoming。“文章标题。”期刊名 98（期号）。

P：(作者，forthcoming)

19.2.3 文章标题

列出完整的文章标题和副标题。标题和副标题使用罗马字体，两者之间用冒号隔开，并放入引号内。用标题格式大写（见 22.3.1）。

R：Saskia E. Wieringga. 2011. “Portait of a Women’s Marriage: Navigating between Lesbophobia and Islamophobia,” Signs 36, no.4 (Summer): 785-93. Accessed February 15, 2012, http://dx.doi.org/10.1086/68500.

术语在文中通常是斜体格式，例如物种名称或书的标题，这些在文章标题信息中维持斜体格式；那些在文中属于摘录的术语一般放在单引号里面，因为标题本身要放在双引号里面。后面带有问号或感叹号的标题或副标题后面不要加冒号或者句点。参看 21.12.1。

R：Twomey, Lisa A. 2011. “Taboo or Tolerable? Hemingway’s *For Whom the Bell Tolls* in Postwar Spain,” *Hemingway Review* 30, no.2 (Spring): 54-72.

Lewis, Judith. 1998. “‘Tis a Misfortune to Be a Great Ladie’: Maternal Mortality in the British Aristocracy, 1558-1959.” *Journal of British Studies* 37, no.1 (January): 26-40. Accessed August 29, 2011. http://www.jstor.org/stable/176034.

非英语标题通常采用句子格式大写（见 22.3.1），要根据特定语言的惯例。如果你加入英语翻译，放入方括号里，不要引号。

R：Carreno-Rodriguez, Antonio. 2009. “Modernidad en la literature gauchesca: Carnavalización y parodia en el Fausto de Estanislao del Campo,” *Hispania* 92, no. 1 (March): 12-24. Accessed December 8, 2011.http://www.jstor.org/stable/40648253.

Kern, W. 1938. “Waar verzamelde Pigafetta zijn Maleise woorden?” [Where did Pigafetta collect his Malasian words?] *Tijdschrift voor indische taal-, land- en volkenkunde* 78 : 271-73.

19.2.4 期刊名

文章标题之后，用斜体列出期刊名，用标题格式大写（见 22.3.1）。标题要与期刊网站上的或者标题页上的准确一致；不要使用缩略语，即使你可以省略开头的 The。如果官方标题就是一个首字母形式，例如《美国现代语言学协会会刊》（*PMLA*），不要扩展它。非英语期刊，你可以使用标题格式或者句子格式大写，但是要保留所有开头的冠词（Der Spiegel）。

19.2.5 发行信息

大多数期刊引用信息包括卷号、期号、月或季，还有年。读者可能不需要所有这些元素来定位一篇文章，但是要将它们都加入以防其中一个出错。

卷号跟在期刊名之后，中间无标点也不用斜体。即使期刊本身用罗马数字，引用信息也用阿拉伯数字。如果有期号，它要放在卷号后面，用逗号隔开，前面加上一个 no.。

出版年之外的其他出版日期要放入圆括号里（见 19.2.2），跟在卷号和期号信息后面。遵循期刊有关日期信息的操作方式，它可以包括季、月和准确的日期。在期刊信息里大写季，即使原文中没有大写。

R：Brown, Campbell. 2011. “Consequentialize This,” *Ethics* 121, no.4 (July): 749-71. Accessed August 29, 2011. http://dx.doi.org/10.1086/660696.

Ionescu, Felicia. 2011. “Risky Human Capital and Alternative Bankrupcy Regimes for Student Loans.” *Jornal of Human Capital* 5, no.2 (Summer): 153-206. Accessed October 13, 2011. http://dx.doi.org/10.1086/661744.

当一个期刊有期号没有卷号时，期刊名后跟一个逗号。

R：Beattie, J. M. 1974. “The Pattern of Crime in England, 1660-1800.” *Past and Present*, no. 62(February):47-95.

19.2.6 页码

在参考书目列表中，要将文章的完整页码范围给出来（见 23.2.4）。根据惯例，参考书目列出的期刊文章的页码跟在冒号而不是逗号后面。

R：Hitchcock, Tim. 2005. "Begging on the Streets of Eighteenth-Century London," *Journal of British Studies* 44, no.3 (July): 478-98. Accessed January 11, 2012. http://dx/doi.org/10.1086/429704.

Gold, Ann Grodzins. 1998. "Grains of Truth: Shifting Hierarchies of Food and Grace in Three Rajasthani Tales." *History of Religions* 38, no.2 (November): 150-71. Accessed April 8, 2012. http://www.jstor.org/stable/3176672.

如果你在文中夹注中引用某特定段落，只需给出引用的特定页码，前面加逗号（不是冒号）。

P：(Hitchcock 2005, 478)

(Gold 1998,152-53)

19.2.7 特刊和增刊

专门围绕一个主题的一期的期刊称为特刊。它有正常的卷号和期号。如果特刊有标题和自己的编者，将这两个信息都放进参考书目里。标题用罗马字体，放在引号里。文中夹注只要给出引用部分的作者信息。

R：Koch, Gertrud. 2009. "Carnivore or Chameleon: The Fate of Cinema Studies," in "The Fate of Disciplines," edited by James Chandler and Arnold I. Davidson, Special issue, *Critical Inquiry* 35, no.4 (Summer): 918-28. Accessed August 30, 2011. http://dx.doi.org/10.1086/599582.

P：（Koch 2009，920）

如果你要把这一期作为一个整体引用，省略文章信息。

R：Chandler, James, and Arnold I. Davidson, eds. 2009. "The Fate of Disciplines." Special issue, *Critical Inquiry* 35, no.4 (Summer).

一本增刊也许有标题和作者或者自己的编者。不像特刊，它与常规的各期是分开编号的，通常有一个 S 作为页码的一部分。使用逗号隔开卷号和增刊号。

R：Ekeland, Ivar, James J. Heckman, and Lars Nesheim. 2004. "Identification and Estimation of Hedonic Models." In "Papers in Honor of Sherwin Rosen," *Journal of Political Economy* 112, S1(February): S60-S109. Accessed December 23, 2011. http://dx.doi.org/10.1086/379947.

19.3 杂志文章

杂志上文章的引用和期刊文章是很相似的（见 19.2），但是日期和页码的处理不同。

杂志的引用只要日期，即使它们有卷号和期号。参考书目列表中，将年放在通常的位置上，其他额外的日期信息（例如月和确切的日）放在杂志名之后（不要放进圆括号里）。如果你在文中夹注中引用某特定段落，要列出它的页码。但是在参考书目里，你可以省略文章所包括的页码，因为杂志文章的页码跨很多页，其中有很多是无关的材料。（如果你加入页码，用逗号而不用冒号来分开页码和出版日期。）和期刊一样，省略杂志标题中打头的冠词 The （见 19.2.4）。

R：Lepore, Jill. 2011. "Dickens in Eden." *New Yorker*, August 29.

P：(Lepore 2011, 52)

如果你引用定期出现的某个部分或某专栏，用标题格式大写，不要放入引号里。

R：Wallraff, Barbara. 2005. Word Court, *Atlantic Monthly*, June.

P：(Walraff 2005, 128)

网上杂志在参考书目列表中要加上访问日期和一个 URL（见 15.4.1.3）。通常不要引用页码信息。

R：Black, Robin. 2011. "President Obama: Why Don't You Read More Women?," *Salon*, August 24,2011.Accessed October30,2011.http://www.salon.com/books/wring/index.html?story=/

books/feature/2011/08/24/obama_summer_reading.

P：(Black 2011)

19.4 报纸文章

19.4.1 报纸名

对于英文报纸，省略报纸名打头的冠词 The。如果名字不包含城市，将城市加到官方名称上，除了著名的国家级报纸如《华尔街日报》（*Wall Street Journal*）和《基督教科学箴言报》（*the Christian Science Monitor*）。如果一个报纸名被很多城市使用或者城市不清晰的话，你可以将州、省加在圆括号里（通常用缩略形式，见 24.3.1）。对于其他国家的报纸，如果该冠词是原名称的正常部分，保留原始的冠词，如果必要，把城市名放在报纸名之后使信息更清晰。

Chicago Tribune *Le Monde*

Saint Paul (Alberta or *AB) Journal* *Times* (London)

19.4.2 参考书目和文中夹注中引用报纸

在参考书目列表中，如果引用报纸上的文章或报纸上其他片段，与杂志上的文章的引用是一样的（见 19.3）。未署名文章，可用报纸名代替作者名的位置。因为报纸有几个版，里面的内容出现的页面会有不同，或者甚至有的内容被删去。你要交代清楚你参看的是哪个版本，加上 final edition（终版）、Midwest edition（中西部版）或者类似这样的字样作为标识。网上的文章要加上一个访问日期和一个 URL。从商业数据库获取的文章，要给出数据库的名称。更多详情见 15.4.1。

R：*Milwaukee Journal Sentinel.* 2012. Editorial. March 31.

Ward, Christopher O. 2011. letter to the editor, *New York Times*, August 28.

Gussow, Mel. 2011. obituary for Elizabeth Taylor, *New York Times*, March 24. New York edition.

Gaddafi, Saif-al-Islam. 2011. Interview by Simon Denyer. *Washington Post*, April 17, Accessed September 3, 2011. http://www.washingtonpost.com/world/an-interview-with-saif-al-islam-gaddafi-son-of-th e-libyan-leader/2011/04/17/AF4RXVwD_story.html.

Associated Press. 2011. "Ex-IMF Chief Returns Home to France," *USA Today*, September 4. Accessed September 4, 2011. http://www.usatoday.com/news/nation/story/2011-09-04/Ex-IMF-chief-returns-home-to-France/50254614/1.

Simon, Richard "Redistricting Could Cost California Some Clout in Washington," *Los Angeles Times*, August 28. Accessed August 30, 2011. http://www.latimes.com/news/local/la-me-california-congress-20110829,0,1873016.story.

Lepage, Mark. 2011. "Armageddon, Apocalypse, the Rapture : People Have Been Predicting the End since the Begining," *Gazette* (Montreal), May. Accessed December 20,2012. LexisNexis Academic.

文中夹注省略页码信息，因为引用栏目可能出现在几个不同的页面上，也可能在不同版的报纸中被取消。

P：(Milwaukee Journal Sentinel 2012)

(Ward 2011)

(Gaddafi 2011)

(Associated Press 2004)

来自星期日“杂志”增刊或其他特别版块的文章应该如同杂志文章一样对待（见 19.3）。

19.4.3 正文中引用报纸

在正文中引用这类文献，你可以只使用某些引用项而不是使用一个标准的文中夹注。但你也仍需在参考书目列表中给出该文献完整的引用信息。

In a *New York Times* article on the brawl in Beijing (August 19, 2011), Andrew Jacobs compares the official responses with those posted to social media networks.

或者

In an article published in the *New York Times* on August 19,2011, Andrew Jacobs compares the official responses to the brawl in Beijing with those posted to social media networks.

19.5 出版文献的其他类型

还有如下一些出版物，引用上有其特殊要求。

19.5.1 古典、中世纪以及早期英语文学作品

古希腊、古罗马、中世纪欧洲和文艺复兴时期的英国的文学作品，其引用方式与现代文学作品是不同的。这些文献通常被编入了有序号的章节（书籍、诗篇、诗节等），这些编号在引用时通常取代了页码。因为这样的作品已经被出版了很多版本，几个世纪以来一直被翻译，它们的现代版本的出版信息通常不像其他类型文献那么重要。

因为这个原因，古典的、中世纪的以及早期英语文学作品通常应该只在文中夹注中引用。如果作者的名字和作品标题在周围文本中没有提及，那么第一次引用该作品时列出的信息要包括作者名、作品标题以及该章节序号。如果后续引文很清楚指向同一作品，只要列出相应的章节序号就可以了。看看下文中的例子，注意在不同类型作品中，标点、缩略语和数字在引用格式上有什么不同。

The eighty days of inactivity for the Peloponnesian fleet at Rhodes (Thucydides, *The History of the Peloponnesian War* 8.44.4), terminating before the end of winter (8.60.2-3), suggests...

或者

The eighty days of inactivity reported by Thucydides for the Peloponnesian fleet at Rhodes (*The History of the Peloponnesian War* 8.44.4), terminating before the end of winter (8.60.2-3), suggests...

如果你的论文是有关文学研究的，或者是其他领域有关文本研究分析的，或者是有

关翻译的差别是否有重大关系的，把这些作品放进你的参考文献目录里。遵循 19.1.1.1 里有关翻译或编辑作品的引用规则。

R：Propertius. 1990. *Elegies*. Edited and translated by G.P. Goold. Loeb Classical Library 18. Cambridge, MA: Harvard University Press.

Aristotle. 1983. *Complete Works of Aristotle: The Revised Oxford Translation*. Edited by J. Barnes. 2 vols. Princeton, NJ: Princeton University Press.

19.5.1.1 古典作品。除了上述的一般性原则之外，下面的规则也可应用于古典作品的引用。

在标题和行号或者章节号之间不要有标点。数字之间的区分用句点而不要用空格。用阿拉伯数字（如果需要用小写字母）表示章节号。同一个文献中的两个或更多的引用之间用逗号隔开，不同文献的引用用分号隔开。

P：（Aristophanes, *Frogs* 1019-30)

(Cicero, *in Verrem* 2.1.21, 2.3.120; Tacitus, *Germania* 10.2-3)

（Aristotle, *Metaphysics* 3.2.116b5-8; Plato, *Republic* 360e-361b)

你可以缩写作者的名字、作品名、选集名等。最广为接受的缩略语可在《牛津古典词典》（*Oxford Classical Dictionary*）里查到。之后对同一部作品的引用要使用这些缩略语而不要使用 ibid.。下面第一个例子里，作者（Thucydides）代替了标题，所以逗号不需要了。

P：(Thuc. 2.40.2-3)

（Pindar, *Isthm*. 7.43-45)

19.5.1.2 中世纪作品。引用古典作品的格式同样能很好地用在非英语语言的中世纪作品上。

P：(Augustine, *De civitate Dei* 20.2)

(Abelard, *Epistle 17 to Heloise*, in Migne, *PL* 180.375c-378a)

19.5.1.3 早期英语文学作品。除了上述一般性原则，下面的规则也适用于早期英语文学作品。

引用诗歌和戏剧要按照书、篇、节；或者节和行；或者幕、场、行；或者类似的区分。用逗号分开这些引用项以更清晰。

P：（Chaucer, “Wife of Bath’s Prologue,” *Canterbury Tales*, lines 105-14）

（Milton, *Paradise Lost*, book 1, lines 83-86）

你可以通过省略 act 和 line 这样的词来缩短编号的分项，使用类似于古典书籍引用的那一套格式（见上文）。一定要在脚注里解释清楚你的这套格式（“引用书和行号”“References are to book and line numbers”）。

P：（Milton, *Paradise Lost* 1.83-86)

如果各版本在用词、行号甚至场景区分上都有不同——最常见于莎士比亚作品——将这样的作品放入参考书目列表时，要标出特定的版本。

R：Shakespeare, William. 2006. *Hamlet*. Edition by Ann Thompson and Neil Taylor. Arden Shakespeare 3. London: Arden Shakespeare.

19.5.2 圣经和其他宗教类作品

圣经和其他宗教类作品在文中夹注中引用。 你不需要将这些作品列入参考书目。

来自圣经的引文信息可以包括书的缩写名字、章号及节号——一定不能用页码。对于书名，你可以使用惯用的缩略语或者更短的缩写，这取决于上下文的需要（见 24.6），如果你不确定哪一种形式是合适的，可以咨询你的指导老师。章号和节号可以使用阿拉伯数字（用一个冒号隔开它们），书的编号也用阿拉伯数字。

惯例缩略语：

P：（1 Thess. 4:11, 5:2-5, 5:14）

更短的缩略语：

P：（2 Sm 11:1-17, 11:26-27; 1 Chr 10:13-14）

因为圣经的版本不同，各书和编号也不同，你要在第一次引用的时候用方括号标出版本，要么拼写全名，要么用一个大家都接受的缩写（见 24.6.4）。

P：（2 Kings 11:8[New Revised Standard Version]）

（1 Cor. 6:1-10[NAB]）

对于来自其他宗教传统的宗教作品的引用，可以将圣经引用格式的一般规则做一些调整使之适用（见 24.6.5）。

19.5.3 参考书籍

著名的参考书，例如主要的词典和百科全书，通常应该在文中夹注中给出引用信息。你一般不需要将它们放入参考书目里，尽管你可以选择加入某个特定作品，如果该作品对你的论证来说很重要或者引用频繁。可以省略出版年，但是必须标出特定的版本（如果不是第 1 版，或者除非没有特别版本）。网上参阅的资料需要一个访问日期和一个 URL（见 15.4.1.3）。像词典或百科全书这样对关键术语进行排列整理的作品，引用的信息（没有卷号和页码）前面加上 s.v.(sub verbo，"under the word 在该词条下"；复数为 s.vv）。

P：（*Oxford English Dictionary*, 3rd ed., s.v. "mondergreen" [accessed February 1, 2012, http://www.oed.com/view/Entry/251801]）

（*Encyclopaedia Britannica*, s.v. "Sibelius, Jean" [accessed April 13, 2011, http://www.britannica.com/EBchecked/topic/542563/Jean-Sibelius]）

对于那些更专业的参考书或者没有那么出名的参考书，在引用时参照一本书的情况来处理（见 19.1)。

R：*MLA Style Manual and Guide to Scholarly Publishing*. 2008. 3rd ed. (New York: Modern

Language Association of America.

Aulestia, Gorka. 1989. *Basque-English Dictionary*. Reno:University of Nevada Press.

P：(*MLA Style Manual* 2008, 6.8.2)

(Aulestia 1989, 509)

19.5.4 评论性刊物

在各种期刊中常出现书评、表演评论等。在参考书目列表中要加入评论者的名字；review of 这个词要放在受评作品和其作者（或者作曲人、导演等）之前；也要加入其他相关信息（例如电影制片厂或表演场地）；最后，给出该评论刊载的期刊。如果该评论是网上获取的，要加上访问日期和 URL（见 15.4.1.3）。

R：Malitz, David. 2011. Review of concert performance by Bob Dylan. Merriweather Post Pavilion, Columbia, MD. *Washington Post*, August 17. Accessed August 31, 2011. http://www.washintonpost.com/lifestyle/style/music-review-bob-dylan-at-merriweather-post-pavilion/2011/08/17/glQAeb1DMJ_story.html.

Scott, A. O. 2011. Review of *The Debt*, directed by John Madden. Miramax Films. *New York Times*, August 31.

Mokyr, Joel. 2011. Review of *Natural Experiments of History*, edited by Jared Diamond and James A. Robinson. *American Historical Review* 116, no.3(June 2011): 752-55. Accessed December 9,2011. http://dx.doi.org/10.1086/ahr.116.3.752.

19.5.5 摘要

你可以在文中夹注里引用期刊文章、博士论文或者其他作品的摘要里的信息。参考书目里要包括摘要作品的完整引用信息。文中夹注中插入 abstract 这个词，放在出版年之后，页码之前，由逗号隔开。

R：Brown, Campbell. 2011. "Consequentialize This," *Ethics* 121, no. 4 (July 2011):749-71.

P：(Brown 2011, abstract, 749)

19.5.6 小册子和报告

引用小册子、公司报告、手册或其他独立出版物，可以和引用一本书一样。如果你缺少一些常用的信息，例如作者和出版人，那就给出足够的其他信息来标识这份文件。网上的这类文献应该包括一个访问日期和 URL（见 15.4.1.3）。

R：Clark, Hazel V. 1957. *Mesopotamia: Between Two Rivers*. Mesopotamia, OH: End of the Commons General Store.

TIAA-CREF. 2011. *TIAA-CREF Life Funds: 2011 Semiannual Report*. New York : TIAA-CRFF Financial Services. Accessed October 5, 2011, http://www.tiaa-cref.org/public/prospectuses/lifefunds-semi-ar.pdf.

19.5.7 缩微版本

在参考书目列表中，你参阅的微缩版本作品应该根据其类型（书、报纸文章、博士论文等）来确定需要列出的引用信息。此外，需特别标出出版形式（微缩胶片、微缩胶卷等），放在出版信息之后。

R：Farwell, Beatrice. 1995. *French Popular Lithographic Imagery*, vol. 12, Lithography in *Art and Commerce*. Chicago: University of Chicago Press. Text-fiche.

Tauber, Abraham. 1958. “Spelling Reform in the United States.” PhD diss., Columbia University.Microfilm.

在文中夹注中，如果可能的话，要给出定位信息。下列例子中，页码（用缩写 p. 来清楚标识）出现在微缩胶片的打印文本上；还有另外一些数字可标明胶片和画面，字母表示的是行。

P：(Farwell 1995, p. 67,3C12)

19.5.8 CD-ROMs 和 DVD-ROMs

引用出版在 CD-ROM 或者 DVD-ROM 上面的作品，可以按照类似印刷作品的操作方式，大多参照书的引用格式。

R：*Complete National Geographic: Every Issue since 1888 of "National Geographic"Magazine.* 2010. 7 DVD-ROMs. Washington, DC: National Geographic.

Oxford English Dictionary. 2009. 2nd ed. CD-ROM, version 4.0. New York: Oxford University Press.

19.5.9 线上收藏

一些类似 Perseus 的网站，完全致力于一个特定领域或者致力于汇聚某类文献，那么这样的网站就足够重要而需要你在引用其汇集的具体出版物时提及它的名称。如此来说，这样一个文献与一个有形手稿集是相类似的（见 19.6.4）。除了出版信息，要加上该收藏集的名称和访问日期以及 URL（见 15.4.1.3）。

R：Pliny the Elder. 1855. *The Natural History*, Edited by John Bostock and H. T. Riley . In the Perseus Digital Library. Accessed May 15, 2011. http://www.perseus.tufts.edu/hopper/text?doc=:text:1999.02.0137.

如果你从一个收藏集里引用了超过一个文献，你可能也要将该收藏集作为一个整体列出其引用信息（这种情况下，访问日期就不需要了）。

R：Perseus Digital Library. Edited by Gregory R. Crane. http://www.perseus.tufts.edu/.

19.6 未出版文献

未出版的文献对读者而言比已出版的文献更难查找，因为它们通常只存在于一个地方且通常缺少正式出版信息。引用这样的文献，特别重要的是要将下面列出的所有信息都要列入到引用信息中以便给读者提供尽可能多的帮助。

未出版作品的标题用罗马字体，放入引号里，不要用斜体。这个格式可以将其与类似已出版文献区别开。英语标题用标题格式大写。

19.6.1 硕士论文与博士论文

硕士论文和博士论文的引用和书一样，除了标题——标题要用罗马字体，放入引号内。作者、日期和标题之后列出论文种类、学术机构。缩写 dissertation（博士论文）为 diss.，unpublished（未出版）的字样不需要。如果你参考的是网上的文献，要加上访问日期和 URL。如果与文件一起列出了一个推荐的 URL，就使用这个 URL 而不用浏览器地址栏里的那个。如果你是在图书馆数据库或者商业数据库查看的文献，可以给出数据库的名称而不用 URL。更多详情见 15.4.1。

R：Culcasi, Karen Leigh. 2003. "Cartographic Representations of Kurdistan in the Print Media" Master's thesis, Syracuse University.

Levin, Dana S. 2010. "Let's Talk about Sex...Education: Exploring Youth Perspectives, Implicit Messages, and Unexamined Implications of Sex Education in Schools." PhD diss., University of Michigan. Accessed March 13, 2012. http://hdl.handle.net/2027.42/75809.

Richmond, Afrah Daaimah. 2011. "Unmasking the Boston Brahmin: Race and Liberalism in the Long Struggle for Reform at Harvard and Radcliffe, 1945-1990." PhD diss., New York University. Accessed September 25,2011. ProQuest Dissertations & Theses.

19.6.2 会议论文和发言

在会议论文和发言的标题和作者后面，列出会议赞助方、举办地点，以及（如果可知）会议举办的具体日期。unpublished（未出版）的字样不必出现。如果你参考的文本或者文字记录来源于网上，要加入访问日期和 URL（见 15.4.1.3）。如果你在网上看到或听到会议发言，这里的例子可做一些调整以适用 19.8.3.5 中给出的建议。

R：Crane, Gregory R. 2011. "Contextualizing Early Modern Religion in a Digital World." Lecture, Newberry Library, Chicago, September 16.

Carvalho Filho, Irineu de, and Renato P. Colistete. 2010. "Education Performance: Was it All Determined 100 Years Ago? Evidence from Sao Paulo, Brazil." Paper presented at the

70th annual meeting of the Economic History Association, Evanston, IL, September 24-26. Accessed January 22, 2012, http://mpra.ub.uni-muenchen.de/24494/1/MPRA_paper_24492.pdf.

Pateman, Carole. 2011. "Participatory Democracy Revisited." Presidential address, annual meeting of the American Political Science Association, Seattle, September 1.

19.6.3 访谈和个人通信

未出版的访谈（包括你自己实施的访谈）在参考书目列表中被引用时，首先列出被访谈人的名字，紧跟着列出访谈日期和访谈人名字。也要列出访谈地点以及访谈进行的具体日期（如果可知），还有录音带或文字记录的所在地（如果可获得）。已出版的访谈的例子见 19.4.2。广播访谈，见 19.8.3.3。

R：Shields, David. 2011. Interview by author. Seattle. February 15.

Spock, Benjamin. Interview by Milton J.E. Senn. November 20. Interview 67A, transcript, Senn Oral History Collection, National Library of Medicine, Bethesda, MD.

文中夹注使用被访谈人的名字，而不是访谈人的名字。

P：(Shields 2011)

(Spock 1974)

如果你不能披露被采访人的姓名，那就只使用文中夹注形式或者将它嵌入正文中。不需要在参考书目列表中列出被访谈人。至于名字为什么缺失要在脚注或者前言中给出解释（“所有的访谈都是私密的；被访谈人的姓名获得双方共识予以保留”）。

P：(Interview with a health care worker, March 23, 2010)

对话、信件、email 或者文本信息等这类的资料只在文中夹注里引用。主要的引用项，包括对方的名字、通信日期、通信方式，都要用逗号隔开。多数情况下你可以在正文中列出一部分或者列出所有上述信息。省略 email 地址。引用社交网络电子公告，见 19.7.3； 电子讨论组和邮件列表见 19.7.4。

P：(Maxine Greene, April 23, 2012, e-mail message to author)

In a telephone conversation with the author on January 1, 2012, Mayan studies expert Melissa Ramirez confided that ...

2012 年 1 月 1 日与作者的一次电话交谈中，玛雅人研究专家梅丽莎·拉米雷斯吐露道……

19.6.4 手稿

未出版的有形手稿集里的资料比已出版文献涉及更多复杂而变化的引用信息。在引用时，要尽可能加入标识性信息，各引用元素的格式要一致，按需要将此处列出的一般性格式做一些调整。

19.6.4.1 要列出的信息和它们的顺序。如果你从一个集子里引用了多份文件，在参考书目目录中将该集作为整体列出，给出该集的名，给出该集中引用的文献的作者或保管人。对于相似类型的尚未归档的未出版资料，用下列词语取代有关该集的信息“in the author's possession（在作者处）”或者“private collection（私人收藏）”，不要提及地点。不要列出日期，因为大多数手稿集包含的文件来源于不同的日期。

R：Egmont Manuscripts. Phillipps Collection. University of Georgia Library, Athens.

House, Edward M., Papers. Yale University Library, New Haven, CT.

Pennsylvania Society for the Abolition of Slavery. Papers. Historical Society of Pennsylvania, Philadelphia.

Strother, French, and Edward Lowry. Undated correspondence. Herbert Hoover Presidential Library, West Branch, IA.

Women's Organization for National Prohibition Reform. Papers. Alice Belin du Pont files, Pierre S. Du Pont Papers. Eleutherian Mills Historical Library, Wilmington, DE.

论文正文中引用手稿集中一个单独文献的话，在参考书目中，要确定作者和日期、文献种类和标题，还要列出手稿集的名称和保管者的名称。这些引用项用逗号隔开。很多情况下正文中可以包括一部分或者所有上述信息。

P：(James Oglethorpe to the trustees, January 13, 1733, Egmont Manuscripts)

In his letter of January 13, 1733, to the trustees (Egmont Manuscripts), James Oglethorpe declared...

在 1733 年 1 月 13 日给受托人的信中，詹姆斯·奥格尔索普声明……

如果你只是从手稿集中引用一个资料，将该资料单独列入参考书目，文中夹注遵照通用格式。

R：Dinkel, Joseph. 1869. Description of Louis Afassiz written at the request of Elizabeth Cary Agassiz. Agassiz Papers. Houghton Library, Harvard University, Cambridge, MA.

P：(Dinkel 1869)

19.6.4.2　如何确定引文格式。对于手稿集中的资料，下面有一些特定的格式可供选择。

■　具体标题与通用标题。文件的具体标题放入引号，但是一般性术语例如 report（报告）和 minutes（会议记录）就不必使用引号。这类一般性名称如果是手稿正式标题的一部分需要大写，如果它们只是描述性的术语就不必大写。

■　定位信息。尽管一些手稿可能包含页码信息，可放入文中夹注，但许多手稿包含的是其他类型的定位信息，或者完全没有定位信息。更古旧一些的手稿通常只通过签名或者对开纸（fol.，fols.）来编号而不是通过页码。一些手稿集中有辑号或文卷号，可以放入引文中。

■　文件和手稿。在手稿集的标题中，papers（文件）和 manuscripts（手稿）是同义的，两者都可，缩略语 MS 和 MSS（复数）也都可接受。

■　书信。在文中夹注中引用书信，要把写信人的姓名放在最前面，后面跟 to 和收件人姓名。不必使用 letter（信）这个词，大家都明白，但是其他形式的通信要标出类别（电报、备忘录）。

19.7 网站、博客、社交网络、网络讨论组

在网站、博客或者社交网络等类似的网上平台张贴的或分享的资料，缺少一个或多个标准出版信息（作者、标题、出版人或者日期）。除了访问日期和 URL（见 15.4.1.3），你必须加入足够的信息来明确标识或者（如果可能）定位一个资料，即使 URL 变化了或者废弃了。

19.7.1 网站

对于来自网上的而不是书和期刊的原创内容（见 15.4.1.2），要将下列你可以判定的信息尽可能列出来：作者、网页标题（罗马字体，放入引号里），以及网站所有者或网站名（通常用罗马字体，见 22.3.2.3），也要加上访问日期和 URL（见 15.4.1.3）。如果没有作者，该资源应该被列在网站名称之下或者网站所有人或赞助人之下。如果没有日期，使用访问日期。

R：Brooks, Susannah. 2011. "London Library Director Reflects on a Career at the Cross-roads." University of Wisconsin-Madison News, September 1. Accessed May 14, 2012. http://www.news.wisc.edu/19704.

Google. 2010. "Privacy Policy." Google Privacy Center. Last modified October 3. Accessed March 3, 2011. http://www.google.com/intl/en/privacypolicy.html.

McDonald's Corporation. 2011. "Toy Safety." McDonald's Canada. Accessed November 30, 2011. http://www.mcdonalds.ca/en/community/toysafety.aspx.

Wikipedia. 2011. "Wikipedia Manual of Style." last modified September 2. Accessed September 3, 2011. http://en.wikipedia.org/wiki/Wikipedia:Manual_of_Style.

P：(Brooks 2011)

(McDonald's Corporation 2011)

19.7.2 博客条目和评论

博客条目的引用如同报纸文章的引用（见 19.4）。参考书目列表里，要包含你所能确定的尽可能多的信息：该条目的作者、标题（用引号）、博客名（用斜体），以及该条目挂上网的日期，还要加上访问日期和 URL（见 15.4.1.3）。博客名要与列出来的保持一致，即使很明显是个笔名；如果博主的真名可以很容易确定，要把真名放入方括号里。如果博客名不能明白显示属于博客类别，那就加上一个 blog 放入圆括号里来标明。如果该博客是一个更大的出版物的一部分，给出该出版物的名称，放在博客名之后。

R：Becker, Gary. 2012. "Is Capitalism in Crisis?" *The Becker-Posner Blog*. February 12. Accessed February 16, 2012. http://www.becker-posner-blog.com/2012/02/is-capitalism-in-crisis-becker.html.

Subversive Copy Editor, The [Carol Fisher Saller]. 2011. "Still Learning : Fun Language Words." *The Subversive Copy Editor Blog*, February 16. Accessed February 28,2011. http://www.subversivecopyeditor.com/blog/2011/02/still-learningfun-language-words.html.

Cavett, Dick. 2011. "Flying? Increasingly for the Birds." *Opinionator*(blog). *New York Times*, August 19. Accessed October 14,2011. http://www.blogs.nytimes.com/2011/08/19/flying-increasingly-for-the-birds/.

McWhorter, John, and Joshua Knobe. 2011. "Black Martin Linguists." *Bloggingheads.tv* (video blog), August 26. Accessed November 7,2011. http://bloggingheads.tv/diavlogs/38530?in=:00&out=:03.

P：(Cavett 2011)

(McWhorter and Knobe 2011)

只在文中夹注里引用读者的评论。要明确评论人、评论日期和时间，后面紧跟参考书目中列出的相关信息（通常是一个博客条目的作者 – 年格式信息）。评论人的名字要与网上列出的准确一致，即使很明显是个笔名。你可以在正文中列出上述一部分或者所有的信息，只要你清楚表明了这个评论之所指。

P：(Mr. Feel Good, February 14, 2012 [1:37 a.m.], comment on Becker 2012)

According to a comment by Mr. Feel Good on February 14, 2012(1:37 a.m.),...

19.7.3 社交网络信息

社交网络上挂出的信息应该只能在文中夹注中引用。列出发帖人的身份（如果正文中没有提到）、社交网络的名称、发帖的日期和时刻。引文信息后加上访问日期和URL(见 15.4.1.3)。

P：(Sarah Palin, Twitter post, August 25,2011[10∶23 p.m.], accessed September 4, 2011, http://twitter.com/sarahpalinusa)

(Obama for America,September 4, 2011[6∶53 a.m.], accessed September 22, 2011, https://www.facebook.com/barackobama)

和报纸文章一样（见 17.4.3），你可以选择将这样的信息揉进你的论文正文里，并确保有足够的信息让读者可以辨识出该文献。

In a message posted to her Twitter site on August 25, 2011(at 10∶23 p.m.), Sarah Palin(@SarahPalinUSA) noted that ...

2011 年 8 月 25 日下午 10：23， 萨拉·佩林通过微博(@SarahPalinUSA)发布一条信息称……)

如果你从某个社交网站引用了几条信息，你可以将该网站作为整体引用在参考书目列表里。日期可以使用你最后一次访问该网站的日期。

R：Obama, Barack. 2011. Facebook page. Run by Obama for America. Accessed September 22, 2011. https://www.facebook.com/barackobama.

19.7.4 电子讨论组和邮件列表

要从电子讨论组和邮件列表中引用资料，其引用信息通常只放入文中夹注。要列出通信者的名字、论坛的标题和邮件消息的主题（放入引号里）、论坛名或列表、帖子或消息发布的日期和时刻。省略邮件地址。通信人的名字要与网上列出的准确一致，即使很明显是笔名。如果该资料在网上归档，列出访问日期和 URL（见 15.4.1.3）。

P：(Dodger Fan, post to "The Atomic Bombing of Japan," September 1, 2011[12:57:58p.m. PDT], History forum, Amazon.com, accessed September 30, 2011, http://www.amazon.com/forum/history/)

和报纸文章一样（见 19.4.3），你可以选择将这样的信息嵌入你的论文正文里。确保有足够的信息让读者可以辨识出该文献。

Sharon Naylor, in her e-mail of August 23, 2011, to the Educ. &Behavior Science ALA Discussion List (http://listserv.uncc.edu/archives/ebss-l.html), pointed out that...

莎朗·奈勒，在写给教育和行为科学阿拉巴马州讨论列表的邮件里(http://listserv.uncc.edu/archives/ebss-l.html)，她指出……

如果你从某个讨论组或者邮件列表引用了几个文件，你可以选择将这个论坛作为整体引用到你的参考书目列表中。至于日期，你可以使用最后一次访问网站的时间。

R：Amazon.com. 2011. "The Atomic Bombing of Janpan." History forum. Accessed September 1, 2011 http://www.amazon.com/forum/history.

19.8 视觉和表演艺术中的文献

视觉和表演艺术可以产生各种不同的文献资源，包括艺术作品、现场表演、广播、不同媒介的录音作品以及文本。引用这类文献可能很困难，因为它们缺少已出版作品的通用的辨识性信息。要将尽可能多的辨识性信息列出来，各信息元素的格式要前后一致，按照需要调整此处所列的一般性格式。

这里要特别指出的是，该节涉及的一些文献只能在文中夹注里引用其信息，或者将关键的信息揉进正文的行文里。如果该文献对你的论证非常重要，或者被频繁引用的话，你也可以选择将该特定文献加入你的参考书目列表。如果你的论文是为艺术或者媒体研究这类领域的课程准备的，请咨询你的指导教师。

19.8.1 艺术品和图像

19.8.1.1 绘画、雕塑和照片。绘画、雕塑、照片、图画等这类的资料，只列入文中夹注。要列出艺术家的名字、艺术作品的标题（用斜体）、创作的日期（前面加上 ca. [circa]，如果可粗略估计），以及收藏该作品的机构名（如果有的话），包括所在地。用逗号隔开引用项。你也可以列出媒介，如果相关的话。

P：（George O'Keeffe, *The Cliff Chimneys*, 1938, Milwaukee Art Museum）

（Michelangelo, *David*, 1501-4, Galleria dell'Accademia, Florence）

（Ansel Adams, *North Dome, Basket Dome, Mount Hoffman, Yosemite*,ca. 1935, Smithsonian American Art Museum, Washinton, DC）

（Erich Buchholz, *Untitled*, 1920, gouache on paper, Museum of Modern Art, New York）

你有时也可以将引用信息嵌入到你的行文中而不必在文中夹注里引用该文献。

O'Keeffe first demonstrated this technique in *The Cliff Chimneys*(1938, Milwaukee Art Museum).

乔治亚·艾琪芙第一次在 "悬崖上的石柱"里展示了这个画技（1938, Milwaukee Art Museum)。

如果你是在已出版的资源中看到的这个艺术作品，而你当地的论文写作规则要求你标明这个资源，你就要在参考书目里加入该资源。网上的图片，要给出访问日期和 URL。文中夹注里，如果该资源与艺术家不一致，用常规的作者 - 年格式取代收藏机构名称和所在地。

R：Buchholz, Rich. 1920. *Untitled*. Gouache on paper. Museum of Modern Art, New York. Accessed December 4, 2001. Http://www.moma.org/collection/browse_results.php?object_id=38187.

Lynes, Barbara Buhler, Lesley Poling-Kempes, and Frederick W. Turner. 2004. *Georgia O'Keeffe and New Mexico: A Sense of Place*. Princeton, NJ: Princeton University Press.

P：(Buchholz 1920)

(Georgia O'Keeffe, *The Cliff Chimneys*, 1938, in Lynes, Poling-Kempes, and Turner 2004,25)

19.8.1.2　平面艺术。平面资源的引用，例如印刷品广告、地图、卡通等，只能放在文中夹注里，调整基本格式使其适合艺术作品并给出尽可能多的信息。标题或者说明文字用罗马字体，放入引号内，如果从标题看不出来作品类型，要标出平面作品的类型，放入圆括号内。网上参考的作品，要加上访问日期和 URL。

P：(Toyota, "We See beyond Cars," advertisement, *Architectural Digest*, January 2010,57)

("Republic of Letters:1700-1750," interactive map, Mapping the Republic of Letters,accessed February 28,2012, http://republicofletters,stanford.edu/)

("Divide by Zero," Internet meme, Yo Dawg Pics, accessed December 2, 2012, http://yodawgpics.com/yo-dawg-pictures/divide-by-zero)

任何正文中提及的信息都不必在文中夹注里再重复。

One such memo is known as "Divide by Zero" (Yo Dawg Pics, accessed December 2, 2012, http://yodawgpics.com/yo-dawg-pictures/divide-by-zero).

19.8.2 现场表演

现场戏剧、音乐和舞蹈表演只能使用文中夹注的方式标明引用信息，包括表演作品的标题、作者、主要表演者以及各自的角色、表演场地和地点，以及表演时间。剧名和长篇音乐作品要用斜体，除非是通过流派来表示的音乐作品（见 22.3.2.3），短作品的标题用罗马字体并放入引号内。如果引文偏重于某个个人的表演，将该表演者的名字列在作品标题之前，用逗号隔开各引用项。

P：（*Spider-Man: Turn Off the Dark*, by Glen Berger and Julie Taymor, music and lyrics by Bono and The Edge, directed by Julie Taymor, Foxwoods Theater, New York, September 10, 2011）

（Simone Dinnerstein, pianist, Intermezzo in A, op. 118, no.2, by Johannes Brahms, Portland Center for the Performing Arts, Portland, OR, January 15,2012）

有时你也可以将现场表演的引用信息嵌入你的论文正文里而不使用文中夹注。

Simone Dinnerstein's performance of Brahms's Intermezzo in A, op. 118, no.2(January 15, 2012, at Portland Center for the Performing Arts), was anything but intermediate...

西蒙·戴那史坦对勃拉姆斯 A 大调间奏曲作品 118 第 2 号的演奏（波特兰表演艺术中心，2012 年 1 月 15 日），并不是……

要引用现场表演的录音和录像材料，需要在参考书目列表中列出该录制材料。见 19.8.3-19.8.5 中阐述的有关这种类型文献的例子。

R：Rubinstein, Artur pianist. 1975. "Spinning song," by Felix Mendelssohn. Ambassador College, Pasadena, CA, January 15. On *The Last Recital for Israel.* BMG Classics, 1992. VHS.

19.8.3 电影、电视、收音机节目以及类似作品

电影、电视节目、广播节目或者类似的资源的引用会因资料类型的不同而不同，但至少都要有作品的标题、发布、播放的日期或获取的日期、演播室的名称或其他制作传播或广播该作品的实体的名称。如果你观看了视频或者听到了录音，要将媒介的信息加进来。如果你参考了网上的资源，加上访问日期和 URL（见 15.4.1.3）。

19.8.3.1 电影。在参考书目列表中，要在导演者的名字下引用该影片（后面跟着 dir.）。上映日期之后要列出电影的标题（斜体），后面跟制作公司或发行公司的名称。你也可以将剧作家、演员、制片人等信息加进来，如果它们与你的论文确有关联。除非你是在影院观看的电影，不然要给出媒介的信息。

R：Zwigoff, Terry, dir. 1994. *Crumb*. Superior Pictures. DVD, Sony Pictures, 2006.

Heckerling, Amy, dir. 1982. *Fast Times at Ridgemont High*. Screenplay by Cameron Crowe. Featuring Jennifer Jason Leigh and Sean Penn. University Pictures. DVD, 2002.

Cholodenko, Lisa, dir. 1998. *High Art*. October Films. Accessed September 6, 2011, http://movies.netflix.com/.

Weed, A.E. 1903. At the Foot of the Flatiron. American Mutoscope and Biograph. 35mm film. Library of Congress, The Life of a City: Early Films of New York, 1898-1906. MPEG video, 2:19. Accessed February 4, 2011. http://www.loc.gov/ammem/papr/nychome.html.

P：(Cholodenko 1998)

电影里附属材料的信息可以嵌入正文的行文里，文中夹注中将电影作为一个整体文献引用。

In their audio commentary, produced twenty years after the release of their film, Heckerling and Crowe agree that ... (Heckerling 1982).

在电影上映之后 20 年制作的评论音轨中，海克林和克罗都认同……（Heckerling 1982）

19.8.3.2 电视和广播节目。 要引用电视或广播节目，引用信息至少要包括节目的标题、某集或某段的标题、第一次播放或面向公众的日期、制作或播出该作品的实体。你也可以将第几集、导演的名字、该集或该段的编剧，以及（如果与你的论证有关）主要演员的名字列出来。节目的标题要用斜体字，但是集或段的标题用罗马字体，放入引号内。如果你是在第一次播放该节目的媒介之外的其他渠道看到节目或听到录音的话，要把媒介的信息列出来。

R：*All Things Considered*. 2011. "Bumps on the road Back to Work," by Tamara Keith. Aired September 5 on NPR.

Mad Men. 2007. "Nixon vs. Kennedy," directed by Alan Taylor. Season 1, episode 12. Aired October 11 on AMC. DVD, Lions Gate Television.

30 Rock. 2011. "Everything Funny All the Time Always," directed by John Riggi. Featuring Tina Fey, Tracy Morgan, Jane Krakowski, Jack McBrayer, Scott Adsit, Judah Friedlander, and Alec Baldwin. Season 5, episode 22. Aired April 28 on NBC. Accessed March 21, 2012. http://www.hulu.com/30-rock/.

P：(*30 Rock* 2011)

你可以将相关信息揉入你的论文正文里而不使用文中夹注，尤其是如果有一部分或全部的追加信息都无法获取，又或者与引文无关。

Mad Men uses history and flashback in "Nixon vs. Kennedy" (AMC, October 11,2007), with a combination of archival television footage and ...

《广告狂人》在"尼克松与肯尼迪"这一集(AMC, 2007 年 10 月 11 日)里，运用了历史和闪回，并加入了电视资料影片以及……

19.8.3.3　访谈。引用电视访谈、广播访谈或者类似的资源，要把被采访人当作作者对待，在引文的上下文中明确采访人身份。也要把该节目或者访谈的发行和日期（发行日或者播送日）列出来。未发表的访谈，见 19.6.3。

R：Rice, Condleezza. 2005. Interview by Jim Lehrer. *PBS NewsHour*, July 28. Accessed July 7, 2012. http:// www.pbs.org/newshour/bb/politics/jan-june05/rice_3-4.html.

Poitras, Laura. 2011. Interview by Lorne Manly. "The 9/11 Decade: A Cultural View" (video). New York Times, September 2. Accessed March 11, 2012. http://www.nytimes.com/interactive/2011/09/02/us/sept-11-reckoning/artists.html.

P：(Rice 2005)

19.8.3.4　广告。从电视、广播等类似资源中引用广告可以只放在文中夹注里， 或者也可以将引用信息嵌入论文正文里，或者两种形式都可以。

P：（Doritos, "Healing Chips," advertisement aired on Fox Sports, February 6, 2011, 30 seconds, accessed September 7, 2011, http://www.foxsports.com/m/video/36896580/doritos-healing-chips.htm）

和电视节目一样（见 19.8.3.2），你可以将广告的主要引用信息嵌入正文里，尤其是如果有一些或全部的追加信息都无法获取，又或者与引文无关。

The Doritos ad "Healing Chips," which aired during Super Bowl XLV (Fox Sports, February 6, 2011) ...

19.8.3.5 视频和播客。引用视频和播客的内容，要至少列出该资料的名称和对它的描述，再加上访问日期和 URL（见 15.4.1.3）。如何追加信息可以参看上文有关电影电视和广播（19.8.3.1–19.8.3.4）的例子作为模板来参考。原创人的名字要与资料里列出的完全一致，即使明显是笔名；如果原创的真名能够轻易确定，就加在方括号里。

R：Adele. "Someone like you" (music video).Directed by Jake Nava. Posted October 1, 2011. Accessed February 28,2012. http://www.mtv.com/videos/adele/693356/someone-like-you.jhtml.

Donner, Fred."How Islam Began" (video). Lecture, Alumni Weekend 2011, University of Chicago, June 3, 2011. Accessed January 5,2012. http://www.youtube.com/watch?v=5RFK5u5lkhA.

Shear, Michael, host. "The Spat over President Obama's Upcoming Jobs Speech." The Caucus (MP3 podcast). New York Times, September 1,2011. Accessed September 6, 2011. http://www.nytimes.com/pages/podcasts/.

Luminosity. "Womens Work_SPN"(video). March 5, 2009. Accessed April 22. 2011, http://viddler.com/v/1f6d7f1f.

如果与引文是相关的，你也可以将引用资料出现在文件夹中的时间加进文中夹注。

P：(Adele 2011, 2: 37)

19.8.4 声音录音

引用一段录音的话，要列出尽可能多的信息以足够能将该录音与其他相似录音区分开来，包括录音的日期、录制公司的名称、录音的标识号、版权日（如果与录制年份不一致的话），以及媒介。录音资料要列在作曲人或者表演人名字的后面，这取决于哪一种与你的论证更有关联。唱片的标题应该用斜体，单个选曲要放入引号里，除非是通过流派来表示的音乐作品（见 22.3.2.3）。用缩略语 CD 代表 compact disc。网上参考的录音应该要给出访问日期和 URL（见 15.4.1.3）。一般而言，录音要按照年来引用，但是你也要重复其日期来避免混淆。

R：Holiday, Billie. 1958. "I'm a Fool to Want You," by Joel Herron, Frank Sinatra, and Jack Wolf. Recorded February 20 with Ray Ellis. On Lady in Satin. Columbia CL 1157, $33^{1/4}$rpm.

Beethoven, Ludwig van. 1969 and 1970. Piano Sonata no.29 ("Hammerklavier"). Rudolf Serkin, piano. Recorded December 8-10, 1969, and December 14-15, 1970. Sony Classics, 2005. MP3.

Strauss, Richard. 1940. Don Quixote. With Emanuel Feuerrmann (violoncello) and the Philadelphia Orchestra, conducted by Eugene Ormandy. Recorded February 24. Biddulph LAB 042, 1991. CD.

Floyd, Pink. 1970. "Atom Heart Mother," recorded April 29 at Fillmore West, San Francisco. Streaming audio. Accessed July 7, 2011. http://www.wolfgangsvault.com/pink-floyd/concerts/fillmore-west-april-29-1970.html.

Rubinstein, Artur. 1946 and 1958-67. *The Chopin Collection*. RCA Victor/BMG 60822-2-RG, 1991. 11 CDs.

Shostakovich, Dmitri. 1959 and 1965. Symphony no. 5/Symphony no. 9. Conducted by Leonard Bernstein. Recorded with the New York Philharmonic, October 20, 1959(no. 5), and October 19, 1965(no. 9). Sony SMK 61841, 1999.CD.

P：(Holiday 1958)

(Shostakovich 1959 and 1965)

戏剧、散文或诗歌朗读、演讲或此类的录音，与音乐录音的引用格式是一样的。

R：Thomas, Dylan. 1953. *Under Milk Wood*, Performed by Dylan Thomas et.al., Recorded May 14. On *Dylan Thomas: The Caedmon Collection*, discs 9 and 10. Caedmon, 2002. 11 CDs.

Schlosser, Eric. 2004. *Fast Food Nation: The Dark Side of the American Meal.* Read by Rick Adamson. New York: Random House. RHCD 493. 8 CDs.

19.8.5 视觉和表演艺术文本

19.8.5.1 艺术展目录。引用艺术展目录和引用一本书一样。只需在参考书目条目中，把展览信息放在出版信息之后。

R：Dackerman, Susan, ed. 2011. *Prints and the Pursuit of Knowledge in Early Modern Europe*. New Haven, CT: Yale University Press. Published in conjunction with the exhibitions shown at the Harvard Art Museums, Cambridge, MA, and the Block Museum of Art, Northwestern University, Evanston, IL.

19.8.5.2 戏剧。有时著名的英语戏剧作品只在文中夹注里引用。（参见 19.5.1。）用逗号分隔引用项。省略出版信息，按照幕和场（或其他区分）而不使用页码来标识。

P：（Eugene O'Neill, *Long Day's Journey into Night*, act 2, scene 1）

如果你的论文是文学研究领域或其他需要对文本进行仔细研究的领域，又或者你在引用一本译著或者一本晦涩难懂的作品，要像引用一本书一样引用每一部剧本，且每一部剧本都要在参考书目中列出来。段落的引用既可以按部分也可以按页码来标记，要依据你当地的惯例。

R：Bagnold, Enid. 1956. *The Chalk Garden*. New York: Random House.

Anouilh, Jean. 1996. *Becket, or The Honor of God*. Trans. Lucienne Hill. New York: Riverhead Books.

P：(Bagnold 1956, 8-9)

(Anouilh 1996, act 1, acene 1)

19.8.5.3　乐谱。引用乐谱的格式和引用一本书是一样的。

R：Verdi, Giuseppe. 2008. *Giovanna d'Arco, dramma lirico* in four acts. Libretto by Temistocle Solera. Edited by Alberto Rizzuti. 2 vols. Works of Giuseppe Verdi, ser. 1, Operas Chicago: University of Chicago Press; Milan: G. Ricordi..

Mozart, Wolfgang Amadeus. 1960. *Sonatas and Fantasies for the Piano.* Prepared from the autographs and earliest printed sources by Nathan Broder. Rev. ed. Bryn Mawr, PA: Theodore Presser.

引用未出版的乐谱与引用未出版手稿集的资料是一样的格式。

R：Shapery, Ralph. 1966. "Partita for Violin and Thirteen Players." Score. Special Collections, Joseph Regenstein Library. University of Chicago.

19.9　公文

公文包括全世界不同级别的政府颁布的范围很广的一系列文件。本节提供了公众可获取的通用类型的英文政府公文的基本引用原则。如果你需要引用其他类型的公文，调整一个最接近的模板。

这些公文比大多数出版物包含更复杂和多样的引用要素。在你的引文中要包括尽可能多的辨识信息，各要素的格式要前后一致，按需求将本节概述的一般性模式做适当调整。

这节的大部分内容是有关美国政府机构出版的公文。由加拿大政府和英国政府以及国际组织出版的公文，见 19.9.9–11。未出版政府文件见 19.9.12 。

19.9.1 引文的要素、顺序及规范格式

在你的引用信息中要尽可能多地包括下面这些要素：

- 政府名（国家、州、城市、县或其他区划）以及发布公文的政府机构（立法机构、行政部门、法院、理事会、专门委员会、一般委员会等）。
- 出版日期。
- 公文或公文集的标题，如果有的话。
- 单个作者、编者或编纂者的名字，如果给出的话。
- 报告编号或者其他标识信息（例如出版地、出版人，针对某些独立出版物或者二次文献里的内容）。
- 页码或其他定位信息，如果相关。
- 网上资源要有访问日期和 URL 或数据库名称（见 15.4.1 ，实例见 19.9.13 ）。

一般而言，需按照上述的顺序列出相关信息。其他类型的例外情况在下面的 19.9 里会有阐述。

R：US Congress. House of Representatives. Select Committee on Homeland Security. Homeland Security Act of 2002. 107th Cong., 2d sess., 2002. HR Rep. 107-609, pt.1.

文中夹注里，将参考书目列表中放在日期之前的信息当成作者信息来处理。如果该信息很长，你可以缩短它，只要你在引文中保证逻辑上通顺并前后一致。很多情况下你都可以将一部分或者全部引用信息嵌入正文中而不使用文中夹注。

P：(US House 2002, 81-82)

...as the Select Committee decreed in its report accompanying the Homeland Security Act of 2002(81-82).

注意，按惯例，公文的序数要用 d 结尾而不用 nd（用 2d 不是 2nd）。

19.9.2 国会出版物

对于国会出版文件，参考书目条目通常以 US Congress（美国国会）这个标识开头，

后面跟着 Senate of Representatires（参议院）或者 House of Representatives（众议院），你也可以将之简化成 US Senate 或者 US House。其他的常规信息包括委员会和小组委员会（若有的话）、出版日期、文件名、哪一届国会哪一次会议（放在这儿缩写分别为 Cong. 和 sess.)、文件名和文件说明（例如 H. Doc. 487)，如果有的话。

19.9.2.1 辩论。1873 年以来，国会辩论都会在《国会议事录》（*Congressional Record*）里由政府发布。只要可能就要引用永久卷，它可以从议事录日常记录中反映出变化。文中夹注要用缩写 *Cong. Rec*. 开头，标出每一卷每一部分编号以及页码。（引用参众两院记录的每日版，要在页码上保留 H 或 S。）

R：US Congress. House. *Congressional Record*. 2008.110th Cong., 1st sess. Vol. 153, pt.8.

P：（*Cong.Rec*.2008，153, pt.8:11629-30)

如果你需要标明辩论中的发言人身份和发言主题，就在正文里给出，并用文中夹注的方式给出出版信息。

Senator Kennedy of Massachusetts spoke for the Joint Resolution on Nuclear Weapons Freeze and Reductions(*Cong. Rec*. 128, pt. 3: 3832-34).

在 1874 年以前，国会辩论发表在《美国国会年报》（*Annals of the Congress of the United States*，也有别的名称，涵盖年份 1789-1824），《辩论记录》（*Register of Debates*，涵盖年份 1824-1837），以及《美国国会议事录》（*Congressional Globe*，涵盖年份 1833-1873）。这些文献的引用与《国会议事录》一样。

19.9.2.2 报告和文件。引用参议院（缩写 S.）和众议院（缩写 H. 或 HR.）的文件和报告时，要列出第几届国会和第几次会议，如果可能，列出系列号。

R：US Congress. House. 2011. Expansion of National Emergency with Respect to Protecting the Stabilization Efforts in Iraq . 112th Cong., 1st sess. H. Doc. 112-25.

P：(US House 2011, 1-2)

19.9.2.3　议案和决议。国会议案（法律草案）和决议通常是以小册子的形式出版。引用的时候，形成议案和决议的众议院要缩写为 HR 或者 H. Res.，而形成于参议院的要缩写为 S. 或者 S. Res.。还要列出《国会议事录》（如果有的话）的出版细节信息。如果一份议案获得颁布，就要将其作为法规来引用（见 19.9.2.5）。

R：US Congress. House.2011. No Taxpayer Funding for Abortion Act. H. Res. 237. 112th Cong., 1st sess. *Congressional Record* 157, daily ed. (May 4): H3014-37.

P：(US House 2011, H 3014)

19.9.2.4　听证会。在国会委员会上的证词记录通常与标题一起发布，应该被列入参考书目（斜体字）。相关委员会正常情况下作为标题的一部分列出。

R：US Congress. House. 2002. *Hearing Before the Select Committee on Homeland Security*. HR 5005, Homeland Security act of 2002, day 3, 107th Cong., 2d sess., July 17.

P：（US House 2002,119-20）

19.9.2.5　法规。法规指的是议案或决议获得法律通过，第一次单独颁发，然后在《联邦法律汇编》（*US Statutes at Large*）年合订本结集出版，它是 1874 年开始出版发行的，后来并入《美国法典》(*US Codes*)。引用《联邦法律汇编》，或者《美国法典》，或两者都用。《美国法典》的每一章节编号前有一个章节标识（§；使用 §§ 或者 et seq. 来表示一个以上的章节）。

在文中夹注里，标明法令通过的年份；在参考书目列表中，还要包括法律汇编的出版日期，这可能与法令通过年份不同。

R：Atomic Energy Act of 1946. Public Law 585, 79th Cong., 2d sess.August 1.

Fair Credit Reporting Act of 1970. *US Code* 15(2000), §§ 1681 et seq.

Homeland Security Act of 2002. Public Law 107-296. *US Statutes at Large* 116 (2002): 2135-321, codified at *US Code* 6 (2002), §§ 101 et seq.

P：(Atomic Energy Act of 1946, 12, 19)
(Fair Credit Reporting Act of 1970)
(Homeland Security Act of 2002, 2163-64)

1874 年之前，所有法律条文都在共 17 卷的《美利坚联邦法律汇编，1789–1873》（Statutes at Large of the United States of America，1789–1873）里颁发。引用这个法律汇总，要列出卷号和出版日期。

19.9.3 总统出版物

总统公告、行政命令、否决、演说及类似文件发表在《总统文件每周汇编》或者《美国总统公开文件》上。公告和行政命令也会放在每日《联邦公报》(*Federal Register*) 里，然后在《美国联邦法规》标题 3 出版。一旦收进《法规》出版，你就要将《法规》作为你的引用来源，将单个的标题放进引号里。

R：US President. 2010. Proclamation 8621. "National Slavery and Human Trafficking Prevention Month, 2011." *Federal Register* 75, no. 250 (December 30): 82215-16.
US President. 1997. Executive Order 13067, "Blocking Sudanese Government Property and Prohibiting Transactions with Sudan." *Code of Federal Regulations*, title 3 (1997 comp.):230-31.

P：(US President 2010)
(US President 1997)

美国总统的公开文件都收在两个多卷宗的文献里：《总统消息和文件汇编，1789–1897》和《美国总统的公开文件》（从胡佛总统开始）。没有被这两部汇编所收编的文件在别处出版。要引用这些汇编里面的文件，遵循多卷宗书籍的引用方法（见 19.1.5）。

19.9.4 政府部门和机构出版物

政府管理部门、办公司局和专业行政部门发布的报告、公告、通告及其他文件。引用这些文件，标题要用斜体，要将能明确的作者的名字列出来放在标题之后。

R：US Department of the Treasury. 1850-1851. *Report of the Secretary of the Treasury Transmitting a Report from the Register of the Treasury of the Commerce and Navigation of the United States for the Year Ending the 30th of June, 1850*. 31st Cong., 2d sess., House Executive Document 8 . Washington ,DC.

US Department of the Interior. Minerals Management Service. Environmental Division. 2007. *Oil-Spill Risk Analysis: Gulf of Mexico Outer Continental Shelf (OCS) Lease Sales, Central Planning Area and Western Planning Area, 2007-2012, and Gulfwide OCS Program, 2007-2046*, by Zhen-Gang Ji, Walter R. Johnson, and Charles F. Marshall. Edited by Eileen M. Lear. MMS 2007-040, June .

P: (US Department of the Treasury 1850-51, 15-16)

(US Department of the Interioe 2007, 23)

19.9.5 美国宪法

美国宪法应该只在文中夹注里引用，你不需要将它列入参考书日。要给出条款或修正条款、法律条文的项，以及法条，如果相关的话。使用阿拉伯数字，如果你倾向于使用缩略语，可以用这些术语，比如 amendment 和 section 的缩略语。

P：（US Constitution, art. 2, sec. 1, cl. 3）

（US Constitution, amend. 14, sec. 2）

许多情况下，你可以在正文中加入识别信息。在正文中要全拼该宪法部分的标题，如果不用编号而使用特别修正法的名称的话要大写。

The US Constitution, in article 1, section 9, forbids suspension of the writ “unless when in Cases of Rebellion or Invasion the public Safety may require it.”

美国宪法，第一款第九项，禁止中止令状“除非在叛乱或入侵情况下公众的安全需要。”

The First Amendment protects the right of free speech.

第一修正款保护言论自由。

19.9.6 条约

1950 年之前签订的条约文本在《联邦法律汇编》中出版，非官方引文可参阅《联合国条约集》（*TS*）或者《行政协定集》（*EAS*）。那些 1950 年及以后签订的条约出现在《美国条约和其他国际协定》(*UST*，1950–)或者《条约及其他国际法规集》(*TIAS*，1945– ）。涉及两个国家以上的条约可参看《联合国条约集》（*UNTS*，1946– ），1920–1946 年间的，可参看《国际联盟条约汇编》（*LNTS*）。

上述出版物的标题及其缩写要用斜体字。除非条约的标题中给予了命名，如果没有要列出协定各方主体，用连字号分开。要列出签署日期的确切日子，这个时间可以和条约出版年一起给出。

R: US Department of State. 1963. Treaty Banning Nuclear Weapon Tests in the Atmosphere, in Outer Space, and Under Water, US-UK-USSR. August 5, *UST* 14, pt. 2.

United States. 1922. Naval Armament Limitation Treaty with the British Empire, France, Italy, and Japan. February 6, 1922. *US Statutes at Large* 43, pt.2.

P：(US Department of State 1963, 1313)

(United States 1922)

19.9.7 法律案例

法律案例的引用通常采用各级法院所用的格式。参考书目列表里，案件全称（包括缩写 v.）要用斜体，还包括卷号（阿拉伯数字）、判决书的名称（缩写，见下文）、序数号（如果有）、判决书的起始页码、法院名称缩写以及判决日期（都放入圆括号内），以及其他相关信息，如州法院或地方法院的名称（如果从序列名不能辨别出来）。

R：*United States v. Christmas*, 222 F. 3d 141, 145(4th Cir. 2000).

Profit Sharing Plan v. Mbank Dallas, N.A., 683 F. Supp. 592 (N.D. Tex. 1988).

有一个引用要素取决于法院级别，这就是判决书的名称。最常用的如下所示：

- **联邦最高法院**。联邦最高法院的判决，要引用 United States Supreme Court Reports(缩写 US）或者，如果尚未公布出版，使用 Supreme Court Reporter（缩写 S. Ct.)。

R：*AT&T Corp. V. Iowa Utilities Bd.*, 525 US 366(1999).

Brendlin v. California, 127 S. Ct. 2400(2007).

- **联邦下级法院**。对于联邦下级法院的判决，引用 Federal Reporter（F.) 或者 Federal Supplement(F. Supp.)。

R：*United States v. Dennis*, 183 F. 201(2d Cir. 1950).

Eaton v. IBM Corp. 925 F. Supp. 487(S.D. Tex. 1996).

- **州及地方法院**。对于州和地方法院的判决，只要可能，引用官方的州判决汇编。如果你使用的是一个商业判决报告，引用要如下文第二例所示。如果判决书里无法明确法院名，要将它放在日期前面，圆括号里。

R：*Williams v. Davis*, 27 Cal. 2d 746 (1946).

Bivens v. Mobley, 724 So. 2d 458, 465(Miss. Ct. App. 1998).

在正文中引用一个法律案件，要给出案件名和判决日期（引用特定语言的话，还要给出页码）。多数情况下，你可以将其中一个或两个要素都嵌入正文中。

P：（*United States v. Christmas* 2000)

...this principle was best exemplified by *United States v. Christmas* (2000).

19.9.8 州及地方政府文件

引用州及地方政府公文和引用联邦政府公文是一样的。州法律和城市条例用罗马字体（不用引号）；独立出版的章程（汇编）以及标题用斜体。州宪法可以只在文中夹注里引用或者只在正文里给出引用信息（见 19.9.5）。

R：Illinois Institute for Environmental Quality (IIEQ). 1977. *Review and Synopsis of Public Participation regarding Sulfur Dioxide and Particulate Emissions*, by Sidney M. Marder, IIEQ Document no. 77/21. Chicago.

Methamphetamine Control and Community Protection Act. 2005. *Illinois Compiled Statutes*, ch. 720, no. 646 (2005).

Page's Ohio Revised Code Annotated. 2011. Title 35, Elections.

P：(IIEQ 1977, 44-45)

(Methamphetamine Control and Community Protection Act 2005, sec. 10)

(*Page's Ohio Revised Code Annotated 2011*, sec. 3599.01)

(New Mexico Constitution, art. 4, sec. 7)

19.9.9 加拿大政府文件

引用加拿大政府文件与引用美国政府公文一样。引文结尾处加上 Canada（圆括号里），除非上下文中可明显看出来。

加拿大法规最先出版于年度《加拿大法规》（*Statutes of Canada*），然后它们被收进《加拿大法规修订汇编》(*Revised Statutes of Canada*)，这是一个每 15 年或 20 年整理出版的法规集。不管哪里，只要可能，使用后面一个资料来源，用案件标题、判决书、法规汇编年份、章、节明确标出法规。

R：Canada Wildlife Act, *Revised Statutes of Canada* 1985, chap. W-9, sec. 1.

Assisted Human Reproduction act, *Statutes of Canada* 2004, chap. 2, sec. 2.

P：(Canada Wildlife Act 1985)

1876 年以来加拿大最高法院的案子都公布在《最高法院报告》（Supreme Court Reports，简称 SCR) 里；1974 年以后的案子应包括判决书的卷号。联邦法庭的案子都公布在《联邦法庭报告》（Federal Courts Reports，简称 FC，1971- ）或者《财政大臣法庭报告》（Exchequer Court Reports，简称 EX.CR，1875–1971) 里。上述资源里找不到的案例可查找《自治领法律精选案例报告》（Dominion Law Reports，简称 DLR）。要列出案件名称（用斜体字），之后列出日期（圆括号里），卷号（如果有），判决书缩写，判决书起始页码。

R：*Robertson v. Thomson Corp.*, (2006) 2 SCR 363(Canada).

Boldy v. Royal Bank of Canada, (2008) FC 99.

19.9.10 英国政府文件

引用英国政府文件与引用美国政府公文是一样的，引文最后加上 United Kingdom（放入圆括号内），除非上下文可明显看出来。

议会法案通常应该在注释中引用。只有当该法案对你的论证很重要或者被频繁引用的话，你才要将该法案收入你的参考书目目录里。标识法案的信息有标题、日期、章号(阿拉伯数字表示国家号码，小写罗马数字表示地方号码）。1963 年以前的法案的引用要有（国王）即位年号、君主姓名（简写）以及序号（阿拉伯数字）。

P：(Act of Settlement, 1701, 12&13 Will. 3, c.2)

(Consolidated Fund Act, 1963, chap. 1[United Kingdom])

(Manchester Corporation Act, 1967, chap.xl)

大多数英国的法律案件都能在《判例汇编》（Law Reports）里找到使用的报告，其中有诉讼案件（Act），女王（国王）王座法庭（QB，KB），大法官法庭（Ch.），家庭法庭（Fam.），以及遗嘱（P.）检验报告。过去，英国最高上诉法院（除了苏格兰刑事案件）一直是上议院（HL）和枢密院司法委员会（PC）。直到 2005 年，英国最高法院（UKSC）才成立。

引文中要包括案件的名称（用斜体，涉及君王的要用 Rex 或者 Regina 表示）、日期 （放入圆括号）、卷号（如果有）、判决书的缩写，以及判决书的起始页码。如果判决书名称没有明确表明法庭名，或者上下文中法院名称不明确，那如果必要就要把其中一个信息或者两个信息都放入圆括号里。

R：*Regina v. Dudley and Stephens.* (1884) 14 QBD 273 (DC).

Regal (Hastings) Ltd. v. Gulliver and Ors. (1967) 2 AC 134 (HL) (Eng.).

NML Capital Limited (Appellant) v. Republic of Argentina (Respondent). (2011) UKSC 31.

19.9.11 国际机构出版物

如联合国这样的国际机构的公文的引用和书籍引用是一样的。注释中要明确授权机构（作者或编者），文件的题目或标题，出版人或出版地（或两者），日期，后面跟着页码信息。还要包括任何的文件系列或其他标识性出版信息。

R：League of Arab States and United Nations. 2010. *The Third Arab Report on the Millennium Development Goals 2010 and the Impact of the Global Economic Crisis*.Beirut: Economic and Social Commission for Western Asia.

United Nations General Assembly. 2010. *Report of the Governing Council/ Global Ministerial Environment Forum on the Work of Its Eleventh Special Session.* Official Records, 65th sess., supplement no.25, A/65/25. New York: UN.

P：(League of Arab States and United Nations 2010, 82)

(UN General Assembly 2010)

19.9.12 未出版政府文件

如果你引用的是未出版的政府公文，遵循 19.6.4 中列出的未出版手稿的引用模式。

大多数美国政府未出版的公文都收在华盛顿的美国国家档案馆 (NARA)，或者在它的某个分部里。引用这些材料，包括相关胶片、照片以及书面材料声音录音，要按照记录组（RG）编号来引用。

收编未出版的加拿大政府文件的类似机构有安大略省渥太华的加拿大图书档案馆（LAC）。英国有许多未出版政府公文的保管处，最著名的就是国家档案馆（NA）和不列颠图书馆（BL），都在伦敦。

19.9.13 网上公文

引用网上公文要遵循 19.9 中列出的相关的实例。此外，要包括访问时间和URL。从商业数据库获取的文件，你需要给出数据库的名称，详见 15.4.1。注意有关法律案例的数据库可能要标出页码（屏幕上）划分，使用星号标识。这些要被保留在特定引文里（见 19.9.7）。

R：US Congress. House of Representatives. Select Committee on Homeland Security. Homeland security Act of 2002. 107th Cong., 2d sess., HR Rep. 107-609, pt.1. Accessed September 8, 2011. http://www.gpo.gov/fdsys/pkg/CRPT-107hrpt609/pdf/CRPT-107hrpt609-pt1.pdf.

United Nations Security Council. 2011. Resolution 2002.July 29. Accessed October 10, 2011, http://www.un.org/Docs/sc/unsc_resolutions11.htm.

Mcnamee v. Department of the Treasury. 488 F. 3d 100*3(2d Cir. 2007). Accessed September 25, 2011. LexisNexis Academic.

19.10 摘录于另一文献中的文献

负责任的研究者不会使用那些他们在原著中没有实际看到的引文。如果一个文献包括一个很有用的针对另外一个文献的引用，读者会指望你能拿到原著去核实这段引文是否准确无误，以及它是否能代表原文的含义。

如果原著无法获取，那就要在参考书目里作为引自（quoted in）二次文献处理。文中夹注里，只给出原著作者的名字。

R：Zukofsky, Louis. 1931. “Sincerity and Objectification,” *Poetry* 37 (February): 269. Quoted in Bonnie Costello, *Marianne Moore: Imaginery Possessions*（Cambridge, MA:Harvard University Press, 1981）.

P：（Zukofsky 1931，269）

从一次文献中提取的二次文献的引文也会出现同样的情况（见 3.1.1）。通常你不可能去参看这些文献，特别是当它只收在未出版的手稿集中时。这种情况下，遵循上面概述的那些原则。

第三部分

体　例

拼写规则

标点符号

名称，专有词以及作品标题

数字

缩写

引用

图表

20 拼写规则

拼写要按照美国用法并前后一致，除了引用的内容，引文通常与原著拼写格式保持一致（见第 25 章）。有疑问的话，参看词典。但是要知道，不同的词典对于同一个词的拼写也会有不同呈现，有些词典更准确更切合当前用法。

有关拼写最权威的是《韦伯斯特第 3 版新国际辞典》（*Webster's Third New International Dictionary*）或者它的简本，以及《韦氏高校词典》（*Merriam-Webster's Collegiate Dictionary*）第 11 版。两者都有网络版，以及书和 CD-ROM 版。关于地名

和人名，可参考韦氏词典或者独立出版的《韦氏名人传记词典》（*Merriam-Webster's Biographical Dictionary*）或者《韦氏地理词典》（*Merriam-Webster's Geographical Dictionary*）。

如果韦氏词典提供了拼写选择，使用下面的原则来做出选择：如果各变体间是用 or 来分隔的，可以任选其一并在使用中保持一致；各变体是用 also 分隔的，使用第一个变体。如果韦氏词典倾向的拼写与你所在领域内的惯用拼写不一致的话，遵循该领域的惯例。不同学科的体例指南见参考文献目录。

大多数文字处理软件的拼写检查功能可以查找某些拼写错误，但不能查找其他的错误。它通常无法辨认下面的错误，例如，你键入了 and 而你实际想要键入 an，或者键入了 quite 而实际上想要的写是 quiet。它可能对专有名词或者外语术语提供不了帮助，但是能够在某些情况下对不准确的拼写提供一个大致的纠错功能。拼写检查功能不能替代一本好的词典和仔细的校对。

本章提供了有关拼写的一般性指导，大多数词典里没有涉及。如果你正在写本科论文、硕士论文或者博士论文，你所在系或者学校会有其特定的有关拼写的要求（包括使用某些特定的词典）。这些要求通常在硕士或博士论文管理办公室都可以查到。如果你写的是课程论文，你的导师会告诉你要遵循什么样的拼写规则。在准备你的论文之前回顾这些要求，它们相对于本书的指导原则具有优先地位。

20.1 复数

20.1.1 一般规则

大多数一般性名词，复数要加 s（以 ch、j、s、sh、x、z 结尾的加 es）。大多数词典只给出不符合上述一般规律的词的复数形式。

一般性规则适用于人名和其他专有名词，包括美洲土著部落。如果这类的一个名词以 y 结尾，不要按照一般名词的变化规则将 y 变成 ie。（不要将复数与 20.2 所述的所有格形式混淆。）

The Costellos	the two Germanys
The Frys(不是 the fries)	the Hopis of Arizona(不是 the Hopi)
The Rodriguezes	

20.1.2 特例

20.1.2.1 复合词。复合词包括两个名词，后一个名词做复数变形（通常加 s 或者 es）。

bookkeepers district attorneys actor-singers

有一个介词短语或者形容词跟在后面的话，主要的名词变复数。

sisters-in-law attorneys general men-of-war

20.1.2.2 字母和数字。大多数情况下，大写字母和数字的复数单独加 s（不是 ’s）。

three As,one B, and two Cs the 1950s 767s

然而小写字母，如果没有一个撇号，会看起来像创造了一个另外的词（is）或者一个缩略词（ms）的话，要加上一个撇号。撇号和 s 都是罗马字体，即使字母是斜体字体（见 22.2.2）。

x’s and *y*’s

20.1.2.3 缩略语。缩略语的复数形式中间没有句点直接加 s。如果缩略语的单数形式就是以句点结尾的，将 s 加在句点之前（见 24.1.3 参阅缩略语标点。有关学位论文见 24.2.3）。

URLs vols.
DVDs eds.
PhDs

一些缩略语的复数形式不规则（见 24.7）。

pp. (p.，page 的复数） nn. (n., note 的复数）

如果你写的是科学领域的论文，在使用度量单位的缩略语时（见 24.5），不管单复数使用相同的缩略语。

6kg　37m^2

20.1.2.4　斜体字术语和引号。斜体字术语的复数形式要单独加 s，并且 s 用罗马字体形式。引号内术语的复数形式是在引号内加 s，但是最好能重写句子。

two *Chicago Tribunes*

... Included many “To be continueds”

或者这样写更好：

...included “To be continued” many times

20.2　所有格

20.2.1　一般规则

大多数一般性名词和专有名词，包括以 s、x，或者 z 结尾的名词的所有格，后面都加一个撇号和 s。这个规则也适用于用作名词的字母和数字，适用于缩略语。它同样适用于以 s 结尾的专有名字（不论 s 是否发音），如最后三例所示。（不要混淆复数和所有格，所有格见 20.1 所述。）特例见 20.2.2。

an argument's effects	the horse's mouth	2009's economic outlook
the phalanx's advance	the walts's tempo	JFK's speech
Russ's suggestion	Descartes's *Discourse on Method*	Aristophanes's plays

非动物性名词，除了指向时间，很少使用所有格。

a day’s length　但不写为　the house’s door

大多数一般性名词和专有名词的复数形式的所有格只加撇号。特例可见 20.2.2。

politicians’ votes　　不是　　politicians’s votes

the Rodriguezes’ house　不是　the Rodriguezes’s house

不是以 s 结尾的不规则复数，要在撇号之后加上 s。

the mice’s nest　children’s literature

20.2.2 特例

20.2.2.1　以 s 结尾的单数名词。下列这些类型的名词的所有格只有一个撇号：

- 命名一个团体或者集体实体的名词要当作语法上的单数名词看待。

politics’ true meaning　the United States’ role

- 一些 For...sake 这样的短语里的名词，以 s 或者 s 发音结尾的。

For goodness’ sake　for righteousness’ sake

但是注意下例：

for appearance’s sake

为了避免棘手的情况，有时最好的办法是重新安排句子（好比下面第一个例子中的 US 的使用，见 24.3.1）。

the role of the United States　而不是　the United States’ role
for the sake of appearance　而不是　for appearance’s sake

20.2.2.2　复合词。单数复合词的所有格是在最后一个单词上加撇号和 s，即使主词在前。

His sister-in-law’s business　the attorney general’s decision

复合词的复数所有格采用一般形式（单独加上一个撇号），除非名词后面跟了一个介词短语或者形容词（见 20.1.2）。如果是那样的情况，重新安排句子。

district attorneys’ decisions

但是可以

decisions of the attorneys general

不可以

attorneys' general decisions

也不可以

attorneys general's decisions

20.2.2.3 多个名词。如果一个所有格表示的是两个或两个以上实体分别都有什么的话，所有名词都变所有格。

New York's and Chicago's teams　historians' and economists' methods

如果一个所有格表示的是两个或两个以上实体共同拥有什么的话，只要最后一个名词变所有格就可以了。

Minneapolis and St. Paul's teams　historians and economists' data

20.2.2.4 斜体字术语和引号。 如果一个斜体字术语要进行所有格变化，撇号和 s 都要是罗马字体。不要给一个引号内的术语进行所有格变化；将句子重新安排。

The *Atlantic Monthly's* editor　admirers of "Ode on a Grecian Urn"

如果一个术语是以复数形式结尾的，只要加一个撇号（罗马字体）。如果已经是以所有格形式结尾了，就不做改变，或者重新安排句子。

The *New York Times'* online revenue

Harper's editors (or the editors of *Harper*'s)

20.3 复合词和带前缀的词

复合词有三种形式：带有连字符的，开放式的（各组成部分间有空格，没有连字符），或者封闭式的（拼出来像一个单词）。选择一个正确的可能很难。最权威的是词典。如果你不能在词典里找到某个复合词，那就按照下面段落里描述的原则来确定是否要用连字符。如果你在词典里或者在下文中都找不到复合词形式，那就让该词以开放式呈现。

下面概述的模式绝不是固定不变的规则。你可以在很多个例中按照上下文、个人喜好或者你所在学科的一般用法来做决定。尽管大多数使用连字符的建议是出于逻辑或者可读性考虑，但有一些只不过是出于惯例。

20.3.1 用作形容词的复合词

一些复合词只用作形容词。多数情况下，当复合词出现在一个修饰的名词前的时候，用连字符连接这个复合词；否则让它处于开放形式。

名词前	名词后
open-ended question	most of the questions were *open ended*
full-length treatment	treatment is *full length*
duty-free goods	goods brought in *duty free*
thought-provoking commentary	commentary was *thought provoking*
over-the-country drug	drug sold *over the counter*
a frequently *referred-to* book	this book is frequently *referred to*
spelled-out numbers	numbers that are *spelled out*

下面有一些例外情况：

■ 如果一个正常情况下有连字符的复合词前面有一个副词或者被一个副词修饰（例如 very），省略掉连字符，因为将这一组词放在一起会让读者读得更清晰。

名词前有修饰语	名词前有副词修饰语
a *well-known* author	a very *well known* author
an *ill-advised* step	a somewhat *ill advised* step

■ 由 all 开头或者由 free 结尾的复合词都要用连字符。

名词前	名词后
all-encompassing treatment	treatment was *all-encompassing*
toll-free call	the call was *toll-free*

■ 由术语 borne、like，以及 wide 结尾的复合词（名词前以及名词后）要用连字符，除非该术语在韦氏词典里作为闭合复合词列出。

连字符连接	闭合复合词（按照韦氏词典）
food-borne	airborne
bell-like	childlike
Chicago-wide	worldwide

■ 对于由 more/most，less/least，以及 better/best 这样的词开头的比较结构，只有当该比较结构在不确定到底是修饰后面的复合词内的形容词，还是修饰复合词后面的名词，从而造成混淆时，才使用连字符。

修饰形容词
colleges produce *more-skilled* workers

修饰名词
we hired *more skilled* workers for the holidays

■ 包含一个以 -ly 结尾的副词，而后面又跟着一个不是复合词结构的形容词，在任何上下文中都不应该使用连字符。

名词前	名词后
highly developed species	the species was *highly developed*
widely disseminated literature	literature was been *widely disseminated*

20.3.2 既用作名词又用作形容词的复合词

一些复合词首先是名词，但是当它们出现在名词前面修饰名词的时候，又可以作为形容词使用。（不像 20.3.1 中的例子，本节的这些复合词出现在一个名词后面很少作为形容词使用，并且只能有一个连接谓语 was 或者 are，正如下面第三个例子所示。）大多数情况下，当这类复合词出现在名词前面修饰它的时候要用连字符连接这个复合词；否则就让它处于开放形式。

名词前的形容词	名词，或者名词后面的形容词
the *decision-making* process	*decision making* became her specialty
a *continuing-education* course	a program of *continuing education*
a *middle-class* neighborhood	her neighborhood was *middle class*

还有些例外情况：

■ 以 e（electronics 的短形式），ex，或者 self 开头的复合词在任何上下文中都要用连字符。一个例外：如果 self 前面有 un，这个复合词应该是闭合的（如同 unselfconscious）。

ex-husband　self-destructive　e-mail

■ 以 elect 结尾的复合词，当与之相连的政府机关的名称只有一个单词的时候，任何情况下都要使用连字符，但是当政府机关的名称由两个或更多的单词组成的话，该复合词处于开放形式。

president-elect　district attorney elect

■ 由两个名词并置，中间可以用 and 连接的复合结构，任何情况下都要用连字符。

actor-singer　*mother-daughter* relationship

city-state　*parent-teacher* conference

■ 对于由方向性词语组成的复合词，如果该术语描述的是单一方向就使用闭合形式。如果该复合词包含的名词并置可以用 and 或者 by 来连接的话，要使用连字符。

northwest a street running *north-south*
southwest *east-southeast* winds

■ 表家庭关系的复合词在是闭合还是使用连字符上是有区别的。如果有疑问，参考一本词典（in-law 这样的复合词的复数和所有格可以分别参看 20.1.2 和 20.2.2）。

grandfather stepdaughter step-grandmother great-grandmother son-in-law

■ 一些熟悉的短语总是要用连字符的。

stick-in-the-mud jack-of-all-trades

20.3.2.1 包含专有名词的复合词。大多数包含专有名词的复合词都是开放形式，包括种族群体的名称。

形容词在名词前	名词，或者形容词在名词后
African American culture	an *African American* has written
French Canadian explorer	the explorer was *French Canadian*
Middle Eastern geography	the geography of the *Middle East*
State Department employees	employed by the *State Department*
Korean War veterans	veterans of the *Korean War*

然而，如果第一个术语是缩写形式，要使用连字符。

Afro-American culture an *Afro-American* has written

如果共置术语可以用 and 连接，要使用连字符。

Israel-Egypt peace treaty *Spanish-English* dictionary

20.3.2.2 包含数字的复合词。如果一个复合词包含一个数字，当复合词在所修饰名词前面的时候要用连字符；否则复合词为开放形式（关于使用数字符号还是拼写出数字，参看第 23 章）。

形容词在名词前面	名词，或者形容词在名词之后
fifty-year project	the project took *fifty years*
twenty-one-year-old student	the student was *twenty-one years old*
twentieth-century literature	studied the literature of the *twentieth century*
third-floor apartment	she lived on the *third floor*
214-day standoff	standoff that lasted *214 days*

有一些例外情况：

- 包含 percent 的复合词要用开放形式，数字要用阿拉伯数字符号（见 23.1.3）。

a *15 percent* increase　　increased by *15 percent*

- 使用连字符来连接表示分数的单词（见 23.1.3 ，参看如何使用数字符号，对应于如何使用拼写形式表示分数）。

a *two-thirds* majority　　a majority of *two-thirds*

- 由 half 或者 quarter 开头的分数，当它在所修饰的名词前面的时候使用连字符；否则用开放形式。

形容词在名词前面	名词，或者形容词在名词之后
a *half-hour* session	after a *half hour* had passed
a *quarter-mile* run	run a *quarter mile*

- 表示数字区间的复合词，两个数字都要用连字符，但是可以省略复合词中第一个数字的第二部分。

five- to ten-minute intervals　　*eight- to-ten-year-olds*

20.3.3 带前缀的词语

带前缀的词语通常是闭合词，不论它们是名词（postmodernism）、动词

（misrepresent）、形容词（antebellum），还是副词（prematurely）。但是下面这些情况要使用连字符：

- 前缀是与一个大写单词组合在一起的。

sub-Saharan 但是可以 subdivision

pro-Asian 但是可以 pronuclear

- 前缀与数字相连。

pre-1950 但是可以 predisposed

mid-80s 但是可以 midlife

- 要分开两个 i、两个 a，或者其他字母组合，或者其他可能引起误导的音节。

anti-intellectual 但是可以 antidepressant

intra-arterial 但是可以 intramural

- 当前缀位于一个有连字符的复合词前面或者一个开放的复合词前面。

non-coffee-drinking 但是可以 nonbelief

post-high school 但是可以 postgame

- 分开两个重复的前缀。

sub-subentry

- 当前缀是孤立的时候。

Pre- and postwar macro- and microeconomics

这些复合词形式适用于下面这些前缀组成的词语。

Ante	cyber	macro	multi	proto	super
anti	extra	mega	neo	pseudo	supra
bi	hyper	meta	non	re	trans
bio	infra	micro	post	semi	ultra

co inter mid pre socio un

counter intra mini pro sub

这些形式也适用于 over 和 under 这样的介词，当与其他词语结合时，介词在其原来位置作为前缀来使用的情况。

Overachiever underhanded over- and underused

20.4 换行符

20.4.1 词语间的中断

大多数论文里，行末应该被连字符连接的词语只能是特别使用连字符的词语，例如复合词(见 20.3)。设定文字处理软件来排列文本使其左对齐(在右侧留有不规整的空白)，不要使用自动连字符的特别功能。

然而，如果你需要完全对齐（左右空白处都要排列整齐），你可能必须使用连字符来避免词语间出现大的空缺格。设定文字处理软件来限制这样的行数，连续以连字符结尾的行数（避免沿空白处出现一个连字符块）限制为 3，但是不要完全依赖你的文字处理软件的自动连字符功能。它一般来说是可靠的，但是也会带来错误。所以要检查文字的中断处，尤其是当你的论文接近完工的时候。如果有疑问，查阅你的词典，那里面标出了可接受的中间带有点的中断形式，或者类似的主要词条里使用的方法（使用文字处理软件给那些你不想使用连字符的词语创造一些例外。手动加一个行末的连字符，从文字处理菜单上插入一个可供选择的连字符以达到特定的排版效果）。

有个特殊类型的问题，涉及拼写相同但是发音不同的词语。这些词可能有不同的音节中断，比如 rec-ord 和 re-cord。你的文字处理软件会对这样的词采取统一的中断方式而不考虑上下文的意思。

20.4.2 在空格和标点处中断

某些不被接受的在空格处或者标点处的行中断可能会被你的文字处理软件所允许。要查看你的论文检查这样的中断处。

■ 首字母。如果首字母同时用于一个人名的第一个名和中间的名，那要在它们中间加上空格但是不能将它们分行放置（但你可以在姓之前中断它）。因为在写论文的时候会出现断行，最好用一个不可断开的空格替代这样的空格，这个功能在大多数文字处理软件中都有。见 24.2.1。

M. F. K. Fisher　M. F. K. /Fisher　但是不可 M. /F. K. Fisher

■ 数字和日期。不要在以数字符号表示的数字中插入行中断（25,000），或者在任何包含有数字符号和标志符、缩略语，或者度量单位的术语中插入行中断（10%；£6 4s. 6d.；6:40 p.m.；AD 1895；245ml)。如果需要，使用不可断开的空格。更多有关数字和日期的规则见第 23 章。

■ 标点。不要在一行的开头使用右引号、右圆括号、右方括号（如果出现这种情况，它可能表示在这个标点符号前有一个不必要的空格）。不要在一行末尾使用一个左引号、圆括号或者方括号（如果出现这种情况，也表明标点符号后面存在可能的错误空格）。不要用（a）或者（I）作为一行的开头。如果需要，使用不可断开的空格。更多有关标点符号的说明见第 21 章，列表见 23.4.2。不要跨行断开省略号（见 25.3.2）。使用你的文字处理软件中的省略号功能来避免这样的问题。

■ URLs和e-mail地址。不要跨行断开URLs或者e-mail地址。如果你不得不断开，在一个冒号或者斜线后面插入一个行中断；在等号或者 & 的记号名称之前或者之后插入行中断；或者在一个单斜线、句点，或者其他标点符号或标志号之前插入一个行中断。连字符通常作为 URL 或者 e-mail 地址的一部分，所以为了避免混淆，不要加入连字符来表示行中断。

http://
www.press.uchicago.edu

http://www
.press.uchicago.edu

http://www.press.uchicago.edu.
/books/subject.html

如果你的文字处理软件自动把 URL 或者 e-mail 地址作为超链接排版，只要每一个完整的 URL 或者地址能够作为超链接得到清晰辨识（通过下画线或者另一种颜色来标识），并且不需要额外的连字符加入进来以表示行中断，你可以忽略上述规则。

21 标点符号

本章提供论文正文中标点符号使用的一般性规则。有些规则是清晰的，有些则不是，所以通常你需要依赖合理的判断和好的辨别能力。

特殊语言元素例如缩略语、摘录、文献引用有其自己的标点符号使用规则，这些在本书的相应章节做了阐述。

如果你在写一篇硕士或博士论文，你所在系或学校可能对标点有特别的规定，这个规定通常在硕士或博士论文管理处可以查询到。如果你在写一篇课程论文，你的导师会要求你参照某个标点符号的使用规则。在准备论文之前好好看看这些要求。这些要求优先于本文此章节阐述的规则。不同学科的体例规则可以参看参考文献目录。

21.1 句点

句点用来结束一个说明语句、命令式语句或者间接疑问句。句点也可以用来结束一个句子的一部分，如果上下文中这是为了明确体现它的修辞功能的话，但是这种用法在学术写作中很少见。所有情况下，句点都表示一个终止符，在两个句子中间要有一个空格。

Consider the advantages of this method.

想想这个方法的优点。

The question was whether these differences could be reconciled.

问题是这些分歧能否调和。

垂直列表中每一项末尾只有在各项是完整的句子的情况下使用句点（见 23.4.2）。否则，省略终止符号，即使是最后一项也不要句点，并且不要大写第一个单词。

The report covers three areas:

1. the securities markets
2. the securities industry

3. the securities industry in the economy

报告涉及三个方面：

1. 证券市场
2. 证券业
3. 证券业在经济领域

单个句点也可以在其他语境中使用，包括缩略语（参看 24.1.3）以及引文（见 16.1.2 和 18.1.2），还有 URL（见 20.4.2，17.1.7 以及 19.1.8），这些语境里它们被称为点。一串句点或点，可以用在摘录语中（见 25.3.2），被称为省略号，还可用于图表（见 26.2.6）以及封面页（A.2.1），被称为指示线。

不要在某章或者某部分的标题以及大多数次标题后面（见 A.2.2）或者在表格标题之后使用句点（见 26.2.2）。图表说明文字的句点使用参看 26.3.2。

21.2 逗号

逗号分开句子内的不同部分，包括从句、短语或者单独的词语。当读者对一个从句或者短语在哪里中止，下一个从哪里开始搞不清楚的时候，逗号就是特别重要的：

Before leaving the members of the committee met in the assembly room.

Before leaving, the members of the committee met in the assembly room.
走之前，委员会成员在集合厅碰头。

数字中使用逗号参见 23.2.2。引文中使用逗号参见 16.1.2 和 18.1.2。

21.2.1 独立分句

由并列连接词（and、but、or、nor、for、so、yet）连接的两个或更多从句组成的句子里，逗号放在连接词的前面。这不是一个固定不变的规则；两个短的独立从句之间没有标点，不需要逗号。

Students around the world want to learn English, and many young Americans are eager to teach them.

世界各地的学生都想学英语，许多美国年轻人渴望去教英语。

The senator arrived at noon and the president left at one.

参议员中午时分到，总统一点离开。

包含三个或更多简单独立短从句的句子，如果中间没有其他标点符号，各从句之间用逗号隔开或者在最后一个从句前面加上一个并列连接词（并列连接词前面一定要加逗号）。如果从句很长而且很复杂，就用分号来分开它们（见 21.3），或者更好的做法是，重写这个句子。

The committee designed the questionnaire, the field workers collected responses, and the statistician analyzed the results.

委员会设计问卷，现场调查员收集答卷，统计员分析结果。

The committee designed the questionnaire, which was short; the field workers, who did not participate, collected responses; and the statistician analyzed the results, though not until several days later.

委员会设计问卷，问卷不长；现场调查员，不参与，只收集答卷；统计员分析结果，尽管要 7 天以后。

通常情况下，不要在连接两个主语或者两个谓语的并列连接词前插入逗号。

The agencies that design the surveys and the analysts who evaluate the results should work together.

设计调查的机构和评估结果的分析师们应该通力合作。

They do not condone such practices but attempt to refute them theoretically.

他们不能原谅企图从理论上驳斥他们的做法。

当一个句子包含两个独立并列从句，且句子开头有一个短语或者一个从属子句修饰这两个从句，把逗号放在句子开头的那个导语后面，而不要放在两个独立从句中间。

Within ten years, interest rates surged and the housing market declined.

十年来，利率上扬而房市萎缩。

21.2.2 等位句子成分

在一个包含有三个或更多词语、短语或者从句的等位成分句子里，如果各成分内部没有标点，那么各成分之间可以用逗号分开，引导最后一个成分的连接词前一定要有逗号。

The governor wrote his senators, the president, and the vice president.

州长向参议员、总统和副总统写信。

Attending the conference were Fernandez, Sullivan, and Kendrick.

参加会议的有费尔南德斯、沙利文和肯德里克。

The public approved, the committee agreed, but the measure failed.

公众赞同，委员会认同，但是议案没通过。

当等位成分之间都有连接词时就不要使用逗号。

The palette consisted of blue and green and orange.

调色板有蓝色、绿色和橙色。

如果一列有三个或更多词语、短语或者从句的结尾处有一个表延续的表述（and so forth, and so on, and the like, 或者 etc.），要将最后这个表述当成该列最后一个成分来打标点。但是你也可以在这个表延续的表述后面加上一个逗号，避免在一长列等位成分后造成混淆。

They discussed movies, books, plays, and the like until late in the night.

他们讨论电影、书、戏剧等这类的东西直到深夜。

Using such techniques, management can improve not only productivity but also hours, working conditions, training, benefits, and so on, without reducing wages.

使用这项技术，管理层不仅能提高生产力，还能节约时间改善工作环境、提高培训效果、增加效益等，而不用减工资。

如果一列等位成分中有一个或者一个以上的成分内有逗号，而这些成分又长又复杂（见 21.3），那就用分号隔开各等位成分。如果这些成分出现在一个句子的主要动词前面，那就要重写句子。

The three cities that we compare are Hartford, Connecticut; Kalamazoo, Michigan; and Pasadena, California.

我们比较的三座城市是康涅狄格州哈特福德，密歇根州卡拉马祖，加州帕萨迪纳市。

但是不可

Hartford, Connecticut; Kalamazoo, Michigan; and Pasadena, California, are the three cities that we compare.

21.2.3 非限定性从句和短语

使用两个逗号分开非限定性从句。不需要对所修饰名词做唯一标识的从句是非限定性定语从句。

These five books, which are on reserve in the library , are required reading.

这五本书，存放在图书馆里。是要求阅读的。

这里名词短语 These five books 对作者所默认的书是唯一标识的；但是非限定性定语从句就不必然地进一步标识这些书。另一方面，下面这一句，从属子句（that are required reading）是限定性的，因为它表示一个特定存放于图书馆的书的子集。因此逗号在这个从句上没有用到。

The books that are required reading are on reserve in the library.

尽管 which 经常被用于限定性从句，美国作者还是惯于在限定性从句中用 that（不加逗号），在非限定性从句中用 which（加逗号）。

以上规则常被用于限定性短语和非限定性短语。

The president, wearing a red dress, attended the conference.

总统穿着红色礼服参加了会议。

The woman wearing a red dress is the president.

穿红色礼服参加会议的女士是总统。

21.2.4 其他用法

逗号还可用于其他不同情况（日期中逗号的使用见 23.3.1）。

■ **引导性词语或者短语**。当你用一个包含不止几个词语的引导成分开始一个句子时，该引导成分后面要有逗号。逗号在一个短的介词短语后面则是不必要的，除非没有逗号该句子意思会不清晰。

If the insurrection is to succeed, the army and police must stand side by side.

如果叛乱得逞，军队和警方就必须联手了。

Having accomplished her mission, she returned to headquarters.

完成任务后，她回到总部。

To Anthony, Blake remained an enigma.

对安东尼而言，布莱克仍是一个谜。

After this week the commission will be able to write its report.

这周后委员会就能写出报告了。

■ **名词前有两个或者更多形容词**。名词前面的两个或更多的形容词，如果可以的话，用逗号隔开，不影响语意的话，用 and 连接。如果形容词对于名词来说是必不可少的（例如组成一个语言单位），就不要使用逗号（检测：如果你无法改变形容词的顺序，那就不要使用逗号）。

It was a large, well-placed, beautiful house.

这是一个面积很大的，位置很好的漂亮的房子。

They strolled out into the warm, luminous night.

他们漫步走入温暖而有着亮光的夜色里。

She refused to be identified with a traditional political label.

她拒绝被当成传统政治的标签。

■ **解释性评注**。像 namely 这样的词和短语，通常引导一个解释性评注，应该后面跟一个逗号，前面要有一个更长停顿的标点（例如分号或者句点）。当 or 用作“换句话说”这样的意思时，前面要加逗号（有些类似的表述也可以用斜线或者圆括号来分隔；见 21.7.2 和 21.8.1）。

Many people resent accidents of fate; that is, they look on illness or bereavement as undeserved.

许多人不喜欢命运的偶然性；也就是说，他们将疾病和丧亲当作是不应该发生的。

The compass stand , or binnacle, must be visible to the helmsman.

罗盘座，或者说罗盘箱，舵手必须要看得到。

■ **同位语**。一个词语或者短语跟在一个名词之后提供一个对名词的对等的解释，就可看作名词的同位语。非限定性同位语由逗号分开，限定性同位语则不要（见 21.2.3）。

Chua, a Harvard College graduate, taught at Duke for several years.

蔡，一位哈佛毕业生，在杜克任教几年。

Kierkegaard, the Danish philosopher, asked, “What is anxiety?”

克尔凯郭尔，丹麦哲学家，问：“什么是焦虑？”

但是也可以：

The Danish philosopher Kierkegaard asked,“What is anxiety?”

■ **地名**。地名中用逗号隔开多个独立的成分（地址中逗号的使用见 23.1.7）。

Cincinnati, Ohio, is on the Ohio River.

俄亥俄州辛辛那提市位于俄亥俄河边。

The next leg of the trip was to Florence, Italy.

下一段行程是去意大利的佛罗伦萨。

■ **感叹词和连接副词**。把感叹词和连接副词这类的词分开的话，意味着思维活动的间断或者句子节奏的间断。但是这些元素不破坏句子的连贯性的话就可以省略逗号。

Nevertheless, it is a matter of great importance.

然而，这是一个非常重要的问题。

It is, perhaps, the best that could be expected.

这，可能是，可预见的最好的。

Perhaps it is therefore clear that no deposits were made.

可能很清楚的是并没有存款。

■ **相对比的成分**。由 not、not only，以及类似表述开头的插入语前后要有逗号。但是当这样的短语包含两个成分（not...but，not only...but also），逗号通常就不必要了。the more...the more 这类从句之间要使用逗号，除非这样的从句很短。

The idea, not its expression, is significant.

这个思想，而不是其表述，才是重要的。

She was delighted with, but also disturbed by, her new freedom.

她欣喜于新获得的自由，同时又感不安。

He was not only the team’s president but also a charter member.

他不仅是团队的首脑也是发起人。

The more it stays the same, the less it changes.

越保持原状，越没有变化。

■ **插入成分**。你要把一个插入成分与主语和动词分开或者与动词和宾语分开的话，要使用一对逗号。如果你发现自己需要在一个句子中分开一个以上这样的插入成分，考虑重写该句子。

The Quinn Report was , to say the least, a bombshell.

奎因的报告，至少可以说，是完全出乎意料的。

Wolinski, after receiving instructions, left for Algiers.

沃伦斯基，接受指导以后，离开前往阿尔及尔。

■ **重复的词语**。使用逗号分开相同的词语。例外情况是 that 不需要。

They marched in, in twos.

他们两两列队入场。

Whatever is, is right.

不管是什么，都正确。

但是可以

She implied that that did not matter.

她暗示那不重要。

21.3 分号

分号比逗号要语气更强，显示一个连贯句子的更强的中断。复合句中使用分号可隔开独立的从句，这些从句没有通过并列连接词来连接（and、but、or、nor、yet、for、so）。

One hundred communities are in various stages of completion; more are on the drawing board.

一百个团体处在完工的不同阶段；更多团体尚在计划阶段。

如果从句很长而且从句中带有逗号和其他标点符号，你可以使用分号和一个并列连接词。但是如果句子显得笨拙的话，要考虑用一个句号来取代分号。

Although productivity per capita in the United States is much higher than it is in China, China has an increasingly well educated young labor force; but the crucial point is that knowledge—which is transferable between peoples—has become the most important world economic resource.

尽管美国人均产量比中国要高，但是中国有持续增长的受过良好教育的劳动力资源；最重要的是知识——可在人群中转移——已经成为世界经济的重要资源。

当下类词语 then、however、thus、hence、indeed、accordingly、besides，以及 therefore 用于两个独立从句间表示过渡转接时，在这些词的前面可以使用分号。

Some think freedom always comes with democracy; however, many voters in many countries have voted for governments that they know will restrict their rights.

一些人认为自由总是与民主携手并至的；然而，许多国家的选举人却把票投给了那些他们明知会限制其权利的政府。

当一系列成分在其内部有标点符号的时候，使用分号来分开它们。

Green indicates vegetation that remained stable; red, vegetation that disappeared; yellow, new vegetation.

绿色表示植被状态稳定；红色表示植被在消失；黄色表示新的植被。

分号有时也用于标题（见 17.1.2 和 19.1.3），以及分开来自一个以上文献的引文（见 16.3.5.1 和 18.3.2.5）。

21.4 冒号

冒号引导一个从句、短语或者一系列对其前面部分的意思进行延展、阐释或者例证的成分。在独立从句之间，它的功用相当于分号，尽管更着重强调平衡或结果。

People expect three things of government: peace, prosperity, and respect for civil rights.

人们期待政府的三样东西：和平、繁荣和对人权的尊重。

Chinese culture is unrivaled in its depth and antiquity: it is unmatched in its rich artistic and philosophical records.

中国文化有着无可比拟的深度和久远的历史：有关艺术和哲学的记载无与伦比。

用冒号可以来引导一个说明性材料或者一个列表。冒号要跟在一个完整的独立从句之后；通常引导部分例如 the following 或者 as follows 这样的短语要放在冒号之前。（见 23.4.2。）

The qualifications are as follows: a doctorate in economics and an ability to communicate statistical data to a lay audience.

任职资格如下所示：经济学博士学位和使用统计数据与专业听众沟通的能力。

但是不能

The qualifications are: a doctorate in economics...

任职资格是：经济学博士学位……

注意在一个句子内部的冒号之后的第一个单词通常是不大写的，除非是专有名词，或者这个冒号引导的句子超过一个。由冒号引导的引文中的大写，见第 25 章。

冒号也可以用于标题（见 17.1.2 和 19.1.3），对时间的记录（见 23.1.5），URL（见 17.1.7）以及不同格式的引文。

21.5 问号

问号放于按照疑问句式措辞的一个完整的句子之后。

Who would lead the nation in its hour of need?

在危难时谁来领导这个国家？

问号可以放在按照问句措辞的从句之后，且该从句是句子的一个部分。不要使用引号，除非问句是一个摘录语或者句子的余下部分并不是问句。

Would the union agree? was the critical question.

工会会赞同吗？这是个关键问题。

如果内含的问句是在句子的末尾，不要在问号后面再加一个句点。内含的问句的第一个单词不需要大写，但是首字母大写能够帮助读者辨识问句，特别是如果问句包含内置的标点符号。如果句子变得不通畅了，你可以考虑将问句转化成一个说明语句。

Several legislators raised the question, Can the fund be used in an emergency, or must it remain dedicated to its original purpose?

几位立法者提出问题，基金可以在紧急时刻使用吗？或者它必须确保致力于最初的目的？

Several legislators raised the question of using the fund in an emergency, which was not its original purpose.

几位立法者提出了紧急时刻使用基金的问题，这不是它设立的初衷。

问号也可以表示疑问和不确定，如同在日期里的作用。

The painter Niccolò dell'Abbate(1512?-71)assisted in the decorations at Fontainebleau.

尼科洛·戴尔·阿巴特（1512？—1571）协助了在枫丹白露的装饰工作。

21.6 感叹号

感叹号在学术写作中很少运用，除了当它是摘录语的一部分或者是一部作品的标题的一部分。如音乐剧《俄克拉荷马》（*Oklahoma！*）。见 21.12.2.1。

21.7 连字符和破折号

21.7.1 连字符

连字符可用于不同的上下文中，包括复合词（见 20.3）以及包含的数字（见 23.2.4）。

21.7.2 破折号

破折号是加长的连字符，分隔文本的形式类似于逗号（见 21.2）和圆括号（见 21.8.1），但是更加显著。它也叫作长破折号（因为在大多数字体里它的长度相当于一个大写字母 M 的宽度），这个字符在大多数文字处理软件中都有。① 它也可以由两个相连的连字符代替，但是大多数文字处理系统会自动将双连字符转换成一个长破折号。不要在破折号的两头留空格。

当你使用破折号来分隔一个附加内容时，要用一对破折号，就如同要使用一对逗号和一对圆括号一样。但是要避免一个句子中使用的破折号超过一对；如果确实需要，可以使用圆括号来给出第二层次的附加信息。

The influence of three impressionists—Monet(1840-1926), Sisley(1839-99), and Degas(1834-1917) — is obvious in her work.

三位印象派画家——莫奈（1840—1926）、西斯利（1839—99）、德加（1834—1917）——对她的画作的影响很明显。

你也可以使用一个单破折号来分隔一个起强化或者解释作用的成分。

It was a revival of a most potent image—the revolutionary idea.

这是一个最强大的形象的复活——革命的思想。

使用一个破折号或者一对破折号框住某个短语来表示语气很强的思想上的中断，也可能分裂句子的结构。

Rutherford—how could he have misinterpreted the evidence?

卢瑟福——怎么可能误读证据?

---

① 有第二类形式的破折号，称为短破折号（因为它的长度相当于大概大写字母N的宽度），在出版作品中用来表示“through（从头到尾）”，通常和数字、日期结合在一起使用（例如1998–2008）。它也可以用于其他语境，例如《芝加哥格式手册》第16版（2010）第6章第78–81页所讨论的内容。如果你所在当地的写作格式有这样的要求，这种体例在大多数文字处理软件都能找到；否则就要在文中使用连字符。注意，本书只在合适的地方使用短破折号，如前文提及的CMS。

Some characters in Tom Jones are “flat”—if you do not object to this borrowing of E. M. Forster’s somewhat discredited term —because they are caricatures of their names.

《汤姆·琼斯》中的一些角色堪称无聊——如果你不反对借爱德华·摩根·福斯特的这个有点诋毁性的词语——因为他们只是各自名字下的一幅幅漫画而已。

破折号也可以在一列几个成分之后引出一个概述性主题。

The statue of the discus thrower, the charioteer at Delphi, the poetry of Pindar—all represent the great ideal.

掷铁饼者的雕像、德尔福的御者、品达的诗——都是完美的典范。

21.7.3 多个破折号

当你从一个残破的或者难以辨认字迹的文本中做摘录时，要使用一个虚缺符（由两个连续的破折号，或者四个连字符构成）。代表缺失单字的虚缺符两端要分别留一个空格；如果代表缺失的字母，在虚缺符和单词的现存部分之间不要有空格。

The vessel left the– of July.

H—h? [Hirsch?]

当你想要使某个单词模糊化也可以使用这个办法。

It was a d—shame.

一个长度相当于 3 个英文字母 M 宽度替代符（3-em dash，由三个连续的破折号，或者六个连字符构成）可用于参考文献列表或者参考书目列表，表示重复出现的作者或者编者的名字（见 16.2.2 和 18.2.1）。

21.8 圆括号和方括号

21.8.1 圆括号

圆括号通常将句子中的解释性或者插入性成分分隔开，很像一对逗号（见 21.2）以及一对破折号的作用（见 21.7.2）。一般来讲，逗号用于从句关系紧密的文字，破折号和圆括号用于与从句关系没那么紧密的文字上。缩略语 e.g. 和 i.e.，可以引导一个阐释性评语（见 24.7），只能放在圆括号里或者注释中。

The conference has (with some malice) divided into four groups.

大会（有些恶意）被分成四组。

Each painting depicts a public occasion; in each—a banquet , a parade, a coronation(though the person crowned is obscured)—crowds of people are pictured as swarming ants.

每一幅图都描述一个公众场景；在每一个场景里——宴会、游行、加冕礼（尽管聚集的人群模糊化了）——聚集的人群被描绘得如同一群群蚂蚁。

There are tax incentives for “clean cars” (e.g., gasoline-electric hybrids and vehicles powered by compressed natural gas and liquefied propane).

有税收激励政策专门针对清洁能源车（例如，油电混合动力车以及由压缩天然气和液化丙烷驱动的车）。

圆括号也可以用于引文（见 16 章和 18 章），也可以用于分开列表中或者大纲中的数字或字母（见 23.4.2）。

21.8.2 方括号

方括号最常用于摘录语，表示对引用的一段文字做出的改变（见 25.3 中实例）。它们也可以用于圆括号内第二层需要使用圆括号的内容。

He agrees with the idea that childhood has a history (first advanced by Philippe Ariès [1914-84] in his book Centuries of Childhood [1962]).

他认同童年是一个独立的发展阶段（Phillipe Aries [1914-1984] 在他的《童年的世纪》[1962] 一书中首先提出）。

21.9 斜线

前斜线（/）用于下面一些语境，例如分数（见 23.1.3）和诗歌的摘录（见

25.2.1.2）。单斜线和双斜线出现于 URL 和其他一些电子标识符（见 20.4.2）。后斜线（或者反斜线符号）在不同的计算机语言和操作系统中有不同的意义。

21.10 引号

引用材料里对引号的使用见 25.2.1.2。标题和其他特殊情况下使用引号见 22.3.2。引证中使用引号见 16.1.4 和 18.1.4。

某些领域，比如语言学、哲学以及神学，使用单引号来分隔词语和概念。在这种情况下，右引号应该在逗号和句点的前面（比较 21.12.2）。

Kami ‘hair, beard’

神道教的神“头发、胡子”

The variables of quantification, ‘something’, ‘nothing’,...

量化的变量，“某物”，“无物”……

在大多数其他领域，要遵循 22.2.2 中的指导原则使用引号和斜体字来定义术语。

21.11 撇号

撇号用于复数和所有格形式，参见 20.1 和 20.2。撇号也可以用于缩写式（如 don't）。如果你的文字处理软件能够使用指向性或者“智能的”的引号，要确保不要将撇号和一个左单引号混淆了（’twas，不是‘twas）。

21.12 多个标点符号

本章给出的指导原则有时需要两个标点同时使用，比如，句点加一个右圆括号。下面的指导原则展示了什么时候可以省略其中一个符号，以及当两个符号都要使用时顺序是怎样的。

21.12.1 标点符号的省略

除了省略号以外，不要将两个句点用在一起，即使当一个句点是缩略语中的部分且又用在句子的结尾处。当一个句子是由问号或者感叹号结尾的时候，要保留缩略语中的句点。

The exchange occurred at 5:30 p.m.

交易发生在下午 5:30。

Could anyone match the productivity of Rogers Inc.?

有谁能与罗杰斯公司的生产力相匹配?

如果一个情形中需要使用逗号和一个语气更强一点的标点符号，例如问号或者破折号，那就省略逗号。

"What were they thinking?" he wondered to himself.

"他们在想什么？" 他自思自忖。

While the senator couldn't endorse the proposal—and he certainly had doubts about it —he didn't condemn it.

参议员不支持这项提案——他肯定对其有疑问——但是他并没有对其进行指责。

以问号或者感叹号结尾的作品标题可以是个例外。因为这样的标点不是严格地与余下的句子相关，在需要的地方保留逗号。

"Are you a Doctor?," the fifth story in *Will You Please Be Quiet, Please?*, treats modern love.

"你是一名医生吗？，" 这是《能否请您保持安静？》的第五个故事，说的是现代爱情的事。

Films such as *Airplane!*, *This Is Spinal Tap*, and *Austin Powers* offer parodies of well-established genres.

这些电影，例如《飞机！》、《摇滚万岁》，以及《王牌大贱谍》，都是对被广为接受的各流派的拙劣模仿。

21.12.2 标点符号的顺序

毗邻的标点符号通常是和引号、圆括号或者方括号一起出现的。美国用法遵照为多个标点符号设定顺序的系列指导原则。

21.12.2.1 带引号。不管是不是摘录文字的一部分，最后的逗号或者句点几乎总是在一个右引号前面。

In support of the effort “to bring justice to our people,” she joined the strike.

为了支持“将正义带给人民”的行动，她加入了罢工。

She made the argument in an article titled “On ‘Managing Public Debt.’”

她在一篇题为“关于‘公共债务管理’”的文章中表述了自己的论点。

有两个例外。当单个引号用来分开某个学科的特定术语时，例如语言学、哲学和神学（见 21.10），要把句点和逗号放在右引号后面。

Some contemporary theologians, who favored ‘religionless Christianity’, were proclaiming the ‘death of God’.

一些现代神学家，支持“非宗教的基督教”，宣称“上帝已死”。

还有，如果一个计算机文件名或者指令必须放入引号内，那么不属于该文件名或指令的句点和逗号应该放在右引号的后面。

Click on Save As : name your file “appendix A, v. 10”.

点击保存为：将你的文件命名为“附录 A，v.10”。

如果问号和感叹号是引用资料的一部分，它们要放在右引号之前。如果它们运用于引号所在的整个句子，那就要放在引号后面。

Her poem is titled “What Did the Crow Know?”

她的诗歌命名为“乌鸦知道什么呢？”

Do we accept Jefferson’s concept of “a natural aristocracy”?

我们是否接受杰弗逊的“天生的贵族”的观念？

分号和冒号总是跟在引号后面。如果一段引文是以分号或者冒号结尾，那就把它改成句号或者逗号（或者删除它）以便适合整个句子的结构（见 25.3.1）。

He claimed that “Every choice reflects an attitude toward Everyman”; his speech then enlarged on the point in a telling way.

他宣称“每一个选择都反映了一个对普通人的态度”；他的语言以预言的方式放大了这个观点。

The Emergency Center is “almost its own city”: it has its own services and governance.

急救中心“几乎自成一体”：它有自己的服务和管理。

21.12.2.2　带圆括号和方括号。当你将一个完整的句子放入圆括号里时，该句子的句号（或者其他终结性标点符号）要放在右括号前面。然而，如果圆括号里面的内容，即便是一个语法上完整的句子，是包含在另外一个句子里的时候，那么这个句号要放在圆括号的外面。同样的原则适用于方括号里的材料。

We have noted similar motifs in Japan. (They can also be found in Korean folktales.)

我们在日本发现了类似的主题（在韩国民间传说中也有出现）。

Use periods in all these situations (your readers will expect them).

在所有情况下都使用句号（你的读者希望这样）。

Myths have been accepted as allegorically true (by the Stoics) and as priestly lies (by Enlightenment thinkers).

神话既被看作寓言式的真理（斯多噶派），又被看作祭司的谎言（启蒙思想家）。

(The director promised completion “on time and under budget” [italics mine].)

（主管承诺“按时在预算内”完成［斜体字是我加上的］。）

有关圆括号内引文的终止标点，见 25.2。

22 名称，专有词以及作品标题

本章对于如何呈现名称、专有词，以及作品标题给出了一般性的指导原则，包括什么时候使用大写字母以及什么时候使用引号或者斜体字（对应于通常使用的罗马字体）来分开词语、短语或者标题的建议。

如果你在写博士或者硕士论文，你所在系或者大学可能有特别的要求，规定你怎样呈现名称、专有词以及标题。这些要求通常在硕士或博士论文管理办公室能够获取。如果你写的是课程论文，你的导师可能会要求你遵循某些特定的规则来呈现上述内容。那么在准备论文之前要回顾这些要求。它们优先于本书该章所表述的指导原则。不同学科的体例指南，见参考文献。

22.1 名称

专有名词或者名称通常要大写，但是你有时很难将某个名称与通用术语区分开来。本节涵盖的是最常见的情况。更多详细内容，见《芝加哥格式手册》第 16 版（2010）第 8 章。

论文正文中，名称通常用罗马字体，但是也有一些例外情况在 22.1.3 中被提及。

22.1.1 人名、地名和组织机构

一般而言，特定的人物、地点和组织机构的名称的每一部分的第一个字母要大写。然而，包含某些冠词的人名（例如 de 和 van）或者复姓，在大写方面或有不同。如果有疑问，可以参看《韦氏传记字典》或者其他权威参考书。介词（of）和连词（and）如果是名称中的一部分，一般要小写，the 出现在名称前面时也要小写。名称的所有格形式，见 20.2。名称的缩略语见 24.2。带数字的名称，见 23.1.6。

Eleanor Roosevelt	the United States Congress
W.E.B.Du Bois	the State Department
Ludwig van Beethoven	the European Union
Victor Sackville-West	the University of North Carolina
Chiang Kai-shek	the Honda Motor Company
Sierra Leone	Skidmore, Owings & Merrill
Central America	the University of Chicago Press
New York City	the National Conference of Community and Justice
the Atlantic Ocean	the Roman Catholic Church
the Republic of Lithuania	the Allied Expeditionary Force

专业头衔通常紧跟在名字的前面作为名字的一部分看待，所以应该大写。如果你单独使用头衔，或者放在人名之后，那它就成为一个通用术语，就应该小写了。同样的原则可应用于其他作为地名或者组织机构名称的构成部分的通用术语。

President Harry Truman announced	the president announced
Professors Harris and Wilson wrote	the professors wrote
next to the Indian Ocean	next to the ocean
students at Alboin College	students at the college

种族或者国家名称也需要大写。指示社会经济水平的术语就不要大写（两类名称的复合词的连字符使用，见 20.3.2。部落名称的复数，例如 Hopi，见 20.1.1）。

Arab Americans	the middle class
Latinos	white-collar workers

源于名称的形容词要大写，除非他们与特定的人或者地点失去了字面上的关系，变成了日常用语的一部分。

Machiavellian scheme	french fries
Roman and Arabic art	roman and arabic numerals

22.1.2 历史事件、文化术语，以及时间指示

许多历史时期和事件的名称通常要大写；更通用一些的术语就不需要大写，除非它们包含名称。遵循你所在学科的传统。

the Bronze Age	ancient Rome
the Depression	the nineteenth century
the Industrial Revolution	the Shang dynasty
Prohibition	the colonial period
the seven Years'War	the baby boom

指向文化风格、文化运动以及文化流派的名词或者形容词，只有当它们是衍生于专有名称或者当它们需要与通用名称区分开的时候（比如 Stoicism），通常大写。再次注意，要遵循你所在学科的惯例。

classical	Aristotelian reasoning
impressionism	Dadaism

modernism Hudson River school

deconstruction Romanesque architecture

周内每日、月以及节日的名称要大写，但是季节的名称不用。更多有关日期的写法，见 23.3。

Tuesday September Independence Day spring

22.1.3 其他类型的名称

其他类型的名称也遵循大写的特定格式，有一些需要用斜体字。

- *学术课程和科目*。特定课程的名称要大写，但是一般性科目或者研究领域的名称不需要大写，语言的名称除外。

Archaeology 101 art history

Topics in Victorian Literature English literature

- *法案、条约以及政府规划*。正式的或者已获认可的法案、条约、政府规划以及类似的文件和实体文书的标题要大写，但是非正式的或者通用标题不必大写。

the United States(or US) Constitution the due process clause

the Treaty of Versailles the treaty

Head Start

- *品牌名*。产品的品牌名称要大写，但是不必在名称后面使用标识符 ® 或者 ™。除非你在讨论某个特定产品，否则使用通用术语而不要使用品牌名称。

Coca-cola cola

Xerox photocopy

iphone smartphone

- *电子技术*。计算机硬件和软件、网络、浏览器、程序以及语言的名称要大写。通用术语（例如 web），当它们单独使用或者合用时可以用小写形式。

Apple OS X Lion	the Internet；the net
Google Chrome	the World Wide Web；the web；website

■ **法律案例**。法律案例的名称要大写并用斜体；v.(versus) 要用斜体。你可以在对案例名称的全称引用之后（通常是原告的名称和在野党的名称），用它的缩写形式。法律案例的引用，见 17.9.7 和 19.9.7。

第一次引用	后续引用
Miranda v. Arizona	*Miranda*
United States v. Carlisle	*Carlisle*

■ **船、飞机和其他船舰**。船、飞机以及这一类物品的名称要大写并用斜体。如果名称前面有一个像 USS（United States ship）或者 HMS（Her[His] Majesty's ship）这样的缩略语，缩略语不要用斜体，或者在名称上加上 ship 这个词。

USS *Constitution*	*Spirit of St. Louis*
HMS *Saranac*	the space shuttle *Atlantis*

■ **植物与动物**。在人文和社会科学的论文里，植物和动物的名称不要大写，除非它们含有其他的专有名词，比如地理名称。物种双名法拉丁名称应该要用斜体，属名大写，种名（或者种名加词）要用小写。门和日应该用罗马字体。科学领域的论文要遵循该学科的惯例。

rhesus monkey　Rocky Mountain sheep　*Rosa caroliniana*　Chordata

22.2 专门术语

一些专门术语需要使用斜体、引号和大写。

22.2.1 非英语词语或短语

英语语言读者可能不熟悉的孤立的非英语词语或者短语要用斜体，以原来语言呈现并要用大写。（如果你不熟悉某种语言的大写规则，参看《芝加哥格式手册》第 16 版

第 11 章，2010）非英语的作品标题，见 22.3.1。

This leads to the idea of *Übermensch* and to the theory of the *acte gratuit* and surrealism.

《韦氏大学词典》里出现了的大家足够熟知的外语术语就不要用斜体了。

de facto　vis-à-vis　pasha　eros

外语名字和个人称谓不要用斜体。

Padre Pio

the Académie Francaise

the Puerto del Sol

如果你定义一个非英语术语，将定义放入圆括号或者引号内，置于文中该术语之后或者放入注释里。

The usuak phrase was *ena tuainu-iai*, "I wanted to eat."

According to Sartrean ontolofy, man is always *de trop*(in excess).

非英语中更长一些的摘录语要使用罗马字体。当摘录语在原文中作为整句使用斜体时，或者其中的一些词是斜体，引用时原文斜体的部分也用斜体。正文中的摘录语要使用引号，或者作为引用段处理，见 25.2。

The confusion of *le pragmatisme* is traced to the supposed failure to distinguish "les propriétés de la valeur en général"from the incidental.

22.2.2　定义为术语的词

为了强调你定义的主要术语，在第一次使用它们时用斜体，其后使用罗马字体。使用引号（又称着重引号）来提醒读者你是以非标准的方式或者嘲讽的方式在使用这个术语。但是过度使用的话，会让这两种方式的效果减弱。

The two chief tactics of this group, *obstructionism* and *misinformation*, require careful analysis. Government "efficiency" resulted in a huge deficit.

当你将其作为一个专有词提及的时候要使用斜体。

The term *critical mass* is more often used metaphorically than literally.

How did she define the word *existential*?

但是可以

A Critical mass of students took existential philosophy.

当字母被作为字母提及的时候要使用斜体并小写。表示级别的字母以及标识范例的字母要用罗马字体并且大写。使用这些方式的字母的复数形式参见 20.1.2。

Many of the place-names there begin with the letters *h* and *k*.

In her senior year, she received an A and six Bs.

Imagine a group of interconnected persons: A knows B, B knows C, and C knows D.

22.3 作品标题

当你引用一部作品，其标题要和原著上的完全一致，如果原著找不到，那也要引用一个可靠的权威来源。

这样的标题中要一直保留原著中的拼写（包括连字符），即使它与第 20 章里描述的现行美国用法不符。标题的标点允许的改变可参见 17.1.2，例如标题和副标题之间的冒号的使用，以及日期前加上逗号等。

学术界规定标点要遵循特定的大写格式以及对斜体或者引号的使用（或者两者都不用），不管它们在原著中是什么呈现方式。

22.3.1 用大写

标题有两种大写方式：标题格式和句子格式。大多数标题要使用标题格式。非英语标题使用句子格式。

本书描述的两种引用格式现在都规定非英语标题用标题格式大写（这与以前的版本不同）。见 16.1.3 和 18.1.3。

论文标题以及论文内任何章节或者部分的标题也使用标题格式大写，除非你所在学科更倾向于句子格式（见 A.1.5）。

22.3.1.1 标题格式大写。标题格式的大写意在清晰区分标题和其余的文本。这个格式要大写标题和副标题中的第一个和最后一个单词以及其他词语的第一个字母，例外情况如下所示：

- 不要大写冠词（a、an、the），并列连词（and、but、or、nor、for），to 和 as 作为标题或者副标题的第一个或者最后一个单词之外的时候也不要大写。
- 不要大写介词（of、in、at、above、under 等），除非它们被用作副词（up 在 look up 里）或者形容词（on 在 The On Button 里。）
- 连字符连接的复合词的第二部分（或者后续部分）要大写，除非它是一个冠词、介词，或者并列连词（and、but、or、nor、for），或者它是一个修饰语，例如 sharp 或者 flat 跟在一个音乐调式之后，或者除非复合词第一部分是个前缀（anti、pre 等）。记住要按照标题原始的连字符的连接方式，即使它与 20.3 中讨论的原则不同。
- 物种名称的第二部分要小写，例如 fulvescens 在 Acipenser fulvescens 里，即使它是标题或者副标题的最后一个单词（见 22.1.3）。
- 不要大写通常以小写形式出现的专有名词的那些部分，如 22.1.1 所述（van 在 Ludwig van Beethoven 中）。

The Economic Effects of the Civil War in the Mid-Atlantic States

To Have and to Hold: A Twenty-First-Century View of Marriage

All That Is True: The Life of Vincent van Goph, 1853-90

Four Readings of the Gospel according to Matthew

Self-Government and the Re-establishment of a New World Order

Global Warming: What We Are Doing about It Today

Still Life with Oranges

From Homo erectus to Homo sapiens: A Black-and-White History

E-flat Concerto

尽管这个格式中很多短的词语是小写的，但长度并不决定大写形式。你必须大写一些短动词（is、are），形容词（new），人称代词（it、we），以及关系代词（that），因为它们不在以上所列的例外情况中。长的介词也要小写（according），因为介词是属于例外情况的。

以下两种标题不应该以标题格式呈现，即使其他所有标题都使用标题格式：

- 英语之外的其他语言的标题，使用句子格式大写（见 22.3.1.2）。
- 出版于 18 世纪。

或者更早的作品的标题，保留原始的大写形式（以及拼写形式）。那些整个词都是以大写字母的形式拼出的词语，应该只需要首字母大写就可以了。

A Treatise of morall philosophy Contaynyge the sayings of the wyse

22.3.1.2 句子格式大写。句子格式的大写简单一些，尽管与标题格式相比，呈现形式没有那么显著。这种格式里，只要大写标题和副标题的第一个单词的第一个字母，以及后续的专有名词和专有形容词的第一个字母就可以了。

Seeing and selling late-nineteenth-century Japan

Natural crisis: Symbol and imagination in the mid-American farm crisis

Religious feminism: A challenge from the National Organization for Women

Starry night

除非你所在学科有另外的要求，非英语的作品标题要保留句子格式。

要注意不同的语言大写有不同的惯例。例如，德语名词通常是大写的，然而德语形容词，即使是从专有名词衍生出来的也不大写。如果你不确定某一种语言的惯例，参考一个可靠的权威性指南。

Speculum Romanae magnificentiae

Historia de la Orden de San Gerónimo

Reallexikon zur deutschen Kunstgeschichte

Phénoménologie et religion: Structures de l'institution chrétienne

22.3.2 用斜体或者引号

大多数作品标题是通过斜体或者引号与周围文本相区别的，用斜体还是引号取决于作品的形式。这里列出的指导原则不仅适用于正文中使用到的标题，也适用于文献引用中使用的大多数标题（见第 15–19 章）。

下面的例子给出了标题格式的大写形式，但是这些原则也适用于用句子格式大写的标题（见 22.3.1.2）。

22.3.2.1 斜体。大多数长的作品的标题要用斜体，包括这里列出来的类型。期刊标题起始单词 the 要用罗马字体并小写，或者当 the 不作为标题一部分看待时。这些作品的各部分或者同样类型的短作品，参见 22.3.2.2。

- 书（*Culture and Anarchy*，*The Chicago Manual of Style*）
- 戏剧（*A Winter's Tale*）以及非常长的诗歌，特别是那些书一样长度的诗歌（Dante's *Inferno*）
- 期刊（*Signs*），杂志（*Time*），报纸（*the New York Times*），以及博客（*Dot Earth*）
- 长的音乐作品（*The Marriage of Figaro*）或者唱片集的标题（*Plastic Beach* by Gorillaz）
- 绘画作品（*the Mona Lisa*），雕塑（Michelangelo's *David*），以及其他艺术作品，包括照片（Ansel Adam's *North Dome*）

■ 电影（*Citizen Kane*）或者电视节目（*Sesame Street*）以及广播节目（*All Things Considered*）

22.3.2.2 引号。短作品的标题不管是不是长作品（例如 22.3.2.1 中列出的）的一部分，都使用引号不用斜体。

■ 章（“The Later Years”）或者书的其他有标题的部分

■ 短篇小说（“The Dead”），短篇诗歌（“The Housekeeper”）以及散文（“Of Books”）

■ 期刊文章或者其他特辑（“The Function of Fashion in Eighteenth-Century America”），杂志（“Who Should Lead the Supreme Court？），报纸（“Election Comes Down to the Wire”），网站或者博客（“An Ice Expert Muses on Greenhouse Heat”）。

■ 电视节目的集（“The Opposite”）

■ 短的音乐作品（“The Star-Spangled Banner”）以及唱片（“All You Need Is Love”）

没有正式出版的整部作品的标题用引号和罗马字体，包括下列：

■ 本科、硕士论文和博士论文（“A Study of Kant's Early Works”）

■ 会议发言或者会议论文（“Voice and Inequality: The Transformation of American Civic Democracy”）

■ 手稿集中有标题的文件（“A Map of the Southern Indian District of North America”）

22.3.2.3 斜体和引号都不用。下面这些特殊类型的标题要大写但是不使用斜体和引号：

■ 丛书（Studies in Legal History）

■ 手稿集（Egmont Manuscripts）

■ 圣经（the Bible）以及其他被尊崇的作品（the Upanishads），还有《圣经》的其他译本（the King James Version）和《圣经》中的各书（Genesis；完整列表见

24.6）。

■ 通过其流派来标识的音乐作品（Symphony no. 41，Cantata BWV 80），尽管这类作品的流行曲目应该用斜体表示（the *Jupiter* Symphony）或者放入引号内（“Ein feste Burg ist unser Gott”），这取决于它们的长度，如上所注。

■ 网站（Google Maps，Facebook，Apple.com，the Internet Movie Database，IMDb），看上去像 22.3.2.1 里列出的一类作品的网站可以有些例外情况（*Wikipedia*，the *Huffington Post*）。

书的各部分标题或者其他类作品标题中的通用术语可以如同其他普通词语来处理。不用大写或也不使用斜体或者引号，除非你处理一个普通词也需要做这些格式处理（例如在一个句子的开头），如果某部分标题包含一个数字，用阿拉伯数字符号，不要管原著中它是什么呈现方式（见 23.1.8）。

in Lionel Trilling’s preface	as discussed in chapters 4 and 5
a comprehensive bibliography	killed off in act 3, scene 2

22.3.3 标点符号用法

当标题用于一个句子之中的时候，标题内部成为其一部分的标点符号要保留（见 17.1.2）。如果标题用作限定性从句或者在句子中处于一个后面通常要跟逗号的位置时（见 21.2），加上逗号。

Love, Loss, and What I Wore was later adapted for an off-Broadway play.

但是可以

Her favorite book, *Love, Loss, and What I Wore*, is an autobiography recounted largely through drawings.

标题内的标点不应该影响周围句子需要的标点。一个例外：以问号或者感叹号结尾的标题放在句子最后，句子的句号可以省略。见 21.12.2。

“Are you a doctor?” is the fifth story in *Will You Please Be Quiet, Please*?

23 数 字

本章提供数字呈现的一般性规则。这些规则适用于大多数人文和社会科学领域，但是非常依赖数字信息的学科会有其特定的规则。如果你写的论文是自然、物理、数学或者其他技术领域的论文，可以遵循该学科的惯例。不同学科的体例指南见参考文献。有关论文各部分以及各页的编号，见附录。

如果你在写博士或者硕士论文，你所在系或者大学可能有特别的要求，规定你怎样呈现名称、专有词以及标题。这些要求通常在硕士博士论文管理办公室能够获取。如果你写的是课程论文，你的导师可能会要求你遵循某些特定的原则来呈现上述内容。那么在准备论文之前要回顾这些要求。它们优先于本书该章节所表述的指导原则。不同学科的体例指南，见参考文献。

23.1 单词还是数字符号?

呈现数字时最常见的问题是是否要将数字以文字形式拼写出来（twenty-two）或者以数字符号呈现（22）。当数字后面跟着一个计量单位的时候，你也必须判断是否将计量单位用文字表述（percent）或者用符号表述（%）或者用一个缩略语。

23.1-23.3 这些章节里给出的指导原则是有关论文的正文里如何使用数字的。图表、引文中的数字见 23.4。

除非特别指出，数字符号（numerals）在这里指的是阿拉伯数字（1、2、3 等）。关于罗马数字（i、ii、iii 等），见表 23.1。

23.1.1 一般性规则

在起草论文之前，应该要定下呈现数字的一般性规则并一直使用这套规则。选择哪条规则取决于你使用数字符号的频繁程度以及所在学科的惯例。哪些情况下可以对这里阐述的规则进行调整，可参见 23.1.2-23.1.8。

人文和科学领域，如果你只是偶尔使用数字信息，那么一到一百的数字用文字拼写出来。如果该数字有两个单词，就使用连字符（fifty-five）。后面跟着百（hundred）、千（thousand）、万（hundred thousand）、百万（million）等的整数要拼写出来（见 23.1.2.3）。所有其他数字，使用阿拉伯符号。作为物理量一部分的数字（距离、长度、温度等）也遵循这个规则，而且这些物理量的单位不要使用缩略语（见 24.5）。

After seven years of war came sixty-four years of peace.

七年战争之后迎来六十四年和平。

The population of the three states was approximately twelve million.

三个州的人口加起来大约一千两百万。

He catalogued more than 527 works of art.

他为超过 527 件艺术品做了编目。

Within fifteen minutes the temperature dropped twenty degrees.

十五分钟内温度下降了二十度。

如果你的题目大量依赖数字数据的话，要遵循一条不同的规则；只有个位数要用文字拼写出来，所有其他数字均使用数字符号。

This study of 14 electoral districts over seven years included 142 participants.

14 个选区长达七年的研究包括了 142 位参与者。

He hit the wall at 65 miles per hour, leaving skid marks for nine feet.

他以 65 英里的时速撞向墙，留下长达九米的刹车痕迹。

在科学领域，一般性规则可能是所有数字都要采用数字符号，除非它们位于句首（见 23.1.2.1）。量词可以采用缩略语（见 24.5）。

The mean weight proved to be 7g, which was far less than predicted.

平均重量证明是 7 克，远低于预测值。

使用任何一个规则，序数词（first、second 等）的处理都采用相同的原则，以合适的方式加上 st、nd、rd 或者 th。

On the 122nd and 123rd days of his trip, he received his eighteenth and nineteenth letters from home.

在他旅行的第 122 和第 123 天，他收到了家里的第十八封和第十九封信。

表 23.1 罗马数字符号

Arabic	Roman	Arabic	Roman	Arabic	Roman
1	I	11	XI	30	XXX
2	II	12	XII	40	XL
3	III	13	XIII	50	L
4	IV	14	XIV	60	LX
5	V	15	XV	70	LXX
6	VI	16	XVI	80	LXXX
7	VII	17	XVII	90	XC
8	VIII	18	XVIII	100	C
9	IX	19	XIX	500	D
10	X	20	XX	1,000	M

注：罗马数字符号以大写来显示；小写以相同的字母小写形式表示（i代表I，v代表V等）。没有列出的数字可以遵照上述格式。

23.1.2 特殊例子

在某些常见情况下，23.1.1 中探讨的一般性规则需要做出调整。

23.1.2.1 句子以数字开头。句首不要使用数字符号。要么用文字将数字拼写出来，要么重新写句子，特别是当句子中有其他类似形式的数字符号的时候。

Two hundred fifty soldiers in the unit escaped injury; 175 sustained minor injuries.

部队中有两百五十名战士没有受伤；有 175 人受轻伤。

或者更好的是：

Of the soldiers in the unit, 250 escaped injury and 175sustained minor injuries.

部队战士中，250 人没有受伤，175 人受轻伤。

超过一百的数字要用文字拼写出来时，内含的 and 要省略（不要拼写成 two hundred and fifty）。

23.1.2.2 相关数字。同一句子里，阈值上下的一系列相关数值在呈现时可以忽略一般性规则，特别是在对这些数值进行比较时。所有例子都以数字符号来表达。

Of the group surveyed, 78 students had studied French and 142 had studied Spanish for three years or more.

调查的群体中，78个学生学习法语，142个学生学习西班牙语，都有三年左右的时间。

We analyzed 62 cases; of these, 59 had occurred in adults and 3 in children.

我们分析了 62 个案例，其中包括 59 个成人案例和 3 个儿童案例。

如果你探讨的是非常贴近的两套数据的话，忽略一般性规则，并且为了更清晰，一套数据要用文字拼写出来，另一套数据要使用数据符号。

Within the program, 9 children showed some improvement after six months and 37 showed significant improvement after eighteen months.

项目中，9 个孩子经过六周之后显示了一些提高，而 37 个孩子经过了十八周之后显示了明显的提高。

23.1.2.3 整数值。将整数拼写出来（一个整数值后跟着 hundred、thousand、hundred thousand、million 等），见 23.1.1，但是几个紧挨着的整数用数字符号。你可以将数字符号和文字一起使用来表达非常大的整数值（也可参看 23.1.4）。

Approximately fifteen hundred scholars attended the conference.

将近 1500 名学者参加了会议。

但是可以

They sold 1,500 copies in the first year and 8,000 in the second.

他们第一年卖出了 1500 份，第二年卖出了 8000 份。

These changes will affect about 7.8 million people in New York alone.

这些变化造成的影响单只纽约就涉及大约 780 万人。

23.1.3 百分比和十进制小数

可以使用数字符号来表示百分比和十进制小数，但是不能在句首使用（见 23.1.2.1）。将单词 percent 拼写出来，除非你要使用很多百分比数字，或者在科学学科中，通常是使用 % 符号（数字后不要插入任何空格）。注意名词 percentage 不能与数字一起使用。

Scores for students who skipped summer school improved only 9 percent. The percentage of students who failed was about 2.4 times the usual rate.

没有上暑期学校的孩子分数只提高了 9 个百分点。不及格学生的百分比要比通常比例高出 2.4 倍。

Within this system, the subject scored 3.8, or 95%.

这套系统中，该科得分 3.8 或者 95%。

但是不可：

The average rose 9 percentage points.

在同一个句子或者段落里，同一个数值既使用整数又使用小数时，两者都用数字符号。

The average number of children born to college graduates dropped from 2.4 to 2.

大学毕业生生育孩子的平均数从 2.4 降到 2。

当表达的量能够超过 1.00 时，比 1.00 小的小数前面要加上一个 0。当小数的量一定是 1.00 或者还要更小的话，就像概率、相关系数这类的，那就在小数点前面省略 0。

A mean of 0.73   a loss of 0.08   p<.05   a .406 batting average

孤立的分数，可遵循一般性规则（见 23.1.1）将各部分拼写出来。如果你要将各部分拼写出来，要加上一个连字符。包含一个整数和一个分数的单位要用数字符号表示。如果你用符号代表分数，在数字和分数之间不要加入空格。

Trade and commodity services accounted for nine-tenths of all international receipts and payments.

贸易和商品服务占到国际收支的十分之九。

One year during the Dust Bowl era, the town received only 15/16 of an inch of rain.

尘暴时期一年里，该镇的降雨量是 15/16 英寸。

The main carving implement used in this society measured 2½ feet.

这个社会使用的主要雕刻工具长 2.5 英尺。

23.1.4 钱币

23.1.4.1 美国货币。如果你只是偶尔提到美国货币，可遵循一般性原则（见 23.1.1），将 dollars 和 cents 这样的词拼写出来。不然的话就要在使用数字时加上符号 $。整数美元值要省略小数点和后面的零，除非你也要使用零金额。

Rarely do they spend more than five dollars a week on recreation.

他们很少一周在娱乐上花费超过 5 美金。

The report showed $135 collected in fines.

报告显示收到的罚金有 $135。

Prices ranged from $0.95 up to $10.00.

价格从 $0.95 到 $10.00 不等。

表达大额的整数值要同时使用数字符号和文字。

The deficit that year was $420 billion.

该年赤字达 4200 亿美元。

23.1.4.2 其他货币。除了美国货币之外的其他货币，遵循美国货币的表达方式。大多数货币将单位符号置于数字之前。即使欧洲国家用逗号代替小数点，你也可以使用小数点表示，直接从文献中转录除外。当符号 $ 在上下文中指的是非美国货币的时候，这些货币要被清楚地标识出来。

When she returned ,she had barely fifty euros to her name.

她回来的时候，名下只有 50 欧元。

The household records show that it cost only £36.50.

家庭记录中显示它只值 36.50 英镑。

Its current estimated worth is $377 million.

目前的估价是 3.77 亿美金。

If you subtract Can$15.69 from US$25.00,...

如果你从 25.00 美元中扣去 15.69 加元，……

大多数欧洲国家现在使用统一的货币称为欧元（€），但是如果你所写题目是有关于 2002 年以前的，你会碰到例如法国法郎（F），德国马克（DM），意大利里拉（Lit）等。英国货币仍然是以英镑（£）和便士（P.）表示，尽管在 1971 年十进制之前它是以英镑、先令以及便士表示的（例如，£12 17s. 6d.）。注意 billion（十亿）在英国传统用法中和某些别的语言是一样的，表示一百万个一百万，而不是一千个一百万；为了避免混淆，要明确表述这个区别。

在技术性更强的语境中，最好使用三个字母的代码来代表国际标准化组织 ISO 4217 标准下规定的当前或者历史上的货币，在该组织的网站上可以查询。在代码和金额之间要有空格。

If you subtract EUR 15.69 from USD 25.00,...

23.1.5 时间

当提到一天里的时间，如一小时、半小时或者一刻钟，都要将时间拼写出来，不同部分之间用连字符。如果可能，要特别标出 in the morning（早间）或者 in the evening（晚间）。你可以使用 o'clock，尽管学术写作中很少这么用。

The participants planned to meet every Thursday around ten-thirty in the morning.

参加者计划每个周四上午 10:30 相聚。

要强调准确的时间的话，使用数字符号，并且如果必要，使用 a.m. 或者 p.m.（小写罗马字体；见 24.4.1）。甚至表示小时的数字之后的冒号后面也一定要加上零。

Although scheduled to end at 11:00 a.m., the council meeting ran until 1:37 p.m.

尽管按计划要在上午 11 点结束，委员会会议一直开到下午 1:37。

任何情况下，都使用 noon（午间）和 midnight（午夜）而不是数字符号来表达一天里的这些特定时段。

文字和数字符号在日期中的使用见 23.3。

23.1.6 带数字的名称

有些类型的人名、政府名称或者组织机构名称包含由数字符号或者文字表示的数字（见 22.1）。

■ 领导。国王、君主或主教，如果名相同，由大写的罗马数字标识出区分（见表 23.1）。

Charles V　　Napoleon III　　Elizabeth II　　Benedict XVI

■ 家庭成员。男性家庭成员如果有相同的全名，通常用罗马数字或者阿拉伯数字来区分（见 24.2.1）。注意：在名字和数字之间没有空格，除非名字以倒置的顺序，如下所示。

Adlai E. Stevenson III　　Michael F. Johnson 2nd

但是可以

Stevenson, adlai E., III

■ 政府和行政区划。某些王朝、政府、管理机构、行政区划和司法部门，以及军事单位，通常都由名词前面的序数词来标识。一百以内的数字要使用拼写并要大写（不同部分之间用连字符，如果相关联）；超过一百的数字使用数字符号。

Nineteenth Dynasty	Fourteenth Congressional District
Fifth Republic	Forty-Seventh Ward
Eighty-First Congress	Tenth Circuit
109th Congress	101st Airborne Division

■ **教堂和宗教机构**。教堂名称或者宗教机构名称前的数字用序数词，并要拼写出来，还要大写（如果关联，不同部分之间要使用连字符）。

Twenty-First Church of Christ, Scientist

■ **世俗团体**。兄弟会地方分会或者工会地方分会用名称后面加数字来表示。

American Legion, Department of Illinois, Crispus Attucks Post No. 1268

United Auto Workers Local 890

23.1.7 地址和大街

地方有编号的街道的名称遵循一般性规则表示（见 23.1.1）。州、联邦或者州际高速公路需要用数字标识，这和街道或者建筑物地址以及电话和传真号码是一样的。注意：正文中一个完整地址的各个部分之间是用逗号分开的，除了邮编前面没有逗号。地址缩略语见 24.3.2。

The National Park Service maintains as a museum the house where Lincoln died(516 10th Street NW, Washinton, DC 20004; 202-426-6924).

国家公园管理局将林肯去世的房子作为一个博物馆来维护（516 10th Street NW, Washinton, DC 20004; 202-426-6924)。

Ludwig Mies van der Rohe designed the apartments at 860-880 North Lake Shore Drive.

路德维希·密斯·凡德罗设计了湖滨北道公寓 860—880。

Interstate 95 serves as a critical transportation line from Boston to Miami.

95 号州际公路作为重要的交通线连接波士顿和迈阿密。

23.1.8 已发表作品的各部分

除了罗马数字表示的页码（比如一本书的前言部分；见 16.1.5，18.1.5），已出版作品的各部分的编号要用阿拉伯数字表示，而不必遵循一般性规则（见 23.1.1）也不管它们在作品内以什么形式出现，见 22.3.2.3，23.2.2。

chapter 14　　part 2　　act 1, scene 3　　page 1024

23.1.9 方程和公式

方程和公式中的数字要用数字符号呈现，不管一般性规则是怎样（见 23.1.1）。数学表达法的详细指导可参见《芝加哥格式手册》第 16 版（2010）第 12 章。

23.2 复数和标点

23.2.1 复数

拼写出来的数字的复数形式与其他名词的复数形式一样（见 20.1）。

Half the men surveyed were in their thirties or forties.

一半受调查的男子年龄在 30-40 岁。

以数字符号表示的数字变复数的时候单独加 s（而不要加 's）。

The pattern changed in the late 1990s as more taxpayers submitted 1040s online.

这个模式在 1990 年代后期改变了，更多的纳税人网上提交 1040。

To fly 767s, the pilots required special training.

要飞 767 机型，飞行员需要特殊训练。

23.2.2 数字内的逗号

大多数含有 4-5 个数位的数字，需要将千、十万、百万等用逗号隔开。在科学领域，含四个数位的数字里，逗号经常省略。

1,500　12,275,500　1,475,525,000

不要在有四个数位的年份中使用逗号；在含有五个或者更多数位的年份表达中要使用逗号（见 23.3）。

2007　10,000 BC

不要在页码中使用逗号，街道地址、电话或者传真号、邮编，以及小于 1 的小数中不使用逗号，组织名称中包含的数字也不使用逗号。

Page 1012　0.1911 centimeters　15000 Elm street　Committee of 1000

23.2.3 数字内的其他标点

数字有时包含其他标点。句点（小数点）的使用见 23.1.3 和 23.1.4；冒号的使用见 23.1.5；连字符的使用见 23.1.1 和 23.1.3；破折号的使用见 23.2.4。

23.2.4 内含数字跨度

要表达序列数字，例如页码或者年份，给出序列的第一个和最后一个数字（或者包括在内的 inclusive）。如果这些数字拼写出来，就用 from 和 to 来表达数列；如果他们用数字符号表示，那就既可以使用这些文字又可以使用一个连字符，连字符前后没有空格。某些情况下，例如引文中，一定要使用连字符（见第 16–19 章）。表达包含在内的数字不要使用文字加连字符相结合的形式。

From 45 to 50　不可　from 45-50
45-50　不可　forty-five-fifty

包含一百或者更大的数的话，你要么在连字符两边使用完整的数字（245–280 或者 1929–1994）或者缩写第二个数字。表 23.2 展示了缩略语体系。

这套体系对页码很适用，页码不可以使用逗号（见 23.2.2）。含有逗号的数字，可以使用表 23.2 中显示的格式体系，但是如果页码变化延伸至千位，要重复所有数位。不要缩写罗马数字（见表 23.1）。

6,000-6,018　　12,473-79　　128,333-129,114　　xxv-xxviii

表 23.2 内含数字跨度的缩略语

第一个数	第二个数	例子
1-99	使用所有数位	3-10,71-72,96-117
100	或者 100 的倍数	使用所有数位 100-104，1100-1113
101 到 109，201 到 209 等等	只使用变化的部分	101-108,808-833,1103-1104
110 到 199，210 到 299 等等	使用两个数位除非需要更多数位将变化的部分表示出来	321-328，498-532 1087-1089，1496-1500， 11564-11615，12991-13001

年份跨度内含超过一百年的要给出所有数位。年份从一个特定点向前追溯的年代体系要给出完整的年份（最显著的是 BC“公元前”；和 BCE“西元前”）。不然，要使用表 23.2 中显示的格式体系。更多有关日期的格式体系见 23.3。

The years 1933-36　　15,000-14,000 BCE

The winter of 1999-2000　　115 BC-AD 10

23.3 日期系统

23.3.1 月、日、年

月份出现在正文中时，月份名称要拼写出来，不管月份是单独出现还是与日期一起出现。表达日和年要用数字符号，避免使用在句首，在句首的话它们需要拼写出来（见 23.1.2.1）。指向年份时不要缩写（“the great flood of ’05”）。图表引文中可用的缩略语见 24.4.2。

Every September, we recall the events of 2001.

每年九月，我们都会记起 2001 年的那些事。

但是不可

Two thousand one was a memorable year.

两千零一是个值得记住的年份。

对于日期的完整参考，要依照美国的用法，给出月、日（后面跟逗号），以及年。如果你省略日，那就也要省略逗号。与季节放在一起而不是与月份放在一起的日期不要用逗号；季节的名称不要大写（见22.1.2）。如果你摘录的资料使用英国的日期格式（15 March 2007），不要对它进行更改。

President John F. Kennedy was assassinated on November 22, 1963.

总统约翰·F·肯尼迪在1963年11月22日被刺杀。

By March 1865, the war was nearly over.

直到1865年三月，战争才接近结束。

The research was conducted over several weeks in spring 2006.

研究在2006年春天实施了几个月。

注意在完整日期中，日通常不用序数词，也就是数字符号后面不跟着st、nd、rd或者th。只在当你要特别标出哪一天又没有月和年时，在拼写出来的数字后面使用这些结尾表示。

The date chosen for the raid was the twenty-ninth.

突袭日期选在二十九日。

但是不可

The events occurred on June 11th, 1968.

事情发生在1968年6月第11日。

23.3.2 十年、百年、时代

一般而言，表示十年期，包括百年（复数见23.2.1）要使用数字符号。如果百年很清晰，就不要缩写数字符号（“the ’90s”），而要拼写这个百年的名称。一个世纪的头二十年不要借用任何体例，应该要完整写出来确保清楚。

The 1920s brought unheralded financial prosperity.

20 世纪 20 年代带来了意料之外的金融繁荣。

During the fifties, the Cold War dominated the headlines.

在 50 年代，冷战占据了头条。

Many of these discoveries were announced during the first decade of the twenty-first century.

这些发现里很多都是 21 世纪第一个十年里被宣布的。

提到世纪要使用数字符号或者用小写拼写名称（复数见 23.2.1）。如果世纪名被拼写出来并且作为形容词放在它修饰的名词之前，如下第二例，要使用一个连字符；否则就不用（见 20.3.2）。

The Ottoman Empire reached its apex in the 1600s.

奥斯曼帝国在 17 世纪初达到了顶峰。

She teaches nineteenth-century novels but would rather teach poetry from the twentieth century.

她教的是十九世纪的小说，但是更愿意讲授二十世纪的诗歌。

指定时代的最常用的做法就是使用缩写 BC（“before Christ”公元前）以及 AD（anno Domini，“in the year of the Lord”公元）。一些学科使用不同的标识，例如 BCE 和 CE（见 24.4.2）。AD 要放在年份之前，其他的标识都放在后面。年代数字有跨越的情况见 23.2.4。

Solomon’s Temple was destroyed by the Babylonians in 586 BC and again by the Romans in AD 70.

所罗门圣殿在公元前 586 年被巴比伦人毁掉，在公元 70 年又被罗马人再次摧毁。

23.4 使用正文之外的数字

前面的各章节讲述了论文正文中呈现数字的规则。图表、文献引文以及列表中的数字的使用有其自己的规则。更多的建议可参看附录。

23.4.1 图表、引文中的数字

一般来说，图表中呈现数字要使用阿拉伯数字符号。针对表格中的数字，包括表格的标题中的数字，可参看 26.2；图中的数字，包括图的说明文字，见 26.3。

例外情况很少出现，一般阿拉伯数字可以用来表示卷号、版次和页码，以及其他定位信息。有关参考文献格式的引文中的数字，可以参看 16.1.5 以及第 17 章；作者年格式中的引文里的数字，可以参看 18.1.5 和第 19 章。

23.4.2 列举

你可以使用数字符号或者字母来列举你论文正文中、附录中或者与论文起草相关的资料中的观点。

23.4.2.1 列表。你的正文里可以包括一些项目的列表，这些项目是你选出来一一列举以便能给予强调的。当这样的列表相对较短的时候，可以将它嵌入一个单一的句子之中。但是要确保所有列举的项在语法上都是平行项（所有名词短语、所有形容词等）。每一项前面都要有一个放入圆括号之内的阿拉伯数字。如果项目超过两个，每一项都应该跟一个逗号（或者如果该项结构太复杂，使用分号；见 21.3）。如果列表是一个同位语成分，用一个冒号来引导它；否则，不要在这个位置上使用标点符号（见 21.4）。

Wilson’s secretary gave three reasons for his resignation: (1) advancing age, (2) gradually failing eyesight, and (3) opposition to the war.

威尔逊的秘书给出了三个辞职理由：（1）年事已高，（2）视力衰退，以及（3）反战。

The committee strongly endorsed the policies of (1)complete executive power, except as constitutionally limited; (2) strong legislative prerogatives; and (3) limited judicial authority, especially when it interfered with the committee’s own role.

委员会强烈支持下列政策：（1）完整的行政权力，除非受到宪法的限制；（2）强有力的立法特权；以及（3）有限的司法权力，特别是当它干扰到委员会自己的职责时。

如果你已经因为其他原因使用了圆括号数字符号，那就用小写的字母来取代数字。

Haskin's latest theory has more than one drawback: (a) it is not based on current evidence and (b) it has a weak theoretical grounding.

哈斯金最新理论不止有一个弊端：（a）它不是基于现行证据以及（b）它的理论基础薄弱。

如果列表中的各项很长或者你希望给予更多强调，就把它们安排成一个纵向列表。用一个完整的句子，后面跟冒号来引导这个列表。再次注意要确保所有项目在语法上都是平行项，每一项开始都要有一个着重号或者在阿拉伯数字符号后面加一个句点，不要圆括号。如果这些项都是完整的句子，那么每一项的第一个字母要大写并且要使用终止标点；否则使用小写字母不要句号（见 21.1）。数字和句点要排成一排，数字和对齐第一行第一个字的任何一行也要另起一行。

My research therefore suggests the following conclusions:

1. The painting could not have been a genuine Picasso, regardless of the claims of earlier scholars.
2. It is impossible to identify the true artist without further technical analysis.

我的研究因此给出了下面这些结论；

1. 该画作不可能是毕加索真迹，尽管早期学者声称是真迹。
2. 没有进一步的技术分析不可能鉴别出真正的艺术家的作品。

23.4.2.2　大纲。某些情况下，你可以将大纲或者一个类似的列表放入论文的附录中，或者放入论文的起草稿中（见 6.2.1）。使用下面的标识法，包括字母、罗马数字和阿拉伯数字，并且每一级要缩进一个标签（通常半英寸）。每一级至少应该列出两项；如果不能的话，要重新考虑大纲的结构。如果各项都是短语，用句子格式大写（见 22.3.1），并且不要使用终止符号。如果是完整的句子，就按照通常情况下句子的处理方法来大写和加标点（见 6.2.1 例子）。

I. Wars of the nineteenth century
  A. United States
    1. Civil War, 1861-65
      a) Cause
        (1) Slavery
          (a) Compromise
            i) Missouri Compromise
            ii) compromise of 1850...
      b) Result

....

II. Wars of the twentieth century
  A. United States
    1. First World War...

24 缩 写

这章讲述了缩写使用的通用原则。正式的写作中缩写的应用是受制于一些特定情况的，但是现在它们被广泛用于各种写作之中。即便如此，它们的使用也要反映出特定学科的惯例。这里列出的规则适用于大多数人文和社会科学领域。如果你在写自然科学或者物理学、数学等其他领域的文章，遵循该学科的惯例。

有些学科要使用的缩写在这里没有被讨论。《韦氏大学词典》给出了来自不同学科的许多缩写形式。另一个来源就是《芝加哥格式手册》第 16 版（2010）第 10 章。关于不同学科的体例规则，可以参看参考文献。

如果你在写博士或者本科硕士论文，你所在系或者大学可能有特别的要求，规定你怎样呈现名称、专有词以及标题。这些要求通常在硕士博士论文管理办公室能够获取。如果你写的是课程论文，你的导师可能会要求你遵循某些特定的原则来呈现上述内容。那么在准备论文之前要回顾这些要求。它们优先于本书该章节所表述的指导原则。

24.1 通用原则

24.1.1 缩写类型

术语可以有几种方式简短表述或者缩写。但一个术语简短到只保留每个单词的首字母并且拼写出来像一个单个的词语时（NATO，AIDS），它被称作首字母缩略字（acronym）；如果这些字母读起来是一系列字母的话（EU，PBS），它被称为首字母缩略词（initialism）。其他术语通过收缩的方式来简写，只保留术语的第一个和最后一个字母（Mr., Dr., atty.），或者最后的几个字母省略（ed.,Tues.）。本章将所有这些术语都当作缩略语这个通用的概念来对待，相关的区分会给予关注。

24.1.2 什么时候使用缩写

大多数论文中，缩略语只可零星使用，因为它们会让你的写作看上去要么不太正式要么显得太技术化。本章涉及的缩略语类型更倾向于拼写出来的术语以及那些惯用的已被学术领域所接受的术语。

如果你所在当地的指导原则允许的话，你可以用缩略语替代名字、头衔或者其他在你的论文中频繁使用的术语。第一次使用时要用全称，后面跟一个圆括号将相应的缩略语列出来。后续再使用该术语时，就可以直接使用缩略语。如果你使用了比较多的这类缩略语，要考虑在文章的前置部分列出一个缩略语表，当读者可能漏掉你第一次提及该术语时的全称是什么的时候可以帮助到他们（见 A.2.1）。

论文的正文之外缩略语使用更普遍，也有更多需求。本章探讨可能会用于图表、引文中的缩略语。有关图表中的缩略语，更多详情见第 26 章；参考文献格式的引文中缩略语的使用见 16.1.6 和第 17 章；作者 - 年格式中的缩略语见 18.1.6 和第 19 章。

24.1.3 缩写的格式

尽管缩略语遵循这里探讨的一般性原则，仍然有一些例外情况。

■ **大写**。缩略语要全部用大写字母形式、小写字母形式或者两者相混合的形式。

BC	p.	Gov.
CEO	a.m.	Dist. Atty.
US	kg	PhD

■ **标点**。一般而言，缩略语全部用大写字母表示的不要加入句点，但是那些全部用小写字母的或者大小写混合形式的就需要在每一个缩略部分之后加上一个句点。然而，正如你从上面例子中所见，存在一些例外情况：学位不要句点，不管是否含有小写字母（见 24.2.3）。其他例外情况在本章都会有关注。

■ **空格**。一般而言，不要在首字母缩略字（NATO）和首字母缩略词（PBS）中加入空格，但是以收缩形式（Dist. Atty.）简写的各部分之间要有一个空格，除非第一个缩写成分是一个单一字母（S.Sgt.）。如果一个缩略语包含一个 & 的记号名称，不要在这个记号两边留空格（Texas A&M）。人名之间的空格见 24.2.1。

■ **斜体**。缩略语通常不用斜体，除非它们代表的是一个斜体的术语（OED，代表 *Oxford English Dictionary*）。

■ **不定冠词**。当一个缩略语跟在一个不定冠词后面的时候，选择 a 还是 an 取决于缩略语如何发音。首字母缩略字（NATO，AIDS）是作为单词来发音的；首字母缩略词（EU）是作为一系列字母来发音的。

member nation of NATO	a NATO member
person with AIDS	an AIDS patient
member nation of the EU	an EU member
the FFA	an FFA chapter

24.2 名字和头衔

24.2.1 个人姓名

一般而言，不要缩写一个人的名（Benj. Franklin）或者姓。一旦正文中使用了一个全名，后续再提到时就只需要使用该名字的姓就可以了。然而，如果你使用该姓指代的不只是一个人的话，那么必要时使用名可以避免混淆（Alice James，William James）。如果你在论文中频繁使用到这些名字，你可以用自己设计的缩略语来取代（AJ，WJ），但是要确保这些缩略语的使用如同 24.1.2 专门阐述的一样。

某些人主要是通过其名字首字母而不是通过其第一个名或者中间名而被人熟知的。这类首字母后面应该跟一个句点和一个空格。如果你要缩写整个名字，那就要省略句点和空格。

G. K. Chesterton	但是可以	JFK
M. F. K. Fisher	但是可以	FDR

社会称谓例如女士 Ms. 和先生 Mr. 应该总是使用缩写并大写，后面跟一个句点。在大多数文章中，你不需要这类称谓，除非会有引起混淆的可能，例如指的到底是丈夫还是妻子。

像 Sr.，Jr.，或者 III（或者 3rd）以及 IV（4th）这样的缩写前面不要使用逗号。通常这些缩写都用于一个完整的名字后面，尽管王室或者宗教人物可能只有其名被人知晓。频繁提到一个父亲和他的儿子时，压缩的简写形式可以使用（Holmes Sr.），但是这也只能是在给出了全名之后。不要将术语拼写出来，如果该术语是名字的一部分（例如，不能写成 John Smith Junior）。

Oliver Wendell Holms Jr.　　William J. Kaufmann III　　Mary II

24.2.2 专业头衔

一些人有民间称谓、军队头衔或者宗教头衔，例如下面这些与名字一起出现。许多这些称谓是按照惯例来缩写的，当置于人名之前时不在正文中拼写出来，并且作为名字的一部分要大写。

Adm.	Admiral	Dr.	Doctor
Ald.	Alderman, Alderwoman	Fr.	Father
Atty. Gen.	Attorney General	Gen.	General
Capt.	Captain	Gov.	Governor
Col.	Colonel	Hon.	Honorable
Dist. Atty.	District Attorney	Lt.	Lieutenant
Lt. Col.	Lieutenant Colonel	Sen.	Senator
Maj.	Major	Sgt.	Sergeant
Pres.	President	S.Sgt	Staff Sergeant
Rep.	Representative	Sr.	Sister
Rev.	Reverend	St.	Saint

第一次提到某人并带有这样的一个称谓的时候，要使用名字的全称并且该称谓用缩略语（如果你愿意的话，可以拼写出该称谓，但是不要一直使用这种拼写方式）。后续再提到的话，通常可以只使用该名字的姓，但是如果你需要重复这个称谓的话（为了区分名字相似的两个人或者学科内表示尊重），就将拼写出来的称谓和名字的姓放在一起。不要使用 Honorable 或者 Hon.，除非有一个全名跟着。如果你在一个全名前面拼出 Honorable 或者 Reverend，这个称谓前面要有 the。

Sen. Richard J. Durbin	Senator Durbin
Adm. Michael Mullen	Admiral Mullen
Rev. Jane Schaefer	Reverend Schaefer
Hon. Patricia Birkholz	Birkholz

或者

the Honorable Patricia Birkholz

如果你单独使用其中一个称谓或者在人名之后使用，它就成为一个通用术语，应该小写并且要全拼出来。

the senator from Illinois　　Mullen served as an admiral

这个通用模式的例外情况就是 Dr.。要么在名字前面使用缩略语 Dr. 要么使用官方的学位缩略语（见 24.2.3），用逗号隔开，置于名字之后。不要同时使用。

Dr. Lauren Shapiro discovered the cause of the outbreak.

Lauren Shapiro, MD, discovered...

Dr. Shapiro discovered...

The doctor discovered...

除了学位之外（24.2.3），还有一些专业头衔也要在名字前面用缩写。这些头衔要用逗号隔开，如上述例子所示。

JP	justice of the peace	太平绅士
LPN	licensed practical nurse	有照实习护士
MP	member of parliament	国会议员
SJ	Society of Jesus	耶稣会

24.2.3 学位

对于一般的学位名称，你可以在正文里或者别的地方使用其缩略语。更普通一些的学位在下面列表中可以找到，大多数采用的是首字母缩略词的形式（见 24.1.1），也就是将首字母大写不加句点不加空格。其他学位名称包括首字母和收缩体术语，因此有大写和小写字母，也不要句点和空格。按惯例来讲，这些形式带有句点出现（M.A.，Ph.D.，LL.B.），这是很多大学倾向使用的体例。

AB artium baccalaureus (bachelor of arts) 文学学士

AM artium magister(master of arts) 文学硕士

BA bachelor of arts 文学学士

BD bachelor of divinity 神学学士

BFA bachelor of fine arts 美术学士

BM bachelor of music 音乐学士

BS bachelor of science 理学学士

DB divinitatis baccalaureus (bachelor of divinity) 神学学士

DD divinitatis doctor (doctor of divinity) 神学博士

DMin doctor of ministry 教牧学博士

DO osteopathic physician (doctor of osteopathy) 整骨医生

EdD doctor of education 教育博士

JD juris doctor (doctor of law) 法学博士

LHD litterarum humaniorium doctor (doctor of humanities) 人文学博士

LittD litterarum doctor (doctor of letters) 文学博士

LLB legum baccalaureus (bachelor of laws) 法学学士

LLD legum doctor (doctor of laws) 法学博士

MA master of arts 文学硕士

MBA master of business administration 工商管理学硕士

MD medicinae doctor (doctor of medicine) 医学博士

MFA master of fine arts 美术硕士

MS master of science 理学硕士

PhB philosophiae baccalaureus (bachelor of philosophy) 哲学学士

PhD Philosophiae doctor (doctor of philosophy) 哲学博士

SB scientiae baccalaureus (bachelor of science) 理学博士

SM scientiae magister (master of science) 理学硕士

STB sacrae theologiae baccalaureus (bachelor of sacred theology) 神学学士

24.2.4 机构、公司和其他组织

对于政府机构、广播公司、协会、兄弟会和服务机构、公会，以及其他团体，通常其名称的首字母缩写字或者首字母缩写词是为人所知的（见 24.1.1），在正文中或者其他地方都可以使用其缩写体。第一次提到的时候要拼出其全称，跟在后面给出缩写体放入圆括号内（见 24.1.2）。

这样的缩略语要全部大写不要句点。下面有一个代表性的有关这类缩略语的列表；其他同范畴内的名称应该做类似处理（例如 ABA，CBS 和 NEH）。

AAAS	美国艺术和科学研究院（American Academy of Arts and Sciences）
CNN	美国有线电视新闻网络（Cable News Network）
NAFTA	北美自由贸易协定（North American Free Trade Agreement）
TVA	田纳西河流管理局（Tennessee Valley Authority）
AFL-CIO	美国劳工总会与产业劳工组织（American Federation of Labor and Congress of Industrial Organizations）
EU	欧盟（European Union）
NFL	全国橄榄球联盟（National Football League）
UN	联合国（United Nations）
AMA	美国医学协会（American Medical Association）
FTC	联邦贸易委员会（Federal Trade Commission）
NIMH	国立精神卫生研究所（National Institute of Mental Health）
UNESCO	联合国教科文组织（United Nations Educational，Scientific，and Cultural Organization）
AT&T	美国电话电报公司（American Telephone and Telegraph Company）
HMO	健康维护组织（Health Maintenance Organization）
NSF	国家科学基金会（National Science Foundation）
WHO	世界卫生组织(亦称“世卫组织”，World Health Organization)
CDC	疾病防治中心（Centers for Disease Control）
NAACP	全国有色人种协进会（National Association for the Advancement of Colored People）
OPEC	石油输出国家组织（Organization of Petroleum Exporting Countries）
YMCA	基督教青年会（Young Men's Christian Association）

如果一家公司的名称缩写并不为人所知，那就将其拼写出来并且在正文中要大写。有些公司的名称包括缩写部分和 & 记号，如果不清楚正确的形式是怎样的，可以查阅其公司网站上的名称，或者对于其历史形式，可以查阅一个权威的参考资料。你可以在名称中省略这样的术语如 INC. 或者 LTD.，名称开头的 the 不要大写。后续再提到该名称可以省略 & CO. 或者 Corporation 这样的术语。

Merck & Co.　　TAND Corporation　　the University of Chicago Press

在图表和引文中，你可以在公司名称中使用下面这些缩略语。

Assoc. 协会	LP(Limited partnership) 有限合伙人
Bros. 兄弟	Mfg. 制造
Co. 公司	PLC(public limited company) 股份有限公司
Corp. 公司	RR(railroad) 铁路公司
Inc. 有限公司	Ry. (railway) 铁道部门

24.3 地理名称

24.3.1 地点名称

正文中，国家、州、县、省、领土、水域、山脉等这类名称要写出来并大写（见 22.1.1）。

当 United States 作为一个名词使用的时候一定要大写。作为形容词使用的时候，你可以将其缩写成 US 或者拼写出来（拼写出来适合更正式的文体）。

She was ineligible for the presidency because she was not born in the United States.

她没有资格参选总统，因为她不是出生于美国。

His US citizenship was revoked later that year.

那年后他的美国国籍被剥夺了。

在图表、引文和邮件地址中，缩写美国各州的名称要使用两个字母的邮编代码，该代码是美国邮政管理局统一设计的。

AK	Alaska	阿拉斯加州
AL	Alabama	亚拉巴马州
AZ	Arizona	亚利桑那州
AR	Arkansas	阿肯色州
CA	California	加利福尼亚州
CO	Colorado	科罗拉多州
CT	Connecticut	康涅狄格州
DE	Delaware	特拉华州
FL	Florida	佛罗里达州
GA	Georgia	佐治亚州
HI	Hawaii	夏威夷州
ID	Idaho	爱达荷州
IL	Illinois	伊利诺斯州
IN	Indiana	印第安纳州
IA	Iowa	艾奥瓦州
KS	Kansas	堪萨斯州
KY	Kentucky	肯塔基州
LA	Louisiana	路易斯安那州
ME	Maine	缅因州
MD	Maryland	马里兰州
MA	Massachusetts	马萨诸塞州
MI	Michigan	密歇根州
MN	Minnesota	明尼苏达州
MS	Mississippi	密西西比州
MO	Missouri	密苏里州
MT	Montana	蒙大拿州
NE	Nebraska	内布拉斯加州
NV	Nevada	内华达州
NH	New Hampshire	新罕布什尔州
NJ	New Jersey	新泽西州
NM	New Mexico	新墨西哥州
NY	New York	纽约州
NC	North Carolina	北卡罗来纳州
ND	North Dakota	北达科他州
OH	Ohio	俄亥俄州
OK	Oklahoma	俄克拉何马州
OR	Oregon	俄勒冈州
PA	Pennsylvania	宾夕法尼亚州
RL	Rhode Island	罗得岛州
SC	South Carolina	南卡罗来纳州
SD	South Dakota	南达科他州
TN	Tennessee	田纳西州
TX	Texas	得克萨斯州
UT	Utah	犹他州
VT	Vermont	佛蒙特州
VA	Virginia	弗吉尼亚州
WA	Washington	华盛顿州
WV	West Virginia	西弗吉尼亚州
WI	Wisconsin	威斯康星州
WY	Wyoming	怀俄明州

加拿大各省份的名称可以缩写，如果领地上的州名称要缩写的，那么该领地也可以采用缩写形式。

AB	Alberta	艾伯塔省	NU	Nunavut	努纳武特地区
BC	British Columbia	不列颠哥伦比亚省	ON	Ontario	安大略省
MB	Manitoba	马尼托巴省	PE	Prince Edward Island	爱德华王子岛省
NB	New Brunswick	新不伦瑞克省	QC	Quebec	魁北克省
NL	Newfoundland	纽芬兰省	SK	Saskatchewan	萨斯喀彻温省
NS	Nova Scotia	新斯科舍省	YT	Yukon Territory	育空地区
NT	Northwest Territories	西北地区			

24.3.2 地址

正文中，作为地址一部分的术语要拼写出来并大写，包括下面列出来的以及类似的术语（例如，其他相当于 street 的同义词）。表格、引文、邮件地址要使用缩写体。注意，所有的缩写都要使用句点，除了两个字母的首字母缩略词（比如 NE）。正文中的地址可以参看 23.1.7 中的例子。

Ave.	Avenue 大街	St.	Street 街道
Blvd.	Boulevard 大街、林阴大道	N.	North 北
Ct.	Court 短街	S.	South 南
Dr.	Drive 大道，路	E.	East 东
Expy.	Expressway 快速道路	W.	West 西
Pkwy.	Parkway 景观道路	NE	Northeast 东北
Rd.	Road 马路	NW	Northwest 西北
Sq.	Square 广场	SE	Southeast 东南
Pl.	Place 广场；街道；十字路口	SW	Southwest 西南

24.4 时间和日期

24.4.1 时间

在正文以及别的地方，你都可以使用缩略语 a.m.(ante meridiem，午前）以及 p.m.(post meridiem，午后）来表示特定的时间。这些缩略语要用小写和罗马字体。不要将它们与 in the morning、in the evening 或者 o'clock 混在一起用；见 23.1.5。

24.4.2 日和月

一周内每天的名称以及一年内每月的名称在正文中要拼写出来并大写；见 23.3.1。图表、引文中，你可以使用缩略语并要一以贯之使用（注意该体系中某些月份是不用缩写体的）。

Sun. Mon. Tues. Wed. Thur. Fri. Sat.

Jan. Feb. Mar. Apr. May June July Aug. Sept. Oct. Nov. Dec.

24.4.3 时代

表示时代有不同的记载体系，但是所有的记载都使用有日期数值的缩写形式。BC 和 AD 是最常用的标识文字，尽管 BCE 和 CE 也可以取代其而使用。要提到一个非常遥远的过去，类似 BP 或者 MYA 这样的标识就很必要。AD 要放在年代数字之前；其他标识都是放在年代数字之后（也可参看 23.2.4 和 23.3.2）。

BC	before Christ 公元前
AD	*anno Domini* (in the year of the Lord) 公元
BCE	before the common era 公元前
CE	common era 公元
BP	before the present 距今
MYA（or mya）	Million years ago 百万年前

24.5 度量单位

在人文和社会科学领域，度量单位，例如尺寸、距离、体积和等级这样的度量单位的名称要拼写出来。数字要拼写出来，或者数字符号的使用要遵循你参照的一般性原则（见 23.1.1）。

five miles　　150 kilograms　　14.5 meters

在科学领域，度量单位的数值用数字符号给出的时候，度量单位要用标准缩写体（你可以使用别的学科的缩写体，这取决于你所在当地的规定）。在数字和单位之间要留一个空格，除非依照惯例有另外的规定（36°；512K），并且要注意的是缩写体的单复数是一样的。当度量单位前面没有数字的时候或者当数字也是拼写出来的时候，要拼写出度量单位（比如在句首；见 23.1.2.1）。

We injected 10 uL of virus near implants.

在植入处附近注入了 10 微升病毒。

Results are given in microliters.

结果以微升表示。

Twelve microliters of virus was considered as a safe amount.

12 微升病毒被认为是安全剂量。

缩略语列表，包括常用度量单位，可参看《芝加哥格式手册》第 16 版（2010）第 10 章 10.52。

24.6 圣经和其他宗教作品

当你在论文中提到圣经整章或整书，再或者提到次经，要将这些书的名称拼写出来，但是不要用斜体。

Jeremiah 42-44 records the flight of the Jews to Egypt.

《耶利米书》42–44 章记录了犹太人出逃埃及。

The Revelation of St. John the Divine, known as "Revelation," closes the New Testament.
圣约翰神圣的启示，又称“启示录”，成为新约末篇。

如果你引用圣经章节的诗句（见 17.5.2 和 19.5.2），将该书名称缩写，如果它们有编号要使用阿拉伯数字（I Kings）。章和诗的编号也要使用阿拉伯数字，并在中间加入冒号。由于圣经的不同译本中各书会使用不同的书名称和编号，要标识出你引用的是哪个译本。你可以将译本的名称完整拼写出来，至少在第一次提到的时候。你也可以使用缩略语（见 24.6.4），不要在前面或者中间加入标点。

1Song of Sol. 2:1-5 NRSV　　Ruth 3:14 NAB

下面的章节将列出圣经各书的传统缩写形式以及更简短的缩写形式，以字母表顺序排列。如果你不确定哪一种形式的缩略体是合适的，可以咨询你的导师。没有给出缩略语的地方，就要使用全称。

24.6.1 犹太人的旧约圣经

注意旧约（Old Testament）的缩略语是 OT。

传统缩略形式	更简短形式	全称
Amos	Am	Amos 阿摩司书
1Chron.	1Chr	1Chronicles 历代志上
2Chron.	2Chr	2Chronicles 历代志下
Dan.	Dn	Daniel 但以理书
Deut.	Dt	Deuteronomy 申命记
Eccles.	Eccl	Ecclesiastes 传道书
Esther	Est	Esther 以斯帖记
Exod.	Ex	Exodus 出埃及记
Ezek.	Ez	Ezekiel 以西结书
Ezra	Ezr	Ezra 以斯拉记

传统缩略形式	更简短形式	全称
Gen.	Gn	Genesis 创世纪
Hab.	Hb	Habakkuk 哈巴谷书
Hag.	Hg	Haggai 哈该书
Hosea	Hos	Hosea 何西阿书
Isa.	Is	Isaiah 以赛亚书
Jer.	Jer	Jeremiah 耶利米书
Job	Jb	Job 约伯记
Joel	Jl	Joel 约珥书
Jon.	Jon	Jonah 约拿书
osh.	Jo	Joshua 约书亚记
Judg.	Jgs	Judges 士师记
1Kings	1 Kgs	Kings 列王纪上
2Kings	2 Kgs	Kings 列王纪下
am.	Lam	Lamentations 耶利米哀歌
Lev.	Lv	Leviticus 利未记
Mal.	Mal	Malachi 玛拉基书
Mic.	Mi	Micah 弥迦书
Nah.	Na	Nahum 那鸿书
Neh.	Neh	Nehemiah 尼希米记
Num.	Nm	Numbers 民数记
Obad.	Ob	Obadiah 俄巴底亚书
Prov.	Prv	Proverbs 箴言
Ps. (plural.Pss.)	Ps (plural. Pss)	Psalms 诗篇
Ruth	Ru	Ruth 路得记
1Sam.	1 Sm	Samuel 撒母耳记上
2Sam.	2 Sm	Samuel 撒母耳记下
Song of Sol.	Sg	Song of Solomon(Song of Songs) 雅歌
Zech.	Zec	Zechariah 撒迦利亚书
Zeph.	Zep	Zephaniah 西番雅书

24.6.2 次经

次经各书在罗马天主教圣经本中被收入，但是犹太和新教版本中都没有次经。注意次经 Apocrypha 的传统缩写形式是 Apoc.(没有更简短形式）。

传统缩写	更简短缩写	全称
Bar.	Bar	Baruch 巴鲁书
Bel and Dragon	---	Bel and the Dragon 彼勒与大龙
Ecclus.	Sir	Ecclesiasticus (Sirach) 德训篇
1 Esd.	---	1 Esdras 以斯得拉书上
2 Esd.	---	2 Esdras 以斯得拉书下
Jth.	Jdt	Judith 犹滴传
1 Macc.	1 Mc	1 Maccabees 马加比书上
2 Macc.	2 Mc	2 Maccabees 马加比书下
Pr. of Man.	---	Prayer of Manasses (Manasseh) 玛拿西祷言
Song of Three Children	---	Song of the Three Holy Children 亚撒利雅祷词和三童歌
Sus.	---	Susanna 苏撒拿传
Tob.	Tb	Tobit 托比特书
Wisd. of Sol.	Ws	Wisdom of Solomon 智慧篇
---	---	Additions to Esther(Rest of Esther) 以斯帖记补遗

24.6.3 新约圣经

注意新约（New Testament）的缩写形式是 NT。

传统缩写	更简短缩写	全称
Acts	---	Acts of the Apostles 使徒行传
Apoc.	---	Apocalypse (Revelation) 启示录
Col.	Col	Colossians 歌罗西书
1 Cor.	1 Cor	Corinthians 哥林多前书
2 Cor.	2 Cor	Corinthians 哥林多后书
Eph.	Eph	Ephesians 以弗所书

传统缩写	更简短缩写	全称
Gal.	Gal	Galatians 加拉太书
Heb.	Heb	Hebrews 希伯来书
James	Jas	James 雅各书
John	Jn	John (Gospel) 约翰福音
1 John	1 Jn	John (Epistle) 约翰一书
2 John	2 Jn	John (Epistle) 约翰二书
3 John	3 Jn	John (Epistle) 约翰三书
Jude	---	Jude 犹大书
Luke	Lk	Luke 路加福音
Mark	Mk	Mark 马可福音
Matt.	Mt	Matthew 马太福音
1 Pet.	1 Pt	Peter 彼得前书
2 Pet.	2 Pt	Peter 彼得后书
Phil.	Phil	Philippians 腓立比书
Philem.	Phlm	Philemon 腓利门书
Rev.	Rv	Revelation (Apocalypse) 启示录
Rom.	Rom	Romans 罗马人书
1 Thess.	1 Thes	Thessalonians 帖撒罗尼迦前书
2 Thess.	2 Thes	Thessalonians 帖撒罗尼迦后书
1 Tim.	1 Tm	Timothy 提摩太前书
2 Tim.	2 Tm	Timothy 提摩太后书
Titus	Ti	Titus 提多书

24.6.4 圣经译本

下面这些缩写形式涵盖了圣经的许多标准译本。如果你所引用的译本没有在下面的列表中，请咨询你的导师。

缩写	全称
ARV	American Revised Version 美国修订版基督教《圣经》
ASV	American Standard Version 美国标准版基督教《圣经》
AT	American Translation 美译本《圣经》
AV	Authorized (King James) Version《英皇詹姆斯钦定本圣经》
CEV	Contemporary English Version 当代英语版本《圣经》
DV	Douay Version 杜埃《圣经》
ERV	English Revised Version 英语修订版《圣经》
EV	English version(s) 英语译本《圣经》
JB	Jerusalem Bible《耶路撒冷圣经》
NAB	New American Bible《新美国标准版圣经》
NEB	New English Bible《新英文圣经》
NRSV	New Revised Standard Version《新标准修订版圣经》
RV	Revised Version《钦定英译本修订版》
RSV	Revised Standard Version《标准圣经译本的修订本》
Vulg.	Vulgate《拉丁文圣经》

24.6.5 其他宗教作品

许多宗教作品和圣经一样相似，被分成不同的部分。这样的作品名称要大写并且要用罗马字体（Qur' an [或者 Koran]《古兰经》, Vedas 吠陀经），但是这些作品的每个部分的名称都要用斜体字（*al-Baqarah*《第二章黄牛》，*Rig-Veda*《梨俱吠陀》）。尽管这些作品以及它们各部分没有被广为接受的缩写方式，你可以按照引用圣经的类似方法缩写这些作品（见 17.5.2 和 19.5.2）。如果一部作品的各部分有多个编号，你可以用冒号替代句点和逗号或者做其他调整来清晰标识出引用段落的位置。

Qur'an 2:257 或者 Qur'an 2（*al-Baqarah*）: 257

Mahabharata 1.2.3

如果你的论文是有关宗教研究的，更具体的指导可以咨询你的导师。

24.7 引文或者其他学术语境下的缩写

引文中通常使用很多的缩略语，或者甚至倾向于使用缩略语，特别是除了作者（编者 ed.、译者 trans.）之外，为了辨别个体的角色、作品的各部分（卷 vol.、书 bk. 部分 Sec.)，以及定位信息（页 p .，注释 n ）。引文中使用缩略语的原则，可以参看 16.1.6 和第 17 章或者 18.1.6 和第 19 章。

正文中通常要把这些内容拼写出来。一般的缩略语，例如 e.g.、i.e.、etc. 等，如果使用的话应该要放入圆括号里（见 21.8.1）。

下面的列表是在引文和其他学术语境中会碰到的最常用的缩略语。除非另有注明，大多数复数形式加 s 或者 es。通常都不用斜体。

缩写	全称	缩写	全称
abbr.	abbreviated, abbreviation 缩写	comp.	compiler.compiled by 编译
abr.	abridged,abridgment 删节	cont.	continued 续
anon.	anonymous 匿名	corr.	corrected 校正
app.	appendix 附录	d.	died 死亡
assn.	association 协会	dept.	department 部门
b.	born 生于	dict.	dictionary 字典；词典
bib.	Bible,biblical 圣经	diss.	dissertation 论文
bibliog.	bibliography,biographer 参考书目	div.	Division 部门、区域、划分
biog.	biography,biographer 参考书目	DOI	digital object identifier 数字对象标识符
bk.	book 书	DVD	digital versatile（或者 video)disc 光盘
ca.	*circa*,about,approximately 大约于	ed.	editor, edition, edited by 编辑
cap.	capital,capitalize 大写	e.g.	*exempli gratia*, for example 举例
CD	compact disc 激光唱片	enl.	enlarged 放大
cf.	*confer*,compare 比较，对比	esp.	Especially 特别、尤其
chap.	chapter 章	et al.	*et alii* or *alia*, and others 以及其他人
col.	color(最好拼写出来);column 颜色，列	etc.	*et cetera*, and so forth 等等
		ex.	example 例子

缩写	全称	缩写	全称
fig.	figure 数字、图	n.s.	new series 新辑
ff.	and following 以下（各面，各行等）	np. cit.	*opera citato*, in the work cited 在引用作品中（最好避免）
fol.	folio 一页，页码；对开纸	org.	Organiztion 组织，机构，团体
ftp	file transfer protocol 文件传送协议	OS	Old Style（年月日）旧体例
http	hypertext transfer protocol 超文本传输协议	o.s.	old series(书刊等的)旧辑
ibid.	*ibidem*, in the same place 出处同上	p.(复数 pp.)	page 页
id.	*idem*, the same 相同的	para. 或 par.	paragraph 段落
i.e.	*id est*, that is 也就是	pers. comm.	personal communication 个人通讯
ill.	illustrated, illustration, illustrator 有插图	pl.	plate（最好拼写出来）;plural 板；复数
		PS	postscriptum, postscript 附启，附言
inf.	*infra*, below 下文	pseud.	pseudonym 笔名；假名
intl.	international 国际	pt.	part 部分
intro.	introduction 前言	pub.	publication, publisher, published by 出版
l.(复数 ll.)	line(最好拼写出来避免与行数字 1 和 11 混淆)	q.v.	*quod vide*, which see 参见 ...
		r.	*recto*, right 纸张的正面，右对齐
loc.cit.	*loco citato*, in the place cited 在上述引文中（最好避免）	repr.	reprint 重印
		rev.	revised, revised by, revision; 修订，审核 review, reviewed by
misc.	miscellaneous 混杂的		
MS (复数 MSS)	manuscript 手稿；原稿	ROM	read-only memory 只读存储器
		sd.	sound 声音
n(复数 nn)	note 注释	sec.	section 章节
natl.	national 国家的	ser.	series 丛书
n.b. 或 NB	*nota bene*, take careful note 注意；留心	sing	.singular 单数
		soc.	society 社团
n.d.	no date 未注明日期的	sup.	*supra*, above 在上；在前
no.	number 数字	supp.	supplement 增补，补充；增刊，副刊
n.p.	no place; no publisher; no page 未注明地点、未注明出版人、未注明页码	s.v. (复数 s.vv.)	*sub verbo, sub voce*, under the word 见该条目，在该词下
NS	New Style（年月日）新体例		

缩写	全称	缩写	全称
syn.	synonym, synonymous 同义词；同义字	v.	verse; *verso*, right 诗行；诗句
t.p.	title page 扉页；书名页	(复数 .vv.)	
trans	translated by, translator 翻译，译者	viz.	*videlicet*, namely 就是说 , 即
univ.	university 大学	vol.	volume 卷
URL	uniform resource locator 统一资源定位符	vs.	或 v. versus(在法律语境下 , 使用 v.) 对，诉
usu.	usually 通常，经常，惯例		

25 引用

本章节提供引文呈现的一般性规则。尽管所有的例子都是英文语言的，该规则也适用于其他语言的引文（见 22.2.1）。

直接从一个文献转录原文是将他人作品呈现于自己论文中的几种选择之一；对这几种可供选择的引文方式的讨论以及何时可以使用它们，可参看 7.4。不管你选择哪一种方式，你都必须引用文献的原文文字或者原著思想。第 15 章提供对引文实践的一个介绍，后续的章节描述了两种常用的引文格式（第 16 章和第 17 章，是参考文献格式；第 18 章和第 19 章，是作者 - 年格式）。

如果你在写博士或者硕士论文，你所在系或者大学可能有特别的要求，规范你对文献的呈现方式。这些要求通常在硕士或博士论文管理办公室能够获取。如果你写的是课程论文，你的导师可能会要求你遵循某些特定的原则来进行文献引用。那么在准备论文之前要回顾这些要求。它们优先于本书该章节所表述的指导原则。不同学科的体例指南，见参考文献。

如果你的论文要交给一个外部论文资源库，你可能需要获取来自版权所有人的正式授权来进行某些类型的引证。见《芝加哥格式手册》第 16 版（2010）第 4 章。

25.1 准确引用避免剽窃

在学术界，准确引用是非常关键的，所以你必须：

- 只采用可靠的相关的文献（见第 3 章）。
- 按照原著准确转录文字或者按照 25.3 中表述的状况进行改动。
- 在你的参考文献目录或者参考书目列表中对文献进行准确的呈现（见第 16 章和第 18 章），以便读者可以自行参阅它们。

学者的道德标准要求你任何时候进行文字转录时或者依靠的是来自别的文献的表格、图形或者数据时，你都需要清晰指明借用的是什么以及从哪里获得，并使用合适的引文格式（见第 15 章）。如果你不这么做，你可能会有被指控剽窃的风险。如果你使用的是原著的文字，但是没有按照 25.2 中介绍的几种方式之一将其作为引文进行标识，即使你真的准确引用了文献，仍然有被指控剽窃的危险。对于剽窃的更全面的讨论见 7.9。

25.2 将引文嵌入论文正文

你可以用下列两种方式之一将转录文字放入自己的论文中，用哪种方式取决于转录文字的长短。如果引文只有四行或者更短，可以将其嵌入你的正文中，放入引号内。如果它有 5 行或者更长，可以将它与正文分开自成一个区块，不要引号。脚注和尾注中的引文遵循同样的原则。

对于比五行文字更短的原文文字，你也可以使用区块引文，如果你想要强调它，或者想将它与一个更长的引文进行对比的话。

25.2.1 嵌入性引文

不足五行的原文引用要将准确的转录文字放入双引号。有几种方式可以将引文嵌入你的行文（见 7.5）。你可以用作者的名字加上一个术语，例如 notes（说明）、claims（主张道）、argues（辩称），或者 according to（据……所说）等来引出一段引文（注意这些术语通常用一般现在时，而不用 noted、claimed 等，但是有些学科遵循不同的规则）。在这种情况下，将逗号放到引文之前。

Ricoeur writes, “The boundary between plot and argument is no easier to trace.”
里克尔写道，“情节和内容提要之间的界限不容易说清楚。”

As Ricoeur notes, “The boundary between plot and argument is no easier to trace.”
如里克尔所言，“情节和内容提要之间的界限不容易说清楚。”

如果你想要将一段引文更紧密地嵌入你自己的句式中，可以用像 that 这样的词，不要在该词前面加上逗号。

Ricoeur warns us that “The boundary between plot and argument is no easier to trace.”
里克尔警告我们“情节和内容提要之间的界限不容易说清楚。”

如果你将一个短语放在一段引文的中间部分，要用逗号将其与引文分开。

“The boundary between plot and argument”, says Ricoeur, “ is no easier to trace.”
“情节和内容提要之间的界限”里克尔说，“不容易说清楚。”

对于逗号、句号以及其他与引文相关的标点符号的使用，可参看 21.12.2 以及 25.3.1；有关大写以及其他引用元素的可允许的改动，可参看 25.3.1。

25.2.1.1 引文的放置。如果你在脚注或者尾注中将一段转录文字的文献进行引用，你在那里可以放置上标注释号（见 16.3.2），这取决于转录文字在句子中落脚哪里。如果转录文字在句末，把注释号放在右引号后面。

According to Litwack,“Scores of newly freed slaves viewed movement as a vital expression of their emancipation.”[4]

据利特瓦克所言，“许多新获得自由的奴隶将该运动视为一个对他们获得解放的重要的表达。”[4]

如果引文在一句话中间结束的话，注释号要放在包含引文的分句句末，通常它也在该句的句末。

"Scores of newly freed slaves viewed movement as a vital expression of their emancipation，"according to Litwack.[4]

"许多新获得自由的奴隶将该运动视为一个对他们获得解放的重要的表达，"据利特瓦克所言。[4]

Litwack argues that "Scores of newly freed slaves viewed movement as a vital expression of their emancipation，"[4] and he proceeds to prove this assertion.

利特瓦克辩言"许多新获得自由的奴隶将该运动视为一个对他们获得解放的重要的表达，"[4] 他进一步证明了这个论断。

同样的操作也适用于圆括号内的引文，可用参考文献格式（见 16.4.3）或者作者－年格式（见 18.3.1），但是有两个要注意的区别：

- 如果句号或者逗号通常是在右引号前面的时候，要将它放在引号外面，跟在右圆括号之后。

The author seek to understand "how people categorize the objects they encounter in everyday situations"(Bowker and Star 1999, 59).

作者试图理解"人们如何对他们在日常生活中的物品进行分类"（Bowker and Star 1999, 59）。

To determine "how people categorize the objects they encounter in everyday situations"(Bowker and Star 1999, 59), the authors devised a study.

为了判断"人们如何对他们在日常生活中的物品进行分类"（Bowker and Star 1999, 59），作者设计了一个研究。

- 当作者的名字在正文中与引文一起被提及的时候，将日期放在作者名字的旁边，不管针对引文而言日期出现在哪里。

"Scores of newly freed slaves viewed movement as a vital expression of their emancipation，"according to Litwack （1999，482）.

“许多新获得自由的奴隶将该运动视为一个对他们获得解放的重要的表达，”据利特瓦克（1999，482）所言。[4]

Litwack's （1999，482）observation that "Scores of newly freed slaves ..."

利特瓦克（1999，482）观察到“许多新获得自由的奴隶……”

25.2.1.2 特殊标点。对于引文内的引文，要将内引文放入单引号里。

Rothko, argues Ball,"wanted to make works that wrought a transcendent effect, that dealt with spiritual concerns: 'Paintings must be like miracles,'he once said."

罗思科与鲍尔争辩道，“想要给作品带来卓越的效果，那就要触及对灵魂的关注：‘绘画一定要如同神迹降临，’他曾如是说。”

如果你将两行或者更多行的诗歌放进你的行文中，要将它们用斜线符号（/）分开，并在斜线符号前后留出一个空格。然而大多数情况下，诗歌要使用区块引用（见25.2.2.2）。

They reduce life to a simple proposition: "All things have rest, and ripen toward the grave;/ In silence, ripen, fall, and cease."

他们将生命简化成一个简单的描述：“所有一切休息下来，走向成熟步入坟墓；/静静地，成熟，落下，终止。”

25.2.2 区块引用

25.2.2.1 散文。引用散文长度在五行或者更长的话要用区块引用。在行文中用你自己的语言引导出该引文块，引导句后面用冒号。如果你只是用一个归属性短语，例如notes（说明）、claims（主张）、argues（辩称），或者according to（据……所说）加上作者的名字的话，那么这个短语要有一个逗号跟着。如果你将转录文字嵌入自己的句式中，不要在引文前面使用任何标点符号，如果通常那儿并不会有标点符号出现的话（见下面第二个例子）。

区块引用要不空行，而在区块前后都要留一个空白行。不要在首尾处加引号，但是要保留原文中的引号。整个引用段要缩进，缩进量与你段落的第一行的缩进量相当（对于文学研究或者其他与细致的文本分析相关的学科，如果原著中的文本就是缩进的，你应该将引用段的第一行缩进得比引用段其他行更多；见 25.3）。对于引文内的其他标点和大写形式，见 25.3.1。

Jackson begins by evoking the importance of home:

> Housing is an outward expression of the inner human nature; no society can be fully understood apart from the residences of its members. A nineteenth-century melody declares, "There's no place like home," and even though she had Emerald City at her feet, Dorothy could think of no place she would rather be than at home in Kansas. Our homes are our havens from the world.1

In the rest of his introduction, he discusses...

杰克逊通过唤起家庭的重要性开始：

> 房屋是内在人性的外在表达；缺失社会成员的住所，这个社会就无法被全面了解。一首 19 世纪的歌曲唱到，“没有地方像家一样，”即使她的脚下是翡翠城，多萝西也想不出比堪萨斯的家更愿意待着的地方。我们的家就是我们在这世上的庇护所。

在接下来的引言中，他讨论到……

如果你转录的文字超过一个段落，不要在段落中间再加上空白行，但是第二段以及后续段落的第一行需要缩进得比其他引用行更多。

He observed that

> governments ordinarily perish by powerlessness or by tyranny. In the first case, power escapes them; in the other, it is torn from them.
>
> Many people, on seeing democratic states fall into anarchy, have thought that government in these states was naturally weak and powerless. The truth is that when war

among their parties has once been set aflame, government loses its action on society. (Tocqueville, 248)

他注意到：

政府通常因为无能或者暴政而灭亡。第一种情况下，政权逃脱了；第二种情况下，他们被剥夺了政权。

许多人在看到民主政府陷入无政府状态时，认为这些国家的政府是天生软弱和无能为力的。而真实情况是当政党间的斗争一旦被点燃，政府就失去了对社会的行动力。（托克维尔，248）

如果你在脚注或者尾注中引用文献，将注解号放在引用段的结尾处并上标，就像上述的第一个例子中的一样（也可参见 16.3.2）。如果你在圆括号中引用文献，将引文信息放在区块转录段的终止符号后面，如同上述第二例中所示（注意这不同于一个嵌入式引文的放置，如 25.2.1.1 中所述）。

25.2.2.2 诗歌和戏剧。引用的诗歌如果有两行或者更长的话要使用区块引用。诗歌每一行都要新起一行，每一行末如原文一样加上标点。多数论文里，诗歌引用段要像散文引用段一样有缩进；如果一行诗太长一行装不下，那就要将超过篇幅的排印文字缩进得比其他行更多（在博士论文或者其他篇幅更长的论文中，如果包含很多诗歌的转录文字，将该页每一个左对齐的引文居中排版，以最长的一行作为标准参考）。

Whitman's poem includes some memorable passages:

My tongue, every atom of my blood, form'd from this soil, this air,
Born here of parents born here from parents the same, and their parents
    The same
I, now thirty-seven years old in perfect health begin,
Hoping to cease not till death.

惠特曼的诗包括一些难忘的段落：

我的舌，我的血液中的每个原子，都是由这泥土这空气构成，
我生在这里，我的父母生在这里，他们的父母

也生在这里，

我如今三十七岁，身体完全健康，开始歌唱，

希望不停地唱下去，直到死亡。

如果你引用的诗歌，其诗行排列是与众不同的，那么尽你所能将原文重新排列。

This is what Herbert captured so beautifully:

Sure there was wine
Before my sights did drie it: there was corn
Before my tears did drown it.
Is the yeare onely lost to me?
Have I no bayes to crown it?
No flowers, no garlands gay? All blasted?
All wasted?

这就是赫伯特捕捉到的，竟是如此的美丽：

确曾有美酒
在我的叹息风干它之前，确曾有谷物
在我的泪水淹没它之前。
年岁于我只是逝去了？
我没有月桂以冠其额吗？
没有花朵，没有欢乐的花环？都枯萎了？
都荒废了？

如果你从一部戏剧作品里引用了两行或者更长的对话，将这个对话像引用散文一样放进一个引用区块里。要给出每个对话人的名字以便能从对话中区分清楚，比如全部使用大写字母或者使用别的字体。每段讲话要另起一行，并且将超过篇幅的文字缩进得比引文其他部分更多。

Then the play takes an unusual turn:

R. ROISTER DOISTER. Except I have her to my wife, I shall run mad.

M. MERYGREEKE. Nay, “unwise” perhaps, but I warrant you for “mad.”

然后该剧出现不同寻常的转折：

R. ROISTER DOISTER. 除非我娶她为我的太太，不然我会疯的。

M. MERYGREEKE. 不，这可能是“不明智的”，但是我为“发疯”向你担保。

25.2.2.3 题词。题词是一个可以为你的论文设定主题的引文。对于用在一篇硕士论文或者博士论文的前言部分的题词，可以参看 A.2.1。将章节开头的题词当作区块引用来处理。在它下面一行里给出作者和标题，右对齐并且前面要有一个长破折号（或者两个连字符；见 21.7.2）。对于题词你不需要一个更正式的引文。在文献行和正文开头行之间要有两行空白行。也可参见图 A.9。

The city, however, does not tell its past, but contains it like the lines of a hand.

— Italo Calvino, *Invisible Cities*

城市，然而，并没有告诉你它的过去，但却像手上的纹路一样嵌入其中。

——卡尔维诺，《看不见的城市》

25.3 调整引文

当你做研究的时候，你必须准确记录下想要转录的文字、拼写、大写以及文本中的标点符号，即使它们并不遵循本手册中的指导原则。然而当你将这些文本嵌入自己的论文中时，你可以做一些小的调整以便让它们适合你的行文句式或者便于强调引文中的某些部分。

注意，各学科对本章节所探讨的问题会有不同的标准，例如怎样调整首字母大写和小写以及使用省略号代替省略的部分。大多数学科论文遵循一般性规则。对于文学研究或者其他对文本需要仔细分析的学科，某些论题需要遵照更为严格的规则。如果你不确定该按照哪一套规则执行，可以查询当地的写作指南或者问问你的导师。

25.3.1 可允许的改变

25.3.1.1 拼写。如果原始文献包括一个明显的印刷错误，不必多说可以予以改正。

Original: These conclusions are not definate, but they are certainly suggestive.

原文：这些结论不确定，但是它们肯定暗示着什么。

Clayton admits that his conclusions are "not definite."

克莱顿承认他的结论"不确定"。

然而，如果这个错误解释了原文中某个重要的东西或者与你的讨论相关，那就在摘录时予以保留。在错误的后面立即插入斜体拉丁词语 sic（"so"）并放入方括号里面，以此标明原作者的错误。直接将错误讲出来而损害该文献的做法则被看作是不好的。

Original: The average American does not know how to spell and cannot use a coma properly.

原文：普通美国人不知道如何拼写和正确使用逗号。

Russell exemplifies her own argument by claiming that the average American "cannot use a coma [*sic*] properly."

拉塞尔为自己的论证举例，声称普通美国人"不能正确使用逗号 [sic]"。

当引用一个比较古老的文献时，或者某个代表方言而拼写不标准的文献时，保留这些拼写特质，不要使用 sic。如果为了表达清晰，你要将所有的拼写和标点按照现代语言处理，那要在注释中或者前言中告诉读者。

25.3.1.2 大写和标点。在大多数学科中，你可以将摘录段落的首字母的大写改为小写或者将小写改为大写，而不用说明这个改变。如果你将引文嵌入自己的句式中，引文开头就要用一个小写字母。不过，如果引文是在一个完整句子的开头就用一个大写字母，如果不是在一个完整句子的开头部分，就用小写字母。你在使用省略号的时候可以做相似的调整；见 25.3.2。

Original: As a result of these factors, the Mexican people were bound to benefit from the change.

原文：这些因素导致的结果就是，墨西哥人必然从这个改变中获益。

Fernandez claims,"the Mexican people were bound to benefit from the change."

费尔南德斯断言，“墨西哥人必然从这个改变中获益。”

Fernandez claims that the Mexican people were bound to benefit from the change.

费尔南德斯断言墨西哥人必然从这个改变中获益。

Fernandez points out that "as a result of these factors, the Mexican people were bound to benefit from the change."

费尔南德斯指出“这些因素导致的结果就是，墨西哥人必然从这个改变中获益。”

"the Mexican people," notes Fernandez, " were bound to benefit from the change."

“墨西哥人，”费尔南德斯注意到，“必然从这个改变中获益。”

你也可以省略一个终止性句号或者将句点改成逗号，这取决于你想要怎样将引文放入你的行文里。

Fernandez notes that the Mexicans were "bound to benefit from the change" as a result of the factors he discusses.

费尔南德斯注意到墨西哥人“必然从这个改变中获益”，这是他讨论的这些因素造成的结果。

"the Mexican people were bound to benefit from the change," argues Fernandez.

“墨西哥人必然从这个改变中获益。” 费尔南德斯争论道。

同样，如果原著中的该段落是以一个冒号或者分号结尾的，你可以删去它或者将它改成一个句号或者逗号，这取决于你的句子结构（见 21.12.2.1）。

在文学研究中或者其他与文本分析相关的学科，要用大写形式将改变的字母放入方括号内进行标识（文学研究中对于省略号的使用可以参看 25.3.2.3）。

"...[T]he Mexican people were bound to benefit from the change," argures Fernandez.

Fernandez points out that "[a]s a result of these factors, the Mexican people were bound to benefit from the change."

任何学科，如果你将双引号用在一个已经包含有双引号的段落上时，要将里面的双引号改为单引号以示区分（见 25.2.1.2）。

25.3.1.3 斜体。你可以将需要强调的词语用斜体表示，这些词语在原著中不是用斜体表示的，但是这个变化你必须用 italics mine（斜体是我所加）或者 emphasis added（为了强调）这样的词标明，放在摘录文字之内或者放在引文信息之内。在摘录文字之内，这个标识词要放在方括号里面紧跟在斜体词语后面。在引文信息中，将这个标识词放在页码后面。前面加上一个分号（见 16.3.5）。一般而言，在原本包含有斜体文字的原著段落中要避免再使用斜体字；如果斜体字的使用很必要，你可以将它们用标识词 italics in original（斜体为原著所有）来区别，例如 Flaubert's italics。

According to Schultz, "By the end of 2010, *every democracy* [emphasis added] will face the challenge of nuclear terrorism."[1]

根据舒尔茨所言，"到 2010 年年底，每个民主政治［强调］都要面临核恐怖主义的挑战。"[1]

Brown notes simply that the destruction of the tribes "had all happened in *less than ten years*"(271; italics mine).

布朗指出部落的毁灭只是"发生在 10 年不到的时间里"（271；斜体是我所加）。

25.3.1.4 插入语。如果你需要插入一个词，或者在摘录文字中插入更多解释、阐述或者改述的东西，那就要把插入部分放入方括号内。如果你发现自己做了很多这样插入语，那么要考虑重写，或者用更短的引文代替长的引文放入你的行文中。

As she observes,"These masters [Picasso, Braque, Matisse]rebelled against academic training."

她注意到，“这些大师[毕加索、布拉克、马蒂斯]都是反对学术训练的。”

She observes that Picasso, Braque, and Matisse “rebelled against academic training.”

她注意到毕加索，布拉克，马蒂斯都“反对学术训练。”

25.3.1.5 注释。如果你引用一个包含有上标注释号的段落但是并不要引用该注释的时候，你可以省略注释号。

25.3.2 省略

如果你在一段摘录文字中省略掉原文中的词语、短语、句子甚至段落，因为它们看上去并不相关的话，要小心，不要改变或者歪曲原文的意思。不仅必须要保留可能会改变引文整体意思的词语（比如 not、never、always），还必须保留重要的限定性描述。下例中的摘录文字就会给原著作者的原意带来歪曲（也见 4.2.3）。

Original: The change was sure to be beneficial once the immediate troubles subsided.

原文：一旦迫在眉睫的麻烦事平息下来，这个改变一定是有益的。

Yang claims,"The change was sure to be beneficial."

杨声称，“这个改变一定是有益的。”

25.3.2.1 插入省略号。为了表明省略了一个词语、短语或者句子，要使用省略号。要避免将省略号从中间断开跨行排版，可以使用文字处理软件的省略号功能，或者代之以放置不间断空格，放在居于中间的句点的前后。你也可能需要在省略号和其他跟在其后的标点符号之间使用一个不间断空格（任何一个位于省略号前面的符号，包括句点，都可以出现在上一行的末尾）。因为点表示的是省略的词语，它们总是出现在引号内或者引用区段内。

在某些情况下如何使用省略号取决于你所在的学科。大多数学科遵循一般性方法；

文学研究和其他与文本细致分析相关的领域，遵循文本研究法（见 25.3.2.3）。如果你不确定该使用什么方法，参考你当地的写作指南或者问问你的导师。有关大写的调整以及标点的省略见 25.3.1。

25.3.2.2 省略号的一般用法。你可以用下面的几种方法来缩短摘录文字。

Original: When a nation is wrong, it should say so and apologize to the wronged party. It should conduct itself according to the standards of international diplomacy. It should also take steps to change the situation.

原文：当一个国家做错了，它应该承认错误并向被错误对待的一方道歉。它应该按照国际外交标准来采取行动。它应该采取措施来改变这个局势。

如果你在句子中间省略词语，使用三个省略点，如上所述（25.3.2.1）。

"When a nation si wrong, it should ...apologize to the wronged party."

如果你在句子与句子之间省略一些内容，而省略部分前面的内容又是一个语法上完整的句子，那么在那个句子后面紧接着加上一个终止性标点符号。在终止性标点和第一个省略点之间要留有一个空格。即使省略的部分包括前面句子结尾的部分，只要剩下的内容在语法上是完整的就要遵照前述操作方法（如下面第二例所示）。

"When a nation is wrong, it should say so and apologize to the wronged party.... It should also take steps to change the situations."

"When a nation is wrong, it should say so .... It should also take steps to change the situation."

如果你在句子与句子之间省略了一些内容，而省略部分前后的内容结合起来形成一个语法上完整的句子，那么在省略号前面就不要使用终止性符号。然而为了避免歪曲原作者的意思，通常最好使用上述短的那种形式，或者使用两个分开的摘录语。

"When a nation si wrong, it should say so and ... Take steps to change the situation."

同样的原则也适用于其他类型的标点符号，这些标点符号是置于省略号之前还是之后取决于省略的词语在哪里。有些情况下，如下面第二个例子所示，要考虑使用一个更加精挑细选的摘录语。

"How hot was it?...No one could function in that climate."

“有多热？……没有人能在那样的气候下活动。”

"The merchant's stock included dry goods and sundry other terms..., all for purchase by the women of the town."

“商人的库存包括干货和其他杂物……，全部为镇上的女人们购买所用。”

或者

The merchant stocked "dry goods and sundry other items" for the town's women.

商人为镇上的女人们库存了“干货和其他杂物”。

在很多语境中，当一段引文被缩短了是很明显的，下面这些情况下你不需要使用省略号：

■ 在摘录的短语、不完整的句子或者其他来自原文的明显不是完整句子的语言片段的前面和后面；但是如果你在该片段中间省略了什么的话，要在合适的地方使用省略号：

Smith wrote that the president had been "very much impressed" by the paper that stressed "using the economic resources... of all the major powers."

史密斯写到总统对这篇强调“动用所有主要力量的……经济资源”的文章“印象十分深刻”。

■ 在一段摘录语的起始部分，即使来自原文的句子的开头部分已经被省略了（但是有关文本研究方法中的省略号使用见 25.3.2.3）。

■ 在一段摘录语的结束部分，即使来自原文的该句的结尾部分已经被省略了。

25.3.2.3　文本研究方法中的省略号使用。要省略一个转录句子的起始和结尾部分的内容，用以表达省略的省略号的使用在文本研究方法中比在一般性方法中要更加严格。如果你使用这种方法，遵循一般性方法所用原则，除非有下面所表明的情况。

Original: When a nation is wrong, it should say so and apologize to the wronged party. It should conduct itself according to the standards of international diplomacy. It should also take steps to change the situation.

原文：当一个国家做错了，它应该承认错误并向被错误对待的一方道歉。它应该按照国际外交标准来采取行动。它应该采取措施来改变这个局势。

■ 如果你省略句子之间的内容，省略部分前面的句子你要完整转录，包括原文的终止符。在那个终止符和第一个省略点之间要留出一个空格，就如同一般方法一样，如下第一个例子所示。然而，如果省略部分包括了前面句子的结尾部分（即使剩下的内容在语法上仍然是完整的句子），也要把一个空格而不是一个终止性标点放在那个句子后面。在空格后面，使用三个省略点表达省略部分，后面再跟一个空格和一个来自原文的终止性标点（如下第二例所示）。

"When a nation is wrong, it should say so and apologize to the wronged party....It should also take steps to change the situation."

但是也可以

"When a nation is wrong, it should say so .... It should also take steps to change the situation."

■ 如果你的转录文字的开始部分是一个语法上完整的部分，但是该句原文的开头被省略了，这时要用一个省略号表示该省略部分。如果第一个词在转录文字中是大写的，但是在原著中不是，那就把改变的字母放入方括号中标出这个改变（见 25.3.1）。

"...[I]t should say so and apologize to the wronged party."

■ 如果你的引文结束部分是一个语法上完整的部分，但是原文中该句的结尾部分被省略了，那要用一个空格和三个省略点来表示这个省略部分，后面再跟一个空格和来自原文的终止性标点符号，如同你处理句子之间句尾省略的情况一样。

"When a nation is wrong, it should say so...."

25.3.2.4 省略一个段落或者更多段落。下面的操作适用于一般性处理省略的方法以及文本研究方法。

如果你在一个区块引用中省略一个完整的段落或者更多的段落，要用一个句号和三个省略点来表示省略部分，放置在省略部分前面的段落结束的地方。如果引文包含省略部分后面的另一个段落，那么新的段落的第一行要缩进。如果新的段落开始于前一个段落的中间，那就在缩进之后以三个省略点开始新的段落。

Merton writes:

> A brand-new conscience was just coming into existence as an actual, operating function of a soul. My choices were just about to become responsible....
>
> ... Since no man ever can , or could, live by himself and for himself alone, the destinies of thousands of other people were bound to be affected.

莫顿写道：

> 当灵魂发挥其实际操作功能的时候，崭新的良知才开始存在。我的选择只是要成为有责任的……
>
> ……因为没有人可以，或者曾经可以，靠自己存活或者只为自己而活，几千个他人的命运一定会受到影响。

25.3.2.5 省略诗歌中的一行或者更多行。对于一般性方法和文本分析方法，要表示引用区块中完整的一行诗歌或者更多行诗歌被省略的话，要使用一行省略点，长度同上面一行的长度相当。

The key passage reads as follows:

> Weep no more, woeful shepherds, weep no more,
> For Lycidas your sorrow is not dead,
> ....

To all that wander in that perilous flood.

主要篇章如下：

不要再哭泣，悲伤的牧羊人，不要再哭泣，
利西达斯，你的悲伤没有死去，
……………………………………………………
对于所有在这危险的洪水中徘徊的人们。

26 图 表

许多研究论文使用图表来演示数据。表格是一种包括横列和纵列的网格，可以通过分类呈现数字的或者文字的论据。图形包括图纸、图解、图示、图片、地图、乐谱、绘画以及其他图像。所有这些种类的表格式的非文本的资料都统称为插图 illustrations（该术语有时与附图 figures 可以互相替换使用）或者图形 graphics。

当你的数据可以通过表格和图表来呈现的时候，你的首要任务就是选择这些形式中最有效的那个；某些种类的数据可能用表格呈现会更好，有些要用图表，其他一些要用图形。你的选择会影响读者如何对你提供的数据进行回应。这些是修辞方面的问题，在第 8 章有探讨。本章的重点放在如何构建某类你选择的表格和图表形式，尤其是表格和两种类型的附图——图表和图形。

多数的表格、图表和图形现在都由软件创建。然而，你不能依赖软件去选择最有效的样式，或者以正确的体例来生成这些项目，软件也不能确保逻辑上和样式上的一致性。在创建表格、图表和图形之前要改动一些默认设置，并且在各项内容生成之后还要做微调。

你所在系或者大学可能有特别的要求，规定了表格和图表的呈现样式。这些要求通常在硕士或博士论文管理办公室能够获取。如果你写的是课程论文，你的导师可能会要求你遵循某些特定的原则来进行文献引用。那么在准备论文之前要回顾这些要求。它们优先于本书该章所表述的指导原则。不同学科的体例指南，见参考文献。

表格和图表的创建、格式的规定以及嵌入论文的方式，这些详情可以参看 A.3.1。

26.1 一般性问题

下面的几个问题对于表格和图表的呈现是普遍性的问题。

26.1.1 在文中的位置

通常你应该将表格和图表紧跟着放在你第一次提及该图表的段落之后。然而有时，这样的放置会造成一个短的表格对整个页面的不必要的切断或者造成一个图表跳至第二页的顶部，而给前面一页的底部留下很多行的空白。为了避免上述任何一种情况的出现，你可以（a）将表格和图表放置在行文中稍远一些的地方，只要它处于第一次被提及的那一页的范围之内，或者（b）将表格和图表刚好放在第一次被提及的文字之前，只要它与提及它的行文处于同一页上（这样的调整在你的论文行文结束之后做更好）。

你可以将小的表格和图表成组地安排在一页上，只要它们彼此之间能有清晰的区分。成组放在一起的表格通常保留自己的标题（见 26.2.2）。如果成组列出的图表相互间联系紧密，就给它们一个统一的说明和各自单独的编号；不然就用单独的编号和单独的说明文字（见 26.3.2）。如何做取决于你当地的写作规则。可以代之的做法是，编成组的表格和图表另起一章节标识为插图（Illustrations），放在你论文的后面部分里；见 A.2.3.1。

如果表格和图表只是略微相关或者放在文中太大了，那就把它放在你论文后面部分的附录中（见 A.2.3）。

有关如何在论文中插入表格和图表，更多详情见 A.3.1。

26.1.2 大小规格

无论何时，只要你能够，通常要将表格和图表的大小调整到适合在一个页面上呈现，或者纵排或者方向上做调整。如果它们不合适，想办法缩短长的表头文字或者对重复的术语采用缩略语。

如果你不能将表格或图表调整到适合一个页面上呈现的大小，你有下面几种选择。

- **横向处理**。如果一个表格或者图表太宽而一页装不了，将其旋转 90 度，让左边页成为该页的底边；这种横向排版又称横向（landscape）或者侧向（broadside）排印。有横向排印的图表或者表格的这一页上不要再放入任何行文，仅放入表格标题或者图表说明。参看图 A.13 的实例（你可能需要将一个表格转换成图像文件才能使其旋转）。
- **并排**。如果一个表格比一页的长度要长但是又比半页的宽度窄的话，将其朝上对折然后将两个半张表并列放进一个表格中置于同一页面上。这两个半张表中间要有一条竖线隔开，并且两边的半张表都要有表头。
- **多页**。如果一张表格或者图表，侧向排印图表太长或者横向排印表格太宽，单张页面装不下的话，要将它拆分到两页或者更多页上。对于表格，每一页上要重复承接列和所有的表头（见 26.2）。除了最后一页，其他页的下端省略底线。
- **缩小**。如果图表是个照片或者其他影像，可以考虑缩小它。查询你当地的指导原则，看看有关分辨率、缩放比例、裁剪等的参数是什么。
- **将项目分开**。如果上述所有解决办法都不合适，那要考虑将数据分成两个或者更多表格或者图表来呈现。
- **附录**。如果表格或者图表中包含的材料不能以印刷的形式呈现，比如大的数据集或者多媒体文件，那么就将其作为附录来安排，A.2.3 中有详述。

26.1.3 文献行

在图表和表格中使用任何不是由你收集的数据，必须告知其来源文献。即使你将这些数据以新的方式呈现，例如，你基于已出版的某个表格的原始数据创设了一个曲线图，或者将新的数据加入到来自另一个文献的表格中，或者通过综合分析将多个来源的数据整合。

要将对资料来源的说明作为表格的脚注对待（见 26.2.7）或者作为一个图表的说明文字的一部分处理（见 26.3.2）。对于表格，文献行要用 Source（s）这样的词引导（大写，斜体，后面跟一个冒号）。如果文献行排版超出一行的长度，那么超出的部分要左对齐，单倍行距。文献行用句号结束。

如果你的引文遵照的是参考文献格式的体例，那么文献信息要在完整的注解中引用（见第 16 章），包括你获取数据的原始表格或者图表的编号或者所在页码。除非你这些文献信息在论文的别的地方已经引用了，你就可以不必在参考文献目录中再将其包括进去了。

Source: Data from David Halle, *Inside Culture: Art and Class in the American Home* (Chicago: University of Chicago Press, 1993), table 2.

Sources: Data from Richard H. Adams Jr., "Remittances, Investment , and Rural Asset Accumulation in Pakistan," *Economic Development and Cultural Change* 47, no.1 (1998): 155-73; David Bevan, Paul Collier, and Jan Gunning, *Peasants and Government: An economic analysis* (Oxford: Clarendon Press, 1989), 125-128.

如果你遵循的是作者－年格式，那么要在文中夹注里列出文献信息（减去圆括号），并要把完整的参考文献信息放进参考书目列表（见第 18 章）。

Source: Data from Halle 1993, table 2.

Sources: data from Adams 1998, 155-173; Bevan, Collier, and Gunning 1989, 125-128.

如果你以任何方式对原著中呈现的资料进行了调整，要在文献行加上短语 adapted

from（改编自），如表 26.1 和表 26.3 所示。

对于照片、地图以及其他不是你自己创设的图形，要在文献行告知原创者。

Map by Gerald F. Pyle.　　Photograph by James L. Ballard.

如果你的论文要提交给一个外部的论文资源库。你可能需要获得版权所有人的正式授权才能对受版权保护的图表进行再加工。见《芝加哥格式手册》第 16 版（2010）第 4 章。如果你需要将这样的授权加到来源附语里，可参看 CMOS 3.28-3.36（图表）以及 3.74（表格）。

26.2 表格

在许多情况下，你可以选择将数据用表格呈现。第 8 章阐述了表格使用的标准以及一般性设计原则。本章涵盖了你在准备表格方面会遇到的大多数问题。这里讨论的各原则，表 26.1-26.3 给出了相应的实例。

表格在内容的复杂程度上有很大的差别，因此在结构上，既要在表格内部有一致性，也要在表格间保持一致性，这一点在确保读者能够理解你的资料上是很重要的。

用阿拉伯数字表示表格内的数字信息，除非另有说明。为了节省空间，你可以使用缩略语和符号，这比在正文中要有更大的自由度，但是要少量使用并且要有一致性。如果没有标准的缩略语，可以自创一个但要在表格的脚注中给出解释（见 26.2.7），如果自创缩略语太多，可以在论文里的前言部分列出一个缩略语列表（见 A.2.1）。

表 26.1　全区范围内所选教会，波士顿

教会	宗教传统	出席人数	种族 / 血统	阶级
上帝教会	五旬节派	100	加勒比，混血	中产
圣灵教堂	五旬节派	10	南部黑人	劳动阶层
坚信浸信会	浸信会	70	南部黑人	中产
精神家园	五旬节派	50	海地人	劳动阶层
尼波山使徒	基督使徒	30	南部黑人	劳动阶层 / 中产

来源：数据来自 Omar M. McRoberts, Streets of Glory: Church and Community in a Black Urban Neighbourhood (Chicago: University of Chicago Press, 2003), 53.

表 26.2　Gotefrith 省选举结果，1950–1960

	1950		1956		1960	
党派	% 投票率	获得席位	% 投票率	获得席位	% 投票率	获得席位
省议会						
保守党	35.5	47	26.0	37	30.9	52
社会党	12.4	18	27.1	44	24.8	39
基督教民主党	49.2	85	41.2	68	39.2	59
其他	2.9	0	5.7	1[a]	5.1	0
总数	100.0	150	100.0	150	100.0	150
国民议会						
保守党	32.6	4	23.8	3	28.3	3
社会党	13.5	1	27.3	3	24.1	2
基督教民主党	52.1	7	42.8	6	46.4	8
其他	1.8	0	6.1	0	1.2	0
总数	100.0	12	100.0	12	100.0	13[b]

来源：数据来自 Erehwom 1950,1956,1960。

[a] 这个席位由激进社会党获得，后来成为保守党联盟的一员。

[b] 1960 年重新分配给 Gotefrith 增加了一个国民议会席位。

表 26.3　达到劳动年龄纽约人失业率，2000

劳动人口中的比例 %

失业率	女性	男性	男女两性
所有劳动人口	6.1	5.4	…
受教育（年龄 25–64）			
高中以下	11.9	5.8	…
高中	5.4	5.8	…
大专	4.2	4.5	…
本科或以上	2.6	2.3	…
年龄			
16–19	…	…	19.3
20–34	…	…	6.5
35–54	…	…	4.7
55–64	…	…	2.9

来源：数据整理自 Mark Levitan，“It did Happen Here” The Rise in Working Poverty in

New York City," in New York and Los Angeles: Politics, Society, and Culture —— A Comparative View, ed. David Halle (Chicago: University of Chicago Press, 2003), table 8.2.

注："劳动年龄"定义为 16 到 64 岁。受教育水平在 25 岁以下的在人口调查数据中没有追踪。

26.2.1 表格结构

一份表格所包含的元素与图表中的水平轴和纵向轴是类似的。沿着最顶端的水平轴上要有列标题（column heads），沿着左边的纵轴上要有行标题（stub column）。

表格中这种行和列的网状结构通常与两组变量相关，称作自变量和因变量。自变量通常定义在左边，在行标题里。因变量通常在列标题里定义。如果你将同样的变量放进论文中的两个或者更多的表格中，要保持一致性：它们在每个表格中要放在同一位置，在列标题里或者在行标题里。

至于数据，可以是文字的、数字的或者可以两者兼有（见表 26.1），填入相应标题栏里。

26.2.2 表格编号和标题

一般而言，每一个表格都应该有一个编号和标题。将这些内容左对齐放在表格上面的一行里，使用 Table 表示（大写，罗马字体），后面跟着表格编号（阿拉伯数字），再后面跟着一个句号。空一格，然后给出标题，不要终止符号。用句子格式大写标题（见 22.3.1）。如果标题超过一行，一行排版多出来的部分左对齐单倍行距。

Table 13.　Yen-dollar ratios in Japanese exports, 1995-2005

在正文中可以清晰导出的简单的表，例如只有两个纵列的简单表，不需要编号和标题。

Chicago's population grew exponentially in its first century:

1840	4,470
1870	298,977
1900	1,698,575
1930	3,376,438

26.2.2.1 表格编号。表格的编号与图表的编号是分开的，按照你在正文中提及它们的顺序。如果你只有几个表格，就贯穿整篇论文按顺序连续编号，即使跨越章节。如果你的表格很多，章节也很多，要使用双编号：也就是说，章节号后面跟一个句点再跟表格号，如表 12.4 所示。

当你提到文中的一个表格时，要特别指出表的号码在表 3 中（in table 3）而不是指出表的所在位置见下表（below），因为你在编辑论文或者为论文修订格式的时候该表的位置可能会移动。不要在正文中提到表格时将 table 这个词大写。

26.2.2.2 表格标题。表格的标题要简短，但是又要有足够描述从而能够指明数据的特殊属性以及能够将表格一一区分。如何拟出好的标题，可参看 8.3.1 的讨论。表格标题可以用比正文更小的字体呈现。

26.2.3 分隔线

分隔线可以将不同类型的数据资料与正文区分开，但是太多的分隔线会造成令人困惑的图像，所以要少量使用并且使用要有一致性（见 8.3.2）。

■ 插入全宽度水平分隔线来分开标题和列标题（见 26.2.4），分开列标题和表格主体部分，以及将表格主体与脚注分开。总数计这一行上面的分隔线通常是有的，但是不是必需的（见表 26.2）。未编号的表格嵌入正文中，通常不用分隔线，只要列标题能够在印刷时区分开。

■ 如果你使用由特殊类型标题支配的纵列，你需要用次宽度的水平分隔线来将其与纵列标题区分开（见 26.2.4，表 26.2）。

■ 数据单元之间要留有足够的空间以防需要增加分隔线。不要使用垂直分隔线将表格放进一个框里面。但是你需要将又长又窄的表格上下对折（见 26.1.2），使用垂直分隔线来分开这两半表格。

■ 采用阴影和色彩来表达意义的时候要谨慎（见 8.3.2）。即使使用彩色打印机打印论文或者你提交的是 PDF 文档，它也可能在以后重印的时候或者影印的时候使用黑白打印机，并且如果是博士论文，它可能需要微缩处理。阴影和色彩在上述任何一种形式中都不能很好再现。如果你使用阴影，要确保它不会掩盖表格中的文本，不要使用多重阴影，因为可能没有办法清晰呈现。

26.2.4 列的标题

一个表格至少要有两列，首列是标题，放在表的顶端为该列下面的数据命名。

■ 可能的话，列标题要用名词短语，保持简短（或者将其设置为隐藏，如表 26.1 所示），从而避免产生一个特别宽的表格。

■ 用句子格式大写列标题（见 22.3.1）。

■ 将行标题左对齐排成一列（见 26.2.5）；将纵列标题以下面该列中最宽的一项为标准居中排列。所有标题的底部水平对齐。

除了列标题，你可能还要加上特殊类型的标题。这样的标题可能应用于两列数据或者更多列数据。将这个标题放在相关列的居中位置，在其下面使用次宽度分隔线（并且，如果必要，在它上面也要用）。表 26.2 显示了列标题上面的标题（“1950”）以及下面的标题（“Provincial Assembly”）。

标题可以用解释性标签来阐述或者标明列里数据的度量单位。

这些标签要放在圆括号里。你可以使用缩略语或者符号来表示（mpg，km，lb.，%，$M 等），但是这些要在该表格内和各表格间保持一致。

Responses (%)　　Pesos(millions)

26.2.5 行的标题

表格的最左边叫作行标题，列出每一行中数据的种类。

■ 只要可能就要给行加上标题，即使它是通用标题（“Typical Characteristic”[典型特征]或者“Variable”[变量]）。只有当标题与表格的标题相重复的时候或者当行标题的范畴太宽泛而无法给出一个单一的标题的时候才可以省略标题。

■ 只要可能，行标题要使用名词或者名词短语，并且要让它们形式上一致：“书”、“期刊”、“手稿”，但不要是“书”、“期刊上发表的文章”、“手稿”。表格中同样的项目要使用同样的词语（例如，如果你在一个表格中使用 Former USSR，那在另一个表格中就不要使用 Former Soviet Union）。

■ 所有行标题都用句子格式大写（见 22.3.1），不要句号。

■ 将行标题和列项设置为左对齐，任何超出一行排版的部分都缩进排版（如表格 26.1）。

■ 为了显示纵列的总数值，要加上一个缩进的标题项 Total（总数），见表 26.2。

如果行标题包含主条目和次一级条目（见 26.3），要通过缩进、斜体或者两种方式都采用来给予区分。遵循上述有关主条目的相同原则来大写以及做其他格式设定。

26.2.6 表格主体

表格主体包括包含有数据的单元，这些数据可以是文字、数字或者两者兼有（见表格 26.1）。

如果数据是数字的且所有列中的数值或者整个表中的数值都是以千或者百万为单位的，省略最右边的那些零并且要在相关的列标题中（见 26.2.4）、表格标题中（见 26.2.2）或者脚注中（见 26.2.7）用一个解释性标签标出这个计数单位。空白的单元要用三个中间有空格的句点（省略号点）来表示，并且要像表 26.3 中那样居中放置。

26.2.6.1 水平对齐。列标题的每一行里的数据要在该行内对齐。

■ 如果某列标题太长要排至两行或者三行，但是相关的数据却不用，那就将该行数据与该列标题的底线对齐。

■ 如果某列标题和数据都要排至两到三行，那就以标题的第一行为标准对齐。

■ 如果有必要，插入前导字符（一行句点）来引导读者的视线从第一栏的标题移到数据（类似语境下的前导符号的实例可参看图 A.5）。

26.2.6.2 垂直对齐。将一纵列数据按照真实的或者隐含的小数点竖向对齐，以便读者可以比较该列里的数值。如果该列所有的数值都有一个零在小数点前面，你可以省略这些零（见图 A.13）。

美元符号、百分比符号、度数等都要对齐。但是如果它们在该列的每个单元里都出现的话，将它们从单元中删去，在该列标题中将单位以标签的形式给出（见 26.2.4，表格 26.2 和图 A.13）。

如果数据包含文字，将每一列在列标题下居中安置，如果有任何一项是超出一行长度的，将每一列左对齐（见表格 26.1）。

26.2.7 脚注

如果一个表格有脚注，将它们脚注左对齐，单倍行距。在表格底线和第一个脚注之间留出一行空白行。脚注可以通过比正文更小的字体呈现；这可以参考你当地的写作指南。

表格的脚注有四种：（1）文献行（26.1.3 有讨论）；（2）一般性的适用于所有表格的脚注；（3）针对表格特别部分的脚注；（4）有统计学意义的注释。如果你的注释超过一种，将它们按照上述顺序排序。

26.2.7.1 一般性注释。一般性注释适用于整个表格。它们定义缩略语，拓展表格标题，详细说明数据如何收集或者如何得出，标明舍入值等。将所有这些说明放进一个注释内。不要在表格中的任何地方或者在表格标题中加入注释编号（或者其他符号）或者直接加入注释。注释可以由一个词语“Note”来引导（大写、斜体，后面跟冒号）。也可参见表格 26.3。

Note: Since not all data were available, there is disparity in the totals.

26.2.7.2 特殊注释。 表格中对特殊项给予解释的注释可以附着在除了表格编号和标题之外的任何部分。不要用“Note”这个词引导这类注释，但是要用同样的上标字母来引导，后面不要加句点和冒号。

[a] Total excludes trade and labor employees.

如果你在一个表格中加入了超过一个这样的注释（如表格 26.2 所示），使用按顺序的字母，从表格的左上角开始，从左至右再从上至下，一行一行来。如果一个注释适用于两个或者更多的表格中的项目，每个项目都用同样的字母；如果它适用于该行或者该列的所有项目，将字母放在相关列的列标题里或者放在相关的行表头里。

26.2.7.3 有统计学意义的注释。如果你的注释里包含有关数据的统计学意义的注释（也称为概率注释），如果显著性水平是标准的，就用星号在表内和注释本身做标识。使用一个星号标识最低概率水平，两个星号标识更高一点，三个星号表示再高一点。然而如果你注意到显著性水平不是标准的，那就使用上标字母。因为这些脚注都比较短，有一个共同的目的，你可以将其组合排在同一行，空格，不要插入标点。字母 p（代表概率，后面不带句点）应该用小写字体并用斜体。在小数点前面省略零（见 23.1.3）。

$^{*}p<.05$　$^{**}p<.01$　$^{***}p<.001$

26.3 图

图表包括图纸、图解、图示、图片、地图、乐谱以及绘画。大多数这样的材料现在可以以电子方式备好并插入论文中。这些技术细节与专门的软件相关，并且太复杂无法在本书中给予探讨，但是一些一般性的指导原则在 A.3.1 中给予了介绍。

本节阐述两种根据数据创建的图表的呈现原则：图表和图形。它也对各种图表的说明进行了讨论。

视频、动画或者其他多媒体文件，不能在印刷品形式中呈现，这些资料的呈现方式在附录中有论述（见 A.2.3）。

26.3.1 图表和图形

很多情况下你可以选择用图表或者图形的形式来呈现数据。第 8 章展示了这些图形形式的标准以及它们的一般设计原则。它也为不同种类的图形提供了实例。创设图表和图形的详细指导原则可以参阅一本可靠的权威的参考书。

论文中的每一份图表和图形都应该采用最能够清晰表达数据并支持论点的形式，采用以下面任何一种类型的图表或者图形的时候，记住下列原则：

- 同一种类的成分，如轴线、线条、数据点、条形、楔形等，要以同样的方式呈现。用视觉效果上的差别来进行区分，但不要用来分类。
- 所有数字数据使用阿拉伯数字。
- 所有轴线的标签要使用句子格式大写。标签要简短，遵循好的表格标题的操作方式（见 8.3.1）。图形的说明（见 26.3.2）用来解释数据中不能被标签捕捉到的任何方面的内容。为了节省空间，你可以使用缩略语或者符号，这比在正文中更加自由，但是只能偶尔使用并且要有一致性。如果没有标准的缩略语可用，可以自创缩略语并且在图表的说明中予以解释，或者如果缩略语很多，就在论文的前言部分列出一个缩略语表。(见 A.2.1)。

■ 线条、数据点以及表格或图形内其他需要解释的成分也要使用标签，全部用小写字母形式（针对单个词语）或者使用句子格式大写（针对短语）。如果短语和单个的词语都出现了，它们应该用相同的格式（见图 8.3）。上述有关轴线标签的其他原则也适用于这类标签。

■ 使用阴影和色彩来表达意思要谨慎（见 8.3.2）。即使你在彩色打印机上打印论文或者提交 PDF 文档，你的论文也有可能在以后被黑白打印或者复印，而且如果是博士论文，它也许需要进行微缩处理。阴影和色彩不能在这些形式中很好再现。如果你要使用阴影，确保它不会遮盖图表中的文本，不要使用多种阴影，这可能无法清晰再现。

26.3.2 图形编号和说明文字

一般而言，论文中每一个图表都应该有一个号码和一个说明。如果你的论文中只有几个图表，并且在正文中没有特别提到它们，那么可以省略编号。图表说明可以使用比其余文本更小一些的字体呈现，这可以查询你当地的写作指南。

在图表下面的一行里写上 Figure（图）这个词（左对齐，大写，罗马字体），后面跟图表编号，如果说明文字太长超出一行，多出来的部分左对齐，单倍行距。

Figure 6. The Great Mosque of Cordoba, eighth to tenth century.
图 6 科尔多瓦的大清真寺，8-10 世纪。

只有在音乐曲谱的例子里，图的编号和说明要放在图的上面。

26.3.3.1 图的编号。图表与表格分开编号，顺序按照你在论文中提到它们的顺序。如果你的图表只有几个，将它们按照文中先后跨越各章节的顺序依次编号。如果有很多图表并且章节也很多，就使用双编号：也就是说，章节号加句点加图编号，如图 12.4 所示。

当你提到论文中的某个图表的时候，特别标出其图编号（“在图 3 中”）而不是指出其位置（“在下面的图中”），因为当你编辑论文或者为论文确定格式的时候图表的位置可能会有移动。在行文中提到图（Figure）这个词时不要大写，也不要缩写成 fig.，除非在文中夹注中，例如，“（see fig. 10）”。

26.3.3.2 图表说明。图表说明比表格标题要有更多变化。某些情况下，说明文字只是一个名词短语，用句子格式大写（见 22.3.1），不要句点。

Figure 9. Mary Mcleod Bethune, leader of the Black Cabinet

图 9 玛丽 · 麦克劳德 · 白求恩，黑人内阁领袖

更复杂的说明由一个名词词组开头后面跟着一个或者更多完整的句子。这样的说明通常用句子格式大写，有句号，即使在开头的那个不完整的句子后面也要加句号。如果你的说明混合了两种类型，你可以在这其中的第一种类型之后也加句号以示一致。

Figure 16. Benito Juárez. Mexico's great president, a contemporary and friend of Abraham Lincoln, represents the hard-fought triumph of Mexican liberalism at midcentury. Courtesy of Bancroft Library, University of California at Berkeley.

图 16 贝尼托 · 华雷斯。墨西哥伟大总统，与亚伯拉罕 · 林肯同时代且是其好友，在本世纪中叶代表墨西哥自由主义取得来之不易的胜利。经由加州大学伯克利分校班克罗夫特图书馆提供。

当一个图表有文献行的时候，将文献行放在说明的最后，遵循 26.1.3 中的指导原则。

Figure 2.7. The Lao Valley, site of the final battle. Photograph by Anastasia Nowag.

图 2.7 老挝山谷，最后的战斗遗址。阿纳斯塔西亚诺瓦戈摄影。

Figure 11.3. US population growth, 1900-1999. Data from US Census Bureau, "Historical National Population Estimates," accessed August 9, 2011, http://www.census.gov/popest/archives/1990s/popclockest.txt.

图 11.3 美国人口增长，1900-1999. 数据来自美国人口普查局，“历史上全国人口统计，”访问时间 2011 年 8 月 9 日，http://www.census.gov/popest/archives/1990s/popclockest.txt。

有时一个说明要附在一个包含有几个部分的图表上。在说明中，各部分要用下面这些术语进行标识，例如 top、bottom、above、left to right，以及 clockwise from left 用斜体，以区分说明文字本身，或者用小写斜体。

Figure 6. *Above left*, William Livingston; *right*, Henry Brockholst Livingston; *below left,* John Jay; *right*, Sarah Livingston Jay.
图 6 左上，威廉 · 利文斯顿；右，亨利 · 李文斯顿；左下，约翰 · 杰伊；右，莎拉 · 利文斯顿 · 杰伊。

Figure 15. Four types of Hawaiian fishhooks: *a*, barbed hook of tortoise shell; *b*, trolling hook with pearl shell lure and point of human bone; *c*, octopus lure with cowrie shell, stone sinker, and large bone hook; *d*, barbed hook of human thigh bone.
图 15 四种类型的夏威夷鱼钩：a. 龟甲制刺钩；b. 人骨为钩、珍珠贝为饵的旋转钩；c, 子安贝章鱼肉为饵、石制沉坠的大骨钩；d. 人股骨制刺钩。

如果图表的说明不能与图放在同一页上，将它放在最靠近的前一页上（见 A.3.1.4），位置要用斜体标出，放在图表的编号和说明之前。

Next page: Figure 19. A toddler using a fourth-generation iPhone. Refinements in touch-screen technology helped Apple and other corporations broaden the target market for their products.
下一页：图 19 一个蹒跚学步的孩子使用第四代 iPhone。触摸屏技术的改善帮助苹果和其他公司扩大产品的目标市场。

附 录

论文格式及论文提交

一般格式要求

特定部分的格式要求

文档准备和提交要求

你在写学位论文或者课程论文的时候，必须要遵循格式要求。学位论文的要求是由你所在的系或者大学的论文管理办公室所制定；而课程论文的格式要求是由你的导师来制定。你也必须遵循论文提交的特定程序，不论是提交电子版还是印刷版。如果你的文章要提交给一个电子数据库，类似于美国 ProQuest 公司所维护的硕士、博士论文库或者由你所在大学来维护的数据库，那么就可能需要采用另外的格式指南。

你在写学位论文时要特别注意这些格式要求。你能否很好地遵循所属学科的学术规范将会受到评判。而且，许多格式和提交的规范是旨在令所保存的副本，不论是装订的或者电子版的，都能给未来的读者提供最大的可访问性。

这里介绍的格式指南是学位论文在格式和提交上获得广泛认同的规范，但多数大学院校都有自己的规范要求，这些规范通常可以在学位论文管理办公室查询得到。你在提交学位论文之前要重温一下你所在院系的现行规范。这些规范要优先于本文阐述的规范。

一般而言，课程论文的格式要求相比学位论文而言没有那么多也没有那么严格，这类论文通常只有较少的部分，而且由于它们不太需要打印出来或者做电子版保存，也就较少有提交方面的要求。即便如此，你也需要遵循你的导师或者系里给出的规则，并且这些规则是优先于本书所给出的建议的。

本附录假定你使用电脑完成论文写作并将提交电子版文档，或者打印版文档，再或两者都提交作相关讨论。尽管文字处理软件各有不同，大多数软件是可以按照本附录中的规则要求来设定页边距、添加页码、放置脚注并编号、插入表格图形的。如果你遵照的是导师或者你所在机构设定的特定规范，那就要确保你对照这些规范仔细检查了论文的格式后才能提交；如果你提交的是一个电子文本和一个打印文本，那就要重新浏览这两者的格式要求。

A.1 一般格式要求

本章节讨论的是一般性格式问题，适用于将论文作为整体来看。针对特定部分的探讨以及它们各自的格式要求，参见 A.2。你的导师、院系提供的格式指南可能会不同于此处的建议。如果是这样，他们的格式要求优先于本书。

A.1.1 页边空白

在美国，几乎所有的论文都是使用标准的 8½×11 英寸的纸张印刷。在每页的四边都要留出至少 1 英寸的空白。装订有封面的学位论文，则需要在左边留出更大的空白，通常是 1½ 英寸。

确保任何放入页眉页脚的信息，包括页码和其他标识（见 A.1.4），一定是放置在你当地指南所规定的页边空白里。

A.1.2 字型

选择一个单一的、可读性好且比较普及的字型（也称作字体），例如 Times New Roman，Courier 或者 Helvetica。如果你使用的字型不太常用，你可能需要将该字体嵌入电子文档。避免使用装饰性字体，它会扰乱读者并且让你的作品不够严肃（特定字型的特征参见罗伯特·布林霍斯特 Robert Bringhurst 所著《排版风格之各元素》（*The Elements of Typographic Style*，Point Roberts，WA：Hartley and Marks，2004）。一般而言，正文主体部分至少要使用 10 级字型，推荐 12 级字型。脚注或者尾注、标题以及其他部分可能会有另外的字型大小要求。要参阅你当地的写作指南。

A.1.3 间隔及缩排

论文中所有正文都要双倍行距，除了下面这些部分要单倍行距：

- 区块引用（见 25.2.2）
- 表格标题和图片说明
- 附录中的列表

下面各项在项内要单倍行距，项与项之间要有一行空行：

- 前页的某些内容（见 A.2.1），包括目录以及图片表格列表或者缩略语列表
- 脚注或者尾注
- 参考书目或者参考文献

有些大学院系允许或者要求正文单倍行距或者一倍半行距，参看你当地指南。

一个句子的句号后面空一格而不是空两格。段落缩进或者其他要求一致排列的内容要使用跳格设定或者缩进设定而不要使用空格。区块引用有自己的缩进规则，取决于它们是散文还是诗歌（见 25.2.2）。

A.1.4 页码

A.1.4.1 编号。如果你的前页部分只是一个标题页，不要将该页设置页码。论文的主体

部分和附属部分要使用阿拉伯数字作为页码，正文的第 1 页是起始页（如果标题页算进去就从第 2 页开始起算）。

如果你在写学位论文，前页部分和论文其他部分要分开编号（许多文字处理软件有这些功能，例如分节符可以完成好这个任务）。

- 前页包括标题页和其他多个部分（见 A.2.1）。将这些页连续地用小写罗马数字编号（例如 i，ii，iii，见表格 23.1）。除了提交页，前页的每一页都要算在编号内，但不是所有这些页面都有数字出现在上面。各大学及院系通常为前页的编号提供了特定的指南；如果你的院系没有这方面建议，就请参照本附录中的指南。
- 正文其他部分，包括补充材料（见 A.2.3），要连续地用阿拉伯数字编号（通常从第 1 页开始）。

如果你的学位论文很长，那么就会需要一个封面，你所在院系可能要将它装订到多卷的论文册中。你所在当地的指南应该有指明每一卷最大可容页码数以及多卷论文编制页码的特定要求。

A.1.4.2 页码位置。页码通常放在下面这四个位置之一：页脚（一页的最下面）居中或者右对齐，页眉（一页的最上端）居中或者右对齐。课程论文的话，就选择这几个安置方式之一，然后前后保持一致。

按照惯例，学位论文的页码要根据论文的不同部分放置在不同的地方（如本附录中的例子所示）。

- 在页脚：所有前页；正文以及补充材料中所有带标题的页，比如一章的第一页或者一个附录的第一页。
- 在页眉：所有正文和补充材料中的其他部分的页码。

许多院系现在消除了这些差别并要求学位论文的页码安置要前后贯穿统一。有些院系指南特别规定了位置，而其他院系允许你选择。不论放在哪个位置，页码数字都要与该页边沿保持半英寸距离。请参看你当地的指南。

A.1.4.3 其他标识符。某些情况下你会被允许或被鼓励将其他标识信息放在页眉或页脚的页码旁边。对于课程论文，你的导师可能会要求你把自己的姓、论文日期，或者一个名称比如 “初稿” 包括在页码上。对于更长的论文，章节的标题帮助读者追踪在文中的位置。那么学位论文的页眉和页脚的要求会不同，所以要参看你当地的指南。

A.1.5 标题

你的论文可能会包含很多个部分，如 A.2 中所列出的一样，这取决于你的论文的复杂程度，它们大多数都有自己的标题。

对于标题这类的内容，要使用相同的字型，相同字体大小以及相同的格式（比如黑体、斜体等）。一般来说，除非你当地的指南有建议，标题通常使用黑体。更惯常的做法是全部大写，但是这会产生不想要的后果，模糊了标题中个别单词的大写状况。

在标题页，要将每一项内容居中排列，并使用标题格式大写，包括你的论文标题（你当地的指南可能要求你使用句子格式大写你的论文标题，这两种格式请参看 22.3.1）。

前页和补充材料的标题也通常居中，同样居中排列的还有章节编号名称以及章节标题。对于章节标题，要使用标题格式大写，除非你当地的指南特别规定使用句子格式。

所有这些部分都要比你正文的文字字体大一些。参看你的当地指南。章节内的小标题参看 A.2.2.4。

如果你的当地指南是灵活可变通的，你就可以按照这里所描述的不同类型的标题使用不同的排版和格式，只要你保持前后一致。更大一些的分区标题（部、章）应该要比小标题在视觉上更醒目。一般而言，标题字体大一些或者居中放置（或者两者都有）会更醒目，使用黑体或者斜体，或者使用大写标题格式会比常规字体左对齐或者大写句子格式要更醒目。

最有效率的确保标题格式一致的办法就是使用文字处理软件为每一类标题定义，并采用一个唯一的格式（规定字型、字体大小、位置、行距等）。参看 A.3.1.2。

A.2 特定部分的格式要求

除了列在 A.1 中的一般性要求之外，一篇论文的具体部分还有明确的格式要求。本节描述的要素通常出现在课程论文、学位论文中，本节还给出了这些部分的实例。除了图片 A.1 和 A.8，所有这些例子都是节选自芝加哥大学的学位论文。根据需要，这些节选的页面被重新编辑以配合本手册对样式及格式的建议。如果你的导师和所在院系给出了具体的、不同于此处图例的指南，那么这些指南要优先考虑。

大多数长篇幅论文和学位论文都有三个主要的部分：（1）前页；（2）论文正文；（3）补充材料。前页和补充材料通常也被分成不同的部分，这由你的论文来决定。

在课程论文中，前页有可能只是一页标题页，补充材料只是一个参考书目或者参考文献。

A.2.1 前页

学位论文的前页可以包括下面所有或一部分内容。各大学及院系通常提供具体的指南来规定这些内容的顺序；如果你所在大学及院系没有这些规定，请参看这里提供的顺序。

A.2.1.1 提交页。多数学位论文都包含提交页，通常是文本的第一页。如果它出现在第一页的位置，通常不带页码也不算在前页的页码范围之内。

提交页上要声明该提交论文已部分满足硕士或者博士论文的要求（措辞可以不同），它要留出地方给审核委员会成员签名。多数大学院系会提供提交页模板，需要严格遵守其规定的措辞和格式。电子版提交页上面的签名部分则需要省略掉。

A.2.1.2 标题页。课程论文通常从标题页开始（但是有些课程论文把标题放在正文的第一页上；要咨询导师）。将标题放置在页面从上往下三分之一处，通常要居中（见 A.1.5）。如果论文有一个主标题和一个副标题，要把主标题单列一行，后面跟冒号，副标题要另起一行并与主标题隔开一个空行。标题下面几行之后，将你的名字和导师所要求的其他信息添加上，比如课程名称（包括所属系和课程编号）以及日期。表格 A.1 展示了课程论文的标题页的一个实例。对于大多数这样的论文，这就是前页所要求的唯一内容。

对于学位论文，大多数大学及院系提供了标题页的模板，需要严格遵循其规定的措辞和格式。如果没有模板，就将表格 A.2 当作模板。将标题页算作第 i 页，但是不要将

From the Cave to the Cloud:

The Enduring Influence of Plato's *Republic*

Tania Fenderblass

History 201: Digital Perspectives on Ancient Texts

April 1, 2013

图示 A.1. Title page for a class paper

The University of Chicago

Adam Smith and the Circles of Sympathy

A Dissertation Submitted to

the Faculty of the Division of the Social Sciences

in Candidacy for the Degree of

Doctor of Philosophy

Department of Political Science

by

Fonna Forman-Barzilai

Chicago, Illinois

December 2001

图示 A.2. Title page for a dissertation. Reprinted with permission from Fonna Forman-Barzilai, "Adam Smith and the Circles of Sympathy" (PhD diss., University of Chicago, 2001).

该编号放置在页面上。

如果你的学位论文要提交纸质版文档并且装订文件是超过一卷的（见 A.1.4.1），你可能需要给每一卷安排一个额外的标题页。查询当地指南。

A.2.1.3 版权页。

在学位论文中，要在标题页后面插入一页版权页。将该页编号为第 ii 页，但是不要将页码显示在该页面上，除非你当地指南有此要求。靠近该页下端的地方将版权记录包括进来，通常左对齐，按照下面的格式：

Copyright ©20XX by Your Name （版权 ©20×× 你的名字）

All rights reserved （版权所有）

你不需要申请正式的版权。然而万一有侵害发生，正式注册会提供额外的保护。更多信息参看《芝加哥格式手册》第四章（2010 年第 16 版）。

A.2.1.4 献辞。如果你所在大学及院系允许致献辞，你可以加上一个简短的致辞答谢某位对你非常重要的人。将献辞页算在前页的页码范围内，但是页码数不要出现在上边，除非你当地指南有特别要求。将献辞放在该页从上往下三分之一处，通常居中，罗马字体，不要句号。你不需要加上“敬献”（dedication）或者“献给”（dedicated）的字样；只要简单写上：

To Grace Lenore

致格蕾丝·丽诺尔

你还可以明确作品所献之人的身份，如“致我的父亲，塞巴斯蒂安·威尔斯”（To my father, Sebastian Wells），也可以给出诸如出生去世日期这样的信息。

A.2.1.5 引语。如果你所在大学及院系允许使用引语，你可以在献辞之外增加一个简短的引语。引语就是一段可以呈现论文主题的引文。当一段引文的文字能够明显而独特地呈现你的作品的内在精髓的时候，它就是最合适的引语。将引语页包括在前页的页码范围之内，但是具体页码不要呈现在页面上，除非你当地的写作指南有规定。引语页上也不要出现引语（epigraph）的字样。

将引语放置在该页从上往下三分之一处，居中或者将其作为一个段落引用来处理（见 25.2.2）。不要将引语放置在引号里。引语的来源要另起一行，右对齐并且前面要有一个长破折号（见 21.7.2）。引语中通常只要有作者的名字就足够了，但是你也可以将作品的标题加进来（见 22.3.2），并且，如果看上去是有关联的，还要加上引文的日期。

因此更伟大的事物通过他之手产生于微小的开端……就像一个小小的烛火能够点燃上千的烛光，而这里燃起的小小火光已经照亮了很多人，是的，某种程度上说照亮了我们整个民族。

——威廉·布拉德福德

一些人认为女性是现代主义的起因，不论现代主义究竟是什么。

——《纽约太阳报》1917 年 2 月 13 日

引语也可以出现在一个章节的开头，见 25.2.2.3 以及图示 A.9。

A.2.1.6 目录。所有区分成章节的论文都需要一个目录。将目录部分的所有页码用罗马数字编号。第一页的上端用目录（contents）字样标注。如果目录超过一页，这个标题就不要重复出现了。在标题和目录第一项内容之间留出两行空行。目录每一项内容之间要单倍行距。前页和补充材料以及各章之间，或者各部或各卷（如果有的话）之间，要空两行。

目录不需要列出它前面部分的页码（提交页、标题页、版权页或空白页、致辞页、引语页），或者说目录本身就应该从列在其后的前页开始。跟随这些部分，依次列出各部、各章或者其他的文本单元，再之后是补充材料部分。如果文中有小标题（见 A.2.2.4），你不需要将它们列入目录。不将它们列出来，就只需要第一级标题，除非多层级的标题足够明确，能够给读者一个准确的对论文全貌的概观。要确保所有标题和小标题的行文、

Contents

iii

图示 A.3. Table of contents. Reprinted with permission from Fonna Forman-Barzilai, "Adam Smith and the Circles of Sympathy" (PhD diss., University of Chicago, 2001).

v

图示 A.4. Second page of a complex table of contents. Reprinted with permission from Dana Jean Simmons, "Minimal Frenchmen: Science and Standards of Living, 1840-1960" (PhD diss., University of Chicago, 2004).

大写、数字格式（阿拉伯、罗马或者拼写数字），以及标点符号（见 A.1.5）都要与论文正文的一模一样。如果你使用自己的文字处理软件自动生成目录的话，要检查一下。

只给出每一部分第一页的页码（不用给出整个页码范围），使用小写罗马数字或者阿拉伯数字，和它们在正文中出现的形式一样。将页码右对齐，并且如果你愿意的话，可以使用一列句点或者点（又称作前导字符，一个可以由大多数文字处理软件的选项卡设置的功能）来引导读者的目光从每一个标题找到对应的页码。

图示 A.3 展示了来自一篇论文的目录样板，结构简单。各部分各章的标题都左对齐，页码都右对齐。

对于更复杂的论文，要遵循论文逻辑结构，除非你当地的指南要求使用专门的格式。图示 A.4 展示了一个长目录的第二页。为了区分各章的标题和小标题，你可以将小标题缩进，每一层级的标题比前一层级标题统一向右缩进半英寸。

如果你的学位论文要提交纸质版并且装订会超过一卷的话，目录可能需要重复出现，至少第一卷之后的每一卷里的目录要重复与之相关的内容。查询你当地的指南。

A.2.1.7　图示、表格、插图列表。如果你的学位论文（或者某些情况下的课程论文）包含图示、表格或者两者都有，你可以选择将它们列在前页中。这样的列表要用罗马数字标出所有页码。如果你的论文只包含图示（见第 26 章定义），将第一页用图示（figures）的字样来做标题，放置在该页最上端；如果论文中只有表格，就用表格（tables）两字做标题。如果列表超过一页，标题不用重复。在标题和第一项内容之间空两行。列表中的每一项内容单倍行距，项与项之间空一行。图示 A.5 是表格列表的样板。

如果你的论文包含图示和表格，你可以为它们分别设一个列表，或者你的当地指南允许你将它们组合在一个列表里。在后一个情况下，要使用图示（illustrations）来做标题（遵循上文所描述的格式），但是要将其分成两个部分，分别标上图示（Figures）和表格（Tables），见图示 A.6。

用阿拉伯数字标识每一个图示和表格的编号，列表中最后的数字垂直对齐。如果你使用的是双编号（如图 A.5），那就将数字在小数位上对齐。

图示的说明文字以及表格的标题都应该和正文中出现的一致，包括行文和大写，但是如果它们很长，那就在该列表中进行合乎逻辑的缩减（更多关于表格标题和图示说明的讲解见 26.2.2 和 26.2.3）。列出页码，右对齐，并且如果你愿意的话，可以使用引导句点（见 A.2.1.6 ）将说明和标题与页码连接到一起。

A.2.1.8 前言。学位论文中可以包含一个前言，解释是什么驱使你做这项研究，项目的背景，研究的范畴，以及论文的目的。前言也可以包括致谢部分，除非致谢太长且有很多细节而需要自成一部分（见 A.2.1.9）。将这部分的所有页码用罗马数字标注。将前言（preface）的字样放置在第一页的最上端。如果前言超过一页，“前言”这个标题不需要重复。标题和第一行内容之间空两行。前言中的行文部分要双倍行距，且格式要与正文一致。

A.2.1.9 致谢。学位论文中可能需要一个单独的鸣谢部分，在里面你要感谢导师和同事，或者将那些支持过你的研究提供了特殊帮助（比如咨询或者技术方面的帮助，或者在保证特殊设备和原始资料的安全方面提供帮助）的个人和机构的名字说出来。你也可能需要对版权所有人允许你复制他们的作品表示感谢。如果你要致谢的只是来自导师或者委员会的常规性的帮助，那就将它们包括在前言里面（见上文）或者完全省略掉。将致谢部分的所有页码用罗马数字标示，放在页面最上端。如果致谢部分超过一页，就不用重复标题。标题和第一行内容之间要空两行。致谢的行文部分要双倍行距，且格式要与正文一致。

A.2.1.10 缩略语表。如果你的学位论文（或者某些情况下的课程论文）包含的缩略语数量不比寻常，不是第 24 章探讨的常用类型，那就要将他们列出放在前页中。所包含的各项例子应该是频繁引用的资料中出现的缩略语（见 16.4.3）或者是不广为人知的机构的缩略语（见 24.1.2）。

用罗马数字将这个列表的所有页面编制页码。第一页的页面顶端用文字“缩略语”（Abbreviations）标记。如果该列表超过一页，列表的标题不需要重复。标题和列出的第一项之间留出两行空行。单项内容要单倍行距，项与项之间空一行。图示 A.7 给出了缩略语表的范例。（范例中的各项使用斜体，因为它们都是已出版作品的标题。）

注意各项内容是按照缩略语的字母顺序排列的，而不是按照完整拼写顺序。缩略语本身要左对齐；拼写出来的全称（包括超篇幅部分）要设定统一的缩进，一般第一列最长的缩略语与第二列的第一个单字之间要相隔半英寸的空间。

A.2.1.11　术语表。如果你的学位论文（某些情况下的课程论文）包含外来词汇或者技术术语和短语，读者对它们可能是不熟悉的，这时你可能需要一个术语表。一些大学及院系允许或者要求将术语表包含在补充材料中，放置于附录之后，在尾注和参考文献或者参考书目之前。如果你可以自由选择放在哪里，只有当读者需要在阅读论文之前了解这些概念时，才要将它们放到前页中，否则就放到补充材料里（见 A.2.3.3）。

如果术语表出现在前页中，将术语表的所有页码用罗马数字编号。在第一页上端用文字“术语表”（Glossary）标注。如果术语表超过一页，该文字标题不需重复。标题与列出的第一行内容之间空两行。列出的每一项内容要单倍行距，但是项与项之间要空一行。图示 A.8 展示了术语表的一个范例。

注意这些术语都是以字母表顺序排序，左对齐，后面跟一个句号（有时会使用冒号或者破折号）。这些术语可以用黑体字，这样令其更突出。后面跟着译文或者释义，第一个字母大写，用句号结束。然而，如果这些释义只包含几个单词或者简短的短语，就不需要使用句号了。如果释义超过一行，超出的行要缩进半英寸。

A.2.1.12　编辑或研究方法。如果你的学位论文需要对编辑方法（例如对不同的文本做出的选择）或者要对研究方法进行一个全面的初步的讨论，那就要把这个部分作为单独的部分包括进来。你也可以在前言中对方法进行简述。如果你需要表述的只是引用文献的大写和标点已经采用了现代方法，那就把这个内容放到前言中，或者在这类引用文献第一次出现的相应注解中表述出来。

方法部分的各页面都要用罗马数字编号。第一页上端要用文字“编辑方法”（Editorial method）或者研究方法（Research method）做标题。如果这部分超过一页，标题不用重复。标题与内容的第一行之间要空两行。这部分行文需要双倍行距，将其格式设定为与论文正文一致。

A.2.1.13　摘要。许多大学及院系要求学位论文包含一个摘要，用以概述论文的主要内

Tables

图示 A.5. List of tables. Reprinted with permission from Mark R. Wilson, "The Business of Civil War: Military Enterprise, the State, and Political Economy in the United States, 1850-1880" (PhD diss., University of Chicago, 2002).

Illustrations

Figures

Tables

vi

图示 A.6. List of illustrations. Reprinted with permission from Dana Jean Simmons, "Minimal Frenchmen: Science and Standards of Living, 1840-1960" (PhD diss., University of Chicago, 2004).

Abbreviations

AD	*Annales danici*
APL	*Acta processus litium inter regem Danorum et archiepiscopum lundensem*
BD	*Bullarium danicum*
CIC	*Corpus iuris canonici*
DBL	*Dansk biografisk leksikon*
DD	*Diplomatarium danicum*
DGL	*Danmarks gamle Landskabslove*
DMA	*Danmarks middelalderlige Annaler*
GD	Saxo Grammaticus, *Gesta Danorum*
KLNM	*Kulturhistorisk leksikon for nordisk middelalder*
LDL	*Libri memoriales capituli lundensis: Lunde Domkapitels Gavebøger (= Liber daticus lundensis)*
PL	*Patrologia latina*
SD	*Svenskt diplomatarium*
SMHD	*Scriptores minores historiae danicae medii aevi*
SRD	*Scriptores rerum danicarum*
VSD	*Vitae sanctorum Danorum*

vi

图示 A.7. List of abbreviations. (Note that the items in this list are italicized only because they are titles of published works.) Reprinted with permission from Anthony Perron, "Rome and Lund: A Study in the Church History of a Medieval Fringe" (PhD diss., University of Chicago, 2002).

Glossary

arabic numeral. One of the familiar digits used in arithmetical computation (1, 2, 3, etc.).

block quotation. Quoted material set off typographically from the text by indentation.

boldface type. Type that has a darker and heavier appearance than regular type (**like this**).

italic type. Slanted type suggestive of cursive writing (*like this*), as opposed to roman type.

lowercase letter. An uncapitalized letter of a font (a, b, c, etc.).

roman numeral. A numeral formed from a traditional combination of roman letters, either capitals (I, II, III, etc.) or lowercase (i, ii, iii, etc.).

roman type. The primary type style (like this), as opposed to italic type.

run-in quotation. Quoted material set continuously with text, as opposed to a block quotation.

vii

图示A.8. Glossary.

容。（有时候摘要会作为一个单独的文件提交。）提交给 ProQuest 的论文摘要会出现在学位论文数据库里，并收录出版在学位论文摘要及索引中。这部分的所有页面要用罗马数字编页码。第一页上端用文字“摘要”（Abstract）作为标题。如果摘要部分超过一页，标题不用重复。标题与文本内容第一行之间要空两行。多数大学及院系对摘要都有其特别规定的范本，你需要严格遵循有关内容、字数、格式、布局以及页码标记的各项规范。

A.2.2 正文

论文的正文包括前页和补充材料之间的所有内容。它从引言开始，以结论结束，这两者有可能只有一个段落那么简短，也有可能长达好几页。在学位论文中，正文通常被分为不同的章节，有时分成各部分、章节、小节。许多长一些的课程论文也是这样区分的。

因为大多数正文包括的段落展示了你的调查结果，这部分的格式要求很少。唯一要额外注意的问题是如何起始正文的各部分、注释、文中夹注如何安排格式，以及如何在文中放置表格图示。

用阿拉伯数字为正文标示页码，从第一页开始（一般是第 1 页或者第 2 页；见 A.1.4.1）。

A.2.2.1 引言。许多学位论文（某些情况下的课程论文）都由这样一个部分开始，该部分对论文内容和整篇论文的论述做出概览，它如此独特，作者通常将它与论文其他部分区分开来。（研究项目的背景以及任何告知性的与研究相关的议题都要在引言中提及；见 A.2.1.8）。如果你用这样的引言开始正文的行文，就将“引言”（introduction）放置在第一页的上端作为标题，在引言部分接下来的页面上不必重复这个标题。在标题和第一行行文之间要空两行。如果你的引言部分的材料在实质上与下面的章节没有明显的区别，可以考虑将它合并到你的第一章里。

A.2.2.2 部分。如果你将自己的学位论文分成两个或三个部分，而每一部分包含两个或更多的章节，那么每一部分的开头都要有该部分的标题页。第一部分的标题页跟在引言之后（即使引言被命名为第一章 chapter 1)。标题页需要算在页码范围之内，但是不要将页码数字显示在标题页上，除非是下文讨论的情况或者你当地的指南有相应规定。将文字“部”（part）后面加上该部编号放置在标题页上端。看你的当地指南如何要求，你可以将部编号用大写罗马数字（II）来显示或者将它拼写出来（Two）；要确保章节的编号是与此不同的格式。如果每一部除了编号还有自己的描述性标题，将这个标题另起一行，放在一个空行之后。

如果你将该部分的内容简介部分的文字放在该部分的标题页上，该页要用阿拉伯数字编号。在标题和第一行行文之间要空两行。如果简介部分的行文超过一页，就不要重复该部分编号及标题了。

所有各部分的标题页都要保持一致的格式：如果某一部分有该部分编号之外的描述性标题，那就要给所有各部分都加上描述性标题；如果某一部分有内容简介的文字，那么所有各部分都要有简介。

A.2.2.3 章。大多数学位论文以及很多篇幅较长的课程论文，都包含两个或更多章。每一章都要另起一页开始。在该页页面上端用文字“章”(chapter)并后跟章编号来标记。章编号可以用阿拉伯数字（4）或者拼写形式（Four）来表示。如果你的论文还有各部分，你需要选择一个与之不同的格式来为每个章编号（例如，第2部分 Part II；第四章 Chapter Four）。如果这些章除了编号还有一个描述性的标题，那就将这个标题另起一行，放在一个空行之后。

A.2.2.4 节和小节。学位论文或者比较长的课程论文的长的一章会进一步分成节，再进一步分成小节等。如果你的论文，在一章之内只有几节，那么你可以简略地插入一行，该行居中放入三个星号（***），用以区分各节。

如果你要在论文中或者一章中创制正式的节，你可以给每节一个自己的标题，也称为小标题或次标题。你可以有好几个层次的小标题，被命名为第一级小标题，第二级小标题等。除非你在写一篇很长又很复杂的论文，在使用超过两级或者三级小标题之前要考虑清楚。这些小标题有时不能提供帮助反而会转移人的注意。在一章里，任何一级的小标题至少要有两个；如果没有，你对行文的区分在结构上逻辑性不强。除非你当地的指南对小标题有专门的规定，你可以自己设定排版样式和格式。每一层级的小标题的格式要统一并区分于其他层级，高一级的小标题应该比低一级的小标题更醒目。一般而言，

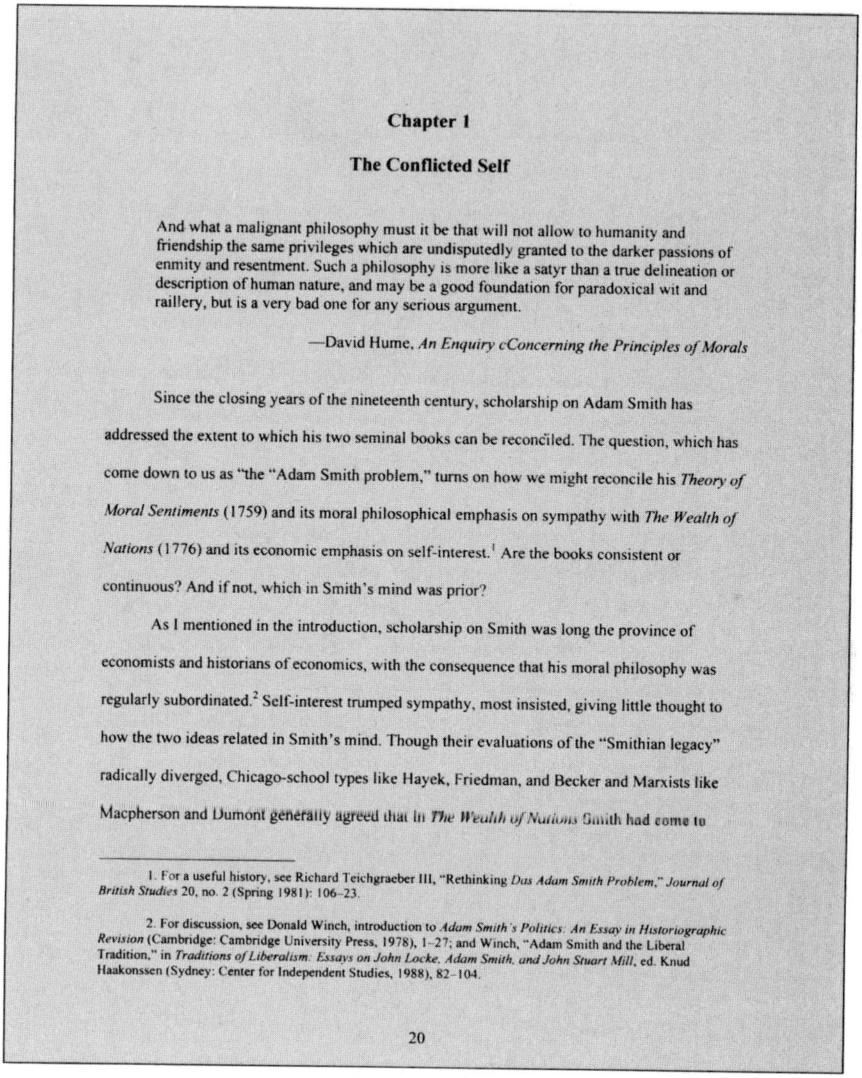

Chapter 1

The Conflicted Self

And what a malignant philosophy must it be that will not allow to humanity and friendship the same privileges which are undisputedly granted to the darker passions of enmity and resentment. Such a philosophy is more like a satyr than a true delineation or description of human nature, and may be a good foundation for paradoxical wit and raillery, but is a very bad one for any serious argument.

—David Hume, *An Enquiry cConcerning the Principles of Morals*

Since the closing years of the nineteenth century, scholarship on Adam Smith has addressed the extent to which his two seminal books can be reconciled. The question, which has come down to us as "the "Adam Smith problem," turns on how we might reconcile his *Theory of Moral Sentiments* (1759) and its moral philosophical emphasis on sympathy with *The Wealth of Nations* (1776) and its economic emphasis on self-interest.[1] Are the books consistent or continuous? And if not, which in Smith's mind was prior?

As I mentioned in the introduction, scholarship on Smith was long the province of economists and historians of economics, with the consequence that his moral philosophy was regularly subordinated.[2] Self-interest trumped sympathy, most insisted, giving little thought to how the two ideas related in Smith's mind. Though their evaluations of the "Smithian legacy" radically diverged, Chicago-school types like Hayek, Friedman, and Becker and Marxists like Macpherson and Dumont generally agreed that in *The Wealth of Nations* Smith had come to

1. For a useful history, see Richard Teichgraeber III, "Rethinking *Das Adam Smith Problem*," *Journal of British Studies* 20, no. 2 (Spring 1981): 106–23.

2. For discussion, see Donald Winch, introduction to *Adam Smith's Politics: An Essay in Historiographic Revision* (Cambridge: Cambridge University Press, 1978), 1–27; and Winch, "Adam Smith and the Liberal Tradition," in *Traditions of Liberalism: Essays on John Locke, Adam Smith, and John Stuart Mill*, ed. Knud Haakonssen (Sydney: Center for Independent Studies, 1988), 82–104.

20

图示 A.9. First page of a chapter. Reprinted with permission from Fonna Forman-Barzilai, "Adam Smith and the Circles of Sympathy" (PhD diss., University of Chicago, 2001).

805

alone. In fact, the Democrats did not win control of the House until 1875, and it was Republican-controlled Congresses that passed most of the cuts.[66] Support for a small peacetime military was widespread on both sides of the aisle in Congress and among the public at large. A tradition of antimilitary sentiment among Americans, which had been well established by the antebellum era, survived into the postwar era.[67] In December 1865, soon after President Johnson delivered his address to Congress, the pro-Republican *Cincinnati Daily Commercial* newspaper argued,

> It is not in accordance either with our national interest or the principles of our Government, to keep up a heavy standing army in time of peace. The enormous expense of standing armies is perhaps their least evil. They absorb and withdraw from useful occupations a large class of citizens who would otherwise be engaged in productive industry. They foster a spirit of restlessness, ambition, and discontent. They create and maintain national jealousies and animosities, and minister to that spirit of domination and passion for conquest which is fatal to the steady growth and permanent prosperity of a people.[68]

On the subjects of the peacetime military establishment and national government expenditures, many Republicans could find common ground with their Democratic colleagues. There were many fiscal conservatives in Republican ranks; these included Elihu Washburne, the former Van Wyck committee member, who in 1870 wrote from Paris to his brother (another Congressman) in Washington to say that he was dismayed by the recent Court of Claims awards to war contractors. "I hope your committee," continued Washburne, "will put the knife to the throats of every appropriation not absolutely necessary."[69] Although most Congressmen and their constituents naturally resisted cuts that would affect their own local interests, the attitude of general fiscal conservatism articulated by Washburne was prevalent enough to help push

66. Utley, *Frontier Regulars*, 59–68.

67. Marcus Cunliffe, *Soldiers and Civilians: The Martial Spirit in America, 1775–1865* (Boston: Little, Brown, 1968).

68. *Cincinnati Daily Commercial*, December 16, 1865.

69. Elihu Washburne to C. C. Washburn, February 5, 1870, C. C. Washburn Papers, SHSW.

图示 A.10. Page of text with footnotes. Reprinted with permission from Mark R. Wilson, "The Business of Civil War: Military Enterprise, the State, and Political Economy in the United States, 1850-1880" (PhD diss., University of Chicago, 2002).

141

The conclusions of scholars who argue that the welfare state has "survived" its crisis (Pierson 1994; Piven and Cloward 1988; Schwab 1991; Ruggie 1996) are undeniable if what is being discussed is the first segment of the welfare state, old age pensions: Reagan's positions on cutting Social Security were so unpopular that he quickly drew back from any sustained attempt to reduce it, and Social Security not only maintained its strength but actually grew in size. As Pierson succinctly explains it,

> Welfare states have created their own constituencies. If citizens dislike paying taxes, they nonetheless remain fiercely attached to public social provision. That social programs provide concentrated and direct benefits while imposing diffuse and often indirect costs is an important source of their continuing political viability. (Pierson 1994, 2)

Of course this is true only for those programs that do concentrate benefits and diffuse costs, like Social Security. The opposite is the case for those programs that benefit a minority by taxing the majority, like means-tested AFDC, for better or worse the symbol of the other part of America's welfare state. The Reagan administration managed a first strike against AFDC in the form of the Omnibus Budget Reconciliation Act of 1981 (OBRA), which tightened program eligibility and put a time limit on the "30 and 1/3 rule." In addition to AFDC, Reagan achieved cuts in the food stamp program, subsidized housing, the school lunch program, child care and housing assistance, public mental health and counseling services, legal aid, and other smaller means-tested programs (Rochefort 1986; Trattner [1974] 1999).

That these cuts were not larger has led most scholars to conclude that the conservative attack was not successful: "These programs remained substantially larger in 1985 than in 1966—the Reagan Revolution was a skirmish when viewed in its historical context" (Gottschalk 1988). This is the conclusion that one would come to after a careful examination of spending levels: as figures 3.20–3.21 show, although there are some declines, expenditure levels on most programs held steady or climbed back up after the Reagan years.

图示 A.11. Page of text with parenthetical citations. Reprinted with permission from Monica Prasad, "The Politics of Free Markets: The Rise of Neoliberal Economic Policy in Britain, France, and the United States" (PhD diss., University of Chicago, 2000).

136

Figure 3.1. *Helpers in a Georgia Cotton Mill.* Photograph by Lewis W. Hine, January 19, 1909. The National Child Labor Committee Collection, Library of Congress Prints and Photographs Division, Washington, DC. LC-DIG-nclc-01581.

percent of the total.[21] In both regions, mill children as young as six or seven were engaged in "doffing," spinning, and other forms of casual labor.[22] To compensate for their shorter height, child doffers would stand on top of electric looms to reach the top shelf, where spindles were located (fig. 3.1). The first contact children usually had with mill labor was while accompanying older siblings or parents as they worked. Typically, very young children would begin an informal training whereby they would "help" their relatives, but this regular assistance would soon

21. Hugh D. Hindman, *Child Labor: An American History* (New York: M. E. Sharpe, 2002), 153.

22. Jacquelyn Dowd Hall et al, *Like a Family: The Making of a Southern Cotton Mill World* (New York: W. W. Norton, 1987), 61.

图示 A.12. Page with text and a figure. Reprinted with permission from Marjorie Elizabeth Wood, "Emancipating the Child Laborer: Children, Freedom, and the Moral Boundaries of the Market in the United States, 1853–1938" (PhD diss., University of Chicago, 2011).

Table 2.2. The largest regions by employment

	Rank	Number of subcenters	Fraction of regional employment in			Mean annual earnings ($)			
			CBD	Center city	Subcenters	CBD	Center city	Subcenters	Region
New York	1	38	.19	.83	.47	47,217	34,781	37,360	33,984
Los Angeles	2	62	.04	.49	.21	38,238	30,228	31,770	29,719
Chicago	3	67	.09	.44	.16	39,968	30,133	28,137	29,355
Washington	4	46	.08	.33	.22	40,156	35,657	32,329	32,556
Dallas	5	72	.06	.40	.34	35,391	29,107	28,959	27,902
Philadelphia	6	58	.10	.55	.34	32,614	28,393	28,805	27,696
Houston	7	47	.06	.77	.19	37,379	27,863	30,784	27,493
Detroit	8	38	.05	.23	.22	32,219	28,606	32,270	29,305
San Francisco	9	35	.12	.40	.35	37,651	33,559	33,256	31,098
Atlanta	10	38	.07	.55	.19	30,548	28,567	29,210	27,800
Minneapolis	11	52	.08	.22	.30	31,671	27,534	27,918	25,962
Boston	12	37	.14	.39	.24	38,285	33,620	27,653	30,684
San Diego	13	26	.05	.58	.19	29,482	26,973	27,113	25,307
Baltimore	14	32	.10	.46	.25	29,926	26,887	27,223	26,191
Saint Louis	15	36	.08	.29	.24	29,923	26,383	28,503	25,147
Phoenix	16	32	.02	.58	.18	29,529	25,147	24,734	24,600
Denver	17	43	.07	.47	.29	32,725	28,072	26,990	26,305
Miami	18	32	.07	.44	.26	28,345	24,539	24,800	24,462
Seattle	19	18	.12	.50	.25	30,177	27,565	29,579	27,574
Cleveland	20	16	.11	.40	.19	32,461	27,972	29,607	26,108
Pittsburgh	21	26	.14	.42	.28	30,801	26,596	26,561	24,968
Tampa	22	36	.05	.36	.29	27,650	23,974	22,825	22,812
Kansas City	23	34	.07	.43	.18	29,578	25,897	24,835	24,925
Milwaukee	24	20	.11	.47	.19	28,434	24,400	26,176	24,086
Portland, OR	25	32	.12	.48	.18	28,319	25,287	23,317	25,458
Sacramento	26	31	.10	.46	.28	29,996	27,995	26,240	27,118
Orlando	27	37	.05	.30	.31	28,089	22,963	22,476	22,629
Indianapolis	28	17	.11	.80	.22	27,004	25,264	26,930	24,693
Columbus	29	30	.13	.74	.30	29,546	26,046	25,294	26,307
Cincinnati	30	21	.14	.54	.13	30,358	27,615	23,093	25,900

Source: Data from U.S. Bureau of the Census 1990.

Note: The portion of CTPP-defined regions that are closest to the CBD of the largest city defines the geography. This definition does not result in exact matches with metropolitan areas in some cases.

39

图示 A.13. Page with a landscape table. Reprinted with permission from Nathaniel Baum-Snow, "Essays on the Spatial Distribution of Population and Employment" (PhD diss., University of Chicago, 2005).

878

123. The claims of several states are the subject of Kyle Scott Sinisi, "Civil War Claims and American Federalism, 1861–1880" (PhD diss, Kansas State University, 1997). A variety of war claims are discussed in chapter 8.

Chapter 3

1. Meigs to Wilson, February 20, 1864, pp. 516–17, vol. 74-B, roll 45, Letters Sent by the Office of the Quartermaster General, Main Series, National Archives Microfilm Publications M745 (abbreviated hereafter as QMGLS).

2. Ibid.

3. On the history of the Quartermaster's Department, see Russell F. Weigley, *Quartermaster General of the Union Army: A Biography of M. C. Meigs* (New York: Columbia University Press, 1959); Erna Risch, *Quartermaster Support of the Army: A History of the Corps, 1775–1939* (Washington, DC: Quartermaster Historian's Office, 1962); James A. Huston, *The Sinews of War: Army Logistics, 1775–1953* (Washington, DC: Office of the Chief of Military History, 1966). On the number of quartermaster officers during the war, see Meigs to R. J. Atkinson, October 4, 1861, pp. 485–90, vol. 56, roll 36, QMGLS; Meigs circular, May 16, 1862, pp. 49–54, vol. 60, roll 38, QMGLS; Risch, *Quartermaster Support*, 334–35, 382–87, 390–93.

4. After the war, Johnston worked in the insurance business and served from Virginia in the US House. From 1885 to 1891, he was commissioner of railroads under President Cleveland. Patricia L. Faust, ed., *Historical Times Illustrated Encyclopedia of the Civil War* (New York: Harper and Row, 1986), 400–401.

5. Weigley, *Quartermaster General*.

6. Lincoln to Winfield Scott, June 5, 1861, copy in box 10, David Davis Papers, Chicago Historical Society. George Templeton Strong, a Wall Street lawyer and treasurer of the US Sanitary Commission, would soon describe Meigs as "an exceptional and refreshing specimen of sense and promptitude, unlike most of our high military officials. There's not a fibre of red tape in his constitution." Strong, *The Civil War, 1860–1865*, vol. 3 of *The Diary of George Templeton Strong*, ed. Allan Nevins and Milton Halsey Thomas (New York: Macmillan, 1952), 173. See also Risch, *Quartermaster Support*, 335–36.

7. Weigley, *Quartermaster General*; Allan Nevins, *War Becomes Revolution, 1862–1863*, part 2 of *The War for the Union* (New York: Charles Scribner's Sons, 1960), 471–78. Meigs also appears as a prominent character in Nevins's discussion of how the war promoted organization in American society. See Nevins, "A Major Result of the Civil War," *Civil War History* 5 (1959): 237–50.

图示 A.14. Endnotes. Reprinted with permission from Mark R. Wilson, "The Business of Civil War: Military Enterprise, the State, and Political Economy in the United States, 1850-1880" (PhD diss., University of Chicago, 2002).

926

Gallman, J. Matthew. "Entrepreneurial Experiences in the Civil War: Evidence from Philadelphia." In *American Development in Historical Perspective*, edited by Thomas Weiss and Donald Schaefer, 205–22. Stanford, CA: Stanford University Press, 1994.

———. *Mastering Wartime: A Social History of Philadelphia during the Civil War*. Cambridge: Cambridge University Press, 1990.

———. *The North Fights the Civil War: The Home Front*. Chicago: Ivan R. Dee, 1994.

Gallman, Robert E. "Commodity Output, 1839–1899." In *Trends in the American Economy in the Nineteenth Century*, edited by National Bureau of Economic Research, 13–67. Princeton, NJ: Princeton University Press, 1960.

Gamboa, Erasmo. "Mexican Mule Packers and Oregon's Second Regiment Mounted Volunteers, 1855–1856." *Oregon Historical Quarterly* 92, no. 1 (Spring 1991): 41–59.

Gansler, Jacques S. *The Defense Industry*. Cambridge, MA: MIT Press, 1986.

Gardner, Mark L. *Wagons for the Santa Fe Trade: Wheeled Vehicles and Their Makers, 1822–1880*. Albuquerque: University of New Mexico Press, 2000.

Gates, Paul W. *Agriculture and the Civil War*. New York: Alfred A. Knopf, 1965.

———. *The Farmer's Age: Agriculture, 1815–1860*. New York: Holt, Rinehart and Winston, 1960.

———. *Fifty Million Acres: Conflicts over Kansas Land Policy, 1854–1890*. Ithaca, NY: Cornell University Press, 1954.

"General Roeliff Brinkerhoff, 1828–1911." *Ohio Archaeological and Historical Publications* 20 (1911): 353–67.

Gerber, David. "Cutting Out Shylock: Elite Anti-Semitism and the Quest for Moral Order in the Mid-Nineteenth Century American Market Place." *Journal of American History* 69, no. 3 (December 1982): 615–37.

Gerleman, David James. "Unchronicled Heroes: A Study of Union Cavalry Horses in the Eastern Theater; Care, Treatment, and Use, 1861–1865." PhD diss., Southern Illinois University, 1999.

Geyer, Michael, and Charles Bright. "Global Violence and Nationalizing Wars in Eurasia and America: The Geopolitics of War in the Mid-Nineteenth Century." *Comparative Studies in Society and History* 38, no. 4 (October 1996): 619–57.

Gibson, George H. "The Growth of the Woolen Industry in Nineteenth-Century Delaware." *Textile History Review* 5 (1964): 125–57.

图示 A.15. Bibliography. Reprinted with permission from Mark R. Wilson, "The Business of Civil War: Military Enterprise, the State, and Political Economy in the United States, 1850-1880" (PhD diss., University of Chicago, 2002).

Bothorel, Jean. 1979. *La république mondaine*. Paris: Grasset.

Bréchon, Pierre, ed. 1994. *Le discours politique en France*. Paris: La documentation française.

Brooks, Clem. Forthcoming. "Civil Rights Liberalism and the Suppression of a Republican Political Realignment in the U.S., 1972–1996." *American Sociological Review* 65.

Brown, Michael K., ed. 1988. *Remaking the Welfare State: Retrenchment and Social Policy in Europe and America*. Philadelphia: Temple University Press.

Brownlee, W. Elliot, ed. 1996a. *Funding the Modern American State, 1941–1995: The Rise and Fall of the Era of Easy Finance*. Cambridge: Cambridge University Press.

———. 1996b. "Tax Regimes, National Crisis, and State-Building in America." In *Funding the Modern American State, 1941–1995: The Rise and Fall of the Era of Easy Finance*, edited by W. Elliot Brownlee, 37–106. Cambridge: Cambridge University Press.

Burawoy, Michael. 1979. *Manufacturing Consent: Changes in the Labor Process under Monopoly Capitalism*. Chicago: University of Chicago Press.

———. 1989. "Two Methods in Search of Science: Skocpol versus Trotsky." *Theory and Society* 18, no. 6 (November): 759–805.

Burstein, Paul. 1998. "Bringing the Public Back In: Should Sociologists Consider the Impact of Public Opinion on Public Policy?" *Social Forces* 77, no. 1 (September): 27–62.

Business Week. 2000. "Unions Campaign to Shrink Work Time." April 24.

Butler, David, and Dennis Kavanagh. 1984. *The British General Election of 1983*. London: Macmillan.

———. 1988. *The British General Election of 1987*. New York: St. Martin's.

Butler, David, and Michael Pinto-Duschinsky. 1971. *The British General Election of 1970*. London: Macmillan.

Cameron, David. 1991. "Continuity and Change in French Social Policy: The Welfare State under Gaullism, Liberalism, and Socialism." In *The French Welfare State: Surviving Social and Ideological Change*, edited by John S. Ambler. New York: New York University Press.

Campbell, John. 1993. *Edward Heath: A Biography*. London: Random House.

Campbell, John L., and Michael Patrick Allen. 1994. "The Political Economy of Revenue Extraction in the Modern State: A Time Series Analysis of U.S. Income Taxes, 1916–1986." *Social Forces* 72, no. 3 (March): 643–69.

图示 A.16. Reference list. Reprinted with permission from Monica Prasad, "The Politics of Free Markets: The Rise of Neoliberal Economic Policy in Britain, France, and the United States" (PhD diss., University of Chicago, 2000).

小标题居中设置，使用黑体或者斜体，或者采用大写标题格式，这些设置会比使用一般格式、左对齐或者大写句子格式更显眼。除了插入的小标题（见下文中第五级），在小标题前面要比在其后面要留出更多空间（通常在前面要空两行，后面空一行或者双倍行距）而不要用句号来结束一个小标题。格式要统一，使用文字处理软件来为每一层级的小标题定义一种格式。

下面这个策划是一个五层级的小标题。

■ 第一级：居中，黑体或者斜体，标题大写格式

Contemporary Art

■ 第二级：居中，一般字体，标题大写格式

What Are the Major Styles？

■ 第三极：左对齐，黑体或者斜体，标题大写格式

Abstract Expression

■ 第四级：左对齐，罗马字体，句子大写格式

Major painters and practitioners

■ 第五级：在段落的开头部分插入（后面不跟空行），黑体或者斜体，句子大写格式，句号

Pollock as the leader. The role of leading Abstract Expressionist painter was filled by Jackson Pollock...

一定不要让一个小标题出现在一页的最后。设定你的文字处理软件，让所有的小标题都与它们随后的段落连接在一起（大多数文字处理软件可以设定内置标题样式，以默认的形式与下一段落相连）。

A.2.2.5 文中夹注。如果你在使用参考文献格式的带脚注的引文，参见 16.3 的讨论了解如何为脚注设定格式。图示 A.10 展示了一页带有脚注的范例。

如果你在使用作者 - 年格式，参见 18.3 的讨论了解如何设定文中夹注的格式。图示 A.11 展示了一页带有文中夹注的范例。

A.2.2.6 表格和图示。如果你的论文包含表格和图示，参见 26 章的讨论了解如何为表格、某些类型的图示以及图示说明文字设定格式，参看 A.3.1 了解如何将这些部分插入你的论文。图示 A.12 是一页带有图示的范例，展示了如何放置图示。 A.13 给出的是一个表格以横屏方向出现在该页面上。

A.2.2.7 结论。学位论文（某些情况下长的课程论文）可能需要用一个结论来结束行文，而结论又足够长而必须作为一个单独的部分对待。如果你文中有一个这样的结论部分，就在该页的上端用文字 “结论” （conclusion）作为标题。下结论部分下面的页面上不必重复该标题。标题和行文第一行之间要空两行。

如果你想强调结论与其他各部分的联系的话，你也可以将结论标注为论文的最后一章。如果这样做，要将文字“结论”（Conclusion）作为一个章节的标题来对待（见 A.2.2.3）。

A.2.3 补充材料

论文的补充材料可能包含下面所有部分，或者某一些部分，又或者不包含下面的部分。大学及学院通常会对这些部分的顺序提供具体的指南；如果你所在当地没有，就请遵循本手册提供的建议。补充材料和正文一起连续编号，使用阿拉伯数字。

A.2.3.1 图表。如果你将所有的图表放在一起列在学位论文最后（或者某些情况下的课程论文最后）而不是将它们放在正文中间（见 26.1.1），那就要让它们成为补充材料中的第一个部分。将这个部分的第一页上端用文字“图表” （Illustrations）来作为标题。如果这部分超过一页，标题不用重复。有关如何将图示插入你的论文的相关信息见 A.3.1。

如果有些图表是放在正文中的，那么任何归总到补充材料里的图表必须放置在附录里；见 A.2.3.2。

A.2.3.2 附录。如果你的学位论文（某些情况下的课程论文）包含一些基本的支持性材料，不易于安置到论文正文里，那就要把这些材料放到一个或一个以上的附录里，收在补充材料里面（不要把附录放到章的后面）。这样的材料有表格还有图示，它们与论文主体少量相关或者体量太大而不能放到正文里；还有日程表和用来收集材料的表格；读者无法获取的文档复印件；以及太长而不能放到正文的案例分析。

在第一页上端用文字“附录”（appendix）做标题。如果附录超过一页，标题不用重复。在标题和行文或者其他材料的第一行之间空两行。

如果附录材料是不同的类型，例如，表格和案例分析，就要把它们分在不同的附录里。这样的话，给每一个附录一个编号或者字母或者描述性标题。你可以用阿拉伯数字（1，2）或者拼写出来的文字（one，two）来编号，或者你也可以按照字母顺序表使用单个字母编号（A,B）。将数字或者字母放在文字“附录”（appendix）后面，再把描述性的标题另置一行（如果你的论文只有一个附录，你可以只给它一个描述性标题而不用数字或者字母编号）。

如果附录包含你自己的解释性文字，要双倍行距，并与正文格式保持一致。如果附录是列表形式，或者包含一个一次文献或者一个案例分析，尤其当它篇幅很长的时候，你需要选择单倍行距。

要将那些不能以印刷形式呈现的支持性材料，例如大的数据集或者一个多媒体文件，作为一个附录来处理。包含对于该材料和其所处地的简短描述，要提供一个超链接（如果相关）。咨询你当地的指南获得具体的规范，针对文件格式，描述以及提交；也可参考 A.3.1。

A.2.3.3 术语表。如果你的学位论文（有些情况下的课程论文）需要一个术语表（见 A.2.1.11），你可以将它放在前页或者补充材料里面，在补充材料里，它放在附录的后面，在尾注和参考文献或者参考书目之前。所有在 A.2.1.11 中描述的特定的格式要求都适用于此，除了一点，在补充材料中的术语表需要用阿拉伯数字编号而不是用罗马数字编号。图示 A.8 显示了术语表的一个范例（置于前页编号范围）。

A.2.3.4 尾注。如果你在使用参考文献格式的引文，那么除非你当地的指南要求使用脚注或者要求使用章节末注释，你可以将注释作为尾注包含在补充材料里。将这部分第一页的上端用文字“注释”（Notes）做标题。在尾注部分余下的页面上不需要重复该标题。在标题和第一项尾注间要空两行。各项尾注之间空一行。每项注释单倍行距，每一项的开头采用标准的段落缩进。如果你给每一章重新编号，那么在每一章的第一个注释前要加一个小标题。图示 A.14 展示的是区分成章的一篇论文的尾注的一页范例。也可参看 16.3.3 和 A.2.2.4。

如果你在使用作者 - 年格式的引文，那么就不需要尾注了。

A.2.3.5 参考文献或者参考书目。如果你使用参考文献格式的引文，你就需要将参考文献列表包含在补充材料里。将参考文献这部分的第一页的上端用文字“参考文献”（Bibliography）做标题。标题不需要在接下来的页面中重复。标题和第一项条目之间空两行，条目与条目之间空一行，各条目内使用单倍行距，且超过篇幅转行的部分要缩进半英寸。图示 A.15 显示了参考文献的一页范例。

有些形式的参考文献你需要使用一个不同的标题，比如“参考资料”（Sources Consulted）。如果你不是按照作者字母顺序排列参考文献，那就需要加入一个眉批，或者是小标题（格式要一致），或者两者都使用，来对你的排列顺序给予解释。这些变更参见 16.2。

如果你在使用作者 - 年格式的引文，你必须在补充材料里加上参考书目列表。将该部分第一页的上端用文字“参考书目”（References）作为标题。该部分接下来的页面上不需要重复标题。标题和第一个条目之间空两行，单倍行距的各条目之间空一行。超出篇幅转行的要缩进半英寸。图示 A.16 展示的是参考书目的一页范例。

在一些比较少见的情况下，你不用作者的字母表顺序排列条目（见 18.2.1），那就要加个眉批，小标题（格式要一致），或者两者都采用来解释你的条目的排列顺序。

A.3 文档准备和提交要求

A.3.1 准备你的文档

要遵循好的电子文档的管理和准备的基本操作，这样你可以避免出现问题并能够生成出一篇清晰易读的格式正确的论文。不管你要提交电子版或者纸质版论文，或者两者都要提交，这些操作都是适用的。

A.3.1.1 文档管理。尽量将数据丢失或者文档突然崩溃的危险降到最低。

■ 将论文作为单独的电子文档保存，不管它的长度如何。操作一个单独的文档允许你做全面的搜索和更改，可以准确地使用文字处理软件的自动排序编号功能（适用于脚注、页码等），也便于统一定义或者应用格式（见 A.3.1.2）。提交的电子版论文必须是一个单独的文档，当然你可以将文档分成不同的部分，使用文字处理软件的功能来实现某些特定的格式要求，例如在章末列出注释，或者改变页眉。大的数据库或者多媒体文件可能需要以附加材料的形式分开提交。

■ 文档命名要简单并符合逻辑。如果你在一段时间内保存了文档的多个版本，那就要统一命名（比如总是使用日期来结尾），从而避免版本之间的混淆。最后提交之前要查询一下当地指南了解有关文档和附加材料的命名惯例。

■ 要避免在超过一个软件和操作系统中运行你的文档。文档转换可能会产生错误或者有丢失数据的危险，哪怕就是在标准的文字处理软件中移动都会产生危险。

■ 在每一次写作中要频繁保存文档。

■ 每次完成写作都要将文档在一个以上的存储地址上备份。除了你的硬盘，还可以保存到网上或者是网络硬盘里（如果有的话），或者存储到一个移动存储中介上，比如闪存盘。

■ 提交日期之前将文档打印出来或者将其转换成要求的电子文档格式。再看一遍找找软件上的小故障，比如你的打印机不支持的特殊字符，还有时间纠正它们。将打印出来的文稿标注或者将新文档命名为“草稿”（Draft），然后将它至少保存到你提交最终文档时。紧急情况下（例如电脑发生故障或者严重损坏），你还可以使用这个草稿来表示你是的的确确完成了文稿。

有关引文管理软件的各种考虑，可参看 15.6。

A.3.1.2 正文各组成部分。正文各部分的呈现要清晰并前后一致。

■ 正文每个部分格式要统一，包括常规文本，引文段落，脚注，以及每一种类型的标题和小标题。保证一致性的最有效的办法就是使用你的文字处理软件对每一个部分都定义并采用一个独一无二的格式（对字型、字体大小、定位、行间距等做特别规定）。

■ 除非你当地的指南有别的建议，你需要设定文字处理软件将左对齐匹配右侧不规则空白，不要使用自动断字功能（见 20.4.1 ）。

■ 使用文字处理菜单来处理特殊字符（也称为符号）来插入带重音的字母以及其他变音符号、希腊字母，其他非拉丁字母、数学运算（参看下文）、段落或者小节符号等类似的字符。如果某个特定字符软件没有提供，你可能需要选择一个不同的字型来替代那个字符。

■ 文本内的符号以及文本外的超链接都要按照你当地的规范提供。

■ 避免使用有颜色字体。即使你提交的文本是 PDF 文档或者你将使用一台彩色打印机打印，它也可能在以后被复印或者在一台黑白打印机上打印，而颜色是不可能很好复制的。

■ 如果可能的话，方程式和公式的创设需要运用文字处理软件中的公式编辑功能。如果不能用到此功能，这些内容的创设就要在相关的软件中完成，然后再将其作为图像插入文档（见 A.3.1.3）。在公式和正文之间要留出至少一行空行，不论公式在正文之上或之下。

A.3.1.3 表格。使用软件来处理表格，让它们呈现出清晰易读格式设计合理的样子。更详细内容见 8.3。

■ 如果有可能，创设表格需要用到文字处理软件中的表格编辑功能。如果没有可能，就在一个电子制表软件中完成制表，然后将表格以非链接（嵌入式）形式插入你的文档。它们的格式要与周边的正文相匹配。参见第 26 章的有关表格结构、格式和正文中布局的讨论。

■ 将表格编号和标题放置于表格上面的一行（见 26.2.2）。按照表格的整个宽度来布局标题，超出篇幅换行的部分也不要缩进。

■ 表格的脚注（如果有的话）放在表格的底边之下，底边与第一个脚注之间空一行，脚注与脚注之间也要空一行。脚注可以使用比正文小一些的字型；需要查询当地指南。

■ 表格标题和该页置于标题之上的任何正文之间至少要空一行（最好是两行），在表格底边（或者最后一个脚注）和位于下面的任何正文之间也要如此。

■ 要谨慎采用阴影或者颜色来表达含义。即使你使用彩色打印机打印论文或者提交 PDF 文档，它都有可能日后在黑白打印机上面打印或者黑白复印机上面复印，并且如果是博士论文就需要制作微缩胶片。阴影和颜色在上面任何一种形式下都不可能得到很好的再现。如果你使用阴影，要确保不会模糊表格的行文，不要使用多重阴影，它无法明显地重现。

■ 存根栏和所有纵列标题（见 26.2.4 和 26.2.5）要在多页表格中的每一页上重复。除了表格最后一页，其他页省略表格底边。

■ 要用到整页篇幅的表格或者要横向设置的表格需要在论文内设置标准一致的页边空白（见 26.1.2）。不要将常规行文放置在有横向表格的页面上。不论是横向表格还是纵向表格，标题都要设置在表格页上，并且要有页码，但是页码数字的排列方向就需要查询当地指南。

■ 无法用打印形式呈现的表格，例如一个包含大的数据集的表格，需要作为论文的附录保存下来（见 A.2.3.2)。

A.3.1.4 图示。要确保你的图是易读的，准确的和扼要的。更多内容参看 8.3。

■ 如果可能，使用你的文字处理软件来创设示图、曲线图、一览表。如果不能，这些内容就要在相关的软件中完成创设，然后再将其作为图像插入文档。格式要与周边的论文正文相匹配。有关图表的种类、格式和在文中所处的位置的详细内容参看第 26 章。

■ 将照片、地图以及其他图示以图像的形式插入论文中。如果该内容你只能获得纸质版，那就要在可能的情况下扫描后再插入文中。

■ 将图示编号和说明放置在图示下面一行（见 26.3.2）（只有乐谱的例子中，这些内容是放置在图示的上面一行）。说明文字要按照图示的整个宽度布局，超出篇幅换行的部分不要缩进，如果一页的空白不够同时放下图示和说明，那就要把说明文字放在最靠近的前面一页正文的页面的下端（或者如果必要就放在上端）。

■ 在图示和位于它上方或者下方的该页的正文之间要至少有一行空行（最好是两行）。

■ 要谨慎采用阴影或者颜色来表达含义。即使你使用彩色打印机打印论文或者提交 PDF 文档，它都有可能日后在黑白打印机上面打印或者黑白复印机上面复印，并且如果是博士论文就需要制作微缩胶片。阴影和颜色在上面任何一种形式下都不可能得到很好的再现。如果你使用阴影，要确保不会模糊表格的行文，不要使用多重阴影，它无法明显地重现。

■ 有关分辨率、缩放比例、图片裁切以及其他参数的要求要查询你当地的指南。

■ 要用到整页篇幅的图示或者要横向设置的图示需要在论文内设置标准一致的页边空白（见 26.1.2）。不要将常规行文放置在有横向图示的页面上。不论是横向表格还是纵向表格，标题都要设置在表格页上，并且要有页码，但是页码数字的排列方向就需要查询当地指南。

■ 无法用打印形式呈现的图示，例如一个多媒体文件，需要作为论文的附录以单独的文件形式保存下来（见 A.2.3.2)。

A.3.2 提交电子文档

许多大学及院系现在要求在纸质版学位论文之外还要提交电子版的学位论文，或者只要求提交电子版（见 A.3.3）。导师们可能也会要求提交课程论文的电子版。课程论文的话， 要咨询你的导师，可接受的是什么类型的文档。

学位论文的要求是更加严格的。要比最后期限提早得多一些，在你提交论文之前，回顾一下你所在大学及院系对于你论文必须完成的形式和程序有怎样的具体要求。如果可能的话，找个行政人员帮你看看论文是否格式正确，其他要求是否达到，然后再提交最终的版本。

大多数博士论文和一些硕士学位论文需要提交给一个电子库，许多大学与 Proquest 学位论文库一个商业性电子库有合作；一些大学保留了它们自己的电子库。任何一种情况下，都需要遵循你所在大学的指南为你的论文设定的格式并创设电子版文档。如果你的论文包含补充性文件又不能放入 PDF 文档中（见 A.2.3.2），遵循你所在大学（或者电子库）的指南来准备和提交它们。最少，你需要做下面的检查：

■ 检查文本内的符号以及文本外的超链接确保准确。

■ 确保论文的 PDF 文档中的所有字型都是嵌入式的，或者已被保存在文档中，要保持文档的呈现状况不出现变化。

- 要核实查证所有与你的论文相关联的、计划要提交的描述性元数据。

一旦你的论文的全部文本在电子库中出版，他人就可以看到你的作品了。你可以选择“传统式”出版，或者也可以在网上开放你的作品供人浏览（非开放获取的出版论文一般只能通过商业数据库或者图书馆获取）。如果你担心自己的论文，需要在某段时间限制获取，你可以申请禁止令；查询当地指南。

无论你选择怎样的出版形式，版权限制都是适用的。如果你的作品中包含了受版权保护的材料，超出了公平适用的规范，你必须从版权所有者那里获得书面批准。不提交这类材料会使论文的接收和出版受到延误。查询你所在的当地指南以及电子库提供的指南。更多内容见《芝加哥格式手册》（*The Chicago Manual of Style*, 16th ed.）第四章，第 16 版（2010），或者肯尼斯・D・克鲁斯所著的小册子《版权法和研究生项目：新媒体，新权利以及你的论文》（*Copyright Law and Graduate Research: New Media, New Rights, and Your Dissertation*）。

A.3.3 提交打印版文档

即使你提交了电子版的论文（A.3.2），也可能有要求需要提交一个或更多的纸质版的完整的论文或者其中特定的一些页。有些情况下，只要求你提交纸质版。如果你写的是课程论文，提交论文简单到只需要打印出来一份然后交给你的导师就可以了。或者不同的是你需要提交多份打印文档，交给不同的人（你的导师、同学或者其他教师）。要严格遵照指令，并且总是同时保存纸质版和电子版文档作为自己的档案。所有打印文本要与原件完全一致。

学位论文的要求会更加严格，部分原因是这些论文会被大学或者商业电子库以装订封面的形式保存。请比最后期限提早得多一些，在你提交论文之前，回顾一下你所在大学及院系对于提交的纸质版论文的数量或者文书工作以及论文必须完成的程序有怎样的具体要求。如果可能的话，找个行政人员帮你看看论文是否格式正确，然后再提交最终的版本。

遵循你所在大学对纸张的要求。大多数指定使用的纸张规格是 8½×11 英寸（美国的大学）并且纸张要适合作品的长期保存。如果你的指南没有特别规定纸张规格，那就参照美国图书馆协会的推荐纸品。有一些，并非所有，被当作“与论文相关联”的纸品都符合上述要求，所以一定要检查纸张的规格后再打印。除非你的指南有特殊规定，论文每一页都要是单面打印。

大多数大学都有一个或更多的论文中心，要么在校园里要么临近校园，工作人员非常熟悉学位论文的打印本的要求。尽管使用它们的服务会比自己打印要贵很多，它却减少了危险，避免你的论文因为不正确的纸张规格或者打印质量的问题而被拒绝。